看见儿童
协同共育

深圳市南山区
幼小衔接课程导引

深圳市南山区教育局 ○ 组编

北京师范大学出版集团
BEIJING NORMAL UNIVERSITY PUBLISHING GROUP
北京师范大学出版社

图书在版编目(CIP)数据

看见儿童　协同共育：深圳市南山区幼小衔接课程导引 / 深圳市南山区教育局组编. -- 北京：北京师范大学出版社，2024.12. -- ISBN 978-7-303-30200-0

Ⅰ. G612

中国国家版本馆 CIP 数据核字第 202442LR21 号

KANJIAN ERTONG XIETONG GONGYU

出版发行：北京师范大学出版社 https://www.bnupg.com
　　　　　北京市西城区新街口外大街 12-3 号
　　　　　邮政编码：100088

印　　刷：	唐山玺诚印务有限公司
经　　销：	全国新华书店
开　　本：	787 mm×1092 mm　1/16
印　　张：	23.25
字　　数：	415 千字
版　　次：	2024 年 12 月第 1 版
印　　次：	2024 年 12 月第 1 次印刷
定　　价：	98.00 元

策划编辑：张丽娟　　　责任编辑：郭凌云
美术编辑：李向昕　　　装帧设计：李向昕　李　尘
责任校对：段立超　　　责任印制：赵　龙

版权所有　侵权必究

读者服务电话：010-58806806
如发现印装质量问题，影响阅读，请联系印制管理部：010-58800608

编委会

顾　　　问　费广洪

主　　　任　杨　珺

副 主 任　欧阳四波　陈登福　黄升翼　刘小宁
　　　　　　李　静　何朝华

执 行 主 编　陈　坚

执行副主编　卜亚玮　周爱国　高乃松　詹慧妮

编　　　委　（按姓氏笔画排序）
　　　　　　朱小惠　向逸可　关舒雨　汤丽霞　李　珍
　　　　　　肖珊珊　宋甜甜　张晓寅　赵红媚　贺旭雅
　　　　　　夏　婧　徐　健　徐俊洋　曾　劼　温笑航
　　　　　　潘晓敏

序 一

  3~6岁是为幼儿做好入学准备的关键阶段，也是为幼儿后续学习和终身发展奠基的重要阶段。这个阶段的教育对于幼儿身心发展、学习习惯、学习能力和社会交往等方面具有重要意义。幼小衔接自然而然呼之欲出。从学理上说，幼小衔接是指幼儿从幼儿园教育顺利过渡到小学教育的过程中所进行的教育和准备工作。在实践层面，幼小衔接既是学前教育向小学教育过渡的重要环节，也是家园校协同育人的重要内容。

  近年来，随着全社会对高质量教育的追求，幼小衔接逐渐成为教育理论、政策研究的热点问题，关于幼小衔接的实践探索也逐渐增多，特别是幼儿园与小学的双向衔接已成为基本共识，各地也形成了多种实施模式，积累了大量的经验案例。然而，当前幼小衔接还存在一些问题，亟待深入研究解决。例如，幼儿园与小学关系不够紧密，导致教育内容和方式存在较大差异；家长对幼小衔接的认识存在偏差，过于注重知识传授而忽略幼儿的综合发展；家庭和社会对幼儿过度超前学习，缺乏有效的支持和指导；等等。因此，要想从根本上解决过渡期教育的断层问题，找到科学有效且有力的支持儿童学习与发展的路径机制，显得非常必要且关键。2021年4月，教育部发布《关于大力推进幼儿园与小学科学衔接的指导意见》，从政策层面上为幼小衔接的进一步发展指明了方向，给出了具体的指导要点，打开了幼小衔接的新局面。在这种背景下，各地幼小衔接积极推进，出现了一些值得关注的新动向。

  作为广东省学前教育高质量发展实验区幼小科学衔接项目试点区，深圳市南山区选择从课程与教学入手回应幼小衔接的现实问题，坚持用符合儿童学习与发展规律的课程与教学助力学龄前儿童实现从幼儿园到小学的"软着陆"。衔接前期以幼儿园为主体，将"去小学化"作为常态化督导内容之一，禁止在幼儿园内提前教授小学内容，引导幼儿园探索幼小衔接的要点及将其贯穿于一日活动中的策略和方法，培养"有准备的儿童"。衔接后期以小学为主体，以课程为载体，率先发布《南山区义务教育新课程改革创新行动计划》，将幼小衔接全面纳入义务教育课程规划，以课程和教学为抓手打通幼小学段壁垒，推进小学向幼儿园的主动衔接、实质衔接，从"培养有准备的儿童"转向"提供适合儿童的课程"。实践证明，南山区的这些探索是科学有效的，为做好幼小衔接提供了样板和范例。

现在大家正在捧读的《看见儿童　协同共育——深圳市南山区幼小衔接课程导引》，是南山实践探索的集大成者。该书系统梳理了南山区教育局从课程视角促进幼小衔接的理念与思路，既呈现了完整的幼小衔接课程体系，又展示了教学方法的创新、评价机制的完善、家园校三方协同合作的实践经验。该书强调了儿童由幼儿园阶段的"学习萌芽时期"顺利过渡到小学阶段的"自觉学习时期"的价值意义，并从教学目标及内容、环境创设、一日活动、教学方式、教学评价等方面提出了构建衔接课程体系的要求，指出了促进两个学段衔接的课程设计和活动方案在编制上的注意点。同时，该书立足于教育部《关于大力推进幼儿园与小学科学衔接的指导意见》《义务教育课程方案(2022年版)》等文件要点，为家长如何支持儿童做好入学准备、入学适应提出了具体可操作的建议。

《看见儿童　协同共育——深圳市南山区幼小衔接课程导引》有两大方面，值得我们思考和借鉴。第一，该书反映出幼小衔接价值导向的五大转变。一是从幼儿园单向适应向小学主动衔接转变，幼儿园和小学作为幼小衔接的双主体，强调小学也做好课程、教学和环境的准备，帮助新生平缓过渡，实现双向适应和主动衔接。二是从形式上的衔接向实质内容的衔接转变，由过往重视形式上的对接，如参观小学、举行毕业典礼等，转向注重课程内容、教学方法、评价方式等方面的实质衔接。三是从学科知识的衔接向全面素养的衔接转变，不能只着眼于学科知识的准备，尤其是读写算等基础学科的学习，要更加强调儿童全面发展，包括身心健康、社会性、创造力等多方面素养的培养。四是从外部要求的衔接向内部动机激发的衔接转变，要关注儿童个体，注重激发儿童内部的学习动机和兴趣，让儿童主动适应新环境，积极参与学习活动。五是从校园衔接向家校(园)社协同合作衔接转变，将家长的需求和疑惑纳入幼小衔接课程设计的考虑范畴中，积极调动家庭、学校和社会的共同参与和支持。第二，该书反映出思路做法的创新。一是理念和目标的更新，理念上幼小衔接课程强调以儿童发展为中心，注重个体差异和全面发展；目标上不仅要确保儿童掌握必要的基础知识和技能，还要培养他们的自主学习、社会交往和情感调适等品质和能力。二是课程内容的连贯性设计，不仅考虑从幼儿园阶段就开始与小学课程相衔接，如数学概念、语言阅读和科学探索等，还要保持幼儿园教育的游戏化和活动化特点，使学习内容更加贴近儿童生活经验。三是教学方法的创新与实践，坚持采用多样化的教学方法，如探究学习、合作学习和情境教学等，激发学生的学习兴趣和参与度；同时，鼓励和引导教师根据不同学科的特点灵活运用多种教学策略，促进学生的全面发展。四是评价机制的创新，不仅关注学业成绩，还要重视学生在学习过程中的综合素养，采取表现性评价、自我评价和同伴评价等多元化的评价方式。五是家园校社多主体的协同合作，幼小衔接的成功，除了幼儿园和小学的努力，还需要家长的积极参与、社区资源的整合及政策的支持。六是注重专业发展与研究支持，通过定期的培训、研讨和交流，不断提升教师自身的专业素养和教学能力，开展相关的研究，为幼小衔接的实践提供理论支持，更好地服务于儿童的成长需求。

通过《看见儿童　协同共育——深圳市南山区幼小衔接课程导引》的实施和推广，期待能够为更多的孩子提供科学有效的幼小衔接支持和服务，为他们的终身发展助力，为建构高质量的基础教育体系奠基。

陈如平

中国教育科学研究院副院长、研究员
2024 年 9 月 10 日，中国第 40 个教师节

序 二

  幼小衔接一直以来是广大民众和政府关注的问题。《国务院关于当前发展学前教育的若干意见》(国发〔2010〕41号)指出要防止和纠正幼儿园教育"小学化"倾向。十多年来，教育行政部门不断地努力，从纠正幼儿园教育"小学化"走向科学的幼小双向衔接。2021年教育部发布了《关于大力推进幼儿园与小学科学衔接的指导意见》(以下简称《指导意见》)，指出要以习近平新时代中国特色社会主义思想为指导，全面贯彻党的教育方针，落实立德树人根本任务，遵循儿童身心发展规律和教育规律，深化基础教育课程改革，建立幼儿园与小学科学衔接的长效机制，全面提高教育质量，促进儿童德智体美劳全面发展和身心健康成长。《指导意见》的出台，将幼小科学双向衔接落到了实处。提高幼儿园教育质量，科学幼小衔接，建立有效科学衔接的长效机制是重要的任务及手段之一。《指导意见》还指出，要进一步引导教师树立科学衔接的理念。同时，《义务教育课程方案(2022年版)》中"关于课程标准"也出现了一些新的变化，即加强了学段衔接，注重幼小衔接，基于对学生在健康、语言、社会、科学、艺术领域发展水平的评估，合理设计小学一至二年级课程，注重活动化、游戏化、生活化的学习设计。因此，加强对教师进行科学幼小衔接的培训和实施幼小衔接的课程导引就势在必行。为了深入贯彻《指导意见》精神，切实做好科学幼小衔接工作，建立幼小衔接的长效机制，深圳市南山区于2021年8月成功申报并立项了广东省学前教育高质量发展实验区幼儿园与小学科学衔接项目。2021年6月，深圳市南山区教育局印发了《关于推进幼儿园与小学科学衔接攻坚行动实施方案》，成立领导小组，制定南山区"幼儿园与小学科学衔接项目任务清单"。随后，深圳市南山区教研部门发布《南山区幼小衔接联合教研管理办法》，建立"三级联合"教研管理机制，形成"双向互动"工作机制，实行"一案两阶段"的共生教研模式。督导部门将幼小衔接工作列入专项督导，邀请南山区人大代表、政协委员积极参与幼小衔接的调研和攻坚工作。

受深圳市南山区教育局邀请，我成为项目组成员，跟项目组的老师们一起开展了为期三年的幼小衔接探索和改革工作。前期，我们走访了试点园校，进行了充分的调研，在"幼儿园与小学科学衔接项目"试点园校推进工作会议上，明确将课程的衔接作为幼小衔接工作的重点。六对试点园校多次联动教研，结合自身资源与特点，分别制定为期三年的幼小衔接行动方案，从课程模式、教研形式、评价方式入手进行实践。经过一年的先行先试，试点园校编写了《幼儿园入学准备教师手册》和《小学入学适应教师手册》，开发了儿童学习与发展评量表和入学准备月评估表，形成了一批幼小衔接典型活动案例，其中2个幼小衔接视频案例获评省学前教育宣传月优秀案例，16篇幼小衔接方案入围广东省首届和第二届幼儿园幼小衔接活动方案遴选，其中7篇获评优秀方案。

2022年7月，深圳市南山区教育局发布《关于开展幼儿园与小学科学衔接结对工作的通知》，实现全区所有幼儿园及小学"幼小衔接校园结对100％全覆盖"；2022年10月，举办全区新学期幼小衔接联合教研工作会议，推动全区结对园校从学习环境、一日生活、学习活动、家园校社协同共育等方面进行双向衔接实践；2023年5月，举办"倾听儿童，相伴成长——儿童视角下的入学准备课程"三级研训活动；2023年10月开展南山区"科学做好入学适应"专题经验分享暨联合教研活动；2024年1月，承办主题为"科学衔接，同向奔赴"的深圳市幼小衔接经验交流会；2024年6月，面向全区家长开展"科学做好入学准备"宣传活动，初步形成了区域内幼小科学衔接的共研共建共享机制。

2023年4月，深圳市南山区教育局启动《看见儿童　协同共育——深圳市南山区幼小衔接课程导引》组织编写工作，历经一年多的总结提炼，再验证，目前即将出版，这既是过去三年南山区幼小科学衔接项目研究的成果，又是全面提升区域幼小科学衔接工作质量的开端。全书以《指导意见》为指南，主要围绕"幼儿园入学准备关键期(大班)与小学一年级如何进行课程衔接"这一话题展开，旨在为全区幼儿园和小学开展科学幼小衔接工作指明方向并给予具体策略指导。全书内容可分为三大部分。

第一部分主要是关于幼小衔接的概述，集中在第一章，阐述了幼小衔接的定义和必要性，分析了儿童自身、家庭、幼儿园和学校等因素对幼小衔接的影响。

第二部分是幼儿园入学准备关键期（大班）课程实践内容，包含六章。第二章阐述了入学准备课程目标及内容确定的依据和原则，列明了入学准备课程的具体目标和内容。第三章论述了入学准备环境创设的意义、基本原则和策略，分享了幼儿园入学准备环境创设的实践案例。第四章讨论了入学准备一日活动的意义、原则，以及组织与实施策略。第五章聚焦入学准备学习活动，阐释实施原则，重点围绕项目式学习和读写、数学的领域学习这两种方式展开论述并分享实践案例。第六章对入学准备家园共育提出了具体的建议。第七章重点介绍了幼儿入学准备水平评价的方法和策略。

第三部分是小学入学适应课程实践内容，也相应地包含六章。第八章对入学适应课程目标及内容确定的依据和原则，以及具体的目标和内容进行了阐述。第九章关注入学适应环境创设的意义、原则，针对如何创设与幼儿园相衔接的物质环境和精神环境提出了具体策略。第十章阐明了入学适应一日活动的意义、原则，对如何适度调整作息安排提出了相应的策略及实施建议。第十一章从两个方面讨论了入学适应期的学习活动，一是如何设计与实施专门的入学适应课程；二是如何改革一年级教育教学方式，采取游戏化、生活化、综合化等方式实施国家课程。第十二章针对儿童入学适应期家校共育工作进行了论述。第十三章介绍了儿童入学适应水平及学业评价的方法及策略。

全书内容是对国家最新教育政策内容的解读，是国家最新教育政策贯彻措施的具体体现。本书的出版将有助于幼儿园教师和小学低学段教师深入领会文件精神，更新教育思想，转变教育观念，助力教师开展科学幼小衔接工作和实施幼小双向衔接的课程。

深圳大学教授
2024 年 9 月 1 日

目 录

第一章 幼小衔接概述 ………………………………………………… 1
 一、幼小衔接的定义 ……………………………………………… 1
 二、幼小衔接的必要性 …………………………………………… 2
 三、幼小衔接的影响因素 ………………………………………… 5

第二章 入学准备课程目标及内容 …………………………………… 16
 一、入学准备课程目标及内容确定的依据 ……………………… 16
 二、入学准备课程目标及内容确定的原则 ……………………… 17
 三、入学准备课程的目标及内容 ………………………………… 19

第三章 入学准备课程实施：环境创设 ……………………………… 26
 一、入学准备环境创设的意义 …………………………………… 26
 二、入学准备环境创设的基本原则 ……………………………… 27
 三、入学准备环境创设的策略 …………………………………… 28
 四、入学准备环境创设的案例 …………………………………… 40

第四章 入学准备课程实施：一日活动的组织与实施 ……………… 67
 一、科学安排入学准备一日活动的意义 ………………………… 67
 二、入学准备一日活动安排的原则 ……………………………… 69
 三、入学准备一日活动组织与实施策略 ………………………… 70

第五章 入学准备课程实施：学习活动 ……………………………… 83
 一、入学准备学习活动的实施原则 ……………………………… 83
 二、入学准备学习活动的实施方式 ……………………………… 84

三、入学准备学习活动的实施案例 ·· 94

第六章　入学准备课程实施：家园共育 ··········· 162
　　一、入学准备家园共育的重要性 ·· 162
　　二、入学准备家园共育的原则 ·· 163
　　三、入学准备家园共育的实施策略 ···································· 165
　　四、入学准备家园共育的实施案例 ···································· 167

第七章　幼儿入学准备水平评价 ························ 182
　　一、幼儿入学准备水平评价的意义 ···································· 182
　　二、幼儿入学准备水平评价的原则 ···································· 183
　　三、幼儿入学准备水平评价的实施策略 ···························· 185
　　四、幼儿入学准备水平评价的实施案例 ···························· 203

第八章　入学适应课程目标及内容 ···················· 211
　　一、入学适应课程目标及内容确定的依据 ······················ 211
　　二、入学适应课程目标及内容确定的原则 ······················ 212
　　三、入学适应课程的目标和内容 ·· 213

第九章　入学适应课程实施：环境创设 ············ 219
　　一、入学适应环境创设的意义 ·· 219
　　二、入学适应环境创设的原则 ·· 219
　　三、入学适应环境创设的策略 ·· 221
　　四、入学适应环境创设的案例 ·· 225

第十章　入学适应课程实施：一日活动组织与实施 ··· 234
　　一、科学安排入学适应一日活动的意义 ·························· 234
　　二、入学适应一日活动安排的原则 ···································· 235
　　三、入学适应一日活动的安排策略及实施建议 ············ 237
　　四、入学适应一日活动的实施案例 ···································· 238

第十一章　入学适应课程实施：学习活动 ········ 241
　　一、入学适应课程 ·· 242
　　二、入学适应课程的实施案例 ·· 250
　　三、课程适应活动 ·· 277

四、课程适应活动的实施案例 …………………………………… 281
第十二章　入学适应课程实施：家校共育 …………………………… 317
　　一、入学适应家校共育的意义 …………………………………… 317
　　二、入学适应家校共育的原则 …………………………………… 319
　　三、入学适应家校共育的实施策略 ……………………………… 320
　　四、入学适应家校共育的实施案例 ……………………………… 325
第十三章　儿童入学适应水平及学业评价 …………………………… 338
　　一、儿童入学适应水平及学业评价的原则 ……………………… 338
　　二、儿童入学适应水平评价的策略 ……………………………… 338
　　三、儿童学业评价的策略 ………………………………………… 348
　　四、儿童入学适应水平及学业评价案例 ………………………… 351

第一章 幼小衔接概述

一、幼小衔接的定义

幼小衔接是指儿童从幼儿园到小学两个阶段之间身心发展由低级到高级、由量到质的连续变化过程，其强调儿童发展的连续性、整体性和可持续性，注重培养有益于儿童身心发展的习惯与能力。[①]

（一）入学准备的定义

对于"入学准备"的界定和理解，国内外学者提出了不同的看法。美国学者格雷德勒（Gredler）提出，入学准备是指学龄前儿童应具备的各种关键特征或基础条件，以保证他们能够从即将开始的正规学校教育中受益。[②] 这是目前国际上最具影响力并受到众多学者认可的一种观点。美国国家教育目标委员会（National Education Goals Panel，NEGP）从生态学视角出发对以上观点进行了更为丰富的扩展，提出入学准备包括儿童个体的准备、学校的准备及家庭和社区的支持，旨在 2000 年实现所有适龄儿童做好身体与运动、情绪与社会、学习品质、语言、认知与一般认知五个方面的准备以帮助他们平稳过渡到正规学校教育之中。我国学者刘焱认为，入学准备是指对年满 6 周岁的儿童在进入小学时应当达到的发展水平的期望，或是儿童能够适应新的学习环境和任务要求的身心发展水平与状态。[③] 2021 年，教育部发布的《幼儿园入学准备教育指导要点》（以下简称《入学准备指导要点》）中提到，要帮助幼儿做好身心、生活、社会和学习四个方面的入学准备。

虽然以上对入学准备的表述各异，但是在对内容和目标的认识上是趋向一致的。从内容上看，入学准备既包括认知方面的准备，又包括非认知方面的准备；从目的

[①] 李敏谊，刘丽伟. 幼小衔接与家长参与：国外研究的新进展[J]. 比较教育研究，2014(09)：83-88.
[②] Gredler, G. R.. Early childhood education-assessment and intervention: what the future holds[J]. Psychology in the Schools, 2000, 37(01): 73-79.
[③] 刘焱. 入学准备在美国：不仅仅是入学准备[J]. 比较教育研究，2006(11)：28-32.

上看，入学准备关注的不仅是儿童进入小学阶段的发展水平，还有儿童的终身发展。

(二)入学适应的定义

1. 入学适应

入学适应指在一年级第一学期，因环境发生多方面改变而引发多种压力情境，小学一年级新生(以下简称小学新生)根据环境的要求，积极调整自身观念与行为，使自己的心理活动和行为方式更加符合环境变化和自身发展的要求，使主体与环境达到新的平衡的过程。① 入学适应包含身心适应、生活适应、学习适应、社会适应四个方面的内容。

2. 小学新生适应教育

小学入学适应教育是基础教育高质量体系建设的重要举措。根据我国教育部发布的《小学入学适应教育指导要点》(以下简称《入学适应指导要点》)的改革要求，小学做好入学适应教育应重点把握好四个方面。第一，为儿童适应做好准备。小学应创设包容和支持性的学校环境，最大程度消除儿童的陌生体验和不适应，引导儿童以积极愉快的情绪投入小学生活。第二，关注个体差异。小学要尊重儿童的原有经验和发展水平，有针对性地为每个儿童提供个别化的指导和帮助。第三，设置入学适应期。小学要创设与幼儿园相衔接的班级环境，帮助儿童逐步适应由游戏活动向课堂教学转变。第四，坚持深化改革。探索与幼儿园相衔接的入学适应教育，合理安排一年级课程内容，改革一年级的教育教学方式和评价方式。

二、幼小衔接的必要性

(一)儿童发展的需求

国内外研究表明，做好充足的入学准备是儿童能够顺利适应小学生活的重要条件，其与儿童的身体健康、心理健康、日后的学业成就密切相关。首先，在心理健康方面，高丙成的研究结果显示，入学准备类型为成熟型的儿童在学习生活中更容易产生高成就感和自我效能感，具有最低的焦虑水平；而滞后型儿童恰恰相反，他们在生活中更难获得成就感和自我效能感，在与人交往中也更不敢表现自己，从而具有最高的焦虑水平。② 其次，在学业成就方面，英国学者阿特金森(Atkinson)的研究显示，入学准备达到良好发展水平的儿童，在以后的关键学科领域中的表现要优

---

① 刘新华，张丽敏. 小学新生入学适应心理教育策略研究[J]. 北京教育(普教版)，2014(07)：37-38.
② 高丙成. 学前儿童入学准备的类型及其与自信心、焦虑的关系[J]. 心理发展与教育，2014(05)：504-511.

于未达到良好发展水平的儿童,且对特殊教育服务的需求更低。美国学者发现同时拥有较强的认知技能和较强的社交行为技能的儿童以后的学业表现更好。[①]

另一方面,小学新生入学适应问题的解决与否,一定程度上决定他们今后对学校生活的情感态度,并对其未来的学业成就产生重要影响。[②] 国外有研究证实,刚入小学的儿童,若能成功地适应小学的生活,则更有可能在整个学习生涯的学业成就和社会性方面获得成功和较好的发展;反之,则更可能在整个学习过程中面临学业与社会性方面的问题与阻碍。[③] 国内研究也指出,如果儿童在适应小学的过程中,能够对遇到的适应性问题保持理性态度并找到有效的解决方式,顺利适应小学的生活,将会对他们今后的生命全程发展产生积极影响。[④]

(二)国家政策的要求

习近平总书记在 2024 年全国教育工作会议上强调了高质量教育体系建设的重要性,凸显了教育对高质量发展的支撑作用。幼小衔接作为推进现代基础教育的重要议题,已逐渐成为学前教育与基础教育改革的焦点。近年来,我国教育部发布了一系列政策文件,明确指出了幼小衔接工作的必要性和重要性。2001 年教育部印发的《幼儿园教育指导纲要(试行)》(以下简称《纲要》),2012 年教育部印发的《3－6 岁儿童学习与发展指南》(以下简称《指南》),2016 年教育部出台的《幼儿园工作规程》,2018 年教育部办公厅发布的《关于开展幼儿园"小学化"专项治理工作的通知》,2019 年中共中央、国务院印发的《关于深化教育教学改革全面提高义务教育质量的意见》;2021 年教育部发布的《关于大力推进幼儿园与小学科学衔接的指导意见》(以下简称《指导意见》)和中共中央办公厅、国务院办公厅印发的《关于进一步减轻义务教育阶段学生作业负担和校外培训负担的意见》对幼小衔接的理念和要求进行了不断重申和深化。特别是《指导意见》作为我国首个幼小衔接专项文件,明确提出要在幼儿园实施入学准备教育和在小学实施入学适应教育,以帮助儿童顺利实现从幼儿园到小学的平稳过渡。同时该项文件也从国家层面首次提出"双向衔接"的概念,即建立幼小协同合作机制,为儿童搭建从幼儿园到小学过渡的阶梯。此外,该文件还发布了具体的指导要点,为幼儿园实施入学准备教育和小学实施入学适应教育指明了具体

[①] Tavassolie, T., Bleiker, C., Manfra, L., et al.. How profiles of school readiness relate to grade 3 performance among low-income ethnically- and linguistically-diverse children[J]. Applied Developmental Science, 2022, 26(02): 267-289.

[②] 徐精敏, 张汉强. 武汉市小学新生学校适应状况调查[J]. 现代中小学教育, 2022(04): 79-82, 89.

[③] Dunlop, A. W.. Bridging early educational transition in learning through children's agency[J]. European Early Childhood Education Research Journal, 2003, 11(sup1): 67-86.

[④] 李召存. 论基于儿童视角的幼小衔接研究[J]. 全球教育展望, 2012, 41(11): 57-62.

方向。

2022年，教育部印发的《义务教育课程方案（2022年版）》（以下简称《课程方案》）中，再次强调在小学一年级第一学期，教师应安排入学适应教育，并组织相应的入学适应活动，对学生的学习、生活和交往进行指导。[①]《指导意见》及《课程方案》的相继发布，表明小学新生适应能力的培养是提升基础教育教学质量的重要因素，明确解决幼小衔接问题需要两个学段教育实施主体的合力，为幼小衔接教育树立了科学导向。

综上所述，国家层面对幼小衔接工作的重视和推进，凸显了做好入学准备教育对于基础教育课程改革的必要性。通过幼儿园与小学之间的双向协调，我们能够帮助儿童更好地适应新环境，顺利实现从幼儿园到小学的过渡。

（三）解决幼小衔接问题的需要

尽管近年来我国学者一直致力于促进幼儿园和小学的双向衔接，但是有调查发现幼小衔接工作的开展仍然受到多种因素的阻碍，幼小衔接效果不佳，存在家长、教师、园校间的协同不畅，校外培训机构的治理棘手等现实问题。[②] 具体而言，第一，儿童学习和社会方面的入学准备与适应不足；第二，家长幼小衔接观念不科学，过度强调学习方面的准备与适应，忽视了儿童的全面发展；第三，幼小教师衔接教育胜任力不强，幼儿园教师在培养儿童的注意力和独立完成任务能力方面存在困难，小学教师不了解新生学习特点，未掌握适宜的教学方式；第四，幼儿园和小学两个学段的入学准备与适应工作体系有待完善。

小学被动进行幼小衔接教育、家长缺乏理性的幼小衔接认识，抢跑式、灌输式幼小衔接屡见不鲜[③]，这些因素在一定程度上也会导致学生入学适应难问题。国内研究表明，小学新生对学校生活的适应为中等程度，不适应现象仍然存在，学习适应和规则适应方面问题明显，主要表现为课堂学习注意力不集中、行为规范不适应、自我服务能力待提高。有研究显示，超过60%的儿童不能适应新环境，约有25%的儿童需要半年左右才适应，约有20%的儿童需要一年至三年。[④] 另外，家长的教育

[①] 刘玲，王建平．幼小衔接视角下新生入学适应问题的分析与应对——基于北京市16个区小学一年级任课教师的调查[J]．中小学校长，2023(01)：32-34，56．

[②] 洪秀敏，刘倩倩．不同利益主体视域下幼小衔接的多维挑战与突围之路——基于东中西部五省的实证调查[J]．中国教育学刊，2022(04)：1-6．

[③] 赖秀婷．家庭社会经济地位对父母幼小衔接教育焦虑的影响：家庭教育期望与家庭教育投入的作用[D]．广州：广州大学，2022．

[④] 邓瑜，操美林，胡利华．小学入学适应教育课程的开发与实施——以"你好，小贤童"课程为例[J]．教育科学论坛，2022(02)：58-62．

焦虑问题在 2021 年全国两会教育热点主题排行榜上位居第十五位①，家庭的教育焦虑易形成不合理的教育期望与不当的教育行为，间接地给儿童的身心健康发展带来消极影响，这也是近年来青少年抑郁发病率逐年攀升的重要原因之一。

三、幼小衔接的影响因素

(一)入学准备的影响因素

儿童入学准备的发展受到诸多因素的影响，主要包括儿童自身因素(生理和个体心理特征)、家庭因素(家长特征和家长行为)、幼儿园(教师的专业发展、师幼关系、教师的观念、课堂组织形式)和社会因素(城乡差距及政府的干预和支持)。

1. 儿童自身因素

首先是生理方面的影响因素，主要包括幼儿的性别差异和入学年龄。在性别差异上，多数研究表明女孩的入学准备水平要高于男孩。加拿大研究者对英属哥伦比亚省的相关普查数据进行分析发现，女孩的身体健康与运动技能、语言与认知发展、沟通技能与一般知识、社交技能及情感成熟度方面的教师评分均高于男孩。② 同样，美国一项运用潜在剖面分析对城市中低收入、不同种族儿童的入学准备类型进行探究的研究发现，在以较强学术技能为特征的第 1 种类型(在学术技能强—社会情感和行为问题方面，教师评分高，家长评分一般)和第 3 种类型(在学术技能强—社会情感和行为问题方面，教师评分一般，家长评分高)中，女孩所占比例过高，而在入学准备总体较差的第 6 种类型(在学术技能弱—社会情感和行为问题方面，教师和家长评分都低)中，男孩的比例明显过高。③ 这种差异可能是由于男女儿童的发展性差异造成的，如女孩在语言表达、身高和体重的增长速度等方面的发展都要优于男孩。④ 因此，教师和家长应该关注儿童性别差异对入学准备的影响。

多项研究结果显示，儿童的入学年龄与入学准备呈显著的正向相关。在入学早

---

① 张以瑾,孙梦捷,孙谦,刘昊雯,郭瑾瑾. 展望教育高质量发展新征程——大数据透视 2021 全国两会教育热点[J]. 中国民族教育，2021(04)：14-16.
② Guhn, M., Gadermann, A. M., Hertzman, C., et al.. Children's development in kindergarten: a multilevel, population-based analysis of ESL and gender effects on socioeconomic gradients[J]. Child Indicators Research, 2010, 3(02): 183-203.
③ Tavassolie, T., Bleiker, C., Manfra, L., et al.. How profiles of school readiness relate to grade 3 performance among low-income ethnically- and linguistically-diverse children[J]. Applied Developmental Science, 2022, 26(02): 267-289.
④ 李姗姗,李莉,范洁琼. 学前儿童学习品质的评估及其与早期发展的关系[J]. 教育科学研究，2019(05)：40-47.

期,年龄较大的儿童与年龄较小的同伴相比在认知方面有更积极的发展成果。① 澳大利亚的一项纵向研究数据分析发现,入学年龄较大的儿童入学准备技能更成熟,且其在入学一年时的发展水平比同伴更好。② 因此在一些国家,家长会让儿童推迟一年入学以便赋予儿童相对于同龄人的早期优势——"时间的礼物"。与此相反,也有研究发现,由于入学年龄而造成的早期发展差距会随着儿童年龄的增长而缩小。③ 因此,教师和家长应该合理看待入学年龄对入学准备的影响。

其次是个体心理特征方面的影响因素,具体包括个体的自我调控能力和注意力、记忆力、思维、社会性和情绪情感、语言和读写能力。

第一,自我调控能力通常是指控制或引导一个人的注意力、思想、情绪和行动的能力,主要包括认知与情绪两个层面。在认知方面,研究表明,更强的自我调控能力与更好的学业表现和社交能力,以及与较少的学习问题和行为问题显著相关。④ 例如,学前班儿童的自我调节能力可显著预测幼儿园至六年级的阅读和数学成绩,以及幼儿园至二年级的读写能力和数学技能。⑤ 儿童的自我调节能力在整个幼儿期迅速增强。研究发现,早期表达性语言技能与较高水平的早期自我调节相关。与语言水平较低的儿童相比,表达性语言水平较高的儿童自我调节能力发展得更快。⑥ 高水平的语言可能使儿童能够组织和更好地理解传入的信息,如复杂的行为规则,有助于使用更复杂的自我调节。⑦

第二,在记忆力发展上,这个时期的儿童在记忆特点上仍然以无意记忆、形象记忆和机械记忆为主,但是随着语言调节机能的增强和成人有意识地训练,儿童5

---

① Altwicker-Hámori, S., Köllö, J.. Whose children gain from starting school later? -evidence from hungary[J]. Educational Research and Evaluation, 2012, 18(5): 459-488.

② Hanly, M., Edwards, B., Goldfeld, S., et al.. School starting age and child development in a statewide, population-level cohort of children in their first year of school in New South Wales, Australia[J]. Early Childhood Research Quarterly, 2019(48): 325-340.

③ Black, S. E., Devereux, P. J., Salvanes, K. G.. Too young to leave the nest? The effects of school starting age[J]. The Review of Economics and Statistics, 2011, 93(02): 455-467.

④ Liu, J., Xiao, B., Hipson, W. E., et al.. Self-regulation, learning problems, and maternal authoritarian parenting in Chinese children: a developmental cascades model[J]. Journal of Child and Family Studies, 2018, 27(12): 4060-4070.

⑤ McClelland, M. M., Acock, A. C., Morrison, F. J.. The impact of kindergarten learning-related skills on academic trajectories at the end of elementary school[J]. Early Childhood Research Quarterly, 2006, 21(04): 471-490.

⑥ Bohlmann, N. L., Maier, M. F., Palacios, N.. Bidirectionality in self-regulation and expressive vocabulary: comparisons between monolingual and dual language learners in preschool[J]. Child Development, 2015, 86(04): 1094-1111.

⑦ Montroy, J. J., Bowles, R. P., Skibbe, L. E., et al.. The development of self-regulation across early childhood[J]. Developmental Psychology, 2016, 52(11): 1744-1762.

岁以后有意记忆逐渐发展起来。他们不仅努力去记需要记住的事物，还能运用一些简单的方法帮助自己记忆。此外，语词记忆的发展速度快于形象记忆的发展速度，思维的发展促使儿童由机械记忆向意义记忆转变。

第三，在思维发展上，按照皮亚杰(Piaget)的认知发展理论，儿童在2~7岁属于前运算阶段，主要的思维方式以具体形象思维为主，即依靠事物的表象进行思考。但是在5~6岁这一时期，即大班阶段，学前儿童开始出现抽象逻辑思维的萌芽。具体表现为：思维开始具有弹性，变得不那么刻板和以自我为中心，开始学会从他人及不同的角度考虑问题。思维开始获得可逆性，开始获得守恒观念，开始去集中化，开始理解事物的相对性。国内研究者林炎琴通过数量守恒研究实验发现，大班儿童已经初步理解了数的守恒，能够逐步摆脱实验材料排列形式的影响。[1] 肖娟发现大班儿童的长度守恒能力初步发展，但不稳定。在推理能力方面，儿童的推理方式在5~6岁时由展开式迅速向简约式转化。还有研究证明大班儿童经过专门教学，能够正确运用三段论式的逻辑推理。[2]

第四，在社会性发展上，贡库(Göncü)指出，随着幼儿年龄的增长，其社会交往能力也相应地呈现出增长的趋势。[3] 相比于小班和中班儿童，大班儿童在与同伴交往时能更好地听取同伴的意见，并与同伴进行合作，并且在游戏中表现出更多积极情感、领导性、容忍性和亲社会行为。与其他年龄阶段一样，大班儿童渴望与同伴建立和维持亲密的友谊关系。[4] 芬兰研究者通过父母访谈儿童的方式调查了1386名6岁儿童对即将过渡到小学的信念，结果发现除获得学业成功的动机之外，拥有良好的同伴关系是儿童认为在幼儿园向小学过渡中最有意义的事情。[5] 在人际关系方面，大班儿童认为自己需要掌握一定的社交技能和养成自主解决问题的习惯，同时希望拥有民主、平等、积极的师生关系和相互帮助的同伴关系。[6]

第五，在情绪和情感发展上，大班儿童的情绪情感与社会性交往、社会性需要的满足密切联系，逐渐社会化，其与成人(包括教师、家长)和同伴的交往密切联系。

---

[1] 林炎琴. 3~6岁幼儿数守恒和长度守恒的发展特点[J]. 学前教育研究，2012(04)：45-48.

[2] 刘万伦. 学前儿童发展心理学[M]. 上海：复旦大学出版社，2014：95.

[3] Göncü, A.. Development of intersubjectivity in the dyadic play of preschoolers[J]. Early Childhood Research Quarterly，1993，8(01)：99-116.

[4] 阴亚萍. 同伴交往能力对幼儿社会性发展的影响研究——以河南省三地六所幼儿园为例[D]. 信阳：信阳师范学院，2020.

[5] Eskelä-Haapanen, S., Lerkkanen, M. K., Rasku-Puttonen, H., et al.. Children's beliefs concerning school transition[J]. Early Child Development and Care，2016，187(09)：1-14.

[6] 宋烁琪，刘丽伟. "儿童的视角"下幼儿与小学生的衔接困境和需求分析[J]. 学前教育研究，2022(05)：11-27.

社会性交往、人际关系对儿童情绪影响很大，是左右其情绪情感发展的最主要动因。其次，情绪情感逐渐丰富化和深刻化。最后，在情绪的调节方面，儿童情绪的冲动性逐渐减弱，情绪的稳定性逐渐提高。但是大班儿童对情绪的自我调节能力才逐渐发展。成人经常反复地教育和要求，以及幼儿所参加的集体活动和集体生活的要求，这些有利于帮助他们逐渐养成控制自己情绪的能力，减少冲动性。

第六，在语言和读写发展上，大班儿童的语音、语法和语义随着生活经验的丰富得到发展。在早期读写能力方面，早期阅读能够促进幼儿语言、创造与想象、观察与思维、社会性和心理健康等多方面能力的发展。

2. 家庭因素

就家长特征而言，已有大量研究证实了家庭社会经济地位、家长的入学准备观与儿童的入学准备呈显著正相关。首先，布朗（Browne）等人以加拿大城市移民为对象的研究证明处于低家庭社会经济地位的儿童，其入学准备各领域的表现较差，且两者的关系受到家庭投资和母亲责任的间接影响[1]。其次，乔（Joe）和戴维斯（Davis）考察了父母的入学准备信念、期望、做法与非裔美国男童学业成绩之间的关系，他们发现父母强调学习技能的男孩平均阅读和数学成绩较高，而父母强调社会情感技能的男孩在常识评估中的平均得分较高。[2] 与此类似的是，一项研究显示，那些更重视孩子入学技能和特质的家长，其子女的学业成绩、社交技能和自我调节能力往往会更高。这可能是因为家长越重视子女的入学准备，对家庭教育实践的参与度就越高，这反过来又促进了孩子的入学准备水平。

就家长行为而言，处于父母对子女的成长高参与、高投入、高支持性管教的家庭中的儿童，能获得更好的入学准备。一项以中国香港和深圳为文化背景的研究指出，父母参与孩子的语言和认知等家庭教育活动可以有效预测儿童入学准备水平。[3] 夏小英等人在调查中也发现了类似结论，提升父母的家庭参与度和学校参与度能够有效消除儿童由于家庭经济弱势而导致的入学准备不足风险。[4] 这两项研究均显示，相比于学校参与的有限作用，父母的家庭参与更有可能对儿童的入学准备产生积极的影响。另外，智利一项研究发现母亲的支持性管教程度能够积极预测儿童的入学

---

[1] Browne, D. T., Wade, M., Prime, H., et al.. School readiness amongst urban Canadian families: risk profiles and family mediation[J]. Journal of Educational Psychology, 2017, 110(01): 133-146.

[2] Joe, E. M., Davis, J. E.. Parental influence, school readiness and early academic achievement of African American boys[J]. Journal of Negro Education, 2009, 78(03), 260-276.

[3] Lau, E. Y. H., Li, H., Rao, N.. Parental involvement and children's readiness for school in China[J]. Educational Research, 2010, 53(01): 95-113.

[4] 夏小英，温剑青. 家长参与对学前儿童入学准备的影响[J]. 学前教育研究, 2019(05): 62-71.

准备水平，即母亲在管教孩子时表现出越多的敏感性、支持性行为，孩子在数学和早期读写方面的入学准备能力越强。①

3. 幼儿园和社会因素

首先，师幼互动质量与儿童入学准备的关系是国内外学者研究的重点之一。研究发现，儿童更好的入学准备技能与其获得更亲密的师幼关系、更高的师幼互动质量相关。美国学者考察了269名学前教师的师幼互动质量与1179名来自低收入家庭的儿童的入学准备技能之间的关联，结果发现教师的教学支持是儿童入学准备的重要预测指标，即高质量反馈的互动策略能够改善儿童的语言和早期读写能力及抑制控制的发展。② 宋爱芬等人对海南省12所幼儿园37个班级的师幼互动质量、教师资质和大班幼儿入学准备水平进行测查，结果发现在我国经济发展水平一般的地区，师幼互动质量仍然是幼儿入学准备的重要预测因素，但是在控制了师幼互动质量之后，教师资质对幼儿认知和言语入学准备的预测作用减弱甚至不再显著。③ 美国学者皮安塔(Pianta)等人探究了美国教师的师幼互动技能与学前儿童入学准备之间的间接联系，研究结果表明参与更多教学反馈周期的教师在教学互动方面有更大的改进，这转而又预测了儿童在早期识字和工作记忆方面有更多的提高。④ 还有研究发现，有学前教育学习经历的教师能够为儿童提供更高质量的课堂学习，而平时能够获得职后指导帮助的教师也更利于儿童学习能力和社会情感的发展，以及促进父母参与。⑤

其次，教师的观念是影响儿童入学准备的重要因素。⑥ 国外学者对幼儿园教师和小学教师的入学准备观念及其一致性对儿童入学技能的影响给予了较多关注。美国一项纵向研究表明，幼儿园教师和小学教师对儿童早期入学技能(包括学业成绩、自我调节和人际交往等)重要性的评分一致性越高，儿童在小学的数学及阅读成绩、社

---

① Lohndorf, R. T., Vermeer, H. J., Harpe, C. D. L., et al.. Socioeconomic status, parental beliefs, and parenting practices as predictors of preschoolers' school readiness and executive functions in chile[J]. Early Childhood Research Quarterly, 2021(57): 61-74.

② Goble, P., Sandilos, L. E., Pianta. R. C.. Gains in teacher-child interaction quality and children's school readiness skills: does it matter where teachers start? [J]. Journal of School Psychology, 2019(73): 101-113.

③ 宋爱芬，盖笑松，王国霞，等. 师幼互动与教师资质对幼儿入学准备的影响[J]. 教育研究与实验，2023(02): 129-136.

④ Pianta, R. C., Lipscomb, D., Ruzek, E.. Coaching teachers to improve students' school readiness skills: indirect effects of teacher-student interaction[J]. Child Development, 2021, 92(06): 2509-2528.

⑤ Son, S. -H. C., Kwon, K. -A., Jeon, H. -J., et al.. Head start classrooms and children's school readiness benefit from teachers' qualifications and ongoing training[J]. Child & Youth Care Forum, 2013, 42(06): 525-553.

⑥ 廖雨瞳，穆芳，薛曼莉，等. 幼儿园教师游戏观与幼儿入学准备——基于潜在剖面分析[J]. 陕西学前师范学院学报，2022, 38(07): 46-51.

交技能表现就越好。而这种关联受到儿童家庭社会经济地位的调节影响，即与社会经济条件较好的同龄人相比，社会经济条件较差的儿童在各种适应结果中更容易受到幼小教师观念错位的负面影响。① 另外，有国内研究发现，具备高游戏支持和高学业关注型游戏观的教师在帮助幼儿入学准备上发挥着更大作用。

最后，不同的课堂组织形式与儿童的入学准备水平具有关联。美国学者运用"多州学前班研究"和"全州早期教育项目研究"中的数据考察了四种课堂参与类型（自由游戏、个别指导、小组指导和支架式学习）对公立学前班 2751 名儿童入学准备技能的预测关系，结果显示与其他课堂参与类型的儿童相比，接受个别指导的儿童在学业成绩上取得了更大的进步，而自由游戏组的儿童在语言识字和数学指标上的进步较小。② 还有研究发现幼儿园总自由活动时间能够积极预测幼儿抑制控制，教师直接指导活动时间可以预测幼儿的语言和早期阅读技能。③ 另外，有国内研究发现，课堂教育环境质量各因素对幼儿语言、数学、社会、科学和绘画方面的入学准备有不同程度的影响。④ 教师灵活安排一日活动，能够有效促进大班幼儿语言入学准备活动的开展，这可能与教师能够有更多的时间关注幼儿，进行高质量的师幼互动有关。⑤

（二）入学适应的影响因素

1. 小学新生的心理特点

小学新生正处于学前期与学龄期的过渡时期，他们在认知、情绪情感、人际交往、道德发展、意志力等方面都有了新的发展特点。根据国内学者的相关研究，学龄初期学生的心理发展特点表现为以下几点。

（1）小学新生的认知发展特点

在感知觉发展的特点上，小学新生的时间知觉和空间知觉都在逐步发展，他们能够正确辨认各种不同的图案和颜色，对于有趣、颜色鲜艳的图案感兴趣。感知觉的发展是他们进一步学习新知识的基础。⑥ 在注意的分配性上，小学新生不善于分配

---

① Abry, T., Latham, S., Bassok, D., et al.. Preschool and kindergarten teachers' beliefs about early school competencies: misalignment matters for kindergarten adjustment[J]. Early Childhood Research Quarterly, 2015(31): 78-88.

② Chien, N. C., Howes, C., Burchinal, M., et al.. Children's classroom engagement and school readiness gains in prekindergarten[J]. Child Development, 2010, 81(05): 1534-1549.

③ Goble, P., Pianta, R. C.. Teacher-child interactions in free choice and teacher-directed activity settings: prediction to school readiness[J]. Early Education And Development, 2017, 28(08): 1035-1051.

④ 史瑾, 叶平枝. 幼儿园教育环境质量与幼儿入学准备的关系[J]. 学前教育研究, 2016(08): 41-50.

⑤ 史瑾, 王瑜珂. 幼儿入学语言准备现状及其影响因素研究——以北京市为例[J]. 上海教育科研, 2018(07): 84-87, 66.

⑥ 许秀. 绘本促进小学新生学校适应性能力发展的个案研究[D]. 杭州: 杭州师范大学, 2015.

自己的注意，往往无法同时注意几件事情，如专心写字就忘了坐姿要端正、不具备边听边抄的能力，需要让他们先听，听懂了再抄写。① 在注意的稳定性上，小学新生的注意力还不稳定，注意力容易被分散，很容易被新奇、突发的事情所吸引，有意注意的持续时间也较短，注意经常随情绪的变化而转移。② 在注意的广度上，小学新生注意的范围较狭小，常常是一个字一个字或一个词一个词地阅读。因此，对于刚入学的小学新生，首要任务是培养他们的注意力，促进其有意注意的发展。

依据记忆发展的特点，记忆以无意记忆、形象记忆、机械记忆为主。第一，记忆是无目的、自然产生的，对于新奇的事物、与个体自身关系密切的事物或事件容易产生无意记忆，同时记忆有明显的偶发现象，在要求记住某个事物时，同时会记住和这个事物同时出现的事物。第二，以形象记忆为主，对具体形象材料的记忆优于言语材料的记忆，如课文中直观的插图可以帮助他们记忆和理解课文中抽象的语言和符号。第三，以机械记忆为主，采用简单重复的方式进行记忆，不能理解材料内部的关系。例如，在背乘法口诀表时，大多学生能按顺序背，但是从中突然挑一个背时，就会卡在那里，要从第一个开始重背。③

在思维发展的特点上，在六七岁时，小学生的认知能力发展水平是从前运算阶段过渡到具体运算阶段，小学二年级学生认知水平已经达到了具体运算阶段。④ 一方面保留了学前期儿童具体形象的思维特点，另一方面，抽象思维能力和语言能力得到发展，儿童已经具备了心理表征和使用语言的能力，但其主要的认知活动还要靠感觉运动来支持，且不能认识事物的可逆性。在推理方面，小学一年级已完全掌握顺向变化推理，而逆向变化推理则正在发展之中，一年级学生各类型变化推理能力发展存在显著差异，从高到低依次是结果集未知顺向推理、变化集未知逆向推理和初始集未知逆向推理。

在语言发展的特点上，在以往的生活经历中，小学新生通过各种与人互动的活动，已经积累了足够的词汇和表达方式，具备了语言交流的能力，能够运用丰富的口头语言和词汇来表达自己的想法和需求，能够清晰描述发生过的事。⑤

(2)小学新生情绪情感发展特点

小学新生的调节控制能力较弱。情绪的发生和发展受神经系统发展的制约。小

---

①② 王华. 小学一年级新生语文学习适应性调查及研究[D]. 苏州：苏州大学，2011.
③ 桂烨. 小学一年级新生学校生活适应现状的研究——以常州市J小学为个案[D]. 南京：南京师范大学，2016.
④ 白学军. 中小学生认知能力发展水平测验的研究[J]. 心理学探新，2000，20(03)：25-29.
⑤ 许秀. 绘本促进小学新生学校适应性能力发展的个案研究[D]. 杭州：杭州师范大学，2015.

学生的神经系统趋于成熟，兴奋和抑制过程的平衡、调节能力进一步增强，他们逐步学会控制自己的冲动。① 但一年级学生神经系统并未发育成熟，情绪具有外显性、易变性和外控性的特点，不善于掩饰、控制自己的情绪，遇到开心的事或听到赞美的话就会喜上眉梢，愤怒时会动手打人。与此同时，男生在恐惧的情绪控制方面优于女生，但是男生在愤怒的情绪控制上普遍不如女生。② 小学新生情绪情感的内容不断丰富。进入小学后，学生的活动内容和范围变大，有学习生活、文体活动、值日劳动和社会公益活动等，情绪情感发展的内容会随之从关注自身逐步转化为对同伴、教师、班集体和社会的情感，如被教师表扬会高兴，参加班里劳动工作会积极负责。③ 小学新生情绪情感的深度逐渐增加。小学新生的情绪情感具有具体性和表面性，开始与一定的道德规范、行为准则、人生观、价值观相联系，如幼儿园时喜欢和坐得近的同学做朋友，小学则喜欢和成绩好、有礼貌的同学做朋友。④ 情绪情感深度由原来主要受事物的直接影响转变为现在开始受事物的间接影响。

(3) 小学新生人际交往的特点

小学阶段，学生对同伴关系的需要逐渐建立，学生与同伴的交往随年龄的增长而增加。其中，小学一年级上半学期被称为孤立期，表现为学生之间还没有形成一定的团体，各自正在探索与谁交朋友。同时，他们处于以自我为中心的过渡时期，很容易在语言上表现出自私、霸道、不文明等现象，从而影响人际关系。⑤ 因此，教师要对初入学的小学生进行必要的交友指导，指导学生互相关心、互相帮助、讲诚信、讲合作，在谦让、友善的交往中感受友情。

(4) 小学新生道德发展的特点

皮亚杰把儿童的道德发展划分为四个阶段。小学新生正处于第二阶段，即他律道德阶段，表现出对外在权威绝对尊重和顺从，把权威确定的规则看作是绝对的、不可更改的，在评价自己和他人的行为时完全以权威的态度为依据。即使有时学生遇到不公正的对待，但如果成人认为这样做是正确的，他们也会服从，并认为成人的决定是公正的。⑥

(5) 小学新生的意志力发展特点

意志的心理过程和良好品质，对小学生的学习、活动、成长都具有重要的作用。

---

①③④ 桂烨. 小学一年级新生学校生活适应现状的研究——以常州市J小学为个案[D]. 南京：南京师范大学，2016.

② 陈淑嫔. 一年级学龄儿童情绪管理现状分析——以湾里社区为例[J]. 考试周刊，2016(97)：162-163.

⑤ 林崇德，俞国良. 中小学心理健康教育指导纲要解读[M]. 北京：北京师范大学出版社，2013.

⑥ 汪家华. 论儿童的道德教育——基于皮亚杰的儿童道德发展理论[J]. 天津师范大学学报(基础教育版)，2015，16(02)：60-63.

入学半年左右的一年级小学生，正处在意志力全面发展的开端阶段，多项意志品质已形成雏形，该阶段是学生意志品质发展最活跃的转折阶段，加强学生意志力的培养十分重要。另外，意志品质上存在性别差异，女孩在诸多品质上优于男孩。[1]

2. 幼小衔接断层的影响

德国哈克（Haack）教授通过研究总结了儿童从幼儿园进入小学一年级的过程中，会经历六个方面的断层，这些断层会导致学生产生种种不适，并且或多或少地影响着学生的学习适应情况。[2]

(1) 主要关系人的断层

教师作为学生在校的主要关系人，与学生的关系密切。在幼儿园中，教师是母亲般的形象，对幼儿生活上的照顾较多，幼儿对教师的依赖较强，而进入小学后，教师对学生生活方面的照顾比较少，并且对学生的行为等有严格的要求。与幼儿园相比，师生关系的依恋程度的大幅降低，容易使小学新生产生压力。

(2) 学习方式的断层

幼儿在幼儿园主要以"玩"为主，课堂形式主要是游戏，幼儿在幼儿园期间比较自由。进入小学后，课堂将以"学"为主，课堂上对学生的要求和约束较多。许多学生在习惯了幼儿园宽松的学习氛围后，对一年级相对严肃的课堂气氛难以适应。

(3) 行为规范的断层

在幼儿园时期，幼儿有比较开放的行动空间，但是在小学课堂上，大部分情况下教师都要求学生坐在自己的座位上，并且对学生课堂中各项行为活动有一定的纪律要求，还被要求一定要遵守学校各项规章制度。行为规范上相对严格的要求，让学生难以适应。

(4) 社会结构的断层

学生在进入小学后，其先前在幼儿园中已有的人际关系在进入小学后面临更新，他们需要去认识新的同学，创建新的人际关系，获得新同学和新班级的认可。建立新的人际关系圈对于一些学生来说并没那么容易。

(5) 期望水平的断层

在幼儿园时，家长和教师更关注的是幼儿每天的游戏和饮食，而进入小学后，家长与教师都更加注重学生的学习成绩，这种期望的变化无疑会对学生造成一定的

---

[1] 陈子丹. 小学一年级学生的意志特点研究[J]. 内蒙古师范大学学报（教育科学版），2019，32(08)：49-57.

[2] 杨敏，印义炯. 从哈克教授的幼小断层理论看法国的幼小衔接措施[J]. 天津市教科院学报，2009(04)：55-56.

不适与压力。与此同时，儿童面临的学科学习一下子变多，学业要求也从无变成有，当学生还在适应新环境时，随之而来的学习任务容易让他们感到不知所措，有些知识可能还没掌握，教师已经开始下一阶段的学习，导致学习难以跟上。

(6)学习环境的断层

在幼儿园中的学习环境是更加开放、更加自由的，而在小学中学生要分不同课程学习，每天还要完成一定的学习任务，面对的学习环境是相对严肃的，学习环境的较大改变，容易让学生产生不适应。

3. 家庭因素的影响

家庭是人出生后接触到的第一个社会组织，也是最重要的组织，对个体的成长具有关键性的影响，对于小学新生入学适应同样有着重要的影响。家庭中对小学入学适应影响较大的因素有以下几点。

(1)父母教养方式

父母教养方式对孩子成长有着重要的影响，对孩子的入学适应同样重要。父母教养行为中的严格要求和惩罚或过度介入、过度保护等都可能导致儿童的社会性退缩行为。[1] 权威型父母正向预测孩子在一年级第一学期末时的学业行为，专制型父母负向预测孩子在一年级第一学期末时的同伴关系和学业行为。[2] 也有研究表明，父母的积极行为与孩子的学业和适应显著正相关，母亲的积极行为能显著预测孩子的学业和情绪适应，而母亲的过度控制会导致适应不良；父亲的积极行为能显著预测孩子的学业适应，父亲的过度控制则与较低的学业成绩和情绪适应关系密切。[3] 另外，家长放任型教养方式对学业拖延具有正向预测作用，民主型对学业拖延具有负向预测作用。[4] 其他研究也发现，民主型的家庭教育方式，有利于孩子形成自我效能感，孩子的学习动机和成就动机强，[5] 他们的学业自我概念客观、肯定、积极。[6] 而在溺

---

[1] Robins, L. N., Price, R. K.. Adult disorders predicted by childhood conduct problems: results from the NIMH Epidemiologic Catchment Area project[J]. Psychiatry, 1991, 54(02), 116-132.

[2] 卢富荣, 王侠, 李杜芳, 等. 小学生学校适应的发展特点及其与父母教养方式关系的研究[J]. 心理发展与教育, 2015, 31(05): 555-562.

[3] 刘畅, 伍新春, 邹盛奇. 父母协同教养及其对儿童发展的影响[J]. 北京师范大学学报(社会科学版), 2017(04): 15-25.

[4] 马雪玉, 张亚利. 小学生学业拖延及其与父母教养方式的关系调查[J]. 教育测量与评价, 2016(03): 38-43.

[5] 许玉燕, 谢广田. 家庭教养方式影响小学生自我效能感的调查与研究[J]. 当代教育论坛(管理版), 2010(02): 46-47.

[6] 王燕, 张雷. 儿童学业自我概念在父母教养风格与学业成就间的中介效应[J]. 应用心理学, 2005, 11(02): 186-192.

爱型、专制型和忽视型家庭中长大的孩子则在这些方面表现相对较差。[1]

(2) 亲子关系

家庭氛围关系到儿童的心理状态。已有研究表明，父母关系融洽、亲子关系好、家庭幸福感高、经常与父母交流的小学新生学习适应性水平高，而父母关系不融洽、亲子关系不好、家庭幸福感不高，很少与父母交流沟通的小学新生学习适应性水平低。[2] 也有研究发现，积极的母子关系与儿童的合作参与和自我导向有着积极的关系，儿童获得母亲的支持越多，学校适应越好。[3]

(3) 父母协同教养

父母协同教养是在抚养儿童的过程中，所有承担儿童教养责任的成人相互协作的活动。[4] 家庭中团结和睦的关系、一致的家庭规则对低年级小学生学校适应具有积极影响；父母相互贬低和冲突对低年级小学生学校适应有消极影响；父亲和母亲的角色对低年级小学生的学校适应发展都不可或缺。[5] 协同教养质量还与儿童的行为问题呈显著负相关，[6] 在小学阶段，儿童的父亲积极进行协同教养能正向预测儿童社会能力。[7]

---

[1] 李翠华. 积极心理学视域下积极家庭环境的构建[J]. 济南职业学院学报，2022(03)：97-100.

[2] 焦秋月. 家庭环境对小学一年级新生学习适应性影响研究[D]. 乌鲁木齐：新疆师范大学，2017.

[3] Nur, İ., Aktaş-Arnas, Y., Abbak, B. S., et al.. Mother-child and teacher-child relationships and their associations with school adjustment in pre-school[J]. Kuram ve Uygulamada Eğitim Bilimleri/Educational Sciences: Theory & Practice，2018，18(01)：201-220.

[4] 刘畅，伍新春，邹盛奇. 父母婚姻满意度及其相似性对协同教养的影响：基于成对数据的分析[J]. 心理发展与教育，2016，32(01)：49-55.

[5] 李映红，罗韵. 低年级小学生学校适应与父母协同教养的关系——基于家庭系统的视角[J]. 集美大学学报，2022，23(01)：40-46.

[6] 王争艳，程南华. 共同养育研究及对儿童适应的影响[J]. 心理科学进展，2014，22(06)：889-901.

[7] 谢瑞波，王蝶，丁菀，等. 父亲协同教养对儿童学校适应的影响：父子依恋的中介作用[J]. 心理与行为研究，2021，19(03)：341-347.

第二章 入学准备课程目标及内容

南山区幼小衔接课程是幼儿园与小学两个教育阶段平稳过渡过程的重要媒介，幼小衔接课程导引的目标是实现高质量幼小衔接的重要桥梁，入学准备课程目标的确定应以"促进儿童发展"为第一要义，对教师保教质量具有指导价值，对家长群体实施家庭教育具有示范意义，对幼儿园课程改革具有引领作用。幼儿园入学准备课程幼小衔接目标体系的制定依据和确立原则应该基于以下几个关键方面。

一、入学准备课程目标及内容确定的依据

(一) 依据大班幼儿的年龄特点

大班是幼小衔接的关键期，大班幼儿的年龄通常在 5～6 岁。随着前额叶和大脑皮脂层的成熟，这一年龄段的幼儿在思维和情绪情感控制等方面有了质的飞跃。大班幼儿虽仍以具体思维为主要思维方式，但抽象思维已经开始发展，可以对事物进行复杂分类，开始掌握部分与整体的包含关系，甚至开始脱离具体的形象进行简单的推理。同时，大班幼儿能够刻意控制或调节自己的心理活动，其观察力、记忆、注意等多方面都发展起来。衔接课程目标和内容的制定需要遵循幼儿的身心发展规律，意味着要依托具体的目标设置和内容设计，支持幼儿发展抽象思维和情绪控制能力。

(二) 依据教育政策的方向指引

《指导意见》中明确提出了幼小衔接的指导思想、基本原则、主要目标、重点任务、主要举措和进度安排等，为幼儿园入学准备和小学入学适应教育提供了指导和规范。其中，《入学准备指导要点》将入学准备分为身心准备、生活准备、社会准备和学习准备四个方面。南山区幼小衔接课程目标的制定也采用此框架，并结合《纲要》《指南》等文件精神，在四大准备的框架下渗透不同领域的具体目标，对幼儿园大班幼儿应该知道什么、能做什么、大致可以达到什么发展水平提出了合理期望，指

明了幼儿园大班幼儿在身心准备、生活准备、社会准备、学习准备的具体衔接方向。

入学准备课程内容是实现目标的媒介，从这个意义上说，入学准备课程内容是四大准备的具体化。幼小衔接是幼儿园教育的重要组成部分，但绝不是小学教育内容与要求的下移，更不是提前学习小学的知识。在幼儿园入学准备课程中，知识是动态的，等同于杜威提出的经验。即知识既是幼儿与环境互动的过程，也是互动过程中获得的结果和反思。幼儿除了需要获得知识外，还需要找到获取对自己未来生活必不可少的知识的正确方法。遵循经验取向的幼儿园入学准备课程内容包括核心概念、关键经验的学习及学习方法三个层面。

(三) 依据幼小衔接的现实需求

从实践中发现，幼小衔接对幼儿能力要求跨度大，幼儿的知识储备、情绪管理及社会交往都面临挑战。在幼儿园中，管理者和教师已经具有较高的幼小衔接意识，但缺乏有效的方法和策略，要么将幼小衔接独立于园本课程之外，要么难以将幼小衔接自然地融入园本课程中，难以真正支持儿童做好全面的入学准备。调查显示，教师对幼小衔接目标和内容的认识缺乏科学性、全面性和连贯性，将幼小衔接目标和内容与《指南》中对大班幼儿身心发展的描述割裂开来，导致幼儿从认识层面无法将幼小衔接与园本课程进行融合，阻碍了幼小衔接工作的可持续开展。

二、入学准备课程目标及内容确定的原则

(一) 立足促进儿童发展

《指南》为教师提供了各年龄段幼儿学习与发展目标和相应的教育建议，帮助幼儿园教师和家长了解3~6岁幼儿学习与发展的基本规律和特点，建立对幼儿发展的合理期望。教师应认真研读《指南》，熟知幼儿在健康、语言、社会、科学和艺术等领域的发展目标，以达到促进幼儿德智体美劳全面和谐发展的目的。幼儿各年龄段的发展指标详见《指南》。

幼小衔接是幼儿成长过程中的重要阶段，是他们人生重要的转折点。做好入学准备是帮助幼儿从幼儿园大班到小学一年级顺利过渡的第一步！幼儿园大班一个很重要的目标是培养幼儿对小学的向往、对学习的热爱。"科学幼小衔接"背景下的幼儿园课程改革应更多注重幼儿在生活适应与社会交往方面的衔接，而不只是课程知识方面的衔接。在学习准备方面，目标应该具体、明确且以幼儿容易操作为主，以帮助幼儿园教师形成良好的幼小衔接教育观念。

(二)紧扣入学准备要求

以往，幼儿园幼小衔接方面的工作似乎一直没有明确的着力点，由于幼儿园教师对入学准备目标的理解各异，往往会造成幼儿园实际教育教学内容走向教授小学课程内容，如拼音、算数等小学化的内容。在反复强调幼小衔接工作要杜绝"小学化"倾向的相关政策文件发布后，幼儿园教师认为入学准备工作似乎只要注意避免"小学化"即可。然而，对于如何高质量地开展入学准备工作，幼儿园教师还是十分茫然的。《入学准备指导要点》指出："应根据大班幼儿即将进入小学的特殊需要，围绕社会交往、自我调控、规则意识、专注坚持等进入小学所需的关键素质，提出科学有效的途径和方法，实施有针对性的入学准备教育。"这也为南山区课程建设导引的入学准备目标指明了方向。幼儿园以"四大方面"为培养目标，最终可以形成入学准备方面各项明确的园本课程目标体系，使得幼儿园入学准备有序、准确、深入开展。

(三)植根深圳文化背景

幼儿园教育关乎幼儿个人成长，也关乎社会、国家和民族的发展。因此，幼儿园课程既要顺应幼儿的自然发展，又要符合国家、社会对幼儿成长的期待。幼儿园课程目标的确定，应综合考虑幼儿的自然发展，各学习领域的发展及国家、社会对人才培育的需求。

幼小衔接课程在建设的过程中，应始终将"以幼儿为本"作为首要核心价值，并为幼儿提供生活化、游戏化的学习经历；注重师幼共同成长；加强幼儿园、家庭与社会协同育人，实现文化共建；厚植中华优秀传统文化，注重多元文化的融入；注重科技与创新的渗透，彰显深圳气质。

每名幼儿都是有着不同家庭背景和文化习俗的独立个体，幼儿园应有意识地关注幼儿文化背景的多样性，引导幼儿互相了解彼此的文化背景，尊重与自己不同的生活习惯和文化习俗，并以包容、开放的态度了解全球多元文化。幼儿园幼小衔接入学准备课程目标的确定，使幼儿园幼小衔接内容编制的方向得以明确，为幼儿园提供了育人方向指引。

三、入学准备课程的目标及内容

(一)身心准备

身心准备内容如下(表 2-1)。

表 2-1　身心准备内容

发展目标	具体表现	学习内容
向往入学	1. 喜欢并适应群体生活，在群体活动中积极、快乐。 2. 初步了解小学，对小学生活有好奇和向往。 3. 对学习充满热情与期待。 4. 能较快融入新的人际关系环境，希望成为一名小学生，愿意为入学做准备。	1. 了解小学生活；通过参观小学环境，观摩升旗仪式，观看小学生的学习活动，访问小学生等，了解小学生活。 2. 比较幼儿园与小学的异同；交流参观小学时自己的见闻；用表征记录、绘画、语言等多种方式表达幼儿园与小学的不同。 3. 阅读关于小学的书；独立阅读图书，理解画面，表达对小学生活的期望与感受。 4. 了解即将就读的小学及小学周围的环境。 5. 了解上小学的路线；了解从家到学校的各种出行方式以及所需时间。
情绪良好	1. 能经常保持积极、稳定的情绪，情绪安定愉快。 2. 遇到困难和不开心的事情，不乱发脾气，不迁怒于他人。 3. 知道引起自己某种情绪的原因，并努力缓解。 4. 能随着活动的需要转换情绪和注意。	1. 学习认识自己的情绪，了解喜怒哀乐四种基本情绪种类。 2. 学习用语言或其他方式表达自己的情绪感受。 3. 学习控制自己的情绪，如失败时不发脾气；为他人的成功高兴，也能关心他人、慰藉他人。 4. 学习觉察自己与同伴的情绪，调节自己的情绪，友好地沟通表达；能适时调整自己的想法和行为。
喜欢运动	1. 能积极参加多种形式的户外活动。 2. 能连续参加体育活动半小时以上。 3. 能在较热或较冷的户外环境中连续活动半小时以上。 4. 能以手脚并用的方式安全地爬攀登架、网等。 5. 能连续跳绳，能连续拍球。 6. 能单手将沙包向前投掷 5 米左右。 7. 能单脚连续向前跳 8 米左右。 8. 能快跑 25 米左右。 9. 能连续行走 1.5 千米以上(途中可适当停歇)。	1. 学习各种移动能力，走、跑、跳、钻、爬等。 2. 学习基本的器械(具)操控能力：投掷、接球、击球、盘球/带球/运球、踢球、过头扔球等。

续表

发展目标	具体表现	学习内容
动作协调	1. 手部动作协调，能使用简单的工具和材料，能熟练使用筷子。 2. 具有一定的平衡能力，动作协调、灵敏，如能躲避他人滚过来的球或扔过来的沙包。 3. 具有一定的力量和耐力，如能双手抓杠悬空吊起20秒左右。	1. 学习各种平衡能力，包括转身、扭动、弯曲、拉伸、蜷缩、摆动、摇动、推拉、起立、蹲下、躲闪、停止、转移重心、立定跳着地、翻滚等动作。 2. 学习各种精细动作，如使用筷子等餐具，搭建积木，进行美工创作等。

(二)生活准备

生活准备内容如下(表2-2)。

表2-2 生活准备内容

发展目标	具体表现	学习内容
生活习惯	1. 具有良好的生活与卫生习惯。 2. 保持规律作息，坚持早睡早起，睡眠充足。 3. 保持良好的个人卫生，有自觉洗手的习惯，每天早晚主动刷牙，饭前便后主动洗手，方法正确。 4. 有保护视力的意识，主动保护眼睛。	1. 参与准备及整理餐具，餐后清洁饭桌。 2. 学习有序拿取运动器具、材料等。 3. 学习分类整理、有序摆放游戏材料。 4. 学习大小便自理，养成便后用纸，洗手的习惯。
生活自理	1. 能按需喝水、如厕，能知道根据冷热增减衣服。 2. 坚持自己的事情自己做，能按类别整理和保管好自己的物品。 3. 有初步的时间观念，做事不拖沓。 4. 具备基本的生活自理能力，如会自己系鞋带。	1. 学习使用六步洗手法，饭前、便后、手脏时及时洗手，洗手时不玩水，节约用水。 2. 学习漱口的方法；会用鼓漱的方法漱口，餐后能坚持用正确的方法漱口。 3. 学习有序进餐；餐前洗手，正确使用餐具，独立进餐，不挑食。 4. 学习独立如厕；自己穿脱裤子，大小便入池，便后自理，便后冲水，便后洗干净手。 5. 学习按时、按需喝水，正确使用口杯，能够独立、适量地饮水。 6. 学习自己穿脱衣服、鞋袜。 7. 学习整理个人物品，如书包、衣物等，自主整理自己的书桌、房间，了解书包、各种学习用品的功用。 8. 按时来园，不迟到。 9. 学会认识时钟结构，整点和半点；感知"课间十分钟"，自主安排与利用时间。 10. 学习制订学习计划，在规定时间内完成任务，不拖拉。

续表

发展目标	具体表现	学习内容
安全防护	1. 能自觉遵守基本的安全规则和交通规则，有自我保护的意识。 2. 知道基本的安全知识，遇到危险会求助。 3. 具备基本的自我保护能力，能自觉遵守基本的安全规则和交通规则。	1. 学习自我保护，例如，主动告知身体状况，不在楼道里奔跑，上下楼梯靠右行；用餐时口中有食物不说话，避免食物进入气管；将食物完全吞咽，结束就餐后离开饭桌；知道餐后不剧烈走和跑等。 2. 学习遵守安全规则、活动秩序；不做危险动作，有自我保护的意识和方法；突发危险情况时快速求助；学习自我调节运动量，及时增减衣服。 3. 学习健康用眼的基本方法，保持良好的读写姿势。 4. 熟记自己和家人的基本信息、联系方式，掌握电话求助方法；掌握基本的安全防护、自护、自救和求救的方法，如煤气中毒时开窗透气，火灾时拨打119并用湿毛巾捂住口鼻等。 5. 学习认识常见的安全标志和交通标志，如禁止标志、警告标志等。 6. 学习了解生活中常见的安全隐患，如家庭煤气泄漏、触电、高空抛物等。
参与劳动	1. 主动参与劳动、热爱劳动，养成正确的劳动价值观。 2. 能主动承担并完成分餐、清洁、整理等班级劳动。 3. 能做一些力所能及的家务劳动，能主动承担并完成分餐、清洁、整理等班级劳动。 4. 认识与自己生活密切相关的不同职业，尊重劳动者。 5. 尊重为大家提供服务的人，珍惜他们的劳动成果。 6. 树立积极的劳动态度，养成良好的劳动习惯。	1. 长期承担一项家务：摆放碗筷、餐后整理餐桌、洗碗、扫地、扔垃圾等。 2. 检查、保管班级物品，参与简单的清扫活动，学习使用扫把等工具清洁地面。 3. 照顾种养殖角的动植物。 4. 担任社区志愿者，参与户外垃圾清理、分类等社区活动。

(三)社会准备

社会准备内容如下(表 2-3)。

表 2-3 社会准备内容

发展目标	具体表现	学习内容
交往合作	1. 善于沟通和交流,愿意与人合作。 2. 愿意与人交往,能和同伴友好相处,有自己的好朋友,乐于结交新朋友。 3. 能与同伴分工合作共同完成任务,遇到困难互帮互助一起克服,与同伴发生冲突时尝试协商解决。 4. 具有自尊、自信、自主的表现,能主动向老师表达自己的想法和需求。 5. 有问题愿意向别人请教,有高兴的或有趣的事愿意与大家分享。 6. 能和同伴友好相处,能想办法吸引同伴和自己一起游戏。 7. 知道别人的想法有时和自己不一样,能倾听和接受别人的意见,不能接受时会说明理由。 8. 不欺负别人,也不允许别人欺负自己。 9. 关心尊重他人;能有礼貌地与人交往;能关注别人的情绪和需要,并能给予力所能及的帮助。 10. 接纳、尊重与自己的生活方式或习惯不同的人。	1. 学习文明习惯:主动、大方地向教师、保育员、保安叔叔及同伴问好、道别。 2. 学习交往技能:协商和讨论,赞美同伴,觉察同伴的情绪并安慰同伴,分享物品,认真倾听同伴或成人的发言,主动发起或加入同伴的游戏或活动。 3. 学习亲社会行为:安慰、同情、分享、助人。
诚实守规	1. 能遵守游戏和日常生活中的规则。 2. 知道要做诚实的人,说话算数,不说谎。 3. 遵守基本的行为规范,爱惜物品,用别人的东西时也知道爱护。 4. 能理解规则的意义,能与同伴协商制定游戏和活动规则。	1. 学习基本的道德规则,包括对道德问题的认识与判断。 2. 学习文明礼貌行为规则,包括人际交往与言谈举止的礼仪。 3. 学习公共场所的基本行为规则,包括公共卫生规则、公共交通规则、公共财产保护和爱惜规则等。 4. 学习群体活动的基本规则,如排队、轮流、等待、礼让等。 5. 学习基本的安全规则。

续表

发展目标	具体表现	学习内容
任务意识	1. 自己的事情自己做，不会的愿意学。 2. 理解老师的任务要求，能向家长清晰地转述并主动去做。 3. 能自觉、独立完成老师安排的任务。 4. 能认真负责地完成自己所接受的任务。 5. 愿意为集体做事，为集体的成绩感到高兴。 6. 能主动发起活动或在活动中出主意；能独立或与他人合作解决生活中的问题，并提出创造性解决方法。 7. 做了好事或取得了成功后，还想做得更好。 8. 主动承担任务，遇到困难能够坚持而不轻易求助。 9. 在成人的帮助下，能制订简单的任务计划并执行。 10. 爱护身边的环境，注意节约资源。	1. 学习做力所能及的事情。 2. 学习理解要求，转述并完成任务。 3. 学习制订简单的任务计划并执行。
热爱集体	1. 喜爱自己的班级和幼儿园。 2. 愿意为集体出主意、想办法、做事情。 3. 具有初步的归属感，初步形成爱家乡、爱祖国的情感。 4. 知道自己的民族，知道中国是一个多民族的大家庭，各民族之间要互相尊重、团结友爱。 5. 知道国家一些重大成就，爱祖国，为自己是中国人感到自豪。	1. 认识自己所在的班级，积极参与集体活动。 2. 学习了解居住城市深圳和自己家乡所在地的省市县(区)名称，了解当地有代表性的景观、气候或物产等。 3. 学习认识国旗，学唱国歌，升旗时自动站好并行注目礼。

(四)学习准备

学习准备内容如下(表2-4)。

表2-4　学习准备内容

发展目标	具体表现	学习内容
好奇好问	1. 拥有主动学习的热情和参与活动的积极性。 2. 亲近自然，对身边的新事物感兴趣，有好奇心和探究欲。 3. 喜欢刨根问底，乐于动手动脑寻找问题的答案。 4. 具有初步的探究能力，在探究中认识周围事物和现象。 5. 乐于反思，敢于探究和尝试，乐于想象和创造。	1. 学习初步的探究能力，如观察、分类、概括等。 2. 学习用适宜的方法探究和解决问题。 3. 学习认识周围的事物和现象。

续表

发展目标	具体表现	学习内容
学习习惯	1. 能专注地做事，分心时能在成人提醒下调整注意力。 2. 能坚持做完一件事，遇到困难不放弃。 3. 乐于独立思考并敢于表达。 4. 做事有一定的计划性。 5. 探究过程中认真专注、不怕困难、坚持不懈。	1. 学习按计划做事。 2. 学习专注故事。
学习兴趣	1. 对大自然和身边的事物有广泛的兴趣。 2. 在探究中认识周围事物和现象，并努力寻找答案。 3. 对图书和生活情境中的文字符号感兴趣，知道文字表示一定的意义。 4. 喜欢阅读，乐于和他人一起看书讲故事，遇到问题经常通过图书寻找答案。 5. 对生活情境中的文字符号感兴趣，愿意用图画、符号等方式记录自己的想法和发现。 6. 初步感知生活中数学的有用和有趣，愿意用数学的方法尝试解决生活和游戏中的问题，体验解决问题的乐趣。 7. 乐于模仿自然界和生活环境中有特点的声音，并产生相应的联想。 8. 喜欢自然界与生活中美的事物，乐于收集美的物品或向别人介绍所发现的美的事物。 9. 愿意和别人分享、交流自己喜爱的艺术作品和美感体验。	1. 学习良好的坐姿、书写姿势、阅读姿势等，学习由上至下、由左至右的运笔技能。 2. 学习制订自己的活动计划，尝试安排周末的活动或日程安排、出行计划、学习计划等。 3. 学习用图画、符号等方式记录自己的想法和发现，或为生活场景做标记。 4. 学习自主阅读或与同伴一起阅读。 5. 学习认真听并听懂他人说话，有疑问时能主动提问。 6. 学习较清楚地讲述一件事情，参加辩论、演讲等活动。 7. 学习续编故事，说出图画书的主要情节，并有自己的理解和想法。
学习能力	1. 在集体情境中能认真听并能听懂他人说话，并能听懂常用语言。 2. 听不懂或有疑问时能主动提问，能结合情境理解一些表示因果、假设等相对复杂的句子。 3. 能根据谈话对象和需要，调整说话的语气，能较清楚地讲述一件事情。 4. 喜欢听故事，看图书，专注地阅读图书，喜欢与他人一起谈论图书和故事的有关内容。	1. 学习在绘画、拼图等活动中识别上下、左右等方位。 2. 学习认识并书写自己的名字。 3. 学习用排序、简单的统计和测量等数学方法解决日常生活中的问题，如测量记录自己的身高、体重等。 4. 学习初步的艺术表现和创造能力，如用基本准确的节奏和音调唱歌，学习律动或简单的舞蹈动作，用自己制作的美术作品布置环境、美化生活等。

续表

发展目标	具体表现	学习内容
学习能力	5. 能初步感受文学语言的美，具有初步的阅读理解能力，能说出图画书的主要情节，并有自己的理解和想法。 6. 愿意与他人讨论问题，敢在众人面前说话。 7. 在绘画、拼图等活动中，能识别上下、左右等方位。 8. 具有书面表达的愿望和初步技能，愿意用图画和符号表现事物或故事，能认识并正确书写自己的名字；写画时姿势正确。 9. 能通过感官、工具测量、符号记录等方式来收集生活中的信息，能运用分类、比较、排序等思考方式对信息进行整理分析。 10. 具有初步的艺术表现与创造能力，如能用基本准确的节奏和音调唱歌，能用律动或简单的舞蹈动作表现自己，能自编自演故事，能用自己制作的美术作品布置环境、美化生活。	

第三章　入学准备课程实施：环境创设

《纲要》明确指出："环境是重要的教育资源，应通过环境的创设与利用，有效地促进幼儿的发展。"在幼小衔接进程中，适宜的学习环境能让幼儿从身心、生活、社会和学习多个方面做好准备，减缓衔接坡度，帮助儿童顺利实现从幼儿园到小学的过渡。幼儿园要高度重视学习环境创设，通过显性的物质环境创设，以及隐性的精神环境和心理氛围营造来满足幼儿身心发展需求，进而支持幼儿学习与发展。① 其中物质环境包括空间布局、设施设备、活动区材料的投放、墙面布置、幼儿作品等，精神环境包括班级一日生活中所体现的人际交往、人际关系、情感氛围、组织制度、班级氛围等方面。②

一、入学准备环境创设的意义

（一）物质环境创设的意义

获得新知的过程可以由教师直接传递，也可以通过环境的创设让幼儿自己去发现。有准备的物质环境能够有效提升大班幼儿的入学准备水平，增强其对小学学习与生活的适应力，减缓幼儿园和小学两个学段间的衔接坡度。具体表现为：入学准备的物质环境通过有计划、有目的的区域设置、材料调整和环境布置，让幼儿在与环境的积极互动中发展升学所需的关键素质，减少因准备不充分而导致的适应困难，实现幼儿园和小学两个学段的平缓过渡。例如，幼儿可以在棋牌区中强化规则意识，提升思维敏捷性；在语言区中提升前书写和前阅读水平，为小学的正式书写和阅读打下良好基础；在数学区和科学区发展广泛的学习兴趣，积累领域经验，为入学以后对小学知识的抽象学习奠定感性经验基础。

---

① 李俐. 幼儿园班级环境建设[J]. 学前教育研究，2008(08)：49-51.
② 黄锦琪."背离"与"回归"——儿童文化视角下幼儿园班级环境创设的问题及反思[D]. 长沙：湖南师范大学，2020.

另外，物质环境创设还是幼小衔接教学活动的有益补充，幼儿在教师精心布置的学习环境中动手摆弄操作材料、与同伴互相学习，实现活动经验的有效巩固与运用。

(二)精神环境创设的意义

已有研究表明，大班幼儿在衔接过程中经历着来自不同方面的压力，影响他们适应新的学习生活的进程，从幼儿心理诉求出发来创设入学准备的精神环境对缓解幼儿的入学焦虑、呵护幼儿情绪健康具有重要意义。对于即将离开幼儿园迈入小学校门的幼儿而言，入学焦虑是最突出的心理健康问题，表现出舍不得离开熟悉的环境和同伴、担心新环境等。轻松愉快升学氛围的营造可以有效帮助幼儿处理好"结束"和"开始"，引导他们理解并接纳自己即将面临的成长，从心理上克服对未知生活的焦虑和不安，以积极正向的升学情绪开启小学的学习生活。另外，充满关怀和支持的精神环境能够给衔接期的幼儿带来安全感，建立自信心，呵护心理健康发展。幼儿喜忧参半的复杂升学情绪，如能被及时倾听并有效化解，那么他们更有可能发展成为积极活泼的主动衔接者。

二、入学准备环境创设的基本原则

大班下学期学习环境的创设应该遵循以下四个原则。

(一)针对性

基于入学准备的学习环境创设应突出衔接期的特殊需要，有别于其他学段的环境布置，基础环境、区域材料、环境展示要更符合大班幼儿的发展特点和成长需求。大班幼儿即将进入小学，社会交往、自我调控、规则意识、专注坚持等是他们进入小学所需的关键素质。支持幼儿入学准备的学习环境应以此为依据不断地调整和丰富，帮助幼儿自信从容地渡过衔接期。心理环境创设的重点是营造激发幼儿向往入学的积极氛围，让正面情绪和对新生活的憧憬成为幼儿开启小学生活的情感动力。另外，物质环境从素质和能力着手，全面渗透幼小衔接的教育内容，促进幼儿更好地适应小学生活。

(二)全面性

入学准备背景下学习环境的创设要以促进幼儿身心全面和谐发展为目标，注重身心准备、生活准备、社会准备和学习准备的有机融合和渗透，不能片面追求某一方面或几方面的准备，更不能用小学知识技能的提前学习和强化训练替代全面准备。学习准备是幼小衔接中的重要内容，却常常被误解，最突出的问题是将学习准备与知识准备相混淆。幼小衔接不仅仅是学习上的准备与适应，科学的学习准备不单单是知识的学习和积累，还包括情感态度、学习习惯、学习兴趣与学习能力等。因此，教师在发挥环境育人功能的时候，应全面考虑，将四大准备要点融入班级环境，支持幼儿通过直接感知、实际操作和亲身体验的方式积累经验，逐步做好身心各方面的准备。

(三) 挑战性

大班幼儿正处于具体形象思维到抽象逻辑思维的过渡阶段，各方面能力均有显著提升，入学准备的学习环境应具有挑战性，能激发幼儿主动探究学习，满足幼儿与同伴互动学习、长时间专注思考的需要。教师应通过观察分析，评估大班幼儿的现有发展水平及最近发展区，投放适宜的材料，创设具有探究性和挑战性的学习环境，以促进其入学关键能力的提升。

(四) 自主性

幼小衔接期，无论是生活上还是学习上的转变对于幼儿而言都是挑战，独立自主能力对于儿童较快适应新环境的重要性不言而喻。因此，入学准备环境创设要能够锻炼幼儿的生活自主能力和学习自主意识，支持幼儿根据自己的需要，选择自己喜欢的方式有序地管理自己的学习和一日生活。区域活动中，教师要留给幼儿自己操作、检查、发现问题和探索解决办法的机会。在生活活动中，教师将周活动安排、一日生活流程、规则要求、操作程序等物化为形象的环境标识，指引幼儿通过观察、模仿等方式自主完成基本的日常照料，逐步学会根据自己的需要喝水、如厕，根据天气变化和活动需要增减衣物，学会分类整理和存放个人物品。自主性的学习环境让幼儿从他人管理状态慢慢过渡到自我管理状态。

三、入学准备环境创设的策略

精神环境即幼儿园的心理环境，是幼儿与教师之间生活、交往的氛围、感觉，包括师幼关系、幼儿之间关系、教师之间关系、教师的教育观念和态度等。较之物质环境，精神环境是隐性的、无形的，但却直接影响着幼儿的情感、社会性、主动性等非智力品质的发展，具有潜移默化、持久性的特点。

(一) 精神环境创设的策略

1. 渲染积极向上的升学氛围，改变对小学的刻板印象

成人错误或消极的信息误导是造成幼儿心理压力的原因之一。幼儿内心对于小学是向往的，但同时也会有疑惑和不安，幼儿园教师与家长的不适宜、不准确、夸大化的信息传递会在无形中给幼儿带来压力，导致幼儿对小学产生负面认识。在师

幼互动中，教师要经常向幼儿传递积极正向的小学生活信息，如可以给幼儿分享上小学的趣事、精彩的社团生活，介绍学校的历史和发展现状等，在言语描述中让幼儿感受到小学生活的美好，自然萌发想要成为一名小学生的愿望。日常生活中，教师可以细心观察，发现每名幼儿对小学学习生活的兴趣点，将讨论度高、有价值的话题拓展成专门活动；察觉幼儿对小学可能产生的负面理解和刻板印象，及时引导和转化，重建升学心理期待。正向引导的意义在于让幼儿在熟悉小学环境的基础上，能够对小学生活充满期待和向往，萌发上小学的愿望，以积极的情感准备状态迎接入学生活。

2. 营造排解压力的氛围，提升幼儿情绪管理能力

衔接期幼儿因面临身份的转变，内心难免会感受到不同程度的压力，如学业压力、环境压力、同伴压力和成人压力。教师应给予幼儿更多的关怀和指导，为幼儿营造安全的、接纳式的心理氛围，在一日生活中把握教育契机，帮助及时疏导幼儿升学上的担心和困惑。教师应更多倾听幼儿的声音，关注他们的压力感受。在心理学上，表露情感可以缓解压力，用语言表达感受也会产生缓解压力的效果，因此教师可以采用表露策略，通过谈话、绘画、沙盘等多种方式，让幼儿说出自己的压力感受和心理需求，有针对性地实施衔接教育，促进幼儿入学适应。

教师还要积极帮助幼儿初步形成良好的情绪管理能力，使幼儿更好地与他人相处，理解他人，更快地融入集体生活中。教师可以采取以下策略增强幼儿情绪管理能力。一是共读图画书，引发幼儿情感共鸣。以情绪图画书为载体，引导幼儿通过故事主人公的经历认识各种情绪，大胆说出自己心里真实的感受，学习和迁移他人应对和化解消极情绪的经验。二是通过角色扮演，帮助幼儿加深情绪体验。角色游戏在幼儿的心理发展中起着重要作用，让幼儿在游戏中体验自己的情绪，感受他人的情绪。通过不同人物的角色扮演与幼儿谈论人物的感觉，并引导幼儿设想他人的情绪和想法，从中帮助幼儿去接纳情绪、拥抱情绪。三是创设独立空间，帮助幼儿舒缓负面情绪。积极营造良好的环境氛围，创设属于幼儿独处空间的"情绪角"，当幼儿心情不好、不愿意沟通时，可以在此释放情绪、整理心情。四是成功控制情绪，及时给予鼓励。当幼儿逐渐学会控制自己情绪时，及时给予鼓励，激发他们遇到类似的事情之后会用更好的方法去缓解情绪、控制情绪。

3. 强化幼儿的社交意识，营造大方交往的氛围

幼儿进入小学后，将与幼儿园的小伙伴分别，进入一个新的人际圈，需要建立新的人际关系。良好的交往和合作能力将有利于幼儿入学后结交新朋友、认识新教

师，逐步适应小学新的人际关系。一是拓展幼儿的社交圈，鼓励幼儿和不同年龄的伙伴、成人交往，认识新伙伴，如组织跨班级、跨年龄的游戏活动，创设自由交往的机会，丰富交往经验。二是丰富幼儿分工合作的经验，强化社交技能。提供材料、创设条件，引导和支持幼儿开展合作活动，体验合作的重要性。鼓励幼儿认真倾听同伴的想法和建议，当意见不一致时说明理由，学习协商解决问题，达成一致。同伴遇到困难时，鼓励幼儿提供力所能及的帮助；遇到冲突时，指导幼儿尝试用协商、交换、轮流、合作等方法解决，不争抢，不欺负同伴。

(二)物质环境创设的策略

活动区教育功能的有效发挥，离不开适宜的设施设备和活动材料的支持。针对衔接期幼儿的内在发展需要和社会对幼儿的外部发展要求，以适宜的环境为入学准备服务，幼儿园活动室的物质环境应有针对性地进行调整。

1. 调整基础环境

(1)调整设施设备

①调整班级的课桌椅。

幼儿园要考虑学前期儿童多方面的使用需求，结合园所实际为大班幼儿增添多功能课桌椅。[①] 例如，有特殊涂层的桌面可实现反复涂鸦擦写，满足学前儿童在桌面涂鸦绘画的使用需求；可通过改变外形实现自由拼装组合的桌椅，满足学前儿童集体学习、小组学习和个别学习的多样化使用需求，既方便组内和组间的合作交流，又允许独自学习。此外，幼儿桌椅的高度、结构等应与大班幼儿的身高适配，大班幼儿的身高范围一般为118～126厘米，其适合的书桌高度一般为52～57厘米，配套的椅子宜高30厘米。大班幼儿的桌面学习活动较多，适配的桌椅有助于幼儿保持良好的坐姿，防止疲劳，预防近视和脊椎异常弯曲的发生。

②增加支持幼儿自由书写的画板或涂鸦墙。

幼儿手部精细动作有了很大提升，基本学会正确的握笔姿势，能按照想法自由绘画，在日常学习生活中也积累了相当的经验，这促使他们日益渴望通过书面表达进行沟通和交流。[②] 教师应充分利用班级空间和墙面，增加可供幼儿自由书写的画板或涂鸦墙，为幼儿随时随地记录想法提供条件，以此提升幼儿的绘画表征能力，增强幼儿运用图画、符号、文字等方式设计、记录和总结游戏过程、想法的能力。

---

① 李美莲. 基于学前期儿童行为的课桌椅设计研究[D]. 长沙：中南林业科技大学，2021.
② (美)卡罗尔·科普尔(Carol Copple)，(美)休·布雷德坎普(Sue Bredekamp). 0—8岁儿童发展适宜性教育[M]. 刘焱，等，译. 北京：中国轻工业出版社，2021：194.

③为幼儿提供存放个人物品的储物柜。

大班幼儿即将迈入小学，良好的生活自理能力是他们必须具备的能力之一。班级内可增加供幼儿存放个人学习生活物品的储物柜，增强幼儿的自我管理能力，为以后上小学能独立自主完成课前准备、课后整理活动做好经验准备。幼儿在使用储物柜的过程中，逐步识别不同物品，学会分类整理和收纳衣物、图书、玩具、学习用品等。

(2)调整活动区

聚焦幼儿的学习准备，大班活动区的类型及其材料的投放应聚焦重点。首先是活动区种类的确定。教师可以精简部分游戏性区域，强化学习性区域的打造，重点建设益智区、科学区、数学区、语言区等这类学习性区域，个别区域还可根据衔接期儿童的发展需要进一步细化出区中区。例如，将益智区中的棋牌游戏重点打造，划分独立的棋牌区，满足大班幼儿喜欢规则性游戏的需要，引导其通过棋类游戏强化规则意识和合作意识，发展专注力。语言区以听、说、读、写为活动主线，具体规划阅读区、前书写区和听说区，活动内容更侧重前阅读、前书写和倾听表达，让幼儿在安静舒适的区域空间和自由宽松的语言交往环境中发展口头语言和书面语言，为今后的正式学习打下基础。其次是活动区材料投放的调整和优化。材料是幼儿自主学习的中介和桥梁，符合大班幼儿最近发展区的材料，既能持续地、深入地支持幼儿的建构学习，又能对他们的建构过程起到推波助澜的作用。以下围绕大班幼儿学习与发展的目标，梳理了学习性区域材料的调整思路。

①益智区。

教师可以投放发展观察力的材料，如找相同或不同的游戏材料、配对游戏材料等。

教师可以投放发展空间知觉的材料，如走迷宫的游戏材料（平面迷宫、立体迷宫），拼图的游戏材料（图案拼图、几何图形拼图），俄罗斯方块游戏材料等。

教师可以投放发展记忆力的材料，如颜色记忆棋，操作材料由易到难，棋子颜色和数量逐渐增加，锻炼幼儿快速观察、记忆、再现能力，培养其专注力和记忆力。

教师可以投放玩法开放创新的材料，如七巧板、魔方、魔尺、鲁班锁等创意变化的玩教具，鼓励幼儿多尝试、敢挑战、多创意，支持幼儿在操作中感知变化和创造，提升思维的发散性和灵活性。

教师可以划分独立的棋牌区，投放种类丰富的棋类游戏（图3-1），如跳棋、军旗、象棋、五子棋、围棋、斗兽棋等并在环境中呈现游戏规则（图3-2），旨在通过游戏方式，培养大班幼儿的逻辑思维能力、团队合作及判断推理等综合能力，同时激发幼儿对棋牌游戏的兴趣,发展规则意识。

图 3-1 棋类游戏丰富的棋牌区 　　　　图 3-2 棋牌区的游戏规则呈现

②数学区。

教师可以投放以"数与量"为主的材料,利用这类材料设计以下几种数学活动:对集合的感知;数的认识与理解(唱数、计数、序数、数序、数的守恒、数的分解与组成等);加减法及运用;量的感知与认知(比较长短和高矮、简单测量等),为小学运算能力的获得和提高奠定基础(图 3-3、图 3-4、图 3-5 和图 3-6)。

图 3-3 "数的分解与组成"材料 　　　　图 3-4 "自然测量"材料

图 3-5 "相邻数"材料 　　　　图 3-6 "比较数的大小"材料

教师可以投放以"图形、空间与时间"为主的材料，利用这类材料设计以下几种数学活动：探究并测量物体的容积、体积、面积；感知立方体的不同空间方位，体验图像之间的转换；认识年、月、日和时钟，为小学抽象知识的学习做准备(图 3-7 和图 3-8)。

图 3-7 "感受立方体的空间方位"材料

图 3-8 "认识整点、半点"材料

教师应提供贴近幼儿日常生活的材料，引导幼儿初步感知生活中数学的有用和有趣，为小学数学学习奠定良好的兴趣基础。教师可以利用生活化的材料引导幼儿运用数数、排序、简单的统计和测量等数学方法解决日常生活中的问题，如让幼儿统计、对比每天出勤人数，运用折线图记录每日气温变化，测量记录身高和体重的变化，自主管理进餐和睡眠时间等(图 3-9)。

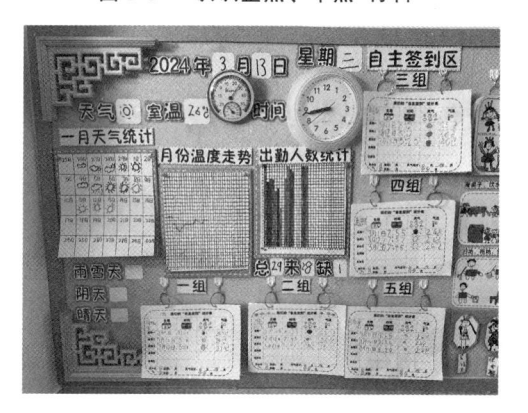

图 3-9 体现"分类与统计"的晨谈墙

③科探区。

教师可以增加探索类材料，培养幼儿刨根问底的探究精神。大班幼儿喜欢关注事物的变化，对事物之间的因果关系感兴趣，能够有计划有目的地做实验，对一些现象提出自己的猜想，并能够运用一定的方法验证猜想。具有挑战性且富于变化的探索类实验材料能够引发幼儿的持续探究行为，培养其刨根问底、动手动脑的探究精神。例如，"沉浮实验"(图 3-10)，实验内容在横向上有丰富的可探究材料，从幼儿身边常见的材料拓展到生活中可以遇到的各种材料；纵向上，超越探究材料本身的沉浮状态，进一步支持幼儿探索如何利用辅助材料改变物体的沉浮状态。接下来还可以继续投放橡皮泥等材料，让幼儿制作不沉的橡皮泥小船，等到幼儿能够让橡皮泥小船不沉之后，可以继续增加雪花片等玩具材料，看谁的小船最厉害，可以装载更多的东西而不沉，并提供纸笔记录下来。这样，就能引导幼儿对"沉与浮"进行持续探究。

图 3-10 "沉浮实验"的持续性探究

教师可以增加制作类材料，提升幼儿的动手操作能力。大班幼儿的动手能力有了很大的提升，喜欢通过拆卸玩具、摆弄物品来认识物体的内外部结构或特征。制作类科学材料能满足大班幼儿操作学习的愿望，幼儿有机会根据说明书有目的、有步骤地制作物体，观察物体的细节特征，在动手操作中体验制作和发现的喜悦。制作类科学实验包括但不限于拆解物品、制作万花筒、泡泡水、纸杯投影仪等（图 3-11、图 3-12、图 3-13 和图 3-14）。以"制作万花筒"为例，教师可以联系"光与镜子"的实验原理，提供不同大小形状的镜子、小玩具、彩色纸、白纸、彩色玻璃珠等材料，支持幼儿运用所学知识制作有趣的万花筒。

图 3-11 "制作万花筒"材料　　　　图 3-12 "制作液压车"材料

图 3-13 "旋转陀螺"材料　　　　图 3-14 拆装生活电器

教师可以增加关联性材料，帮助幼儿获得连续的科学经验。为科学探究活动设立月主题，如将"水"设立为主题，开展一系列有关水的探究活动，"沉与浮""会眨眼的星星(水的吸力)""好玩的水车(水的流动)""会变颜色的水""方糖去哪儿了(溶化)"……这样，幼儿会在一个主题下进行一系列的操作与实验，自主架构有关水的连续性经验。例如，在"光"主题下的探究活动，投放的材料可以支持幼儿进行"凹透镜和凸透镜成像实验""光影游戏""光的合成""光的折射"等实验。幼儿在连续、有趣的与科学材料的互动过程中，广泛而深入地获得更多与主题相关的经验，提升实验探究素养。

④语言区。

大班幼儿读写能力不断提高，支持幼儿发展的语言区创设可细化为阅读区域、前书写区域、视听区域。每个区域既相互分隔又相互联系，形成了"区中有区"的游戏情境。

阅读区域。教师可在阅读区域布置舒服的座椅、靠枕，营造温馨舒适的氛围，让幼儿愿意来这里阅读(图 3-15)。大班下学期，教师可以在阅读区域投放幼小衔接主题绘本，范围覆盖"环境适应""习惯养成""人际交往"和"抗挫能力"几个方面。这类绘本将幼儿上小学过程中可能遇到的问题一一进行了描述，并给予了情境式回答。幼儿可以从绘本阅读中预先了解小学生活，熟悉在不同情境下应对挫折与挑战的方法，慢慢实现从幼儿园到小学的心理"软着陆"。

图 3-15 温馨的阅读区

- 环境适应：《大头鱼上学记》《最可怕的一天》《了不起的罗恩》《小马过河》《很慢很慢的蜗牛》等。
- 习惯养成：《迟到的理由》《小溪流的歌》《愚公移山》《小猫钓鱼》《闻鸡起舞》等。
- 人际交往：《阿诗有块大花布》《"歪脑袋"木头桩》《神笔和笔帽儿》《兔子和蜗牛》《小白鲸找朋友》《乐于助人的大黑熊》等。
- 抗挫能力：《短耳兔考 0 分》《今天心情糟透了》《我想赢，也不怕输》《失败也是好朋友》《我变成一只喷火龙了!》《恐龙先生流鼻涕以后》等。

前书写区域。教师可以为幼儿提供各种不同的书写工具，如铅笔、签字笔、彩笔、毛笔等(图 3-16、图 3-17、图 3-18、图 3-19、图 3-20 和图 3-21)，引导鼓励幼儿通过感知、涂画、涂写、模拟运用文字或符号等形式，用图形和文字向周围的人传递信息、表达情感，并且初步感受在不同书写工具上涂写的感受。此区域投放的材料包括但不限于：各类书写工具、文字拓印工具、自制图书材料、趣味拼字游戏材料、书信材料等。

图 3-16　书写类材料：毛笔等书写工具

图 3-17　书写类材料：沙盘写字

图 3-18　制作绘本的步骤图和材料

图 3-19　拓印文字工具

图 3-20　汉字拼拼乐

图 3-21　信件的介绍与书写材料

视听区域。教师可以提供倾听类材料，如耳机、点读笔、平板等电子设备（图3-22、图3-23、图3-24和图3-25），并搭配任务卡，引导幼儿带着问题听故事，从多方面感受绘本，理解关键情节、分析人物、理解主题和细节、理解关键信息等。幼儿从浅层阅读转变为深入阅读。此区域可提供的讲述类材料包括但不限于：图片排序讲故事、续编故事、故事小剧场等。

图 3-22　视听设备与视听规则

图 3-23　视听推荐与任务卡

图 3-24　看图讲述：故事骰子

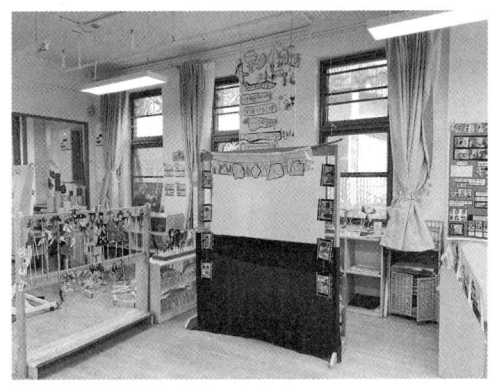

图 3-25　分工合作表演：皮影小剧场

2. 班级环境的展示

(1) 展示相关主题内容

在大班下学期幼小衔接主题活动的推进过程中，活动室墙面版式的设计、内容的选择和后续的补充，清晰地呈现出幼儿"期待的小学生活""探秘小学""幼儿园与小学的区别""我为小学做准备"等过程性学习足迹，体现出幼儿为迈向小学所做的准备。"会说话"的主题墙（图3-26和图3-27），不仅可以从视觉上把大班幼儿带入他们憧憬的小学校园，而且也能潜移默化地让大班幼儿从心理上自然过渡，萌发"我该上小学了"的想法，激发他们向往小学校园生活的愿望。

图 3-26 "我要上小学"主题墙其一 　　图 3-27 "我要上小学"主题墙其二

(2) 逐步增加图文表征信息

大班第二学期，很多幼儿已经逐渐进入了识字敏感期，既往的经验帮助他们逐渐理解文字使用的意义，自然萌发强烈的书写愿望。他们喜欢模仿图书中的各种图画、符号，愿意用图画、符号等方式记录想法和发现。回应和支持幼儿识字敏感期的班级环境可以多呈现幼儿的写画表征作品，让幼儿成为环境创设与丰富的主人、班级规则的制定者。此外，大班幼儿正处于识字敏感期，会对"识字"有迫切的需求，教师可以给予的环境支持是：在以幼儿写画表征为主的环境基础上，逐步增加文字表征信息，如图文并茂的环境标识、有文字标识的班级物品、汉字的演变、百家姓等（图 3-28、图 3-29、图 3-30 和图 3-31），让幼儿在有实际意义的文字环境中，建立起文字与物品一一对应的关系，提高文字敏感性，为小学正式的汉字学习打下基础。

图 3-28　墙面布置：百家姓 　　图 3-29　墙面布置：汉字的演变

图 3-30　用图文标识划分绘本类别 　　图 3-31　"皮筋、发夹休息站"文字标识

(3) 利用"图标提醒"

"图标提醒"就是把规则提示绘画成一幅幅直观而有趣的图画或者形象的标识,[1] 通过观察、模仿、暗示等形式去指引幼儿做出相应的规则行为。小学集体生活期望儿童有一定的自我服务能力,能独立自主完成基本的日常照料。入学准备下的学习环境创设应注重潜移默化地培养幼儿的自主能力,环境中更多运用"图标提醒",帮助幼儿从他人管理状态慢慢过渡到自我管理状态。这类教育性墙饰不限于一日生活流程图、班级公约、自主进餐流程图、科学的洗手步骤、按需喝水的提醒图、自主如厕的环节说明图、增减衣物的提示图、清洁桌面的流程图、物品分类摆放标签等(图 3-32、图 3-33、图 3-34 和图 3-35)。[2]

图 3-32 "进餐习惯"的图标提醒

图 3-33 "图书借阅公约"的图标提醒

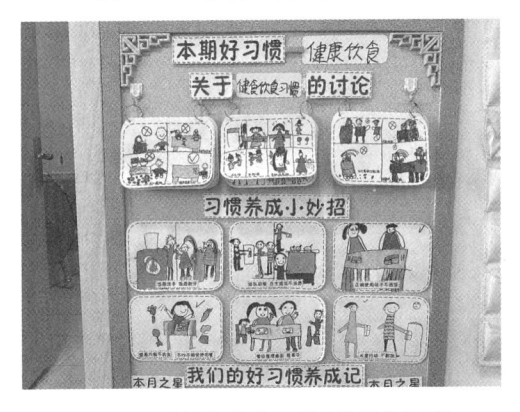

图 3-34 "健康饮食习惯"的图标提醒

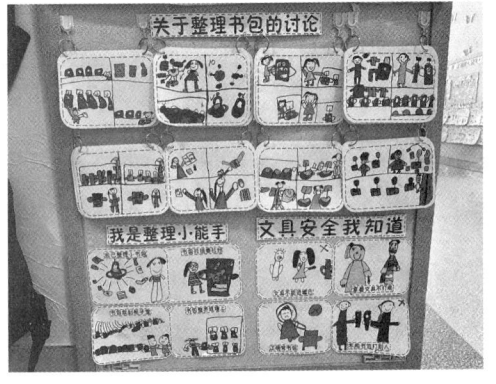

图 3-35 "整理书包"的图标提醒

(4) 增添计时工具

幼儿的时间观念养成对于他们适应小学生活和学习有着至关重要的意义。因此,

---

[1] 深圳市投资控股有限公司幼教管理中心. 幼儿学习环境的创设[M]. 北京:北京师范大学出版社,2014:312.

[2] 徐珊璐. 幼小衔接中的大班环境创设探析[J]. 教育导刊(下半月),2021(09):79-83.

教师可以在班级里、走廊里、户外活动场所等幼儿目之所及的地方,增加一系列与时间相关的物件,如时钟、时间书写介绍、日历等(图3-36)。幼儿可以借助身边的物品观察到时间的变化,不断理解和认识抽象的时间,进一步养成良好的时间观念。教师还可以引导幼儿讨论"什么是时间"等话题,并记录下来,帮助幼儿更好地理解时间(图3-37)。

图3-36　前书写区里的时间和时钟　　　　图3-37　关于时间的讨论记录

四、入学准备环境创设的案例

(一)环境创设案例一

"寻—探—忆"三部曲 打造幼儿园大班入学准备环境

◎创设背景

1. 幼小衔接的重要性

幼小衔接是幼儿从幼儿园升入小学的重要转折,意味着幼儿需要适应两种不同学习环境的转变。为了帮助幼儿做好入学准备与入学适应教育,教育部发布了《指导意见》《入学准备指导要点》和《入学适应指导要点》等文件,使幼儿园与小学双向衔接更具针对性、推动性与有效性,帮助幼儿顺利从幼儿园过渡到小学。

2. 幼儿园环境是影响幼儿全面发展的重要因素

幼儿园环境是幼儿的日常生活和学习场所,对幼儿的成长与发展会产生直接或间接的影响。幼儿园的环境包括物质环境和精神环境,物质环境包括了户外环境、室内环境、主题墙、多功能室等;精神环境包括了师幼互动、幼幼关系等,这些都属于教育环境。幼儿是通过与环境互动来主动学习的,他们的思维发展处于具体形象水平,知识经验较少,因此直接、形象、多样的环境是幼儿全面发展的重要条件和基础。

3. 幼小衔接背景下幼儿园环境创设实施情况

南山区花园城三期幼儿园对幼儿前期经验和小学学情进行分析，获悉幼小衔接需要解决的问题，并编制了幼小衔接园本课程框架。幼小衔接活动的环境创设从该课程理念出发，以幼小衔接活动为抓手，提出"寻—探—忆"三部曲的隐性课程，帮助幼儿能够快速了解小学生活，适应新的环境。

◎创设思路和实施方案

1. 幼儿园大班入学准备环境创设目标

幼儿园以幼儿为中心，珍视幼儿空间，坚持目标导向，从幼儿园、家庭、小学三个不同的场域挖掘室内外环境的教育价值，从而为幼儿创造一个熟悉、安全、温馨的幼儿园环境，帮助幼儿减轻面对新环境的陌生感和恐惧感。教师根据幼儿成长的现实需要和幼小衔接园本课程内容，与大班幼儿共同完善环境的布局，充实环境中各种设施和材料，使得幼儿能在环境中迎接挑战，不断构建新经验，降低衔接坡度。

2. "寻—探—忆"隐性课程概述

"寻—探—忆"隐性课程的灵感来自大班下学期开展的项目式学习"我要上小学"。从教师分享项目活动的开展情况发现，幼儿通常会经历对小学好奇、对上学憧憬再到对幼儿园不舍这三个阶段的情感变化。

教师从环境上给予幼儿支持，基于幼儿年龄特点和兴趣、需求出发，帮助幼儿以直观的学习方式爱上小学，同时记住陪伴自己三年的幼儿园。"寻—探—忆"三部曲打造幼儿园大班入学准备环境，让环境与课程有机结合，充分发挥其教育价值（图 3-38）。

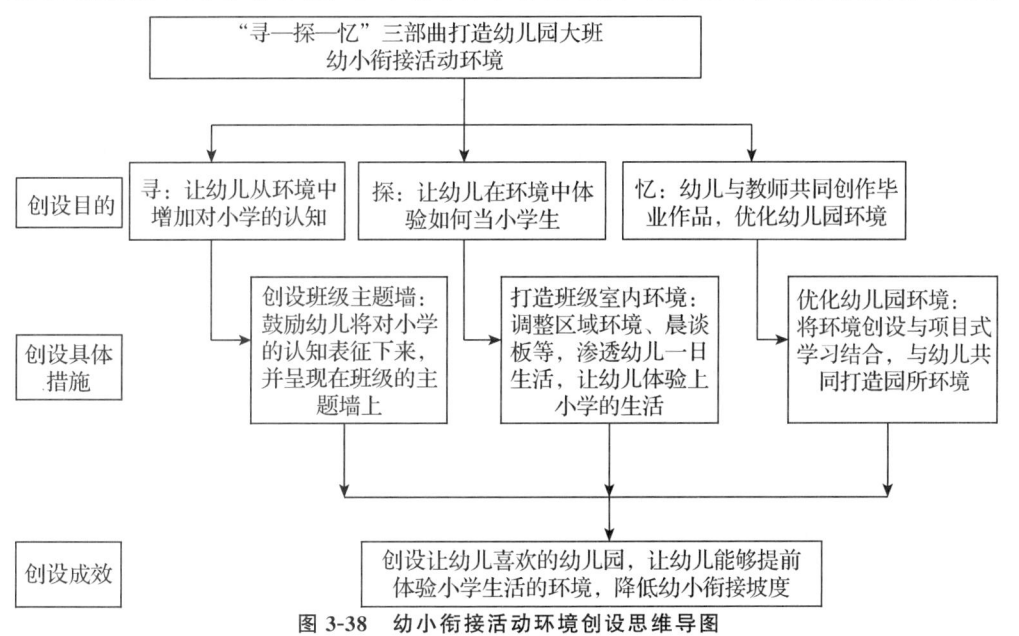

图 3-38 幼小衔接活动环境创设思维导图

参观小学、大手牵小手等活动是"我要上小学"项目中常规活动，教师将幼儿记录和表征分类呈现在班级主题墙上，让幼儿能够反复回忆自己亲身体验的场景。之后教师会根据小学与幼儿园的不同，调整区域材料、晨谈墙等，潜移默化地让环境的教育作用逐步渗透到幼儿一日生活，提前让幼儿体验小学生的生活，做好身心、生活、社会、学习的准备。此外，为了让幼儿更好地发挥在环境中的主体性，教师会与即将毕业的大班幼儿开展与环境相关的项目式学习，并将活动产品根据幼儿的想法装饰幼儿园，让其成为幼儿与幼儿园的最后情感链接。

3. 环境创设具体措施

(1) 创设班级主题墙，初"寻"小学环境。

幼儿园环境创设不仅是为了美观，还需要满足幼儿的需要，充分展现教师科学的儿童观和教育观。班级主题墙是幼儿互动最频繁的地方，是幼儿学习资源和活动的延续，记载了幼儿的生活学习经历和成果。幼小衔接主题墙的环境创设与"我要上小学"系列活动息息相关，重视幼儿表征、动手创作和亲身操作，需要教师根据活动开展情况创设班级主题墙，即"幼儿兴趣—问题采集—收集信息—记录表征—创设班级主题墙"。

进入大班下学期，幼儿对小学充满向往和好奇，收集了许多和小学相关的物品，如书包、校服等。这些物品被幼儿分门别类地摆放在了教室里面，同时会暗示幼儿即将升小学了。与此同时，幼儿还产生了一系列问题："小学是怎样的？""好玩吗？""有没有玩具呢？"带着这些问题，幼儿园开启了参观小学的活动，让小学成为幼儿学习的场景。幼儿将幼儿园与小学进行对比，找出异同，并用自己的方式进行表征（图3-39和图3-40）。

图 3-39　参观前　　　　　　　图 3-40　参观后

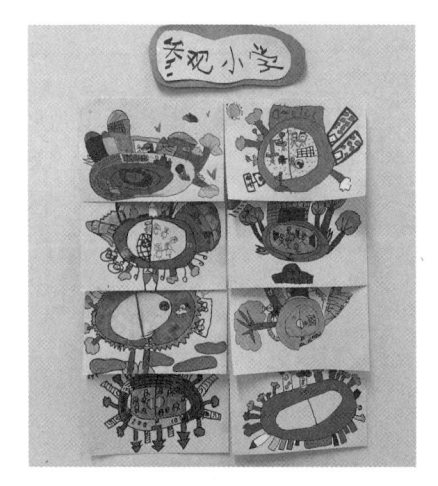

幼儿是入学准备的主体，通过实地参观、问卷调查、表征记录的方式，强化幼儿对入学准备的认知，这也是做好幼小衔接的关键。

(2)创设班级环境，亲"探"小学生活。

参观完小学以后，幼儿提出希望在自主游戏中模仿小学生的生活，教师充分尊重幼儿的意见，并给予支持，在角色区投放小学环境的材料。在游戏当中，幼儿发现问题，讨论问题，解决问题，验证方法，总结经验。幼儿通过与同伴环境材料的互动，学习与他人的合作，听取意见及协商解决所出现的问题，这些良好的社会适应能力的养成都可以让幼儿进入小学后更积极地进行人际交往。

良好的生活和卫生习惯有利于幼儿较好地、较快地适应小学的作息和生活，因此大班晨谈板丰富了值日生的职责，明确了班级幼儿分工，同时开设了"我爱劳动""自理能力展示"等板块(图 3-41 和图 3-42)，增设由保育员开展生活自理等活动，鼓励幼儿参与班级的劳动，做自己力所能及的事情。

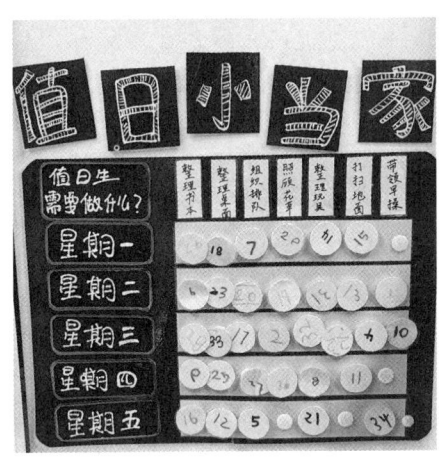

图 3-41 值日生职责

图 3-42 幼儿当值日生

身心准备是学习准备和社会准备的前提。幼儿对于上小学除了向往好奇情感以外，还会有很多其他复杂情绪的感受。教师营造了一个尊重友爱的环境和融洽的师生关系，聆听幼儿内心真实的声音。教师在教室设置了私密的树洞(图 3-43)、小帐篷，提供了心情贴纸、秘密小纸条，鼓励幼儿用自己喜欢的方式来表达不同的情绪和需求。教师通过游戏和聆听与幼儿一起

图 3-43 私密的树洞

记录，帮助幼儿学会调节自己的情绪，培养心理适应能力。

此外，根据幼小衔接对幼儿体育锻炼、精细运动等方面的要求，幼儿园户外活动增设了跳绳、篮球、足球等专项运动，营造"我爱锻炼""锻炼使我健康"的环境氛围；室内增设编织区、刺绣区、木工区等，让幼儿手眼协调、动手操作的能力得到提升。

区域环境的创设应当给予幼儿足够的自主性，避免小学化。教师根据《指南》中提到的大班领域目标调整班级区域材料，实现幼儿"玩中学，做中学"，如增加语言区前书写和前阅读的材料。班级投放了生活中常见字，让幼儿通过观察、讨论其结构，尝试仿写，潜移默化地对汉字产生兴趣。科学领域增加班级"测量身高"工具，引导幼儿从模糊测量到精准测量的过渡。

总之，通过班级室内环境的变化，逐步做好身心、生活、社会和学习四大入学准备，促进幼儿对小学学习的向往与热爱。

（3）创设园所环境，"忆"幼儿园生活。

一年不只有四季，藏在夏季太阳花里的叫毕业季。大班幼儿即将筑梦远行。每一步时光，都蕴含成长的欢乐，每一个脚印，都是成长的印记。即将毕业的幼儿，用自己对幼儿园美好的印象，大胆表达他们的所见、所想、所感。

有的幼儿留恋幼儿园的美食，有的幼儿喜欢幼儿园的区域材料，有的幼儿提出希望幼儿园户外环境多一些不一样，能够让弟弟妹妹们玩得更加开心。教师将环境创设与幼儿园项目课程相结合，让大班幼儿有机会参与幼儿园环境的建设和设计当中，将自己留恋的或者希冀的人、事、物都通过特别的方式呈现在幼儿园的环境当中，这也是即将毕业的大班幼儿能够留下对幼儿园最后的牵挂。例如，我园教师带领大班幼儿为幼儿园尝试设计攀爬架，希望幼儿园能够再多一些可以攀爬的地方，增加户外的趣味性和挑战性。

项目式学习"攀爬架"来源于幼儿园教师和幼儿讨论毕业作品要做什么。幼儿提到想要做攀爬架留在幼儿园，因为现在幼儿园户外没有可以满足自己爬的地方。这一提议迅速吸引了班级幼儿的关注。

①预设阶段，确定驱动性问题。

教师围绕幼儿共同感兴趣的话题"攀爬架"，充分挖掘幼儿已有经验和家长资源等，并得到园长的大力支持，最后确定了该项目的驱动问题：怎么设计幼儿园的攀爬架？

②实施阶段，引导幼儿实际操作。

在项目式学习活动中，维持有意义的学习情境非常重要。当项目启动时，教师并未第一时间告知幼儿园长已经同意将幼儿设计的攀爬架图纸邀请专业设计师优化落地,而是引导幼儿向园长写申请书(图3-44),让幼儿体会项目被同意的成就感。

攀爬架的设计过程是漫长的,幼儿经历了三轮的修改。教师先鼓励幼儿大胆表征设计自己心中攀爬架的样子。幼儿介绍作品时,有人提出:"我们设计好的攀爬架不适合幼儿园。"于是幼儿实地考察、调查,最后确定了攀爬架的位置。与此同时,幼儿开始关注攀爬架的样式、材质等结构,并分组绘画了设计图纸2.0版。幼儿按照分组设计的图纸尝试用木棍、绳子等材料制作成微型攀爬架。最后

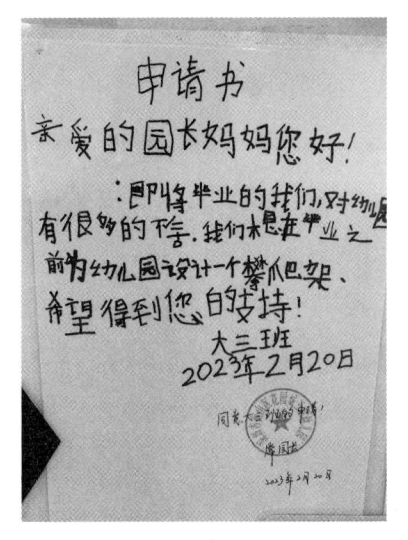

图3-44 项目式学习——申请书

园长邀请了专业设计师入园,设计师认真地倾听了幼儿的设计想法,并给予指导意见,让攀爬架使用起来更安全(图3-45)。

图3-45 项目式学习——设计图的故事

③展示阶段,多元评估。

项目式学习活动给予幼儿更多的探究机会。成果展示的阶段,幼儿自豪地、清晰地、开心地向小中班弟弟妹妹们介绍了攀爬架设计图纸。幼儿在活动中不仅提升了问题解决的能力,还发展了社会性情感。

◎创设反思

"寻—探—忆"三部曲打造幼儿园大班入学准备环境是以儿童为中心、以课程理念为行动路径、以活动为载体,让幼儿在润物细无声中茁壮成长。教师先从班级主题墙开始创设,再到班级室内环境和幼儿园环境的创设,有效帮助幼儿了解小学环

境、提升各方面能力，建立积极的心态，做好生活、身心、社会、学习四大准备。

（供稿单位：深圳市南山区花园城三期幼儿园；供稿人：陈鑫、常玲、杜阳洋）

（二）环境创设案例二

以书为桥 科学衔接——打造儿童阅读环境

◎创设背景

以儿童为主体的教育理念，尊重儿童的身心发展规律和学习特点，回归教育本真。根据《指导意见》和《广东省推进幼儿园与小学科学衔接攻坚行动方案》等文件的精神，为进一步建立多元、科学、有效的幼小衔接机制，幼儿园与联盟学校携手推动双向科学衔接，以桥梁书课程为载体，创设以桥梁书听、说、读、写、演的硬软件环境，开展基于幼小双向衔接桥梁书的主题活动，为幼儿园毕业生顺利地完成角色转变、适应小学学习生活奠定基础。

英国的艾登·钱伯斯（Aidan Chambers）在《打造儿童阅读环境》中提出："我们有必要提供一个舒适的阅读环境给孩子，让他们能有固定的阅读时间，并能心无旁骛地阅读。"《指南》中明确地提出"为幼儿提供良好的阅读环境和条件"。由此可见，幼儿园有责任为幼儿创建一个良好的、有准备的、能根据幼儿阅读能力变化而变化的绘本阅读环境。

信和自由幼儿园建立起小班、中班、大班"三级一贯式"的幼小衔接课程体系，因地制宜创设"联合式区域游戏"，共同创设班级及公共区域环境，并以阅读为特色，以桥梁书为载体，尊重幼儿与小学生的成长天性，搭建"脚手架"，建立"缓冲期"，通过课程渗入、活动促进、环境熏陶等方式，依托绘本促进"幼小双向衔接"平稳过渡，实现幼小衔接"软着陆"。

◎创设思路和实施方案

1. 物质环境的创设

幼儿在适宜阅读的环境中，能更好地产生阅读兴趣，良好的环境能促进幼儿阅读能力的发展，做好幼小衔接的多方准备。

（1）精优场地，让幼儿愿意阅读。

打造区域互动式阅读区，两班之间共用一个语言区，提升幼儿的社会交往能力，做好社会准备。因此园内桥梁书阅读角分别设在小一班、小二班、大一班，而阅读区面积的设定也表现出鲜明的年龄特点，随着幼儿年龄的增长及阅读活动开展的多样化、阅读活动强度的增加，阅读区面积逐渐呈现出扩大趋势。

为了充分发展幼儿会读、会说、会写、会画、会演、会倾听的能力，幼儿园在每个桥梁书语言区域划分了"听、说、读、写、演"五个区角(图3-46)。教师将区域柜作为分隔区中区的工具，使不同区域彼此相邻又构成一个统一的整体，既减少了幼儿在静态的"听""读""写"时受到的干扰，培养幼儿专注的阅读习惯，也给动态的"说""演"划分出充足的空间进行故事讲述与演绎。教师在阅读角中建立绘本小剧场，充分鼓励幼儿敢想、敢说、敢演，充分提升幼儿的语言表达能力，引导幼儿在演绎的过程中主动阅读故事，理解故事情节，共情人物精神，获得主动学习的能力。教师鼓励大班幼儿根据情节、图书画面对故事结果进行预测或续编、创编故事，综合促进幼儿学习品质和素养发展，为幼小衔接做好铺垫。

图 3-46　大班阅读环境部分样貌

(2)精化空间，让幼儿随时阅读。

提升阅读趣味，创设"流动式"室内阅读场所。教师充分利用走廊、楼梯、转角等公共区域，为幼儿创设多元化的阅读环境；设置流动图书架方便幼儿随时阅读，使阅读元素渗透至园所各个角落，满足幼儿的不同空间、时间的阅读需求，也为幼儿阅读活动创造有利条件(图3-47)。

图 3-47　多元化的阅读环境

(3)精饰环境,让幼儿喜欢阅读。

温馨舒适的阅读环境能将幼儿的阅读情绪和阅读心理调整到最佳状态,促使幼儿产生愉快、积极的阅读情感体验。静谧的小空间,让幼儿精心阅读;家庭式软装饰,让幼儿安心阅读;师幼共创多元墙面装饰,让幼儿潜心阅读(图3-48)。

图 3-48 精饰环境

(4)精投材料,让幼儿爱上阅读。

教师结合该阶段幼儿的年龄特征及已有认知水平等,有针对性地为幼儿提供与生活息息相关、富有趣味性、生动性、形象性的阅读材料。幼儿园建立了每个班级独有的桥梁书阅读书目,教师可根据班级幼儿的特点、兴趣,以及幼小衔接活动的开展来对班级图书进行有计划、有选择的投放与更替,不断提升幼儿的阅读水平。班级教师根据幼儿对绘本故事的理解情况,在阅读区分阶段投放桥梁书阅读材料,提升幼儿阅读品质,并投放小剧场相关材料,通过故事表演,增加阅读的趣味性(图3-49)。

图 3-49 精投材料

(5)精准评价,提升幼儿阅读能力。

在中、大班投放《家园校阅读记录册》,从幼儿园、家庭、小学教师三方引导幼儿在同一本《家园校阅读记录册》中对自己的阅读进行过程性记录。幼儿可以通过绘画、粘贴等自己喜欢的方式记录,在此基础上逐步增加文字记录,保护幼儿对符号、文字的兴趣和敏感性,做好必要的书写准备(图3-50)。教师、家长观察幼儿在不同时期的阅读变化,依据变化做出有针对性的、指导性的、陪伴式的评价。家长通过记录册能更真实了解幼儿在园、在校成长的真实场景,科学认识幼小衔接,准确制定帮助幼儿成长的目标与方向,使阅读成果可视化。幼儿通过翻看记录册,慢慢看见自己的变化,逐渐学会自我反思,最终内化阅读内容。

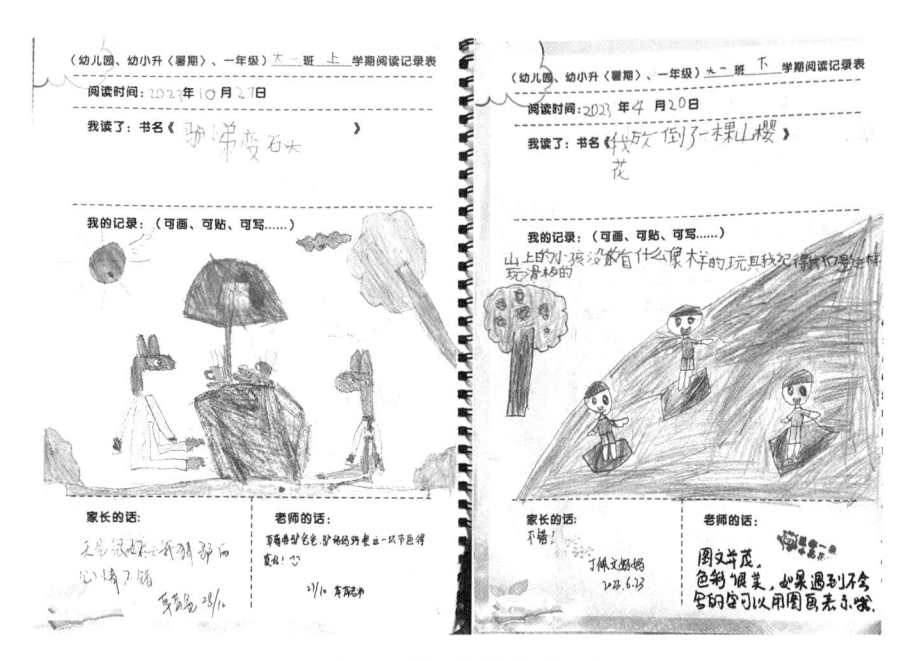

图 3-50 《家园校阅读记录册》

2. 非物质环境的创设

非物质环境主要是指和谐的精神环境、幼儿"四互动"及充足的阅读时间。

(1)和谐的精神环境。

阅读是一种精神和心理行为,阅读心理影响阅读效果。选择在光线明亮的空间投放一些卡通小沙发、靠垫或者小帐篷,并将书籍分类摆放以创设安静的阅读环境,使幼儿在此环境中获得心理安全感,能放心、安心、潜心阅读(图3-51)。这无形中促进了幼儿专注力的发展,为幼儿提供独立思考的空间,为幼小衔接奠定基础。

图 3-51　幼儿在和谐的精神环境里潜心阅读

(2) 良好的幼儿"四互动"。

①环境互动。

阅读环境只有与幼儿有效交互才能发挥真正的作用,借助游戏、表演等形式,充分利用环境资源,促进师生互动、幼幼互动,让幼儿在合作、交流中提升社会交往、语言表达的能力,提升阅读的愉悦感。

②师幼互动。

在幼儿早期阅读教育中,教师扮演着支持者、合作者、引导者的角色。教师爱阅读,常阅读,且经常和幼儿分享阅读,能充分发挥榜样示范作用。指导幼儿阅读时,教师自身要有良好的阅读习惯,且用语准确规范、清晰易懂、亲切优美,能发挥语言的魅力,激发幼儿的阅读兴趣和求知的欲望。

教师的态度和期望值很大程度会影响幼儿阅读的情绪。教师在阅读过程中给予幼儿更多关注和鼓励有利于保护幼儿的阅读兴趣,激发幼儿阅读的积极性,帮助幼儿获得积极情绪体验,做好身心准备。在班级适宜、有趣、丰富的阅读环境中,教师坚持常态化开展多样化的阅读活动,支持幼儿持续的阅读行为,如师幼集体共读、幼儿自主阅读、区域演绎阅读故事等(图3-52)。通过与幼儿良好的沟通互动,教师

图 3-52　集体共读和演绎阅读故事

可以发现幼儿喜欢的主题阅读材料和活动形式，实时掌握幼儿的阅读状况，并根据幼儿年龄特点和兴趣，适时向幼儿提供和更换阅读材料，调整活动形式。随着课题的深入开展，幼儿的阅读能力不断提升，教师的教学组织方法及深度也会不断优化。

③幼幼互动。

同伴对于幼儿阅读兴趣也有着较大的影响，同伴共同参与的阅读活动更能激发幼儿的阅读兴趣，而同伴的阅读行为也会对幼儿产生榜样示范作用。阅读兴趣高的幼儿可以带动阅读兴趣低的幼儿，在阅读的过程中，共同提高自身的阅读能力。一定的同伴交流能够让幼儿学会倾听、分享、接纳，做好幼小衔接中的学习准备和社会准备，这是一个不断积累阅读经验的过程。从前期的看与听，到中期的读与讲，再到后期的创与演（图3-53），幼儿在与同伴的互动中不断积累阅读经验。例如，"故事大王"活动，教师鼓励幼儿在同伴面前充分展示自我，大胆自信地表达、分享故事，加深对故事理解的同时，也发挥了同伴的榜样作用。

图3-53　阅读后期幼儿的创编与表演活动

④亲子互动。

在幼儿成长过程中，家长的陪伴尤为重要。亲子互动是幼儿继续探索阅读的兴趣基础，也构成幼儿早期读写能力发展的社会文化基础。家庭中，为幼儿创设一个自由的阅读空间，根据幼儿的喜好和兴趣提供丰富的阅读材料，让幼儿阅读自己喜欢的书，能享受阅读的乐趣。在幼儿的阅读中，家长也要做好指导，及时解决幼儿提出的问题，引导幼儿思考，使幼儿从成人共读逐步过渡到自主阅读。

幼儿园协助家长，共同制订并执行"幼小双向亲子共读"家庭阅读计划，引导幼儿有计划地做事；还可以通过线上亲子阅读打卡、亲子阅读时光（图3-54）等方式助力家校协同教育，充分发挥幼小衔接中家庭教育的作用。通过亲子阅读，家长可以及时了解幼儿心理的变化,进而帮助幼儿进行心理疏导,增进亲子情感,也有助于幼儿在幼小衔接中的心理适应。

图 3-54 亲子阅读

3. 充足的阅读时间

前面所创设有准备的阅读环境都是为了能使幼儿喜爱阅读,享受阅读,为自己而阅读。所有的阅读都是需要时间的,幼儿的阅读能力在不断阅读的过程中得到巩固和提升。

幼儿每次阅读时间大约为15分钟(一天安排两次),需保障阅读时间的有效性。每天设置特定的时间让幼儿进行阅读活动,一天两次阅读活动中可根据班级幼儿的年龄特点灵活安排。实施过程中,逐渐形成惯例,让幼儿每天坚持阅读,形成动力定型,培养幼儿从小班至大班良好的阅读习惯,做好幼小衔接准备,并逐渐获得终身学习的能力。

◎创设反思

在打造幼儿阅读环境的过程中,教师深刻意识到阅读环境的创设对于培养幼儿的阅读兴趣、习惯和能力至关重要。在物质层面上,一个充满书籍、色彩丰富、布局温馨的阅读环境,能够有效吸引幼儿的注意力,激发他们的阅读兴趣,还能促使其产生探索知识的欲望。幼儿自主自发阅读的次数不断增加,逐渐养成阅读的习惯。在阅读过程中,幼儿通过记录自己的阅读轨迹,锻炼了前书写能力,增加了对文字的敏感度,逐步提升了自己的阅读能力和品质。在非物质层面上,幼儿通过阅读故事、角色扮演等方式与同伴进行互动,增强了同伴之间的情感交流和社会交往,也促进了幼儿的语言发展。在与教师共同阅读过程中,也建立起了和谐的师幼关系。根据家长的反馈,亲子阅读时光的增加,亲子之间的关系也愈发紧密。同时,幼儿在阅读时也能逐渐理解复杂的情感和社会关系,逐渐形成正确的价值观和世界观。

随着幼儿阅读能力的不断提升，教师也在不断探索着需要优化的部分。在物质层面上，教师可以引入更多互动式的阅读材料，如 AR 书籍、有声读物等，让幼儿在阅读过程中有更多的参与感和体验感；还可以借助社会的资源，与图书馆、绘本馆、社区等搭建平台，为幼儿提供更多优质的阅读资源。在非物质层面上，教师可以开展"故事爸爸妈妈""亲子讲故事"等活动，鼓励家长参与幼儿的阅读活动，共同营造家庭阅读氛围；还可以邀请幼儿绘本作家、插画师等专业人士来园举办活动，以激发幼儿对阅读和创作的兴趣。

幼儿阅读环境的打造，无论是在物质层面，还是在非物质层面，都对幼儿产生了积极的影响。读万卷书，行万里路。教师将会与幼儿继续相伴成长，一路同行，一路同心。

（供稿单位：深圳市南山区信和自由幼儿园；供稿人：刘燕琴、陈慧）

(三)环境创设案例三

幼儿园里的"小学教室"

◎ **创设背景**

在开展"我要上小学"的主题活动中，教师和幼儿讨论"幼儿园和小学的不一样"，其中幼儿关注到了小学教室和幼儿园的教室具有极大的差别。"小学教室没有玩具""小学教室有大大的黑板""小学教室的桌子是高高的""小学教室是一个人一张桌子"……在这样的教室里是什么感觉呢？为了帮助幼儿从心理上和思维上认识小学教室，理解小学教室空间结构中的关系与规则，为即将到来的小学学习生活做准备，教师决定和幼儿一起以幼儿园三楼平台为场地设计一个模拟小学的教室。

◎ **创设思路和实施方案**

1. 考察平台情况

通过视频"云参观"小学，幼儿基本明确小学教室有大黑板、独立桌椅，桌椅一人一张并且排列整齐，中间留出过道。教师和幼儿来到三楼平台实地考察平台的空间方位与面积：首先，确定平台中间的空地上放置课桌，空间足够大可以前后左右排开，并留出过道；其次，考虑到大黑板需要安装在墙上，并面向幼儿展示课堂内容，由此确定平台靠前的一面设置黑板；最后，桌椅后方就是进出教室的"门"所在位置，右侧的走廊就像教室的窗户一样。由此，幼儿在实地考察的基础上，对未来教室场地进行了空间规划。

2. 绘制设计图

实地考察规划之后，幼儿开始绘制未来教室的设计图。标记课桌、黑板、入口的位置及相互之间的关系。同时也能够表示清楚未来教室所在的位置与周围空间的关系，未来教室在大二班的前方，大一班、大三班可以通过走廊来到未来教室。但是对于具体摆放几张课桌幼儿产生了分歧，有的幼儿认为这个空间可以摆放 9 张课桌，有的幼儿认为只能摆放 6 张课桌（图 3-55），因为需要在课桌之间留通行的过道，否则就"太挤了"。到底可以放几张课桌呢？教师提议通过实地测量来确定。

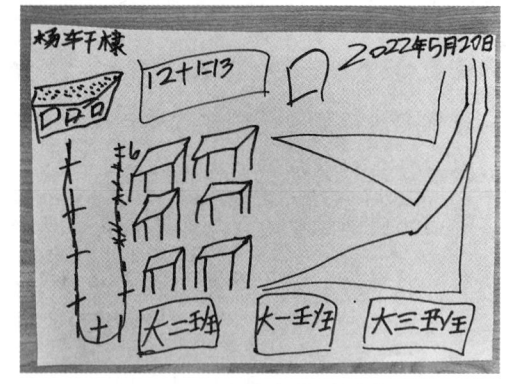

图 3-55　6 张课桌的"教室"

3. 现场测量

通过观看小学教室视频与初步讨论设计，幼儿已经清楚未来教室需要包括讲台、座位、过道和入口四个区域。但是幼儿仅凭现场考察无法把握各个区域所占空间大小，只能进行方位的大致划分，因此无法确定座位区域有多大，可以放几张课桌。幼儿无法计算面积来划分区域，但是可以通过各自所占的长度、宽度来推算大致位置。为此，教师引导幼儿从横向和纵向两个维度进行测量，分步解决以下三个问题。

第一，场地有多长、多宽？

第二，讲台、座位、过道和入口区域有多长、多宽？

第三，座位区域横向和纵向分别可以放几张课桌？

（1）测量准备。

①制订测量计划。

基于待解决的问题，教师和幼儿一起制订了测量计划：第一，先测量平台场地的长与宽；第二，确定讲台的长与宽，黑板的高度、长度与宽度；第三，确定一个座位的长度和宽度、过道的宽度，并现场标记测量纵向与横向的尺寸；最后梳理测量情况，明确各功能区域的空间位置。

②测量工具及人员。

班级常用的测量工具有短尺、长尺、皮尺、长绳；两个测量员与一个记录员作为一组进行测量。

(2)开始测量。

①测量场地所在平台的长度与宽度。

幼儿来到三楼平台,实地测量时发现短尺、长尺和皮尺都太短了,无法直接测出平台的长与宽。其中一组幼儿想到分段测量的方法,依据地面的砖缝和墙面的物体为参照点进行分段测量和标记,几个数相加的总和就是这一个边的长度了。另一组幼儿想到了可伸长收缩的卷尺,用卷尺的小组很快就测出了场地的长度为 320 厘米和 369 厘米,宽度为 320 厘米(图 3-56)。

图 3-56　卷尺测量

②确定讲台及黑板的尺寸。

幼儿知道教室前方是讲台所在位置,讲台是老师讲课的地方,讲台的墙面上是黑板,而且有可以放视频的设备。讲台有多宽(黑板墙面到第一排座位的距离)呢?教师站到讲台位置,模拟小学老师讲课板书的行为,幼儿通过测量认为教师大概使用长 128 厘米、宽 320 厘米的讲台活动空间合适,并且用泡沫板模拟黑板,逐步挪动到舒适的位置,确定黑板底边离地面高度为 112 厘米,黑板尺寸应大概为长 160 厘米、宽 90 厘米(图 3-57)。

图 3-57　用泡沫板当作黑板

③确定座位、过道的尺寸并测量。

通过查找资料,幼儿知道小学课桌的尺寸大约是长 60 厘米、宽 40 厘米。然而,还有以下几个问题需要解决。第一,幼儿座位活动的距离是多宽呢?大家请一名幼儿坐在椅子上,测量幼儿在椅子上需要的活动距离大概是 60 厘米,所以一个座位在纵向的"列"上需要 100 厘米的距离;第二,过道设置多宽呢?大家测量了幼儿自由穿行的宽度大概是 30 厘米。教师提醒幼儿:"老师也会在这里活动。"于是幼儿测量教师自由穿行的宽度大概是 40 厘米,选择较大者 40 厘米为过道的宽度,在横向的"行"上则是过道宽度与课桌宽度。确定纵向长度上及横向宽度上的各项尺寸后,教师与幼儿用卷尺测量相应的区域宽度，边测量边在地面进行标记。

经过测量，幼儿欣喜地得出可以放置 4 张课桌的结论。由于测量的数据包括横向和纵向两个维度，测量结束后，教师引导幼儿梳理数据，并绘制平面草图，帮助幼儿体验和提炼测量的转化价值（图 3-58）。

4. 绘制优化的设计图

在测量和梳理平面草图的基础上，幼儿确定了"小学教室"各个功能分区的空间大小与位置，尤其是解决了最初估算课桌数量的分歧。幼儿在此基础上对"小学教室"设计图进一步优化，对讲台、座位、入口和过道的设计基本一致，并且增添了更细致的设计：讲台上有教师放置教材教具的桌子或柜子、打印试卷的打印机、上讲台的台阶（图 3-59）；在黑板上写了相应课堂内容的表征，如英语课写了字母，数学课写了算术等；在教室的后面或旁边有放置书包的柜子；教室的上方还有一个投影仪和摄像头。

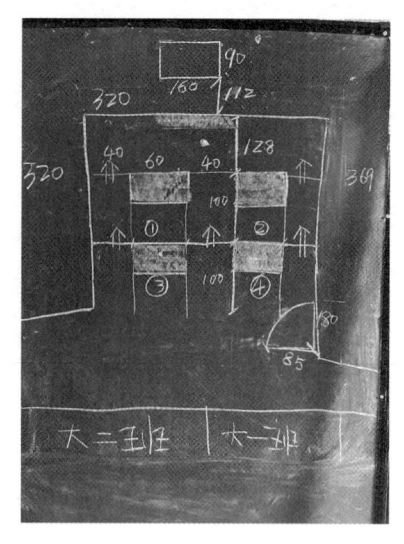

图 3-58 测量结果梳理

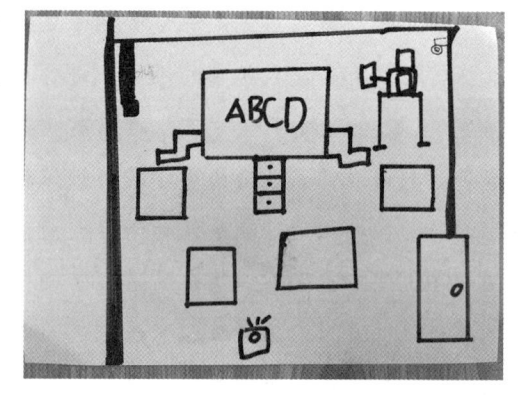

图 3-59 教师的柜子和打印试卷的打印机

5. 布置"小学教室"

得到合理的设计图之后，幼儿开始着手布置"小学教室"。教师和幼儿先就如何基于设计图布置教室进行了以下四个方面的讨论。

第一，教室应该有前后两块黑板。在讨论怎么制作"小学教室"黑板时，幼儿进一步发现小学教室后面也有黑板，为什么后面也有黑板？闹闹说："前面黑板是老师讲给小朋友的东西，还有电视和黑板在一起的，不分开。"丹琪说："后面的黑板是小朋友写给老师看的，让老师看对不对。"关于拿什么制作黑板，幼儿想到了三个方案：一是"用家里的黑板墙贴，贴起来就可以了"；二是"把班上的小黑板搬过来"；三是"用很多白纸拼起来，老师用铅笔写字"。最终考虑到取材的便捷性和黑板的实用性，幼儿选择了班上的小黑板。

第二，教室的班牌。幼儿已经知道每个教室都有班牌，表示这个教室是什么班的。但是小学教室的班牌是什么样子呢？于是，幼儿自己动手进行班牌设计，有只写明班级的简约班牌，也有设计了很多图案和花纹的班牌（图 3-60）。在投票选择时，幼儿都赞同闹闹的简约版本，因为小学的班牌就是很简单的，"小学不像我们幼儿园有那么多图案，它都是空白的"。

图 3-60　有花装饰的班牌

幼儿已经认识并接纳小学与幼儿园教室环境的不同。

第三，教室里的规则。在这个"小学教室"里需要遵守哪些规则呢？幼儿给出了以下六条，教师就每一条规则跟幼儿讨论其原因。

①不能迟到，否则罚站——会耽误自己学习。

②不能带零食、玩具、手机——零食、玩具可以带，但是上课的时候不能吃、不能玩，下课再拿出来。

③老师讲话的时候，不能说话——会影响别人听老师讲话。

④不要把小学的课本当故事书看——因为课本不是故事书。

⑤不可以上厕所——会影响学习，实在忍不住就跟老师说。

⑥要表现优秀，成绩好也很重要。

可以看出幼儿能够将在幼儿园阶段养成的一些规则意识与认知迁移到未来小学环境中，并且存在一定的学业成绩焦虑，例如，在小学要成绩好，有很多作业，小学课本不是幼儿园常看的绘本。

第四，安排"小学教室"作为一个大班组共有的活动区域，如何满足三个班的小朋友来体验呢？幼儿产生了分歧，一部分幼儿赞成三个班轮流来玩，"因为可以不打扰别人，也不被打扰"；另一部分幼儿认为三个班一起活动更好，"因为可以认识新的朋友，还可以认识新的老师"。于是，教师提议，两种方法均可尝试一下，对比哪种活动安排更合适。

个别幼儿还根据班级最近玩光影游戏的经验，提出像光影游戏那样制作投影仪，可以播放图片和视频。明确"小学教室"的黑板、教室规则和活动安排之后，教师和幼儿一起布置教室。

6. 体验"小学教室"

教室布置好之后，幼儿迫不及待地想体验一下，于是五六名幼儿为一组来到"小学教室"，幼儿发现小学教室环境与幼儿园的不同：第一，课桌不一样，幼儿园是几个人一张桌子，小学是一个人一张桌子，还有抽屉放东西很方便；第二，小学老师在专门的讲台上上课，幼儿园老师跟我们一起玩；第三，小学教室里面空空的，幼儿园有很多玩具和图案。

熟悉教室环境之后幼儿自发开展了"上课"的角色游戏。四名幼儿扮演小学生，一名幼儿站在讲台上扮演老师，并模拟自己认知里的小学课堂，例如，学生课前起立问好；教师在讲台上教授知识、布置作业、板书；学生安静坐好并举手回答问题（图3-61）；学习委员会收作业等。在体验的过程中，幼儿已经对未来小学教室中的规则及其原因有了客观的认知，并且理解了小学生的行为规范。

图 3-61　安静坐好并举手回答问题

◎ 创设反思

在设计"小学教室"的实践活动中，幼儿经历了实地考察后的初步设计、现场测量后的优化设计，不仅知道小学教室有哪些设施设备，而且理解这些设施设备的用途及在小学教室中可能发生的教学生活。幼儿在活动中获得的经验提升主要包括以下四个方面。

1. 丰富幼幼与师幼之间的合作交往经验

首先，在测量与布置"小学教室"的过程中，幼儿需要承担测量与记录、布置讲台与课桌等不同的分工，但不同分工需要同步进行，相互协调，才能完成测绘与布置的任务，丰富了幼儿分工合作的经验。其次，不分班级参与"小学教室"活动，幼儿可以与其他班级幼儿一起游戏，认识新朋友，拓展了幼儿的交往范围。最后，在整个"小学教室"创设活动中，教师充分尊重幼儿不同的想法，并一起探讨不同方案的可行性，营造了一种包容接纳的师幼交往氛围。

2. 培养幼儿良好的规则意识

幼儿通过讨论小学教室里的规则及其原因，并在体验"小学教室"的角色游戏中亲身感知规则的具体情形与意义，有效理解了教室规则的含义与必要性，形成良好的规则意识，更好地在未来小学生活中理解、遵守班级、课堂纪律。

3. 帮助幼儿理解小学教室生活

在逐步深入的"小学教室"设计中，幼儿对小学教室环境与人际关系产生了更为具象的认知，不仅停留在教室里有哪些设施设备，还理解小学教室里建立在空间和设施上的学习生活。例如，讲台是教师讲课的地方，黑板是书写记录重要知识点的地方，上课的时候要举手回答问题，不可以打断教师说话，教师会给我们讲课、发试卷和布置作业等。

4. 发展幼儿的问题解决能力

教师创设"小学教室"活动要以满足幼儿的真实需要为目的，以在实际情境中解决问题为导向。幼儿经历考察、初步绘制、测量、完善设计图、布置和体验六个环节，既有分工合作，也有独立思考。幼儿在考察现场条件基础上进行空间规划与初步设计，并在测量基础上进行优化设计过程中锻炼了工程思维。幼儿基于平台实地测量、讲台与黑板尺寸、座位与过道尺寸确定课桌的数量，积累了运用数学方法解决实际问题的经验，并发展了数学思维。

随着活动的持续开展，教师发现在体验"小学教室"环节还需要进行更全面的规划：一方面，要让更多的幼儿参与体验；另一方面，需要在体验基础上深入探讨和理解小学教室中的活动，帮助幼儿不仅形成对小学教室的认知，还要逐渐形成心理上的接纳与适应。随着幼儿的深入探索，教师将会和幼儿探讨"小学教室"活动中发生的情境，帮助幼儿理解"小学教室"中教师与学生的关系、空间规则和功能分区，体验在小学教室学习与生活的感受，满足幼儿直观感知的学习特点。

（供稿单位：深圳市南山区首地幼儿园；供稿人：姜月波、刘思岑、王静、吴斯、尹运霞）

(四)环境创设案例四

渗透于环境的幼小衔接

◎ **创设背景**

1. 本班幼儿对小学生活充满期待

本班幼儿马上上小学，而且还去过小学实地参观，对小学生活充满了兴趣和期待，对小学生活的一切事情充满好奇。为了不让幼儿的兴趣减弱，教师对班级环境进行了一系列的优化。为了让幼儿在步入小学时，做好身心准备、生活准备、社会准备和学习准备这四大准备，教师主要从区域材料、区域环境进行改造优化，为幼儿提供活动材料、创造活动情境，使幼儿在学习过程中充分融入材料、环境等因素，提升幼儿的自主思考和探究能力，提高幼小衔接教育水平。

2. 本班幼儿在自主游戏中存在问题

由于本班幼儿在区域游戏活动中不能专注持久的游戏，容易分神和串区，为了培养幼儿游戏的专注力和持续力及在游戏过程中逐渐学习人际交往技巧，教师对区域材料进行了调整。例如，教师提供对战型材料、合作型材料和低结构材料来帮助幼儿在操作材料时能体验到对战、合作和专注游戏的乐趣，从而养成良好的游戏习惯。

此外，本班幼儿较缺乏任务意识，为了培养好本班幼儿的任务意识，教师通过制作操作单，让幼儿在区域时间内除了自主游戏外，还能有意识地完成操作单，从而促进幼儿的任务意识培养。

3. 本班幼儿需要为上小学做好前书写能力的准备

《指南》中指出，大班幼儿应具有书面表达的愿望和初步技能，能够正确书写自己的名字，并愿意用图画和符号表现事物或故事。为此，教师提供适宜的学习环境，吸引幼儿学习书写的欲望，而且本班幼儿本身对汉字有浓厚的兴趣，喜欢识字写字。大部分幼儿能书写出自己的名字，但只有小部分幼儿的笔画笔顺是正确的。为了让幼儿养成正确的笔画笔顺书写习惯，感受汉字的书写顺序，提供一个良好的学习环境尤其重要。

◎创设思路和实施方案

1. 精神环境的创设

（1）改造角色区，感受小学课堂。

角色扮演可以增强幼儿的环境适应能力，促进社会交往能力的发展。参观完小学课堂之后，幼儿跃跃欲试，想在幼儿园上课。为了让幼儿感受小学生课堂，教师与幼儿一起讨论将角色区改造成"花园小学"（图3-62），创设出小学课堂情境，从而帮助幼儿通过角色扮演逐渐熟悉小学，消除陌生感，调动幼儿的积极性和主动性，激发幼儿对小学生活和学习的向往之情。为了更贴近小学生课堂，教师和幼儿一起制作装饰讲台，幼儿通过回顾参观时的照片发现，小学讲台上是"好好学习，天天向上"，于是根据班级特色设计新的标语："像花儿一样微笑，像大树一样挺拔"。在游戏过程中，幼儿发现个别"学生"不尊重"小老师"，为此一起讨论制作了上课公约（图3-63）。

图 3-62 "花园小学"

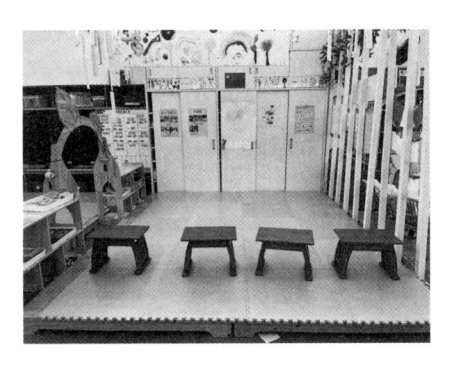

图 3-63 上课公约

在这个区域里，幼儿可以进行角色扮演。教师提供笔记本和铅笔等材料，让幼儿在扮演学生时能进行书写记录。由于班上幼儿曾到小学参观过，且班级大部分幼儿都是二孩家庭，有了实地考察和哥哥姐姐前期的经验支持，本班幼儿对于小学的课堂活动有所了解。在日常的集体教学活动中，教师会通过观看相关绘本和视频帮助幼儿了解小学课堂。进入角色区的幼儿大多能根据日常观察教师的行为习惯和知识经验，有模有样地扮演"教师"给"学生"上课（图3-64和图3-65）。幼儿对小学课堂更深入地了解后，还能在上课过程中提供"课间"让"学生们"喝水休息。

图 3-64 "学生"上课

图 3-65 "教师"授课

（2）班级开展"字字小宇宙"和整理书包的项目活动。

在大班这一学年，本班教师为了让幼儿能提前做好幼小衔接，发掘幼儿兴趣，与幼儿一起深入探究，在上学期开展了有关汉字和整理书包的项目活动（图3-66）。在"字字小宇宙"活动中，幼儿认识了更多的汉字，对汉字更加了解和喜爱，开始感受汉字的书写顺序。在整理书包的活动中，幼儿提出书包乱的问题，找出

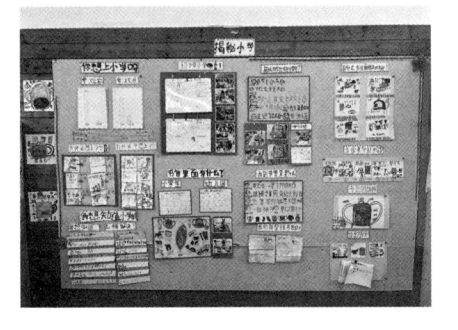

图 3-66 整理书包的项目活动

整理书包的方法,最后养成整理自己物品的良好习惯。这两个项目活动,后续都得到了家长的反馈:本班幼儿识字量比其他班幼儿多,整理收纳自己物品的能力也比其他幼儿强,较少出现丢三落四的情况。

2. 物质环境的创设

本班区域材料主要以高结构材料为主,大部分是独自操作完成的。游戏材料是幼儿游戏活动的操作对象,是幼儿建构、学习和发展的媒介。为了促进幼儿的全方面发展,并在区域游戏中培养幼儿的规则意识、团队意识、创造力和自我服务的能力,教师将幼小衔接的教育理念渗透到区域游戏中,通过观察幼儿的兴趣,以及与幼小衔接相关的内容进行挑选和制作适宜本班幼儿的区域材料,让幼儿真正做到玩中学、学中玩,为幼儿步入小学奠定良好的基础。

(1)提供合作类材料。

在区域活动中提供合作类材料,体验友好合作的乐趣。教师在区域中提供多种合作类材料,让幼儿体验与他人合作的重要性,在游戏中学会友好协商、合理安排等合作方法,在合作中感受与他人协作的乐趣,并在游戏中学会分工合作及处理同伴之间的关系。例如,刚开始投放百块拼图材料时,幼儿不会分工,导致无法完成拼图;在掌握合作的技巧之后,幼儿开始尝试分工,在不断地分工合作中,完成拼图的时间越来越短(图3-67和图3-68)。

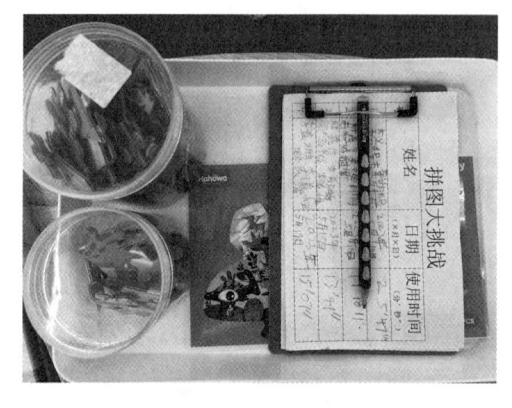

图 3-67 百块拼图　　　　图 3-68 分工合作完成拼图

(2)提供对战类材料。

教师提供对战类材料,激发幼儿的竞争意识。大班幼儿具有一定的好胜心,喜欢竞赛类游戏。教师在区域中提供对战类材料,让幼儿在不断挑战中体会竞赛的乐趣,感受获胜的愉快心情,自我消化失败的情绪,学会正确看待输赢,如设立独立的棋类区,提供各种棋类材料(图3-69和图3-70)。

图 3-69　国际象棋 　　　　　　　　图 3-70　斗兽棋

（3）提供低结构材料。

教师提供低结构材料，激发幼儿的探索欲。低结构材料具有多元性、无固定玩法的特点，是进行自主探索的重要载体，幼儿能依据自己的兴趣和想法进行游戏，为幼儿的想象力和创造力提供广阔的机会和平台，满足了幼儿探索世界万物的天性。例如，报纸，用简单的玩法就能锻炼幼儿的耐心和专注力，还能让幼儿自己创造撕纸拼接等不同的玩法；按钮材料，需要用较大的手指力量进行按压和扣取，能很好锻炼到幼儿手指的力量，从而促进前书写能力的发展，由于结构简单，幼儿还能创造出拼数字、拼汉字等不同玩法（图 3-71 和图 3-72）。

图 3-71　按钮拼数字 　　　　　　　图 3-72　按钮拼汉字

（4）提供自制材料。

教师自制游戏材料，促进前书写能力的发展。大班幼儿即将步入小学，对大班幼儿进行前书写教育，能够培养幼儿前书写能力及与书写有关的态度、期望、情感和行为技能，丰富幼儿前书写经验，激发幼儿前书写的兴趣，养成良好的前书写习惯，从而为幼儿进入小学学习打下基础。教师投放书写名字的游戏材料（图 3-73），通

图 3-73　书写材料

过检索将名字的每一个笔画都用数字标上正确的书写顺序，让幼儿可以按照数字顺序描绘名字，通过描绘感知笔画的横平竖直，逐渐掌握握笔、运笔和控笔的技能。

3. 学习环境的创设

《入学准备指导要点》的学习准备中提及，教师要保护幼儿的前书写兴趣，做好必要的书写准备。教师要有意识地引导幼儿运用文字和符号记录和总结游戏的过程、想法或者结果。上小学后，幼儿不可避免地需要书写汉字，为了在幼儿园期间培养好幼儿的前书写兴趣和能力。在大班下学期，教师将操作区和数学区的材料都设置了相关的区域操作单（图3-74和图3-75），操作单上除了必要的姓名和日期外，幼儿还可以记录自己挑战的关数或者记录挑战的时间。幼儿通过边操作边记录，进一步思考和反思自己的游戏情况，也可以通过对比前面幼儿的游戏情况，来判断这份游戏的难易程度，还能激起好胜心，不断挑战自我超越前面的记录。但在刚开始实行区域操作单时，大部分幼儿都没有养成记录的习惯，为了让班级幼儿能养成边游戏边记录的习惯，教师采用了几种方式激励幼儿进行记录。榜样法——在集体中表扬奖励每次都能进行记录的幼儿；奖励法——给予最高纪录保持者或坚持做记录者小礼物作为奖励；讲解法——在集体活动中与幼儿讲解，这个操作单为什么需要书写，除了能记录自己的成绩外，还能让教师根据记录单的情况对材料进行调整，更新或者添加材料，帮助幼儿深入游戏。

图3-74　区域操作单　　　　　　　　　图3-75　幼儿的记录

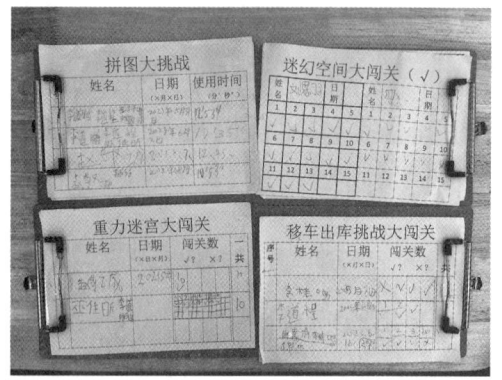

环境创设中的文字应以手写为主、打印为辅，手写的文字因为可塑性强，且能够提高幼儿的参与度，并在一定程度上增强幼儿对文字环境的亲切感与归属感。教师在学习环境设置中做了以下创设。

在语言区，教师提供了许多材料促进幼儿认字和识字，如汉字的演变（图3-76）和画一笔变新字等材料，并设置了书写角（图3-77）。幼儿在每日的区域活动中通过操作材料不断认识新字并巩固对汉字的认识。书写角中有毛笔等书写材料，让幼儿在书写角中使用不同材料进行书写，增强书写的欲望。

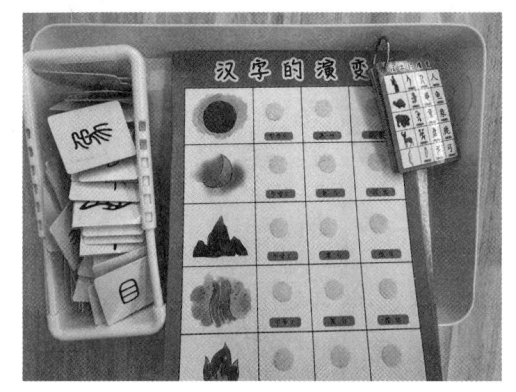

图 3-76　汉字的演变　　　　　　　　　图 3-77　设置书写角

大班幼儿会经常书写区域计划，许多幼儿不知道自己想玩的材料名称，导致书写的计划都是乱涂乱画，看不出是什么计划。在制作班级区域标识（图 3-78）时，教师采用文字和图片相结合的模式让幼儿感知游戏名称并尝试模仿书写，并鼓励书写能力强的幼儿进行模仿书写，让书写能力弱的幼儿参照绘画做好每日的区域计划（图 3-79）。

图 3-78　幼儿制作的区域标识　　　　　图 3-79　幼儿的区域计划

此外，教师还设置了每日签到板（图 3-80）。刚开始教师出示了一些幼儿认识的汉字让幼儿进行书写，到后期让幼儿使用自己会写的字进行签到，在每日签到过程中，幼儿能不断感知和掌握简单的汉字。为了让幼儿在环境中有参与感，教师让幼儿参与书写区域规则的要求，鼓励幼儿自己书写展示给其他幼儿观看，激起幼儿学习的欲望（图 3-81）。

图 3-80　每日签到板　　　　　　　图 3-81　幼儿参与书写区域规则牌

◎创设反思

1. 培养了幼儿的语言表达能力，加深了幼儿对小学课堂的认识

在游戏过程中，幼儿养成了协商轮流的意识，能友好沟通游戏规则，参与游戏的幼儿轮流当不同课程的"小老师"和"学生"。班级幼儿根据已有经验在角色扮演中不断发现和提出问题，通过不断地讨论去解决问题，并完善了区域里的角色扮演，如加入了"课间"的休息喝水时间，要自己准备书包水壶"上课"，"小老师"教授加减法，等等，使其更接近真实的小学课堂。如此一来，幼儿在游戏中感受了小学课堂，初步了解了小学生的课堂活动，学会了上课的规则与要求，发展了语言沟通表达能力，通过每日的角色扮演逐渐期待上小学，建立起积极的入学期待。

2. 提升了幼儿的任务意识，促进前书写能力的发展

投入区域操作单后，班上大部分幼儿都能做到游戏时进行记录，大大地提高了本班幼儿的书写能力，激发了幼儿书写的欲望，还培养了部分幼儿的任务意识，知道每次进区游戏都要完成操作单。通过自制材料，大部分幼儿都能正确地书写自己的名字，感受书写笔画笔顺的乐趣。

3. 培养了幼儿合作、专注、坚持的良好学习品质

区域游戏过程中，幼儿在不同的区域都能在游戏中学习和提升，能在游戏中摸索出合作的乐趣和好处，慢慢开始养成团队意识和合作精神的良好品质。在对战游戏中，幼儿培养了良性的竞争意识及做事的专注力和坚持性。在低结构材料游戏中，幼儿尝试创新与挑战，促进了想象力与创造力的发展。在书写游戏中，本班幼儿的书写能力得到了发展，做好了入学后正确书写汉字及名字的准备。

（供稿单位：深圳市南山区西丽幼儿园；供稿人：谢月梅）

第四章 入学准备课程实施：一日活动的组织与实施

著名教育家陶行知提出"生活即教育""一日生活皆课程"，生活的过程就是学习的过程，幼儿的学习在其日常的吃、喝、玩、交往、探究等活动之中发生着，幼儿园一日生活是实施入学准备保育和教育的主要途径。《纲要》指出："幼儿园应为幼儿提供健康、丰富的生活和活动环境，满足他们多方面发展的需要，使他们在快乐的童年生活中获得有益于身心发展的经验。"《指南》指出："幼儿的学习是以直接经验为基础，在游戏和日常生活中进行的。要珍视游戏和生活的独特价值，创设丰富的教育环境，合理安排一日生活，最大限度地支持和满足幼儿通过直接感知、实际操作和亲身体验获取经验的需要，严禁'拔苗助长'式的超前教育和强化训练。"这些文件规定都明确要求学前教育要关注幼儿园一日生活各环节的所有活动。

幼儿园一日活动是指幼儿在园一日生活中的各项活动。[①] 幼儿园一日活动以游戏为基本活动，寓教育于各项活动之中。《广东省幼儿园一日活动指引(试行)》(以下简称《指引》)将幼儿园一日活动分为生活活动(入园、饮水、进餐、如厕、盥洗、午睡、离园等)、体育活动、自主游戏活动和学习活动四种类型。

一、科学安排入学准备一日活动的意义

(一)有利于幼儿身心健康发展

幼小衔接视域下幼儿面临着从环境到人群、从学习生活内容到方式的诸多变化，身心发展面临一定挑战，易出现适应困难或某些行为偏差的问题。例如，一些幼儿表现出"不喜欢上学"的抵触情绪，存在一定的入学焦虑；一些幼儿体质差、易生病、常缺勤等。这些都是幼儿入学前身心准备不足导致的一系列适应困难。入学准备一

[①] 唐燕. 幼儿园教育活动设计与实施[M]. 2版. 上海：华东师范大学出版社，2022：304.

日活动的诸多环节有助于幼儿身心健康，使之保持愉悦的情绪状态，能更好更快地适应小学学习生活。例如，教师利用早操、晨间活动等环节，鼓励幼儿积极参加身体锻炼，发展基本动作。教师保持良好的情绪状态，会感染和影响幼儿，如幼儿与教师个别交谈、做值日生、自选活动等，得到教师的关怀，自然会为幼儿带来好情绪。

(二)有利于幼儿语言能力发展

语言是交流和思维的工具，幼儿期是语言发展特别是口语发展的重要时期。然而目前仍有部分大班幼儿存在不敢说、说不清等语言表达方面的问题，无法将自己的想法清楚地告诉他人，不利于未来小学语文知识学习或书面表达的发展。《指南》指出，幼儿的语言能力是在交流和运用的过程中发展起来的，幼儿的语言学习需要相应的社会经验支持。幼小衔接一日活动的诸多环节有利于幼儿语言能力的发展。例如，在生活活动和自主游戏活动中，教师为幼儿创设自由、宽松的语言交往环境，鼓励和支持幼儿与成人、同伴交流，使幼儿之间、幼儿与教师之间、幼儿与环境之间产生良性互动，让其想说、敢说、喜欢说并能得到积极回应。在学习活动中，设置图书角、阅读区等，为幼儿提供丰富、适宜的低幼读物，培养幼儿阅读兴趣和良好的阅读习惯。

(三)有利于幼儿良好沟通交往能力发展

良好的沟通交往能力是幼儿升入小学前应具备的基础能力之一，助力其与教师、新同学建立良好关系。游戏是幼儿园的基本活动，在一日生活中，幼儿教师充分利用自主游戏活动来拓展幼儿的交往范围，让幼儿在角色扮演、交往互动中与更多的朋友进行沟通交流。在学习活动中，组织跨年龄段的区域游戏活动，为幼儿提供与不同年龄、不同班级伙伴之间交流的机会，丰富幼儿交往经验；多创设条件，提供材料，鼓励和支持幼儿开展合作游戏。在幼儿园生活活动、自主游戏活动的交流、协作活动中，为幼儿提供了与他人相处、交往的环境，幼儿不仅能提升人际沟通和交往能力，还能更好地与同伴相处，为适应小学新的人际关系打好基础。

(四)有利于幼儿良好习惯养成

幼儿园的生活制度、学习制度、任务要求等方面与小学都有很大的差异。[①] 科学安排入学准备一日活动，充分利用一日活动中的各种契机，有利于培养幼儿良好习惯。例如，在生活活动各环节中支持幼儿自我服务，提高独立吃饭、自己穿衣服叠

---

① 傅建明. 学前教育原理[M]. 上海：华东师范大学出版社，2017：175.

被子等生活自理能力，养成主动洗手、收拾整理等个人清洁卫生习惯。除了自我服务，还可以支持幼儿为班级、为家庭做力所能及的劳动，通过为他人服务，体验自己做事情的成就感和价值感。入学准备一日活动的诸多环节还有利于幼儿形成良好的学习习惯。例如，在集体活动中，教师注意引导幼儿掌握正确的坐姿、画画姿势，知道发言要先举手，通过开展一些听说游戏来培养幼儿认真听讲的习惯；在区域游戏中，教师给予幼儿大段不被干扰的时间，在旁观察幼儿，鼓励幼儿自主深入探究，待幼儿有需要时再给予适时的引导和帮助。

二、入学准备一日活动安排的原则

(一)全面准备，有机融合

幼儿入学准备教育要以促进幼儿身心全面和谐发展为目标，注重身心准备、生活准备、社会准备和学习准备的有机融合和渗透，不应片面追求某一方面或几方面的准备，更不能用小学知识技能的提前学习和强化训练替代全面准备。幼儿园入学准备教育活动应当整合健康、语言、社会、科学和艺术等学习领域的内容，促进幼儿在身体、品德、认知和语言、社会性与情绪情感、美感等方面的全面和谐发展。

(二)立足实际，明确目标

立足园所实际和幼儿发展目标，幼儿园入学准备一日活动安排要体现针对性。园所要全面考虑并充分分析地理环境、师资水平、生源质量、社区资源等方面的实际情况，在此基础上有针对性地安排和实施大班幼儿一日活动。例如，在综合分析本园入学准备教育过程中存在的问题、家长在幼小衔接教育观念上的误区，以及评估幼儿入学准备水平的基础上，梳理大班幼儿一日活动中存在的普遍问题，有针对性地进行解决。

(三)循序渐进，把握重点

幼儿的心理发展是一个连续的过程，先前的发展是后来的发展阶段的前提和基础。幼儿园应从小班开始逐步培养幼儿健康的体魄、自理的能力、积极的态度和良好的习惯等。同时，要根据大班幼儿即将进入小学的特殊需要，围绕社会交往、自我调控、规则意识、专注坚持等关键素质，提出科学有效的途径和方法，科学合理组织一日活动，实施有针对性的入学准备教育。

(四)坚持幼儿主体，促进可持续发展

幼儿是有能力的学习者，教师应充分尊重幼儿的主体地位，建立民主、平等的

师幼互动关系。在幼儿一日活动中要强调幼儿的参与性和主动性，倾听幼儿的观点并回应他们的想法，邀请幼儿参与活动的计划、实施和评估，甚至参与活动决策。教师在入学准备教育中应鼓励幼儿观察和探讨与他们的小学生活相关的问题，以及和未来生活息息相关的环境问题和社会现象等，以促进幼儿养成面向未来的、可持续的生活方式，逐步成长为有责任感、有担当和有行动力的公民。

(五)具体可行，灵活操作

幼小衔接一日活动方案必须有明确具体的实施步骤与操作要点，应把时间进度与具体内容等进行分解和落实，如在作息时间调整安排上要体现幼小衔接阶段的作息特点。幼儿园还要保证渗透教育与主题教育的落实与开展，依据不同的活动类型和时段制定符合本园特点的具体方案，如尝试面向大班幼儿的走班活动，允许幼儿在离园前一段时间自主安排作息时间，按时段设计不同的任务项目鼓励幼儿完成等。

三、入学准备一日活动组织与实施策略

(一)生活活动

1. 入园

(1)身心准备

①教师鼓励幼儿按时来园，自行安排晨间活动，如照顾动植物、和好朋友在校园里自由行走。

②教师引导幼儿通过"心情小屋""签到表"等记录自己及同伴当天的情绪状态和出勤情况。

案例一：快乐签到

活动实录

一天早上，小牛和子梦争吵着"我是第一个来的，你是第二个来的"。子梦委屈得快哭了。胖胖说："不是你，子梦是第一个来的。"老师知道后问孩子们："小朋友为了谁是第一个到幼儿园的发生了争吵，我们可以怎么解决这个难题呢？"孩子们纷纷出主意，有的说来了幼儿园就马上告诉老师，有的说在书包上贴贴纸，还有的说在墙上做记号等。老师一一肯定了孩子们的主意，同时，耐心地和孩子们一起分析每个主意的利弊，最后讨论出使用签到表帮助孩子们了解入园情况。

孩子们通过观察班级体温记录表，讨论设计了班级签到表(图 4-1)。

孩子们想知道自己几点入班的，于是重新设计了能记录时间的签到表(图 4-2)。

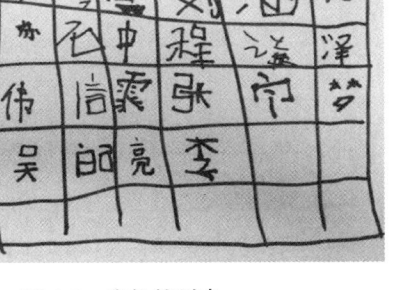

图 4-1 班级签到表　　　　　　　图 4-2 记录时间的签到表

排队签到的孩子增多，孩子们讨论出按照组别签到的方法，用不同颜色的签字笔来区分准时入园和迟到的幼儿。

教师反思

在签到活动中，幼儿的数学认知、前书写能力等得到了发展。同时，幼儿发现问题、主动探究，解决问题的能力及学习品质也得到了发展。幼儿积极表达自己的想法，通过讨论交流的方式制定了班级规则，体现了同伴之间互相合作、沟通交流的友好行为。最后，因签到活动的实施，班级迟到的幼儿减少了，促进了幼儿良好生活习惯的养成。教师作为幼儿活动的支持者、合作者和引导者，时刻关注着幼儿在快乐签到活动中的表现，敏锐地发现问题，寻找适宜的支持策略，帮助幼儿萌发上小学的积极愿望。

（供稿单位：深圳市南山区科技第三幼儿园；供稿人：赵玉连）

(2) 生活准备

①教师应鼓励幼儿独立有序地完成晨检、整理书包、洗手、喝水等，做好个人生活管理。

②教师鼓励幼儿参与集体事务，从第一周起，增设午休搬床、餐前清洁、离园打扫卫生等值日生任务，发展幼儿自我服务和为集体服务的能力。

(3) 社会准备

教师应引导幼儿主动和家人、同伴、教师积极互动，感受亲人和集体的温暖，养成礼貌待人的习惯。

(4) 学习准备

教师应提前组织幼儿进行晨间谈话活动，如观察和记录今日天气情况，做一日生活预告与计划，并向大家播报等。

案例二：我是小小播报员

活动实录

上午8点55分，老师播放晨谈的音乐准备，待音乐结束之后，全部幼儿围成半弧形坐在集中区。

播报员1："大家好，我是×××，很开心今天由我为大家播报。今天是2023年12月8日星期五，7号星期四已经过去了（将7号翻成红色）。今天的天气是阴天，气温是27摄氏度，我感觉有一点点热。小朋友们，你们可以在感受到出汗后换一件衣服哟，保护好自己，不让自己生病。"

播报员2："今天是星期五，我们要做的事情是晨谈、区域工作、区域分享、体能大循环。我们上午的户外场地是前门空地，午餐、午睡后是小组活动，下午的户外场地是草地大苹果。接着我们放学回家。小朋友们不要忘记在午睡后喝牛奶哟，有不舒服或受伤的要告诉老师。接下来邀请×××分享他的游戏召集，我的播报完毕。谢谢大家！"

游戏召集幼儿："大家好，我是预约召集游戏的小朋友×××。今天我打算在户外玩一个叫'老狼老狼几点钟'的游戏，我的游戏需要5位小朋友加入。如果你们想和我一起玩的话，等一下区域结束的时候在这张表格上写上你们的名字哟。谢谢大家！"

教师反思

基于幼小衔接活动的渗透，充分挖掘晨谈活动的教育价值，自由欢快的晨谈活动，让幼儿在集体谈话中的参与度逐渐提升，更乐于在集体面前发表自己的想法，同时能够尊重他人想法，倾听他人意见。每天的坚持分享交流也促进了幼儿持续共享思维的发展，同时也发展了幼儿入学所需的关键素质。

（供稿单位：深圳市南山区红树湾幼儿园；供稿人：王盈盈、刘佳锐、李兰娜、吴晓萍）

2. 饮水

生活准备：教师可以减少集体喝水，支持幼儿自主饮水（大班幼儿一日饮水量可达600毫升），可根据季节变化酌情调整。

3. 进餐

(1)身心准备

①教师创设安全、温馨、美观的进餐环境，引导幼儿愉快进餐、自主进餐，让幼儿感受到良好的进餐氛围，引起良好的食欲。

②教师在日常组织过程中渗透营养、健康、卫生等方面的知识，帮助幼儿知道

均衡膳食对身体的益处。

(2)生活准备

①教师鼓励幼儿自主打餐，自行选择进餐同伴，同时帮助幼儿养成良好的进餐习惯、卫生习惯和生活习惯。

②大班幼儿可使用筷子用餐，教师引导幼儿餐后收拾餐具。

(3)社会准备

教师增设值日生，培养幼儿自我服务和为集体服务的能力。

4. 如厕

(1)身心准备

教师尽可能减少集体如厕，鼓励幼儿在自己有便意的时候及时如厕，懂得及时排便对身体健康的好处。

(2)生活准备

①教师引导幼儿学会整理衣裤的正确方法，使其具有较强的生活自理能力。

②教师要求幼儿便后用七步洗手法洗手，及时将手擦干净。

(3)社会准备

①教师引导幼儿遵守排队、轮候等如厕规则。

②教师引导幼儿知道如厕方式男女有别，建立性别意识，懂得尊重他人和自我保护。

(4)学习准备

教师支持幼儿通过观察、记录自己尿液、大便颜色，了解自己的身体状况。

5. 盥洗

(1)身心准备

教师指导暂时不能独立自理的幼儿，帮助其顺利完成盥洗，减轻幼儿心理负担。

(2)生活准备

教师帮助幼儿掌握盥洗的正确方法，逐步引导幼儿了解洗手、漱口等与身体健康的关系，初步培养幼儿关注身体健康的意识，养成良好的生活卫生习惯。

(3)社会准备

教师减少集体性的盥洗活动，引导幼儿遵守排队、轮候等集体规则。

6. 午睡

(1)身心准备

①教师合理安排午睡前的活动，营造良好的午睡氛围，使幼儿在入睡前保持情

绪稳定。

②教师尊重幼儿不午睡的习惯,组织不午睡幼儿活动,缓解幼儿睡不着的心理压力。

(2)生活准备

①教师鼓励幼儿起床后及时叠被子,整理好自己的物品等,培养幼儿自己的事情自己做,养成及时整理的生活习惯。

②教师培养幼儿起床后,根据自己的需要喝水、如厕,根据天气变化和活动需要增减衣物。

③教师逐步减少午睡时长,如大班第二学期开始每周减少 5 分钟,直至与小学午睡时间同步,培养幼儿适应小学作息时间。

(3)社会准备

教师鼓励幼儿参与力所能及的班级劳动,如整理窗帘、搬床、扫地等睡房整理工作,培养幼儿良好的劳动习惯,提高幼儿的自理能力和动手能力,增强自信心,培养初步的责任感。

(4)学习准备

从第一周起,教师按学号引导幼儿轮流做午睡体温检测员,通过体温计的数字来辨别体温是否正常,用数学来解决生活中的问题。

7. 离园

(1)生活准备

教师协助幼儿做好个人仪表和物品的整理,发展自理能力。

(2)社会准备

教师设置值日生,检查班级物品、材料的整理和清洁,通过持续性的任务安排,鼓励、支持幼儿独立完成任务。

案例三:我是小小值日生

活动实录

活动室里,孩子们围坐在一起,听老师讲图画书《今天我值日》。老师提到值日生的任务时,彦彦兴奋地说:"老师,值日生就是要帮助小朋友做事,我可以帮忙擦桌子!"小羽也抢着说:"我可以帮忙整理玩具!"齐一也说:"老师,我可以帮忙扫地的,我在家也会帮妈妈扫地!"孩子们对于如何成为一名优秀的值日生表现出了浓厚的兴趣,老师让孩子们把做值日生的任务都画出来。于是,孩子们在纸上画出了自己的任务和劳动时间。

在老师的指导下，孩子们轮流做值日生。毅毅担任值日生时，在午餐结束后很主动地走了过来："老师，我先来帮忙整理餐具。"他很快地就把餐台上零散的几个碗摞起来，还四处看了看，走了走，发现有的桌面上有些食物残渣，拿起抹布仔细地把残渣抹到残渣碟里，最后清洗餐具。

教师反思

值日生活动有助于幼儿树立自信心，锻炼其自理能力及责任感，培养其良好的劳动习惯，是幼小衔接生活准备的重要环节。教师引导幼儿参与日常班级管理，不仅培养幼儿做力所能及的事情，有初步的责任感，还提高了同伴之间的团队协作和沟通能力等，为适应即将到来的小学校园生活做准备。

（供稿单位：深圳市南山区临海揽山幼儿园；供稿人：谢琳、陈淑芳）

(3) 学习准备

①教师引导幼儿收拾好自己的物品，整理好仪表，与幼儿进行简短谈话，回顾一天的学习活动，鼓励幼儿的进步。

②教师布置一些与入学准备相关的任务，如准备明天要带的玩具材料和学习用品、每天自己整理小书包等，为适应小学生活做准备。

(二)体育活动

1. 体育集体活动

(1) 身心准备

①教师指导幼儿注意动静交替，从其兴趣爱好出发选择自己感兴趣的活动。在活动内容的选择上，教师应注意科学引导，既要有大运动量、挑战性强的奔跑、攀爬等活动，又要有技能技巧方面的训练，使幼儿体能锻炼和动作技巧都得到发展与提高。

②教师充分了解幼儿身体动作和体能发展水平，适当增加运动量和运动强度，提高动作的协调性和灵活性，增强力量和提高耐力。

案例四：大灰狼与小兔子

活动实录

大班孩子对于球的玩法已经不再局限于传统的拍、踢等，会自己探索不同的玩法，也会和同伴合作玩球。本次活动从孩子们熟悉的篮球出发，帮助孩子们学习拍球的基本方法，在锻炼身体素质的同时满足孩子们的游戏愿望。拍球对孩子们的身体协调性有一定的要求，因此，老师设计了追逐游戏"大灰狼与小兔子"，在保证孩子们基本动作规范的同时，让孩子们的控球、躲闪能力得到了锻炼。

老师先创设了游戏情境"小兔子学拍球",让孩子们自由探索拍球的方法(图4-3)。

老师又创设了游戏情境"小兔子采蘑菇",通过游戏提高孩子们的控球能力(图4-4)。

最后,老师创设了游戏情境"大灰狼与小兔子",通过游戏提高孩子们的灵敏度、速度及控球能力(图4-5)。

图4-3　自由拍球　　　　　　　　　图4-4　游戏"小兔子采蘑菇"

图4-5　游戏"大灰狼与小兔子"

教师反思

教师运用"大灰狼"的角色来提高幼儿的拍球兴趣,符合大班幼儿喜欢挑战的年龄特点,能激发幼儿的竞争意识,也让幼儿的生理负荷达到高潮;同时,也兼顾了幼儿的情感需要,通过不同的情境和难度改变竞赛游戏的紧迫感和压力,支持幼儿在轻松愉快的氛围下进行练习,从而达到游戏的目的。活动中,幼儿的积极性较高,能够不断克服困难以争取获得下一关的挑战资格。教师以游戏情境激发幼儿学习积极性,让幼儿在游戏中自主学练,不仅能够发挥幼儿的主体性,还能促进幼儿的控球、躲闪能力的发展,激发幼儿的学习积极性,锻炼其意志力、耐力和平衡能力等。

(供稿单位:深圳市南山区深大诺德幼儿园;供稿人:曹国良)

(2)生活准备

教师引导幼儿在参与体育活动前根据需要更换运动鞋和运动衣服,不佩戴装饰或手持物品。

(3)社会准备

①教师提高幼儿参与活动的兴趣,激发幼儿的活动热情。对于不喜欢参加体育活动的幼儿,教师要耐心引导,激励幼儿积极主动参与活动锻炼,以饱满的情绪参与幼儿园一日生活,帮助幼儿更快地进入活动中。

②教师增强环境适应能力和自我保护能力,获得愉悦的情绪,鼓励幼儿坚持锻炼,培养不叫苦、不怕累的心理品质。

③教师增设"体能大闯关"活动,以游戏闯关的形式进一步发展幼儿走、跑、跳、攀、爬等能力。

④教师每周组织一次幼儿小组或个人体育比赛,包括赛跑、跳绳等,培养幼儿的集体荣誉感,让幼儿学会正确看待输赢。

(4)学习准备

教师将体育集体活动由每周 1 次逐渐增至每周 2 次,通过图画、数字等方式记录活动过程。

2. 自选活动

(1)身心准备

①教师准备宽敞的活动场地,在户外锻炼中发展幼儿的走、跑、跳、钻、爬、攀登等基本动作技能,发展幼儿的动作灵活性。

②教师晨练时增加跳绳活动,并且逐渐延长跳绳锻炼时间。

(2)生活准备

教师充分保证幼儿每天的户外游戏和体育活动时间,提供方便、灵活、多样的体育活动材料,开展多种形式的游戏,鼓励、支持幼儿选择自己喜欢的活动。

(3)社会准备

教师合理安排场地,准备丰富多样的活动器械、材料供幼儿自主选择,避免幼儿在活动中相互干扰,并提醒幼儿注意活动中的安全。

(4)学习准备

①教师引导幼儿用多种方法使用器械,支持幼儿创新多样的玩法。

②教师在晨跑、跳绳、拍球、踢毽子等活动中,鼓励幼儿通过图画、符号、文字等方式记录游戏过程,潜移默化地融入了数学教育。

3. 操节

(1) 身心准备

教师组织幼儿参与晨练、早操和课间操，唤醒身体的机能，激发饱满的情绪，养成良好的运动习惯。

(2) 生活准备

教师引导幼儿在参与体育活动前，根据需要更换运动鞋和运动衣服，不佩戴装饰或手持物品。

(三) 自主游戏活动

1. 身心准备

第一，教师每天为幼儿提供连续不少于 1 小时的自主游戏时间，支持幼儿充分开展自由游戏，获得游戏的体验和快乐，并提升游戏水平。

第二，教师因地制宜规划合理的空间环境并提供丰富、适宜的材料，了解幼儿的活动意愿，尊重幼儿的自主选择，满足幼儿多样化、自由选择、自主学习的需求。

第三，教师了解幼儿的兴趣倾向，分析幼儿的学习与发展，并在适宜的时机选择适宜的方式协助幼儿提升活动水平。

2. 生活准备

第一，教师在日常生活和游戏中鼓励幼儿学会正确、熟练地扣扣子、系鞋带、使用筷子。

第二，教师提供画笔、剪刀、小型积塑等工具和材料，支持幼儿进行画、剪、折、撕、粘、拼等各种活动，锻炼手部小肌肉动作。

案例五：筷子行动

活动实录

小、中班的孩子们在园进餐时均使用勺子。对于筷子的使用，本班大部分孩子还是存在难度的。在一次的餐后活动中，轩轩发现地板上有很多饭粒……

轩轩："老师，你看，这么多的饭粒掉在地上。"

老师："为什么会有这么多的饭粒呢？"

轩轩："因为我们吃饭的时候没有保持干净。"

嘉嘉："我在吃饭的时候就想着赶紧吃完，就没注意地面上撒了这么多的饭粒。"

浩浩："我还不是很会使用筷子，吃的时候就容易掉。"

子嫣："我很厉害的，在家吃饭也用筷子，不用勺子！"

…………

经过孩子们的交流和分享,大家对熟练使用筷子的欲望非常强烈。于是老师准备了一些一次性筷子及餐具材料投放到班级的区域中,供孩子们自主游戏(图 4-6、图 4-7 和图 4-8)。

图 4-6　用筷子夹立方块

图 4-7　用筷子夹松果

图 4-8　用筷子搭建

教师反思

幼儿进入大班后,使用筷子进餐对于幼儿的手部精细动作如握笔、前书写都有很大的帮助。教师利用生活中常见的物品、自然材料,鼓励幼儿进行区域操作、搭建,并在区域内投放支持和引导幼儿探究的材料,为幼儿游戏创设宽松、开放的心理环境。幼儿在自主游戏中体验到了挑战后的成功喜悦,激发了不断探索的欲望,不仅锻炼了使用筷子的技能技巧,促进了精细动作发展,还发展了专注力、创造思维能力等,从而不断地积累关键经验。

(供稿单位:深圳市南山区麒麟花园幼儿园;供稿人:徐薇、黄峰、罗丹、何咏蓉、张奎霞)

3. 社会准备

第一，教师有意识地投放需要一定专注力和坚持性才能完成的材料，锻炼手部精细动作，促进手眼协调，保证幼儿有充足的活动时间能够专注地完成制作。对需要多次操作的材料，教师要提供足够的时间和空间，鼓励支持幼儿持续完成。

第二，教师鼓励幼儿自主确定游戏内容、选择游戏材料和同伴，将材料归类摆放在高度适宜的固定位置，便于幼儿自主取放、搭配和随意组合。

第三，教师鼓励幼儿自觉遵守游戏规则，如在游戏中遇到冲突时，尝试用协商、交换、轮流、合作等方法解决，不争抢，不欺负同伴。

4. 学习准备

第一，教师鼓励幼儿有计划地安排自己的区域活动，区域活动后，利用多种方式和幼儿一起回顾他们的计划和完成情况，根据幼儿与环境材料的互动情况适时调整材料。

第二，教师鼓励幼儿自主阅读，保护他们对符号、文字的兴趣和敏感性。教师可以经常和幼儿一起讨论书中内容，加深他们的阅读兴趣和理解，鼓励幼儿根据情节、图书画面对故事结果进行预测或续编、创编故事；通过绘画、手工、搭建、表演等方式再现故事情节、人物关系，促进幼儿语言、情感、社会性等多方面的发展。

(四)学习活动

1. 身心准备

教师开展访谈活动"我眼中的小学"，了解幼儿对小学的疑惑和担忧，有针对性地缓解幼儿的焦虑，增加幼儿对小学的向往。

案例六：幼儿园和小学的区别

活动实录

大班的孩子们即将离开幼儿园，进入小学生活。孩子们会经常讨论自己要去读哪一所小学，结合孩子们的兴趣和大班幼小衔接的需求，教师组织开展了"参观小学"系列活动。在"参观小学"活动开展时，孩子们发生了以下的对话。

思颖："我去了我哥哥的学校，他的学校有好多的课桌。"

轩轩："我们班里面也有桌子用来画画呀。"

思颖："可是他们小学的桌子是一人一个。"

轩轩："我们的桌子虽然是五个人一桌，但是我们可以在桌子上吃饭或者玩玩具，还可以做实验。我觉得幼儿园的桌子更好。"

"小学和幼儿园谁更好"的话题争论，引起了更多孩子们的表达欲望，于是老师根据孩子们的谈论话题开展了辩论赛系列活动。

老师引导孩子们讨论幼儿园和小学的相同点和不同点，鼓励孩子们用双气泡图记录（图4-9）。

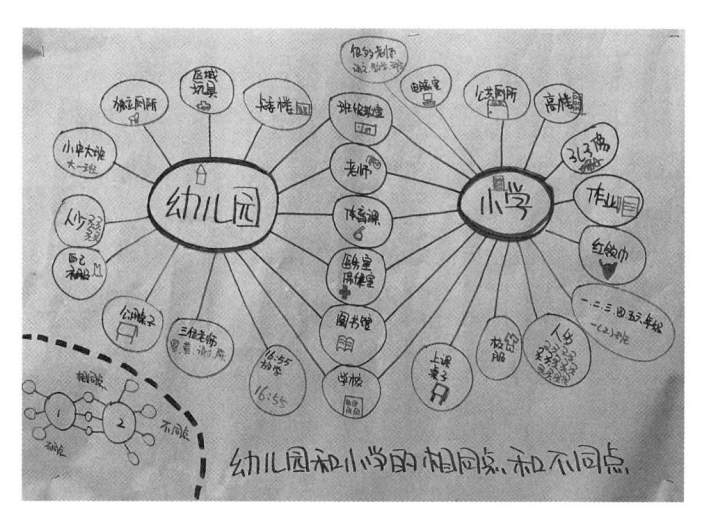

图4-9　记录幼儿园和小学的相同点和不同点的双气泡图

老师引导孩子们进行班级辩论，鼓励孩子们自信表达观点。

老师鼓励孩子们模拟辩论赛，进行年级辩论（图4-10和图4-11）。

图4-10　为辩论赛做准备　　**图4-11　辩论赛现场**

教师反思

在"幼儿园和小学哪个好"辩论赛系列活动中，教师组织了谈话、讨论、辩论等自由轻松的语言活动，鼓励幼儿通过思考和反思辩论赛观点，大胆、自信、勇敢地表达自己的想法，并鼓励幼儿进行记录。活动中，幼儿对于辩论赛的积极情绪，充分体现了幼儿对小学生活的积极态度和憧憬。虽然幼儿第一次接触辩论赛，但是在前期经验和认知的支撑下，幼儿能够用流利完整的语言表达自己对小学的认识和感受，同时发展了幼儿的倾听、表达和逻辑思维能力等。

（供稿单位：深圳市南山区新桃源幼儿园；供稿人：罗晓文、董依伊、荀嗣淋）

2. 生活准备

教师通过提供日常生活材料锻炼幼儿拧、倒、切、捏、敲、夹、剪等手部精细动作，促进幼儿手眼协调和双手协作能力的发展，为幼儿前书写打下良好的基础。

3. 社会准备

教师可以增加社会规则类的集体活动，如"公共物品要保护""我知道的交通规则""不能随便摘花"等，加强幼儿的规则意识，提高社会适应能力。

教师可以增加同伴交往类的图画书活动，让幼儿在阅读图画书的过程中学会怎么与同伴友好相处。

4. 学习准备

教师可以开展"我要上小学了"系列活动，如"课间十分钟"活动，让幼儿提前熟悉小学生活。

教师可以开展"故事大王"活动，让幼儿自己预约讲故事，提高前阅读能力。

教师引导幼儿制作每周的计划表，根据计划表安排自己每周的活动，提高表征与前书写能力，同时培养幼儿养成做计划的好习惯。

第五章 入学准备课程实施：学习活动

幼儿的学习是以直接经验为基础，在游戏和日常生活中进行的。在入学准备阶段，教育工作者应充分理解幼儿的学习方式和特点，珍视游戏和生活的独特价值，创设丰富的教育环境，最大限度地支持和满足幼儿通过直接感知、实际操作和亲身体验获取经验以做好入学准备的需要，严禁"拔苗助长"式超前教育和强化训练。

一、入学准备学习活动的实施原则

(一)全面性原则

全面性原则是指在入学准备学习活动设计中，教师要以促进幼儿身心全面和谐发展为目标，注重身心、生活、社会和学习准备几方面的融合与渗透。

(二)发展性原则

发展性原则是指在学习活动设计中，教师必须准确地把握幼儿的原有基础水平，并以此为基础着眼于促进幼儿在身心、生活、社会、学习等方面的全面准备。

(三)开放性原则

开放性原则是指在学习活动设计中，教师既要根据入学准备中的目标要求和内容范围，在预测、分析幼儿的学习需要及年龄特点的基础上，主动为幼儿创设和提供可促进其学习的环境与资源。同时，应当充分调动幼儿的兴趣、幼儿的探究和幼儿的需要，给教育活动留有足够的空间，这种空间是随时随地为幼儿偶发的、自然生成的、及时体验的活动而准备的。从这个角度来说，学习活动不是一个预设且一成不变的过程。

(四)整合性原则

整合性原则是指在学习活动设计中，教师需基于幼儿已有经验，将各领域学习活动的目标、内容、方法、学习资源、评价方式五个方面有目的地进行整合，并使各领域要素协调、一致为一个共同的学习主题服务。幼儿在此主题的学习过程中，通过对第一个活动的学习能推动其他活动的学习，对经验进行迁移并构建起系统的知识框架，再运用到新的情境中从而促进核心素养发展，提升综合素养。（文中提及的各领域指健康领域、社会领域、科学领域、语言领域、艺术领域）

二、入学准备学习活动的实施方式

（一）项目式学习

1. 项目式学习的定义

幼儿园的项目式学习即幼儿围绕生活中真实、富有挑战性的问题，综合运用各领域的知识与经验进行一系列的合作探究活动，最终解决问题，形成完整项目成果的一种课程实施形式。通常来说，项目式学习主要有以下几方面的特征。一是探究学习的问题性。项目式学习的实施是从一个驱动或引发性的问题出发的，该问题既不是完全由教师预先设计好的、不可改变的，也不是幼儿无目的、随意决定的，而是教师在与幼儿一起生活学习的过程中，基于幼儿的兴趣及发展实际共同建构的。二是合作性。教师与幼儿、幼儿与幼儿的合作将贯穿整个探究过程。三是探究性。幼儿对现实生活中的真实问题进行探究，通过收集资源、问询讯息、亲身实验、实地探访等方式验证猜想，解决一个又一个环环相扣的问题。四是真实性。探究的问题务必基于幼儿的真实生活情境，为幼儿解决生活中的问题积累经验。五是评价的过程性和结果性。项目式学习的最终成果可能是一个产品、一场与他人分享经验的发布会、一个介绍本项目收获的宣传视频等。教师可以通过回顾幼儿在项目式学习中所表现的行为或品质来梳理幼儿在本项目学习中认知、情感、学习品质及技能的发展。

大班入学准备阶段的项目式学习可基于幼儿的兴趣，在教师、家长的指导或引导下，围绕幼儿即将开始的小学生活展开系列探究活动（如小学周围的环境、小学及幼儿园的地理位置、从家到小学的路线图、小学生的一日作息、小学生的课程表、课间十分钟[①]、小学生的书包、汉字的奥秘等）。

2. 项目式学习的实施建议

（1）活动前期准备

在确定项目拟探究的方向后，教师可提前从以下几个方面分析活动资源（图5-1）。

---

① 该案例展开系列探究时，调查访问的小学课间均为十分钟。

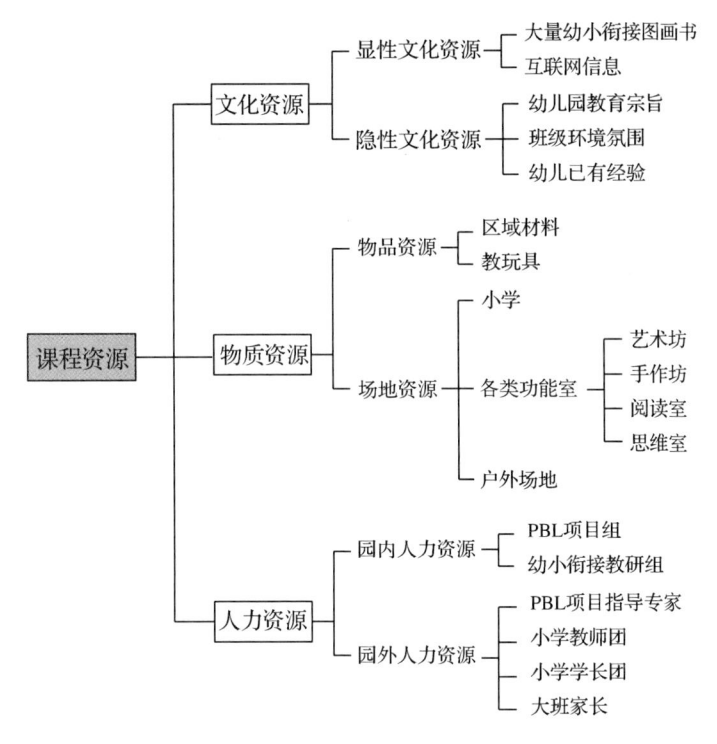

```
                            ┌─ 显性文化资源 ─┬─ 大量幼小衔接图画书
              ┌─ 文化资源 ──┤                └─ 互联网信息
              │             │                ┌─ 幼儿园教育宗旨
              │             └─ 隐性文化资源 ─┼─ 班级环境氛围
              │                              └─ 幼儿已有经验
              │                              ┌─ 区域材料
              │             ┌─ 物品资源 ─────┤
              │             │                └─ 教玩具
              │             │                ┌─ 小学
课程资源 ─────┼─ 物质资源 ──┤                │                  ┌─ 艺术坊
              │             │                │                  ├─ 手作坊
              │             └─ 场地资源 ─────┼─ 各类功能室 ─────┤
              │                              │                  ├─ 阅读室
              │                              │                  └─ 思维室
              │                              └─ 户外场地
              │                              ┌─ PBL项目组
              │             ┌─ 园内人力资源 ─┤
              │             │                └─ 幼小衔接教研组
              └─ 人力资源 ──┤                ┌─ PBL项目指导专家
                            │                ├─ 小学教师团
                            └─ 园外人力资源 ─┤
                                             ├─ 小学学长团
                                             └─ 大班家长
```

图 5-1　南山区心海湾幼儿园"入学指导手册"项目活动资源分析图

• 梳理与项目活动相关的资源，如文化资源（显性文化资源、隐性文化资源），物质资源（物品资源、场地资源），人力资源（园内人力资源、园外人力资源）；

• 思考本项目可能的探究方向；

• 分析项目活动所对应的各领域发展目标，参考《指南》中相关年龄段各个领域的发展建议及发展目标，以便为后续的探究活动设计提供科学的参考；

• 考虑家庭或社区参与本项目的方式或活动；

• 对项目所需的前期经验进行铺垫。

(2)活动实施初期

教师通过与幼儿进一步的谈话、引导幼儿绘画等多种方式汇集幼儿已有的相关知识、想法和经历，建立共同探究的基础(图 5-2)。

(3)活动实施中期

教师引导幼儿围绕项目探究的问题来展现问题的探索与解决过程，前一个问题是后一个问题的基础，后一个问题是前一个问题的拓展和延伸(图 5-3)。

(4)活动尾声

在完成系列探究后，随着幼儿兴趣的逐渐减弱，教师通过不同的方式对整个项目进行总结(图 5-4)。

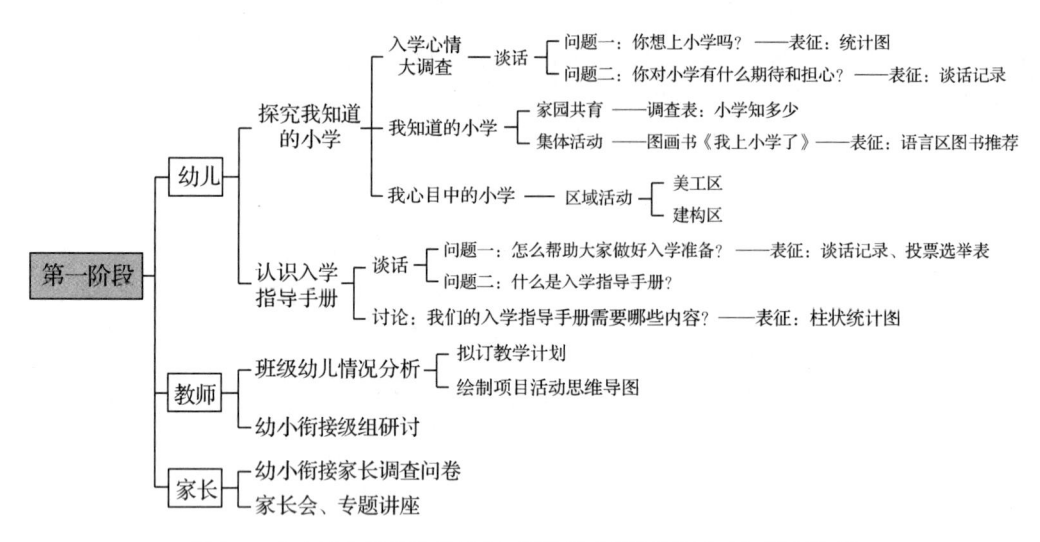

图 5-2　南山区心海湾幼儿园"入学指导手册"项目活动初期网络图

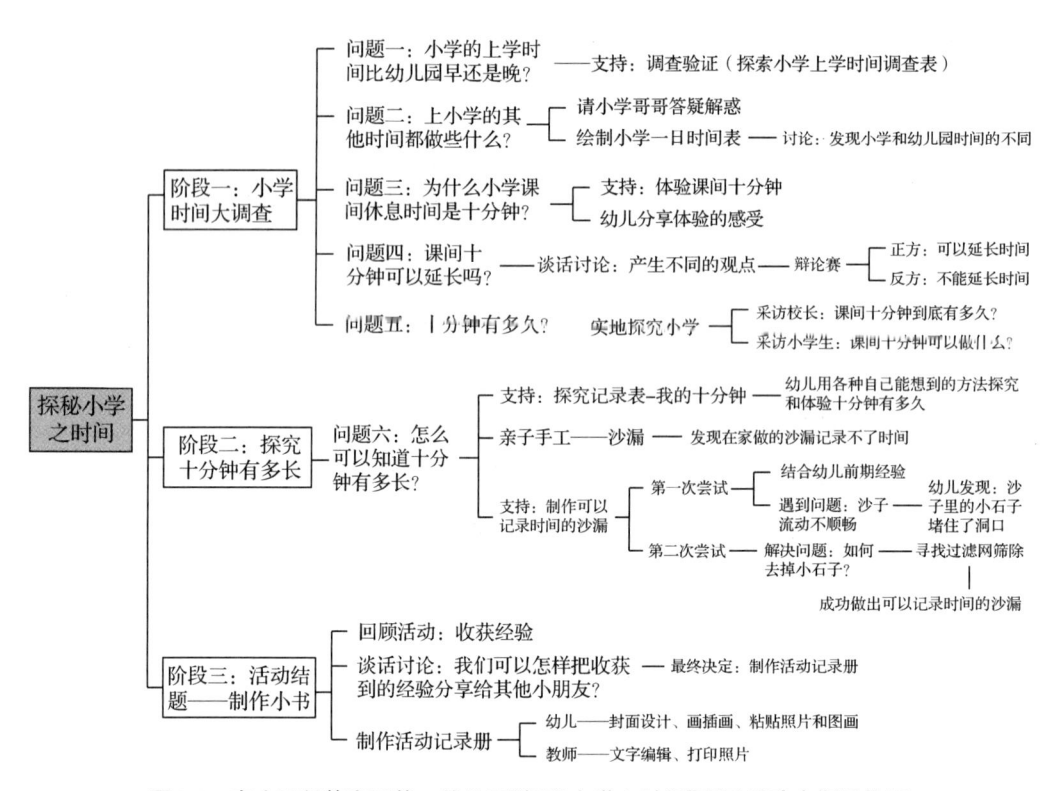

第一阶段
- 幼儿
  - 探究我知道的小学
    - 入学心情大调查 —— 谈话
      - 问题一：你想上小学吗？—— 表征：统计图
      - 问题二：你对小学有什么期待和担心？—— 表征：谈话记录
    - 我知道的小学
      - 家园共育 —— 调查表：小学知多少
      - 集体活动 —— 图画书《我上小学了》—— 表征：语言区图书推荐
    - 我心目中的小学 —— 区域活动
      - 美工区
      - 建构区
  - 认识入学指导手册
    - 谈话
      - 问题一：怎么帮助大家做好入学准备？—— 表征：谈话记录、投票选举表
      - 问题二：什么是入学指导手册？
    - 讨论：我们的入学指导手册需要哪些内容？—— 表征：柱状统计图
- 教师
  - 班级幼儿情况分析
    - 拟订教学计划
    - 绘制项目活动思维导图
  - 幼小衔接级组研讨
- 家长
  - 幼小衔接家长调查问卷
  - 家长会、专题讲座

图 5-3　南山区朗麓家园第一幼儿园"探秘小学之时间"项目活动中期网络图

探秘小学之时间
- 阶段一：小学时间大调查
  - 问题一：小学的上学时间比幼儿园早还是晚？—— 支持：调查验证（探索小学上学时间调查表）
  - 问题二：上小学的其他时间都做些什么？
    - 请小学哥哥答疑解惑
    - 绘制小学一日时间表 —— 讨论：发现小学和幼儿园时间的不同
  - 问题三：为什么小学课间休息时间是十分钟？
    - 支持：体验课间十分钟
    - 幼儿分享体验的感受
  - 问题四：课间十分钟可以延长吗？—— 谈话讨论：产生不同的观点 —— 辩论赛
    - 正方：可以延长时间
    - 反方：不能延长时间
  - 问题五：十分钟有多久？—— 实地探究小学
    - 采访校长：课间十分钟到底有多久？
    - 采访小学生：课间十分钟可以做什么？
- 阶段二：探究十分钟有多长
  - 问题六：怎么可以知道十分钟有多长？
    - 支持：探究记录表-我的十分钟 —— 幼儿用各种自己能想到的方法探究和体验十分钟有多久
    - 亲子手工——沙漏 —— 发现在家做的沙漏记录不了时间
    - 支持：制作可以记录时间的沙漏
      - 第一次尝试 —— 结合幼儿前期经验 —— 遇到问题：沙子流动不顺畅
      - 第二次尝试 —— 解决问题：如何去掉小石子 —— 寻找过滤网筛除
      - 幼儿发现：沙里的小石子堵住了洞口
      - 成功做出可以记录时间的沙漏
- 阶段三：活动结题——制作小书
  - 回顾活动：收获经验
  - 谈话讨论：我们可以怎样把收获到的经验分享给其他小朋友？—— 最终决定：制作活动记录册
  - 制作活动记录册
    - 幼儿——封面设计、画插画、粘贴照片和图画
    - 教师——文字编辑、打印照片

此外，教师可通过各种方式来梳理幼儿在项目中获得的经验，以分析回顾本项目探究促进了哪些领域的发展和学习、是否与发展目标相匹配。

(5) 项目式学习中的预设与生成

预设与生成两者之间并不是对立的，虽然两者产生的方式不同，但是在教育过

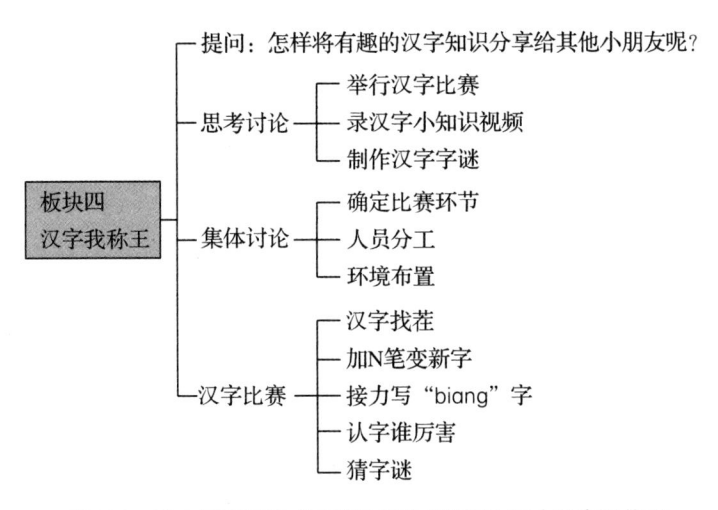

图 5-4　南山区西丽幼儿园"奇怪的字"项目活动尾声网络图

程中是可以相互转换的。因为预设活动在预设前也要考虑幼儿的当前水平，在过程中要随时接收来自幼儿的反馈信息，而生成活动也不等于活动中教师全盘放手，而是指在幼儿的活动中教师的地位更加隐性，注重幼儿的兴趣与需求，但也不是唯幼儿的兴趣至上。因此，在开展主题活动时预设高质量、有意义的教育活动，既是教师教育经验的积累，也是教学机智的展现，其中蕴含着教师的教育智慧。但预设仅仅是"假"兴趣、想法、疑问等，若能动态生成有价值的课程内容，并因势利导改变原来的教学内容或程序，则更能满足幼儿的兴趣和需要。教师在开展项目活动"奇怪的字"前预设了网络图(图 5-5)，但在活动开展过程中，不断追随幼儿的兴趣，调整活动，最终形成了项目活动生成探究总结图(图 5-6)，方框中是生成的内容。

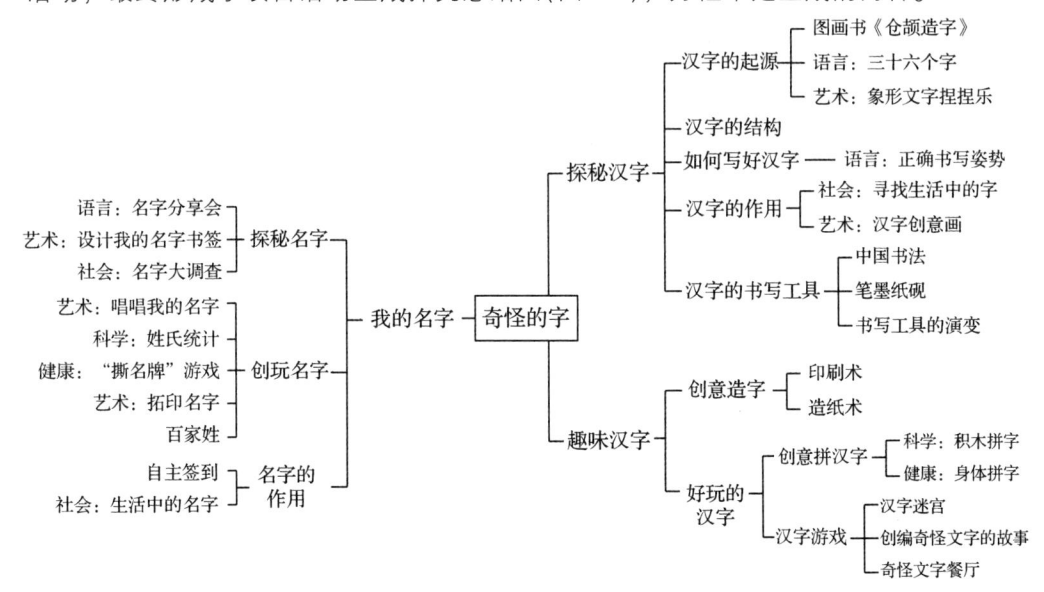

图 5-5　南山区西丽幼儿园"奇怪的字"初始预设图

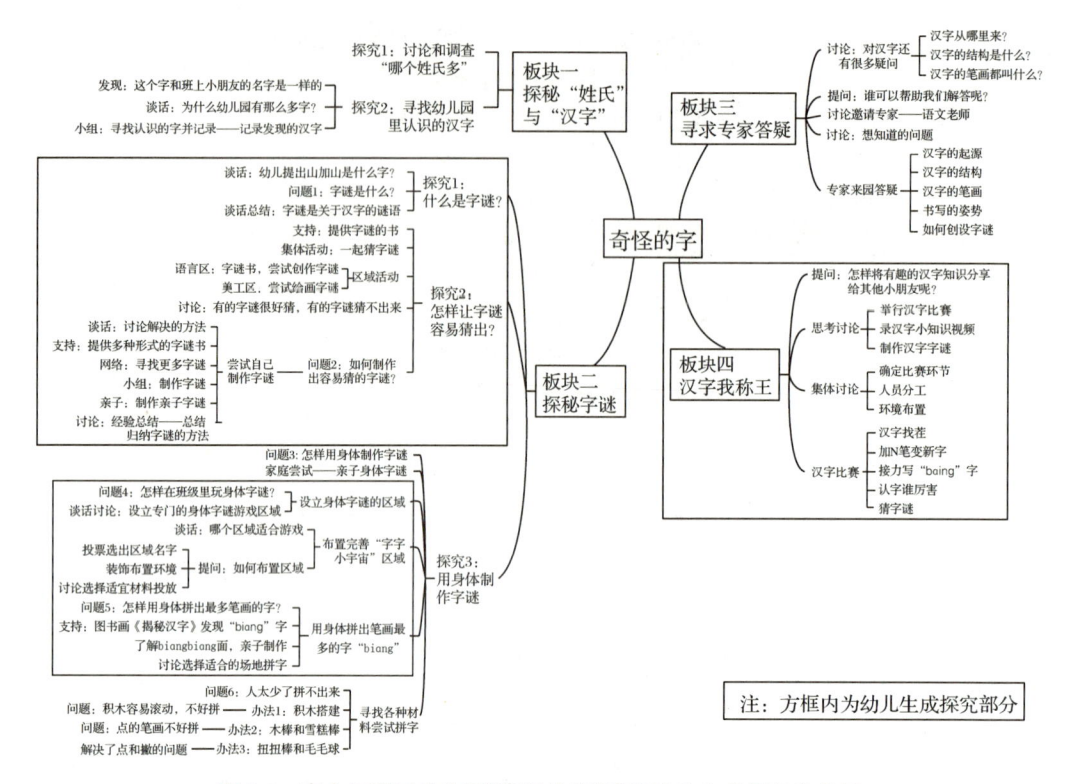

图 5-6　南山区西丽幼儿园"奇怪的字"项目活动生成探究总结图

(二)领域学习

在幼儿园入学准备阶段，幼儿的认知发展和学习必须至少包括两个重点领域，即数学和语言。此处重点领域的学习旨在为正规的学习做一定的准备，尤其是能力上和心理上的准备(而非知识方面的储备——知识和技能的积累会在此过程中自然形成)。例如，在语言方面，注重阅读习惯、书写意识的养成，而不在于读了多少字或学会写哪些字；在数学方面，注重形成基础的、科学的数学思维方式等。

1. 语言活动的设计与实施要点

幼儿园及一年级阶段被公认为发展沟通能力的关键时期，这包括幼儿语言能力的提高及其对符号系统的了解，对5~6岁的幼儿而言，他们的表征作品已体现出一些读写的概念及想法。因此，在入学准备期通过教育教学活动促进幼儿的语言发展，使幼儿获得语言基础和能力，将有益于幼儿一生的学习和生活。

(1)语言活动的内容选择建议

从学前儿童语言教育的内容是实现教育目标的手段来看，语言活动内容应该根据教育目标来选择；从语言教育的目的是促进儿童的语言发展来看，语言活动内容应该根据儿童语言发展的特点及其规律来选择。

第一，根据语言教育目标选择语言活动内容。《纲要》及《指南》中语言领域的总目标是培养幼儿的语言能力，主要涉及倾听、表达、阅读、书写准备四个板块，每个板块都包含认知、技能、情感态度三个方面。在幼儿日常的语言活动中，在选择教育内容时，可把教育目标中的各方面要求转换成儿童学习语言的内容，使儿童通过多种多样的途径获得语言经验。例如，在"表达"板块中有目标指出，到五六岁时，幼儿懂得按次序轮流讲话，不随意打断别人。基于此发展目标，教师可选择与幼儿生活密切相关的谈话内容，由成人有目的地给幼儿启发引导，使幼儿在一日生活中得到自然的"听说轮换"的练习。

第二，根据儿童语言发展的特点选择语言活动内容。入学准备阶段的儿童正经历着从口语运用向学习书面语转换，幼儿开始对口头语言和书面语言之间的关系感到好奇。在此阶段，幼儿只要有机会接触书报并看到成人阅读书报后讲述其中的意思，他们自然而然地就能初步理解说出的话与写出的字之间的关系。于此，教师可基于幼儿的发展特点，提供适宜的图画书作品，引导幼儿观察图画内容，同时听成人完整地阅读有关文字。除此之外，教师可多鼓励幼儿通过多种方式表征自己的见闻，讲述自己的表征作品，同时由教师将幼儿的叙述用文字记录下来，通过教师反复朗读文字，幼儿翻看内容，这种口语与文字的相互转化，也特别有助于儿童理解两者之间的关系。

基于以上建议及国内外关于学前儿童语言活动的研究与著作，入学准备阶段的语言活动内容可大致分为专门的语言活动和渗透的语言活动，通过这些活动来促进幼儿得到以下语言发展(表 5-1 和表 5-2)。

表 5-1　语言活动内容

专门的语言活动内容	谈话	个别谈话 ・注意别人对自己说话，做出积极应答(以表情、声音、姿势、词、句等不同方式)； ・懂得听说轮换； ・主动发起与成人或同伴进行个别交谈； ・注意倾听对方说的话，听懂对方的意思； ・针对对方说的话表述自己的意思，使对方听懂； ・耐心地把对话延续下去，注意询问和答话。 集体交谈 ・积极参与几人、小组或全班的交谈； ・注意倾听教师在集体活动中提出的问题，做出相应的回答。
	讲述	・讲述图片所表现的事情(着重事物之间的联系)； ・讲述图片内容所发生事情的过程(用想象补充情节)； ・理解几幅图片所表现的情节，并进行连贯的讲述。

续表

专门的语言活动内容	阅读	• 注意力集中地看着画面听成人讲解； • 根据画面内容有逻辑地回答成人、同伴提出的问题； • 看着画面表述自己对画面内容的理解； • 集中注意倾听成人指读图书中的文字。
渗透的语言活动内容	执行生活常规	• 注意倾听并理解成人对生活常规的意义及操作过程的讲解； • 记住生活常规的操作过程，并能按规定行动； • 能集中注意执行成人的指令，坚持完成任务； • 能自觉地履行生活常规，不需要成人提示。
	日常人际交往	• 恰当地运用礼貌语言与别人交往； • 用语言向别人表达自己的需要，请求帮助； • 对别人向自己提出的要求，做出恰当的应答； • 在语言或行动上与别人发生矛盾时，用恰当的语言处理。
	认识周围世界	• 在成人的语言指导下，对自然界的事物、现象及其变化，以及社会生活中人们的活动和相互关系进行观察，获得有关的知识和语言内容； • 在成人的语言指导下，集中注意力感知和记忆所得信息，理解其中的各种关系，提高认知过程的有意性和目的性。
	认识其他符号	• 运用几种不同的符号表达对周围世界的认识和感受，使不同符号的运用互相转换，互相补充。

注：本表内容参考自刘宝根于2014年在华东师范大学出版社出版的《学前儿童语言教育与活动指导》和赵寄石、楼必生于2003年在人民教育出版社出版的《学前儿童语言教育》。

表 5-2　入学准备阶段推荐使用的图画书

身心准备	《勇敢小火车》《生气王子》《爱哭公主》《飞扬的心》《小阿力的大学校》《新的开始》《我上小学了》《这样想一想 心情好多了》。
社会准备	《穿越时空看文明：全景手绘中国史 衣橱里的秘密》《穿越时空看文明：全景手绘中国史 餐桌上的历程》《穿越时空看文明：全景手绘中国史 房屋里的温暖》《一颗莲子的生命旅程》《狐狸与树》《我们的一天》《有什么东西我买不来》《你的手我的手他的手》《假装没看见》《不是那样，是这样的！》《悠悠的小阳伞》《完美搭档》《看得见 看不见》。
生活准备	《慌张先生》《迟到的理由》《臭袜子不见了》《阿兔的小瓷碗》《扫除大作战》《洗漱间的秘密》《收拾房间的理由》《牙齿大街的新鲜事》《肚子里有个火车站》。
学习准备	《祖父的园子》《漏》《老鼠娶新娘》《捉》《你看见喜鹊了吗？》《生活微百科·记事情》《一园青菜成了精》《生蛋快乐》《花婆婆》《十个人快乐大搬家》《兔子的12个大麻烦》《我知道天上的星星有几颗！》《壶中的故事》《小妹妮妮和大豪猪冈巴》。

(2) 语言活动的实施建议

第一，语言活动应基于幼儿的已有经验。教师需考虑幼儿的已有语言经验及现有发展水平，新的经验内容应在幼儿已有知识、技能、经验的基础上结合生活环境中常见的事物来进行设计。

第二，语言活动的内容与方式应互相适应。语言活动的内容是多方面的，活动的方式也是多样的。活动方式的选用取决于活动内容的类型，教师应根据具体活动内容采用合适的方式。例如，某个活动的重点是促进幼儿前写作能力发展，教师在活动组织过程中应做好幼儿读写的模仿榜样，鼓励和保护幼儿自动、自发地读写等；若活动的重点是发展幼儿的表达能力，教师可引导幼儿围绕主题梳理、表达，获得相应叙事性讲述的经验。支持幼儿运用语言讲述自己具有感性认识的人、事、物，注重时间叙述的完整性，并感受相应的叙事形式，特征；在促进前阅读能力发展时，教师在与幼儿共读时，应完整地阅读一本书，并在反复的阅读过程中鼓励幼儿大胆预测(对故事的事件发展和人物的取向做出预测)、质疑(这种事为什么会发生?)、假设(假如条件或者情境变化了……会如何?)及反思(对故事所发生的事情及人物的种种思考)。

第三，语言活动应考虑与其他领域相互渗透。在语言活动中，幼儿学习吸收的主要是语言信息材料。考虑幼儿处于具体形象思维阶段，认知过程中也需要依靠与语言有关的其他符号系统，如美术符号、音乐符号、动作符号等，教师可考虑将其他符号自然地融合在语言教育中。

第四，语言活动应面向全体幼儿，关注个体差异。在设计语言活动时，教师要了解班级幼儿的语言发展需求，使活动设计贴合幼儿的现有水平和生活实际，同时，教师还应意识到幼儿的语言发展存在差异，语言经验也存在差异，应站在支持幼儿个性化发展的角度上，为幼儿提供适宜其发展需要的帮助。

(3)语言活动的目的

第一，入学准备期的语言活动旨在丰富幼儿的词汇，帮助幼儿不断积累新的语音和词汇，不断吸收新的句式和表达方法，提升语言交往技能，形成良好的阅读与读写习惯，从而整体提高幼儿运用语言的能力，为幼儿日后的语言学习撒下自信的种子。

第二，语言活动不仅是为了帮助幼儿建构自身的语言符号系统，还旨在促进幼儿逻辑思维能力的发展。在语言输出的加工过程中，幼儿若要想意思表达正确、完整和连贯，需要有感知、记忆、思维、想象过程的积极参与。在儿童语言水平不断提高的过程中，语言和认知能力的结合渐趋密切，这也为幼儿在后续发展中进行更高阶的思维活动打下良好基础。

2. 数学活动的设计与实施要点

(1)数学活动的内容选择建议

幼儿数学活动内容是实现幼儿数学教育任务的重要保证，也是教师向幼儿进行数学教育的依据。入学准备期数学活动内容的选择要符合《指南》中提出的幼儿数学学习目标，既要考虑到5~6岁幼儿理解数学概念的认知发展规律和特点，又要与幼儿的已有经验及日常生活相关联。于此，我们应科学而慎重地选择入学教育阶段数学活动的内容。

基于数学活动内容选择的依据，以及现有的国内外研究与著作，入学准备阶段的幼儿数学教育内容包括集合、数、形、量、时间和空间等几个方面，主要类别及涉及的内容范围大致如下(表5-3)。

表5-3 数学教育内容

类别	内容
集合	1. 学习对物体进行多角度分类、层级分类及同时按物品的两个特征分类。 2. 在分类过程中初步理解类与子类、整体与部分的关系，自己确定分类标准并做标记。
数概念	1. 学习10以内倒数、接数。 2. 学习观察小数群的数量，并接着数另一数群的数量及说出总数。 3. 认识三个相邻数的关系及10以内自然数列的等差关系。 4. 了解10以内数的组成，理解总数与部分数的等量、互补和互换关系。 5. 了解10以内单数和双数。 6. 了解10以内序数，自然数可以表示物体排列的次序。
量的知识	1. 认识宽与窄并初步理解量的相对性。 2. 初步认识量的守恒。 3. 对10以内数量的实物卡片、圆点卡片、数字卡片按卡片上的数量逐一增多或逐一减少进行"正向排序"和"逆向排序"。 4. 按大小、长短、高矮、粗细、厚薄、宽窄差异对10以内物体进行"正向排序"和"逆向排序"，并初步理解序列之间的传递性和双重性关系。 5. 能发现并扩展由物体或图画、符号组成的较为复杂的排序模式，学习自行设计一定的模式并将两种以上的物体进行排列。 6. 认识一些自然测量的方法。
几何形体	1. 进一步理解平面图形之间的关系。 2. 认识球体、正方体、圆柱体和长方体。 3. 区分平面图形和立体图形的不同。
空间方位	1. 以自身为中心区分左右。 2. 会向左、右方向运动。
时间	1. 认识时钟，学习看整点、半点。 2. 学会看日历，清楚一星期七天的名称及顺序。

注：本表内容参考自林嘉绥和李丹玲于1994年在北京师范大学出版社出版的《学前儿童数学教育》；莎莉·穆莫和布伦达·耶柔米著、侯宇岚和陈芳翻译，于2013年在南京师范大学出版社出版的《数学不仅是数数：基于标准的幼儿数学教学活动》；美国埃里克森儿童发展研究生院早期数学教育项目著，张银娜、侯宇岚和田方翻译，于2015年在南京师范大学出版社出版的《幼儿数学核心概念：教什么？怎么教？》；张俊于2015年在教育科学出版社出版的《幼儿园数学领域教育精要——关键经验与活动指导》。

(2)数学活动的实施建议

第一,数学活动应与幼儿生活密切相连。在幼儿的生活实际中,处处都有数学。生活中经济易得的材料正是幼儿进行数学学习的宝贵资源。此外,幼儿通过在生活中的实践与尝试,逐渐建构起对抽象数学概念的初步认识,现实生活也为幼儿搭建了通向抽象数学知识的桥梁。

第二,数学活动应让幼儿充分实操与自主探索。幼儿的思维特点是以具体形象思维为主,教师在教学实践中,应当引导幼儿以直接感知、实际操作为主要学习方式,让幼儿通过自己的实验与操作建构数学知识。同时,应尽量避免仅让幼儿观看教师示范或是只听教师讲解的情况。在幼儿与材料互动的过程中,教师还应关注幼幼合作,并鼓励幼儿在操作结束后,介绍自己的探究过程,分享自己解决问题的方法,教师可基于幼儿的分享进一步提供个性化的支持。

第三,数学活动材料应充分且层次分明。在数学活动实践中,教师提供的材料应充分,以满足幼儿反复摆弄练习的需要。提供的同一类活动的材料应有实物、图片、符号三个层次。在学习同一概念时,所提供的材料应多样化,并支持幼儿与材料充分互动。

第四,数学活动应关注幼儿的个体差异。在数学活动的设计与实践中,教师应考虑到幼儿间的个体差异,让每名幼儿在自己的水平上得到发展,而不是千篇一律,统一要求。

(3)数学活动的目的

第一,对具体数学知识或者技能的掌握不等于思维结构的发展,入学准备期的数学活动不应只是着眼于具体的数学知识和技能的教学,更应在数学活动中充分依靠幼儿的具体形象思维,培养幼儿思维的敏捷性和灵活性,激发幼儿思维的积极性和主动性,从而促进幼儿的思维结构的发展。

第二,相较于数学知识的积累,入学准备阶段的数学活动旨在培养幼儿对数学的兴趣和良好的学习习惯,为后续的数学学习保持好奇心和探究欲望。

三、入学准备学习活动的实施案例

(一)项目式学习活动案例一

"绳"奇之旅

◎**活动背景**

1. 学情分析

《入学准备指导要点》中明确提出以促进幼儿身心全面和谐发展为目标，注重身心准备、生活准备、社会准备和学习准备几方面的有机融合和渗透，围绕社会交往、自我调控、规则意识、专注坚持等进入小学所需的关键素质，实施有针对性的入学准备教育。

幼儿进入大班后，有个别幼儿自发在晨练和户外活动期间进行连续跳绳游戏，并在同伴之间引起积极的讨论。幼儿之间出现了"要要学会跳绳后才能上小学"的相关言论。教师了解后才知道，有家长针对幼小衔接开始让幼儿在家练习跳绳，有的是上小学的哥哥姐姐正在进行跳绳打卡。同时《指南》中提到，5～6岁幼儿动作发展应达到"能连续跳绳"的目标。因此，根据幼儿的兴趣及蕴含的教育价值，教师联系幼儿生活实际，从一日生活中围绕幼儿身心准备、生活准备、社会准备、学习准备进行有机融合开展了"'绳'奇之旅"项目课程的学习。

2. 活动准备

(1) 活动资源分析路径。

教师借鉴了增强脆弱性能力评估(Enhanced Vulnerability Capacity Assessment，EVCA)进行项目活动资源分析，包括资源清单、价值评估、现有水平及兴趣、方法和发展目标(图5-7)。

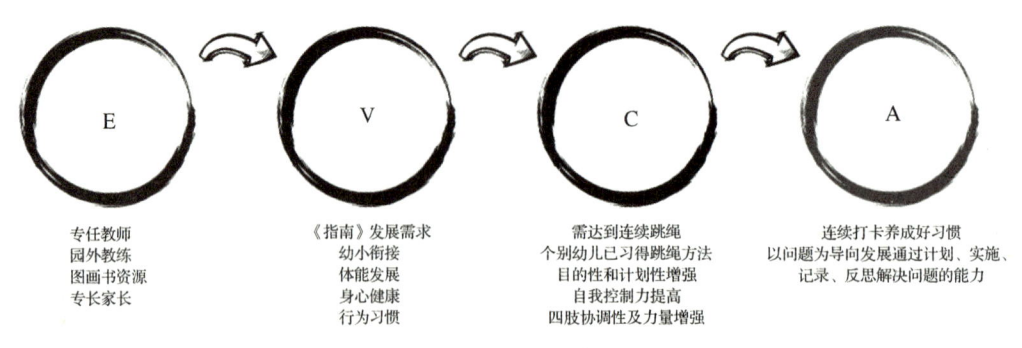

E	V	C	A
专任教师 园外教练 图画书资源 专长家长	《指南》发展需求 幼小衔接 体能发展 身心健康 行为习惯	需达到连续跳绳 个别幼儿已习得跳绳方法 目的性和计划性增强 自我控制力提高 四肢协调性及力量增强	连续打卡养成好习惯 以问题为导向发展通过计划、实施、记录、反思解决问题的能力

图 5-7 EVCA 思考图

①跳绳的相关资源。

在项目活动初期，教师就可利用的跳绳资源进行了全面分析。园内有专业的体能专任教师，园外有幼儿学习跳绳的教练和体能专长的家长资源，可就幼儿探索中出现的问题提供专业解答。幼儿同伴之间有积极影响，二孩家庭还有哥哥姐姐的榜样作用，大班本学期的体育教育内容包括跳绳器械操，且家长需求与配合度极高，能极大保障幼儿探索和练习的意愿、时间与空间。

另外根据2021—2022学年园所进行的信息技术2.0相关探究经验，教师可通过"天天跳绳"等线上资源进行跳绳探索及打卡记录，线上线下相结合，保证家园信息的及时性与一致性。

②跳绳的价值分析。

跳绳活动可以发展幼儿动作协调及灵敏能力，锻炼四肢力量与耐力。持续打卡可以培养幼儿的任务意识，养成能持续完成一项活动的学习习惯，从一日常规活动中帮助幼儿对小学产生向往，进行幼小科学衔接，帮助幼儿自然过渡。探索活动计划、实施、反思的思考模式，可以帮助幼儿养成解决问题的能力，从而对幼儿的终身学习发挥积极作用。

③幼儿跳绳水平及兴趣分析。

班级幼儿跳绳水平差距较大，有些幼儿能连续跳绳50个左右，有些幼儿还未学会甩绳，但幼儿对跳绳活动兴趣浓厚，幼儿之间讨论话题度高，不断有幼儿主动提问："你怎么就能连续跳？""为什么我跳绳总是打脚或者别人？"有跳绳经验的幼儿会主动展示新学的跳绳花样。幼儿积极地参与讨论。

④活动类型：探究活动。

项目活动作为一种综合主题探究活动，能够以儿童的生活经验和兴趣为基础，以真实的问题驱动为导向，以持续性探究和整合性学习为中心，将成果展示作为结束活动的一种活动实施方式。与其他活动相比，项目活动采取的是跨领域的教学方式，各领域之间形成不可分割的联系，以解决问题为主要目的。因此，教师选择此类活动来开展跳绳项目。

(2)教师预设主题网络。

根据幼儿兴趣及幼儿问题，教师通过问题驱动建构预设项目网络图(图5-8)。

(3)收集与项目活动相关的参考资料。

项目开始后收集了一些参考资料，以供自己和幼儿参考使用，分析了周边可利用资源，当遇到问题后能寻求到有效帮助，包括图画书、网站、视频、文献等(表5-4)。

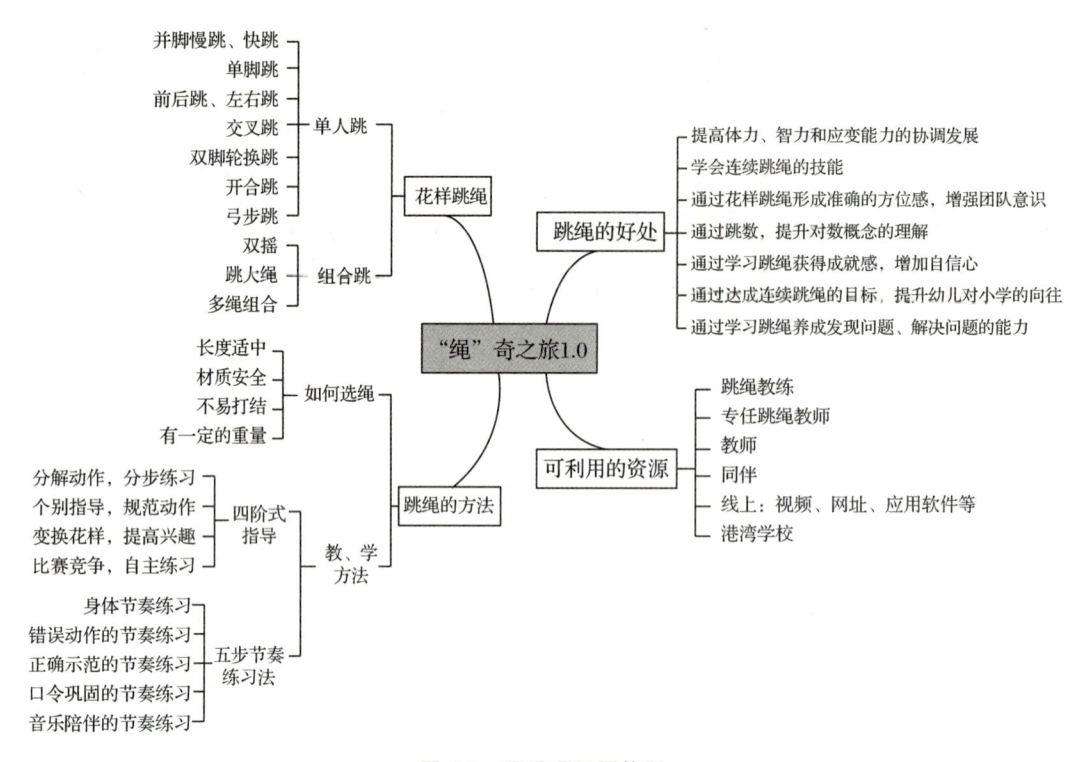

图 5-8　预设项目网络图

表 5-4　参考资料

资源类型	具体资源
图画书	《我会跳绳了》《跳绳没有那么难》《跳绳去》《一根绳子》《大家一起玩吧》。
线上资源	期刊文献、"天天跳绳"、小红书、抖音、微信小程序。
人力资源	跳绳教练、专任体育老师、班级教师、家长、同伴。
参访专家	跳绳教练、专任体育老师。
参访地点	港湾学校。

◎活动过程

阶段一：开始

1. 发现孩子兴趣

新学期户外活动中，有孩子偶然展示了连续快速跳绳技能，孩子们都惊奇地表示"好厉害呀"，并展开了广泛的讨论。其中有部分孩子说道："跳绳可以长高""我姐姐说学会跳绳才能上小学"等。

2. 问卷调查

老师根据孩子们日常提到关于绳子的话题及孩子们在尝试跳绳中遇到的问题制

定问卷调查表，了解孩子们对跳绳的掌握程度及需要解决的问题(图5-9)。

图 5-9　问卷调查

3. 收集数据资料并分享

老师将收集到的图画书、跳绳视频及跳绳练习软件分享给幼儿和家长，支持孩子们持续探索的兴趣，记录幼儿现有跳绳水平(图5-10)。

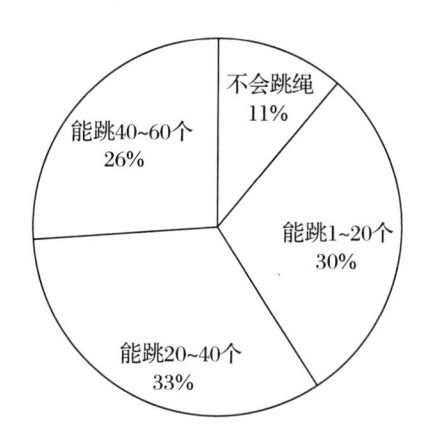

图 5-10　1分钟跳绳记录 1.0

4. 与孩子生成新的项目网络图

老师根据孩子们已有经验及跳绳中遇到的问题，及时与孩子们讨论，生成新的项目网络图(图5-11)。

5. 提出挑战性问题：如何连续跳绳

(1)参访专家。

老师收集孩子们的困惑(图5-12)，邀请跳绳教练和专任体育老师有针对性地解决问题(图5-13)。

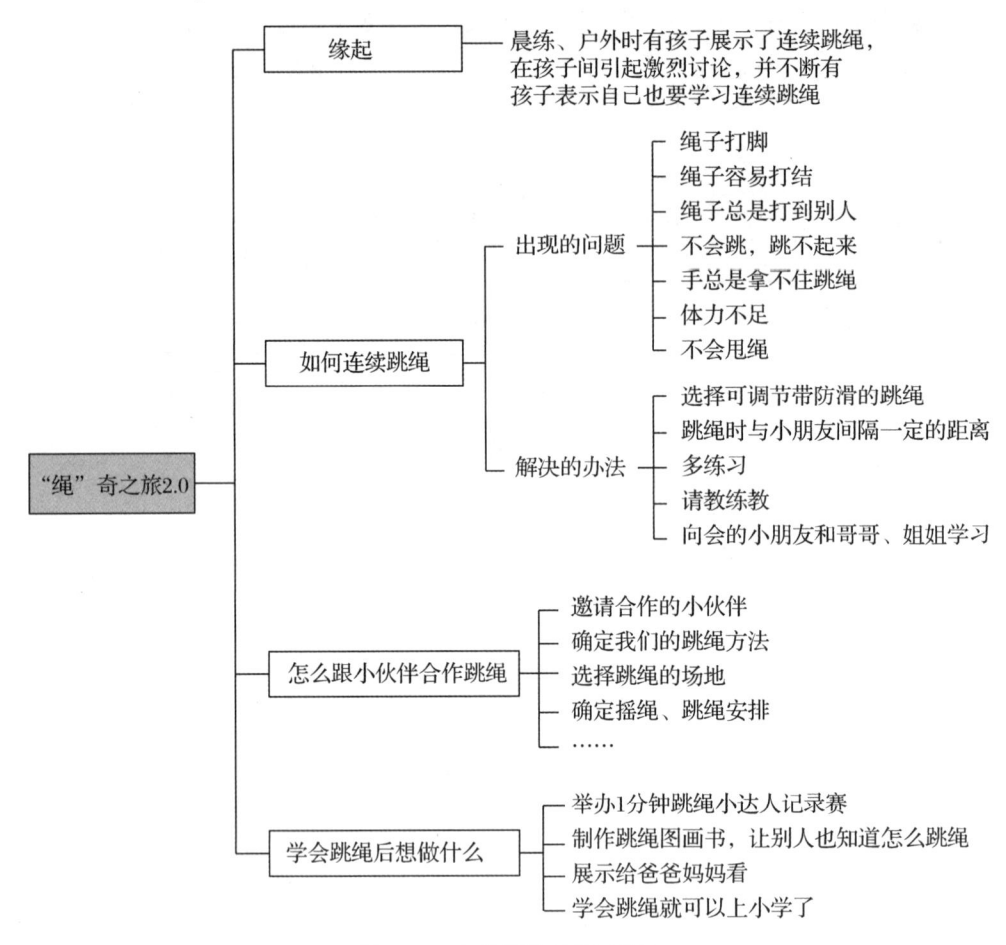

```
                              ┌─ 缘起 ─── 晨练、户外时有孩子展示了连续跳绳，
                              │          在孩子间引起激烈讨论，并不断有
                              │          孩子表示自己也要学习连续跳绳
                              │
                              │                      ┌─ 绳子打脚
                              │                      ├─ 绳子容易打结
                              │          ┌─ 出现的问题 ─┼─ 绳子总是打到别人
                              │          │            ├─ 不会跳，跳不起来
                              │          │            ├─ 手总是拿不住跳绳
                              │          │            ├─ 体力不足
                              │          │            └─ 不会甩绳
                              ├─ 如何连续跳绳 ─┤
                              │          │            ┌─ 选择可调节带防滑的跳绳
"绳"奇之旅2.0 ─┤          │            ├─ 跳绳时与小朋友间隔一定的距离
                              │          └─ 解决的办法 ─┼─ 多练习
                              │                       ├─ 请教练教
                              │                       └─ 向会的小朋友和哥哥、姐姐学习
                              │
                              │                        ┌─ 邀请合作的小伙伴
                              │                        ├─ 确定我们的跳绳方法
                              ├─ 怎么跟小伙伴合作跳绳 ─┼─ 选择跳绳的场地
                              │                        ├─ 确定摇绳、跳绳安排
                              │                        └─ ……
                              │
                              │                        ┌─ 举办1分钟跳绳小达人记录赛
                              │                        ├─ 制作跳绳图画书，让别人也知道怎么跳绳
                              └─ 学会跳绳后想做什么 ─┼─ 展示给爸爸妈妈看
                                                       └─ 学会跳绳就可以上小学了
```

图 5-11　生成新的项目网络图

图 5-12　孩子们在跳绳中遇到的问题

图 5-13 孩子们总结的问题解决方法

（2）请家长参与阶段一的活动。

老师根据孩子们的讨论，在家长会中提前告知家长学习计划，并实施在家坚持 21 天打卡练习（图 5-14），针对孩子的个体差异请家长进行一对一指导并记录。

图 5-14 21 天打卡记录

（3）结合孩子的实际生活。

老师结合孩子的实际生活，在早操时间、户外锻炼、故事时间、家长助教、幼小衔接参观小学等各个环节和活动中为孩子们提供练习、探索的机会，支持孩子们深度学习（图5-15和图5-16）。

图5-15　早操时间

图5-16　家长助教

6. 梳理孩子已有经验

老师运用KWL表格，引导孩子们梳理已有经验（表5-5）。

表5-5　梳理幼儿已有经验

K（我已经知道的）	W（我想要知道的）	L（我已知道的）		
		经验	发现	我想
跳绳可以自己调整长短。	我能连续跳多少下。			
跳绳的节奏是先甩再跳。	除了连续跳还可以怎么跳。			
跳绳时要间隔一定的距离。	组合跳有哪些。			
甩绳时手臂收紧，手腕转动。	如果别人不愿意跟我一起跳怎么办。			

阶段二：探究

老师通过KWL表格梳理孩子们在阶段一结束后的经验及产生的新问题，以孩子们的兴趣和问题为驱动，探索跳绳进阶玩法，从单人跳到团队协作跳，从连续跳到花样跳，在探索的过程中培养孩子们良好的学习习惯和解决问题的能力。

1. 学会跳绳后，探索跳绳的拓展和进阶玩法

（1）跳绳还可以用来做什么。

孩子们学会跳绳后，开始不只是连续跳绳练习，而是将跳绳摆弄成各种样子，或围合，或捆绑，并尝试用跳绳做其他事情（图5-17）。老师根据实际情况进行拓展和进阶思考。

(2) 除了连续跳还可以怎么跳。

为保留孩子们跳绳的热情，老师鼓励孩子们思考跳绳的更多玩法，通过合作实现跳绳的更多可能(图 5-18)。

2. 怎样进行多人组合跳

尝试组合跳的过程并不太顺利，有不愿意摇绳只愿意跳绳的、双人跳时节奏不一致的、跳大绳时无法协调一起甩绳的、多人跳时无法在准确的节奏点进出导致游戏无法进行的，根据一系列问题，教师用提问的方式帮助幼儿理顺思路，找到解决问题的方法。

图 5-17　孩子们用跳绳跳皮筋

图 5-18　孩子们表征的花样跳绳

(1) 别人为什么不愿意跟我一起跳，该怎么办。

①换一个人。

②她不愿意摇绳，也想跳，我们可以商量，轮流摇绳。

③要有礼貌地邀请她，她才会愿意跟我们一起玩。

④我们都要遵守游戏规则，不然游戏就玩不下去了。

(2) 组合跳要做哪些准备。

为顺利进行"多人跳大绳"活动，孩子们讨论可能出现的问题并给予解决方案，如提前邀请人，确定场地和音乐，商量好摇绳、跳绳的顺序，制定大家摇绳时统一的口号等(图 5-19)。

图 5-19　组合跳可能出现的问题及解决方案

阶段三：结束

学会跳绳后想做什么

在学跳绳的过程中，孩子们提到了"学会跳绳就能上小学了"的观点，引发了孩子们对"学会跳绳后想做什么"的讨论。孩子们的讨论集中在展示自己的成果并将跳绳的技能教给弟弟妹妹上。孩子们提出可以录制视频或通过操节展示，让爸爸妈妈、老师和其他小朋友了解到我们的成果；通过1分钟跳绳小达人记录，直观展示孩子们的进步；并将探索到的跳绳技巧，自制成跳绳相关故事图画书供其他小朋友学习。

（1）1分钟跳绳小达人。

老师再次开展"1分钟跳绳小达人"活动（图5-20），前后呼应，更直观地感受孩子们经过探索后的成长，让孩子们在探索中获得成就感，增强孩子们的自信心。

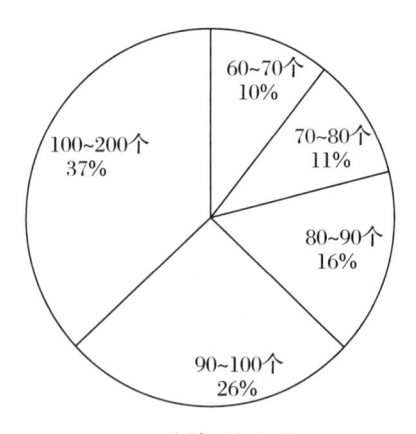

图 5-20　1分钟跳绳记录 2.0

(2)跳绳展示。

孩子们习得跳绳技能后非常愿意展示自己的技能,从中获得满足感。他们经过讨论后决定通过邀请其他班级的小朋友一起跳大绳,给爸爸妈妈展示绳操(图5-21),录制跳绳视频让更多的人喜欢跳绳。在绳操活动中,孩子们在音乐节奏中表演跳绳,根据有节奏的音乐变换动作,感受、习得团队协作的重要性,感受团体活动带来的乐趣。

图 5-21　向爸爸妈妈展示绳操

(3)创编跳绳图画书。

在学习连续跳绳中,除了有跳绳教练和专任体育老师的助力,有些孩子是通过跟哥哥姐姐一起打卡学习的方式。因此,在讨论学会跳绳后的计划时,有孩子提及可以将跳绳方法继续传递给弟弟妹妹。孩子们针对"如何延续我们的探究成果"展开了激烈的讨论,孩子们纷纷建言献策:录制教学视频,创编跳绳图画书(图5-22),户外时带领弟弟妹妹一起跳绳,等等。

◎**活动反思**

项目式学习活动给了幼儿许多实践探索的机会,也给了幼儿很多互动交流的机会。在活动过程中,教师通过查阅相关文献、收集跳绳相关信息,充分了解跳绳相关专业知识,为幼儿后续学习提供支架,让幼儿在解决真实问题中发展思维,深入探究,再到依托资源,拓展问题,推进认知,基于观察与发现,进行大胆推测和想象,引发了进一步的探究。

对于拍球、跳绳等技能性活动,不要过于要求数量,更不能机械训练,要利用多种活动发展幼儿身体平衡和协调能力。跳绳是动作记忆,讲求方法、平衡、协调、有节奏的肢体动作。幼儿遇到困难时,教师应当引导幼儿利用图画书、网络、身边资源等寻求解决问题的方法。

教师有意识引导幼儿积极交流、表达、表征,通过日常的活动记录来潜移默化

图 5-22 创编跳绳图画书

地提升书写兴趣，做好前书写准备；借助统计图、记录表，感受数量关系，将跳绳情况总结归类，从数字的变化中深刻感受生活中数学的有用和有趣，感知和理解数、量及数量关系。

通过家园打卡让家长和幼儿一起记录跳绳的数量，帮助幼儿发展大肌肉动作的同时培养健康的生活方式，邀请家长积极参与花样跳绳游戏，为幼儿上小学提供持续的积极感受。

（供稿单位：深圳市南山区前海时代第一幼儿园；供稿人：刘丽连、欧阳惠玲）

(二)项目式学习活动案例二

探秘小学之时间

◎ **活动背景**

1. 活动目的

第一，以谈话、分组交流、社会实践等方式，认识并了解进入小学后的环境及一日生活变化，对时间有初步的概念。

第二，通过问题聚焦、调查验证、真实体验等探究方式，以自己的方式去尝试发现问题、分析问题和解决问题，并掌握一定的计划、归类方法。

第三，进一步激发对成为小学生的憧憬，感受合作、交流、实践带来的乐趣。

2. 学情分析

幼小衔接是我国基础教育研究持续关注的热点话题之一，近年来，教育部门持续颁布相关文件，为科学实施幼小衔接工作提供了方向指引；同时，幼儿园与小学的衔接也是幼儿人生中的一次重要转折，它关乎幼儿能否以积极、向往的心态，顺利适应小学生活；最后，大班幼儿面对即将到来的小学生活，总是充满了无尽好奇和了解的欲望，但由于缺乏一定的认识和了解，也会感到茫然和困扰。

基于此，我们充分考虑大班幼儿的年龄和学习方式、心理需求等特点，以"探秘小学"为主线，围绕小学生活的一日流程和幼儿一起展开多种形式的讨论和交流，使科学衔接的理念真正融入幼儿学习的方方面面，帮助幼儿顺利进行基础教育的衔接和过渡。

3. 需要解决的问题

本次学习活动在以幼儿为主体的探究方式下，帮助幼儿解决对小学的认识不够全面深入，学习方式和一日生活转变带来的心理不适应及缺乏小学所需具备的社会交往、大胆表达、专注探究等关键素质方面的问题，实施有针对性的入学准备教育。

◎活动过程

阶段一：开始

学期初，孩子们观看了南科大第二实验小学的苏老师分享的一个有关"幼小衔接——真实的一年级生活"视频。观看完这个视频后，孩子们对小学产生了浓厚的兴趣，也兴致勃勃地展开了讨论。

越越："小学有几个老师？"

乐乐："为什么上小学要写作业？"

涵涵："为什么小学的桌子是一个一个的？"

安琪："我上幼儿园时哥哥还没有去上学，早上去小学可以晚点儿去吗？"

安琪的话引起了大家的兴趣，有的孩子说自己的姐姐上学比自己早，有的孩子说上小学中午可以自己回家休息。于是老师把问题聚焦在——小学的上学时间和幼儿园有什么不同？

活动一　小学的上学时间比幼儿园早还是晚

老师引导孩子们进行猜想，并对小学的上学时间进行了调查。

孩子们调查了南山区、福田区、宝安区的部分小学，原来，大部分小学比幼儿园上学时间晚，少部分比幼儿园上学时间早，还有的是一样的（图5-23和图5-24）。

图5-23　小学时间调查表

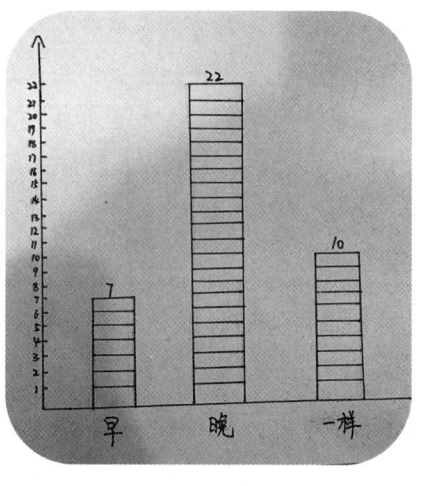

图5-24　调查结果

活动二　小学的一天都做些什么

在对入学时间有了一些了解后，我们将讨论内容延展到了小学的一日生活，在搜集了孩子们的问题后，邀请了一个孩子的哥哥为孩子们解答疑问。

孩子们对小学的一天很好奇，小学的一天是怎样的呢？为了更直观地让孩子们了解小学的一日生活，老师邀请了小学生哥哥绘制了小学的一日生活时间表，与幼儿园一日生活进行对比（图5-25）。

活动三　为什么小学课间休息只有十分钟

通过对一日生活的讨论，沐瑶提问："为什么小学课间休息只有十分钟？我们休息的时间很多呢！"（此处休息时间指的是幼儿园的自主区域活动时间比较多）

基于沐瑶的提问，老师开展了探索"课间十分钟"活动。

由于孩子们对"十分钟"还没有什么概念，经讨论决定，由老师计时，孩子们自由体验十分钟，其间可以自由安排，做自己想做的事（图5-26）。

图5-25　幼儿园和小学时间对比图

图5-26　体验课间十分钟

体验结束后，孩子们互相分享了自己的体验。

琛琛:"我觉得十分钟很快就过去了,我还没有玩够。"

承宇:"我在十分钟的时间去玩乐高积木,拼好了,时间也到了。"

宇涵:"我觉得十分钟只够拼一把枪,拼第二把枪,时间就不够了。"

卓卓:"我觉得十分钟跟小朋友聊天是够的。"

熙熙:"我觉得时间太短了,为什么只有十分钟,可以延长点儿时间吗?"

活动四　课间十分钟可以延长吗

熙熙提出的问题引发了孩子们激烈的讨论,有的孩子觉得应该增加时间,有的孩子却认为不需要增加。由此,产生了两种不同的观点。老师以此为契机,设计了"小小辩论赛"活动(图5-27)。

卓卓:"如果增加了时间,那下一节课的时间就不够了。"

沐瑶:"如果不增加时间的话,很多小朋友还没做完事情,就得下次再做。"

安琪:"我们不想要增加时间,因为我们可以学到更多的知识。"

宇涵:"如果不增加时间,小朋友可能还没玩够,就会上课不认真,偷偷跑出去玩。"

卓卓:"如果增加时间的话,那下一节课已经开始了,你才回到教室里。"

……………

本次辩论赛,孩子们大胆表达自己的想法,坚持自己的观点。讨论和辩论本身就是要聆听和接纳不同的声音,在辩论环节,老师感受到了孩子们表达观点时的自信和倾听同伴想法时的尊重。老师能做的就是站在孩子们的立场,跟随孩子们的脚步,持续引发孩子们主动学习。

孩子们对小学生活累积了一些前期经验后,恰逢幼儿园组织对南方科技大学第二实验小学的参访。得知这个消息后,老师和孩子们一起讨论了"在参访前我们可以做哪些准备",并做了记录(图5-28)。

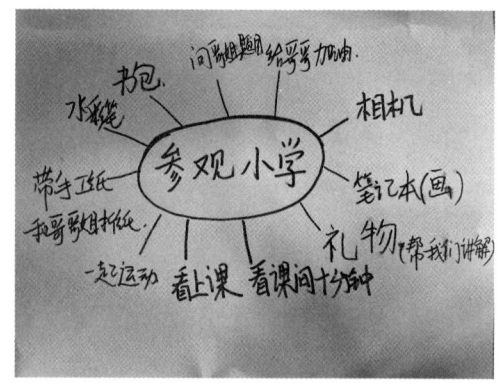

图5-27　辩论赛　　　　　　　　图5-28　参观小学前的头脑风暴

孩子们经讨论决定分为三个小组，分别是采访组、摄影组和记录组。孩子们根据自己的兴趣，自愿报名参与。

活动五　十分钟有多久

在参观小学时，孩子们遇见了校长叔叔，采访组的孩子抓住了机会，对校长叔叔进行了采访（图5-29）。

卓卓："校长叔叔，请问课间十分钟到底有多久？"

校长："你要学数学就会知道，一分钟是60秒，10分钟是600秒，1秒数一下，从1数到600，就有十分钟了。"

采访组对小学的姐姐也进行了采访（图5-30），了解她们课间十分钟都做了些什么，记录组认真记录。

图 5-29　采访小学校长　　　　　　图 5-30　采访小学生

阶段二：探究与表征

回到幼儿园后，孩子们对"十分钟"的讨论还在持续进行。他们迫切想要知道：还有什么方法可以感知"十分钟有多久"？

活动六　怎么知道十分钟有多久

老师引导孩子们想到了以下这些方式。

雨森："用笔记下来，画画。"

曦语："可以一分钟一分钟地数。"

起鸣："那就一秒写一个数字。"

鹏程："我用十分钟画了一架飞机。我觉得十分钟有时快，有时慢。"

清越："我觉得十分钟可以做很多事情。我可以拉小提琴、画画、做眼保健操、跳绳、看风景、喝水、上厕所。"

韵晴："我是用小恐龙来记录时间的，妈妈告诉我时间会向前走，不能回头（图5-31）。"

圣和："我记录的方式是用沙漏、玩小车、画画、看时钟（图5-32）。"

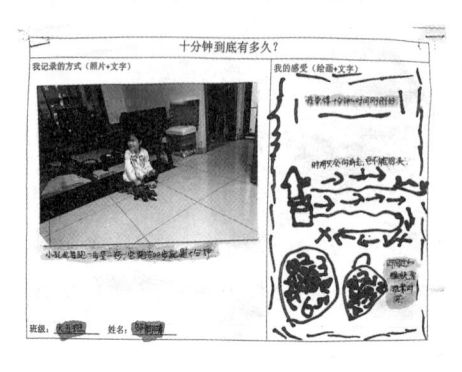

图 5-31　记录我的十分钟　　　　图 5-32　分享我的十分钟

活动七　亲子沙漏

在记录十分钟的过程中，有几个孩子提到了沙漏，引发了其他孩子的兴趣。经过调查，孩子们了解到沙漏是一种古老的计时器，根据沙从一个容器漏到另一个容器的数量来计量时间，代表了时间的流逝。孩子们在家里寻找材料，制作了沙漏并带回幼儿园进行分享（图5-33和图5-34）。

图 5-33　亲子制作的沙漏　　　　图 5-34　分享沙漏制作过程

老师将孩子们带来的沙漏投放到区域里。在孩子们玩耍的过程中，老师发现有的沙漏流动速度太快了，于是引导孩子们用计时器将沙漏的流逝时间进行了统计，发现最快的有3秒，最长的有1分16秒。

老师抛出了一个新的问题：这些沙漏可以用来记录时间吗？

孩子们得出的结论是不可以，因为时间太短了。

于是老师和孩子们决定要一起做一个能计时的沙漏，可以用什么材料做呢？孩子们想到用沙池里的沙子做沙漏正好合适。

活动八　制作可以记录时间的沙漏

孩子们第一次尝试，自制时间沙漏（图5-35）。

孩子们对于制作沙漏已有一些前期经验，知道要想让沙漏流动足够长的时间，沙漏中的洞口要小。于是在制作时，他们把洞口钻得比较小，但发现沙子流动不顺畅。孩子们通过观察发现，沙子里有很多的小石子，堵住了中间的洞口，导致沙子流动不流畅。

孩子们第二次尝试，自制时间沙漏。

针对沙子流动不顺畅的问题，孩子们一起想出了解决的办法，就是把小石子去掉。经过多次尝试，孩子们用过滤网给沙子过筛，可以很好地去掉小石子（图 5-36）。

图 5-35　第一次尝试制作沙漏 　　　　**图 5-36　多次尝试给沙子过筛**

过滤后的沙子成功从洞口流动了。最后孩子们成功制作了两个沙漏，一个可以计时 1 分钟 21 秒的沙漏和一个可以计时 15 分钟的沙漏（图 5-37）。

图 5-37　成功制作了两个沙漏

延伸支持：认识时钟

老师在益智区投放时钟教具，引发了孩子们对认识时间的兴趣。孩子们在益智区认识时钟，学会了看时钟，深化了时间的概念（图 5-38）。

孩子们表征"关于课间十分钟的畅想"。

孩子们设计了课间十分钟规划表将自己在课间十分钟里想做的事情进行计划，

图 5-38 孩子们在益智区认识时钟

在自主表达中表征自己对于"十分钟"的理解,对时间具有初步的规划和管理能力(图 5-39 和图 5-40)。

图 5-39 孩子们的表征作品——设计时钟 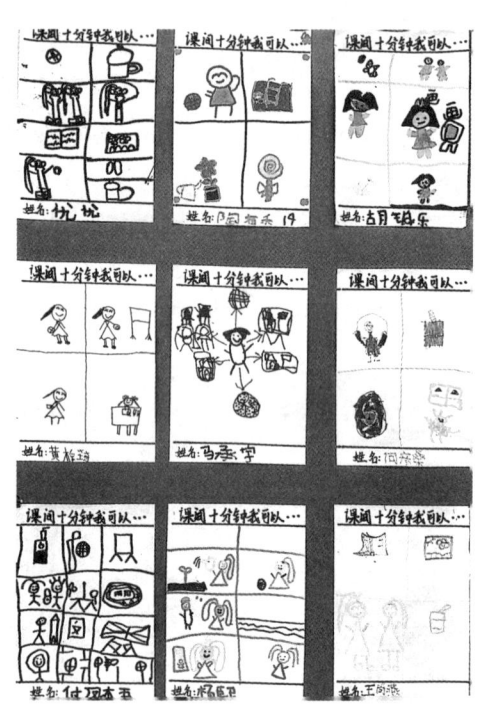　　图 5-40 孩子们的表征作品——畅想课间 10 分钟

在阶段二,老师带领孩子们进行了认识"十分钟时间""感知十分钟""十分钟有多久""怎么计时"等活动,孩子们始终保持着探究的兴趣。虽然遇到了很多问题,但是孩子们在讨论和分享中,选择最佳的解决方式,推动了项目的进展。老师始终对孩子们的探究行为保持鼓励和支持的态度。这是一个触发孩子们懂得思考、勇于实践、积累经验、不惧失败等良好品质的绝佳契机,这些品质一定会帮助孩子们在即将到

来的小学时光里学习和成长……

阶段三：结束

在整个项目学习接近尾声时，老师和孩子们一起就结题的形式进行了讨论，回顾整个活动。孩子们去探索、发现、解决问题，收获了很多经验。如何把这些习得的经验分享给其他大班的小朋友呢？

老师："我们可以怎么分享给其他小朋友呢？"

平平："我们可以画下来。"

越越："老师，你可以做个视频呀！"

辰辰："可以做成一本书。"

小蒙："我们可以拿我们的沙漏给别人看。"

最终讨论的结果是：做一本书。

制作书本的准备：封面设计，插画绘制，打印活动照片，粘贴照片，编辑文字。

于是老师和孩子们进行了分工，孩子们负责进行封面设计、画插画、粘贴照片，老师负责打印照片和文字编辑。最后，老师和孩子们一起完成了一本小书《探秘小学之时间》，书里记录下了他们学习和探究的点点滴滴（图5-41）。

图 5-41　自制小书《探秘小学之时间》

在小书里，有些活动可以通过扫描二维码观看活动视频。这本书可以保留给下一届大班的小朋友，持续分享和更新关于小学的知识和经验，激发孩子们对小学生活的期待和向往。

◎活动反思

对于大班幼儿的年龄特点而言，教师较为关注的是幼儿能力培养，有计划、有层次、循序渐进地和幼儿一起做好入学准备。本次项目式学习活动以幼儿探究兴趣为出发点，以幼儿对小学最为担忧、最想了解的问题为切入点，以幼儿视角去看待问题，和幼儿一起逐步了解小学，通过问题交流、实地参访、多样表征等方法，鼓励幼儿提出问题、分析问题、解决问题及积极表达自己观点、吸纳他人想法的良好学习品质的培养和发展。

同时，教师也深深感受到，观察和倾听对支持活动发展的重要性，每一次不经意的谈话都有可能使活动进一步延伸；如何联结家、校、社区资源，也是探究活动推向高潮的重要一环，引导幼儿带着问题寻找资料、材料，应用知识解决遇到的问题，为幼儿顺利迈入小学、适应小学生活打下基础。

（供稿单位：深圳市南山区朗麓家园第一幼儿园；供稿人：周凡利、何雯倩、高宁宁）

（三）项目式学习活动案例三

探秘小学之我的小学问答书

◎活动背景

《指导意见》中提到，大班下学期要有针对性地帮助幼儿做好身心、生活、社会和学习等多方面的准备，使其建立对小学生活的积极期待和向往。

为帮助幼儿更好地从幼儿园过渡到小学，大三班进行了"小学我知道"活动（图5-42）。对于即将成为小学生的大三班幼儿来说，他们对小学有着无限的憧憬，在谈话中经常会提到哥哥姐姐们的小学生活，如上小学了需要写作业，我家楼下就是卓雅小学，小学生的书包超级重……

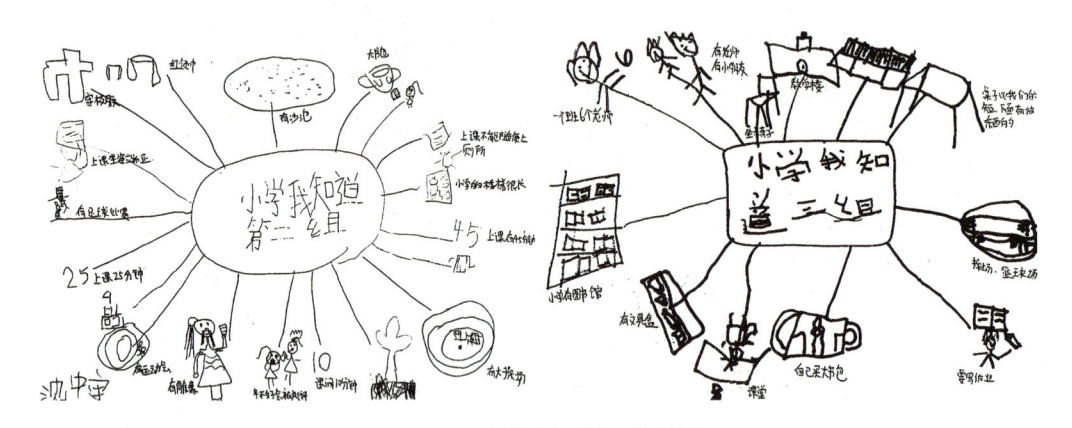

图5-42 "小学我知道"思维导图

同时，幼儿也存在着许许多多的疑惑，如课间十分钟要做什么，迟到了会怎么样，每天几点钟放学。对此，教师和幼儿共同进行了梳理总结，将已有经验和感兴趣的问题分成环境类、学习类、生活类。在开展"小学我知道"系列探索活动中，班级教师以直接感知、亲身体验、实际操作等活动方式丰富幼儿对小学的认知，如在美工区制作"我心中的小学"，在语言区增加话筒开展辩论赛，在操作区投放"小学的一天"等。其中，有部分幼儿对小学的建筑产生了浓厚兴趣，并在积木区开始探索如何搭建"我心中的小学"。

楠楠："小学是很大的，我们从这里开始搭。"

阳阳："我要把这里围起来，当操场。"

鑫鑫："上课的地方是很高的！看我用立柱搭高。"

杰杰："我们可以坐电梯去上课，谁来给我运一些长轨道。"

家澍："还要有路，从这个教学楼到那个教学楼，谁来和我一起搭啊？"

◎活动过程

阶段一：开始

1. 搭建小学初尝试

大班的孩子们对于在园一日生活有明确的计划性，所以在确定要搭建"我心中的小学"后，积木区的"小小建筑师们"便开始动工了（图5-43）。

图 5-43　部分孩子初次搭建的"我心中的小学"作品

对"我心中的小学"的搭建热火朝天，孩子们的想法也层出不穷。当轨道积木版的小学出现时，孩子们问道："你的教学楼这么瘦，我们能在里面上课吗？""到处都是路，我们都没有玩游戏的地方了。"当实木积木版的小学出现时，孩子们又问道："小学都被围起来了，我们还怎么去上学啊？""小学只有大操场可以玩吗？"……

2. 共同梳理"小学的建筑"问题清单

虽然孩子们对于"我心中的小学"建构越来越明晰，但对于小学里面的建筑到底是什么样的并不清楚。为满足孩子们的好奇心，提升他们关于搭建小学的想象力和创造力，老师在班级中投放了一些与建筑有关的图画书供孩子们阅读，借助图画书让孩子们感受建筑的美感与材料使用的多样，为孩子们的创作提供更多的灵感。

同时，张梁提到自己的姐姐是一名小学生，可以帮我们解答问题，于是老师将当下孩子们的问题记录下来。张梁的姐姐在收到孩子们的问题清单后，用视频的方式记录下了问题的答案（图5-44）。

还有的孩子在家中和爸爸妈妈一起利用网络资源查找答案，在找到后还会在晨谈的时候与其他孩子分享。

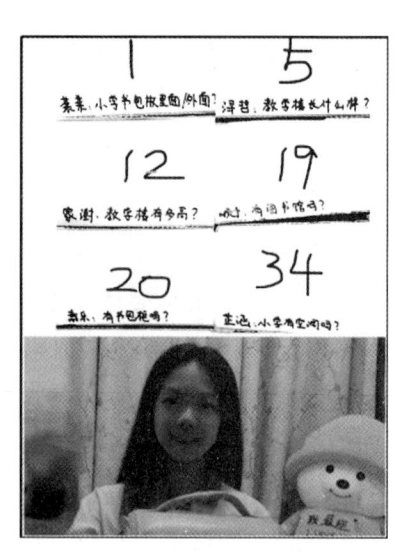

图5-44 小学建筑问题与张梁的姐姐解答

3. 实地参观，绘制"我心中的小学"设计图

幼小衔接是幼儿园和小学相互呼应的过程，为了更真实地感受、了解小学建筑构造，班级投票选出了小代表前往卓雅小学和校长洽谈，提出后续所有大班孩子到校参观的请求。

在进入小学后，小代表发现真正的小学与他们所搭建的心中的小学是有很大出入的（图5-45）。楠楠作为记录者，将自己看到的建筑都记录了下来，在回到幼儿园后与小朋友们进行了分享。

老师在班级群分享了孩子们的搭建作品及背后的学习价值，并鼓励家长同步在家中拓展孩子们的搭建经验。于是家长周末自发到深圳市城市规划馆参观学习，孩子们还自带了量尺、纸笔等工具进行现场记录（图5-46）。

有了两次实地参观的经历，在了解班级小朋友的需求后，楠楠与小伙伴便开始了"我心中的小学"设计图的绘制（图5-47）。这是属于大三班的小学。

图5-45 小代表实地参观小学

图 5-46 亲子参观深圳市城市规划展

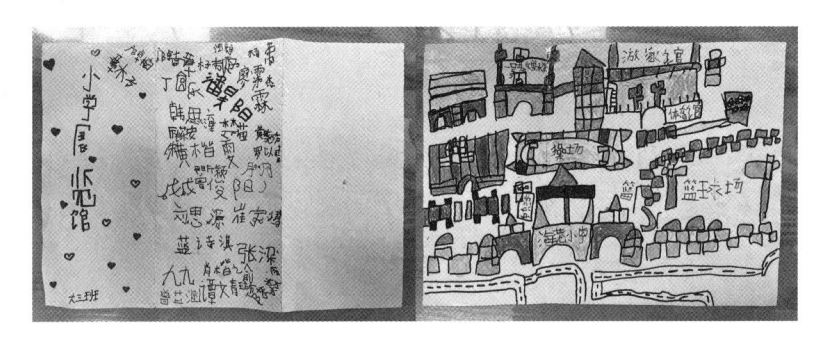

图 5-47 "我心中的小学"设计图

4."我心中的小学"全景呈现

有了充足的前期经验铺垫和共同绘制的设计图纸，孩子们在总设计师楠楠的带领下进入积木区开始了"我心中的小学"的搭建，海港小学正式诞生了（图 5-48）。

图 5-48 我心中的小学——海港小学

在一次次的自评与互评中，孩子们在区域小结时对小学的描述越来越完整，语言表达越来越清晰、有逻辑。其他积木小组的成员也能根据"我心中的小学"主题有意识、有目的地对积木进行组合创造。孩子们在这个过程中，不仅积木搭建水平越来越高，对小学的认知也在逐渐丰富，并进行经验的迁移与应用。孩子们的学习品质也有一定的提升，在搭建过程中能按照既定计划完成主题搭建；在较长的时间里能够专注搭建。同时孩子们的社会交往越来越活跃，从一开始男生多跟男生合作游戏转变为同区伙伴共同游戏；搭建材料使用越来越丰富，从刚开始只单一使用某种积木转变为轨道积木、实木积木组合使用；搭建技巧掌握越来越熟练，从基础单维结构到二维结构再提升至三维结构；搭建内容也越来越多，从教学楼、操场逐渐增加升旗台、篮球场、足球场等。

孩子们关于"我心中的小学"的搭建，源于他们对小学的兴趣，而在探索中产生的问题逐渐转化为主动学习的驱动力，持续推动着孩子们对小学的进一步探索。

阶段二：探究

1. 作品展出与交流——"我心中的小学"

"我心中的小学"在班级完工后，老师建议孩子们向幼儿园里其他的同伴及爸爸妈妈介绍搭建的作品，同时也期待他们或许能够为我们的小学建筑带来进一步的优化建议。

于是孩子们决定将作品展示在一个更大的空间里，便于不同班级的孩子前来参观和反馈。有了前期在一个个活动中养成的良好学习品质，孩子们这次在空间选择上的思考表现出更强的全局性、计划性。通过明确所需的空间特性——防雨、空间大、不妨碍人流，从而分析不同的场地特点，最终选择了音乐厅作为"我心中的小学"展出地点。这次，全班孩子分工明确，有的负责搬运材料、有的负责看图纸、有的负责搭建楼体，在协力合作中完成了复刻版的小学建筑。

展览开始，面对着众多家长，有孩子向老师和小伙伴发出求助的信号："老师，我不敢说""你去，你先去"……这时，老师鼓励孩子们："想象一下，这就是你们今天当播报员的播报内容怎么样？""说错了也没关系，老师就在旁边，可以随时帮助你们的。"在言语的力量下，孩子们渐渐放松下来，介绍环节也愈加顺利。

同时，随着参观的人越来越多，现场的问题数量也在增加。

参观者1："你们搭建了升旗台，那小学的旗杆和我们幼儿园的是一样高的吗？"

参观者2："大门有没有保安室？"

参观者3："小学的楼有多高？"

参观者4："小学的厕所有几个？"

....

面对越来越多的问题，孩子们也有些束手无策，也由此知道原来我们对于小学的了解还远远不够。

2. 问题分类，小学生助力解答

为了更有针对性地解答孩子们心中对小学的疑问，建立对小学生活的积极期待和向往，老师鼓励家长引导孩子们将心中的疑惑表达出来，家长进行记录（图 5-49）。通过轻松的亲子交流方式，家长进一步了解了孩子们内心的"坎"，同时也厘清了孩子们目前对小学生活的认知状态，有助于下一步有针对性地解答和引导。

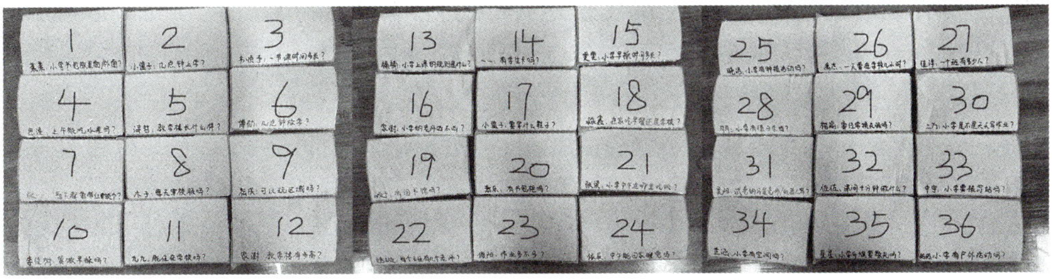

图 5-49　亲子梳理的问题清单

老师和孩子们一起对问题进行了梳理与分类，将其分成了环境类、学习类、生活类、人物类四个类别。问题清单有了，该如何找到答案呢？在讨论中孩子们提出了多种解决方案，一一进行尝试，并记录了下来（表 5-6）。

表 5-6　问题解决情况记录 1

解决途径	是否尝试	解答问题数
问幼儿园的其他老师	√	8
给小学老师打电话	×	0
回家问自己的哥哥姐姐	√	5
上网查答案	√	3

在尝试后发现，只有接近一半的问题得到了解决，那剩下的怎么办呢？这时，园方告诉我们，可以帮助联系并邀请上一届大三班，也就是正在上小学一年级的两位哥哥来园座谈，面对面解答孩子们关于小学的疑惑（图 5-50）。

前期沟通时，老师提前将和孩子们梳理的问题清单发送给两名小学生，结合学前儿童的具象思维特点，请他们用图文并茂的方式做出解答。座谈会现场，孩子们积极与小学生进行互动，通过倾听解答、提出问题、体验背一背书包、翻一翻小学

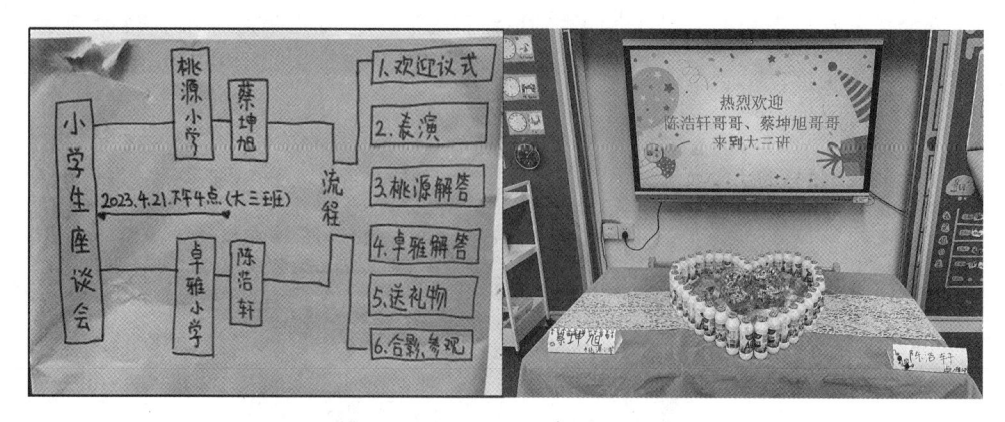

图 5-50　孩子们为座谈会做的准备

课本等多种方式，进一步感知小学生的日常生活，使原有的困惑一一得到回应。现场老师也将座谈会的解答过程进行录像，便于孩子们下一步复盘和梳理（图 5-51 和图 5-52）。

图 5-51　座谈会解答现场

图 5-52　会后答谢、带小学生参观班级

座谈会结束后,老师和孩子们对照问题清单将已解决的问题进行记录(表5-7),发现仍有3个问题未得到解决,且都属于人物类。

问题1:小学的老师凶不凶?

问题2:小学的男老师有几个?

问题3:课间十分钟,哥哥姐姐们都做些什么?

表5-7 问题解决情况记录2

解决途径	是否尝试	解答问题数
问幼儿园的其他老师	√	8
给小学老师打电话	×	0
回家问自己的哥哥姐姐	√	5
上网查答案	√	3
小学座谈会	√	16
余下问题数量	3	

3. 实地参观,深入体验小学生活

对于大班孩子们来说,参观小学无疑是幼小衔接课程中最直观、最生动的一课。为了让孩子们有更深刻的感知与体验,解答余下的困惑,老师带领孩子们来到了卓雅小学参观(图5-53)。

图5-53 孩子们与小学生积极交流、解惑

现场,孩子们体验了小学课堂、与老师近距离互动、参观了小学功能室等,在一步步的亲身体验中解答了心中的困惑。

幼小衔接是孩子们成长的重要阶段，也是幼儿园和小学两个教育阶段自然衔接的特殊环节。帮助孩子们做好充分的入学准备，建立积极的入学期待是重中之重，幼儿园通过幼小联动、家园携手的方式，开展梳理问题清单、小学生座谈会、参观小学等活动将孩子们带向了生动的小学生活世界。身体和心灵是儿童认识世界的基础性结构，老师应回归儿童立场，倾听儿童声音，想儿童所想，解儿童所惑，在此基础上引导孩子们建立良好积极的小学认知，使其产生对入学的正面信念。

阶段三：尾声

活动结束后，老师将每个孩子前期的问题一一呈现，通过回顾座谈会视频、复盘参观小学收获、师幼谈话、幼儿表征等多种方式帮助孩子们将问题的答案进行记录，装订成册，形成了大三班的《小学问答书》（图 5-54）。《小学问答书》的生成，让我们看到了孩子们最真实的声音。在梳理问题的过程中，他们积极表达，在解决问题时他们表现出了较强的内驱力，能够通过多种途径去找到答案。

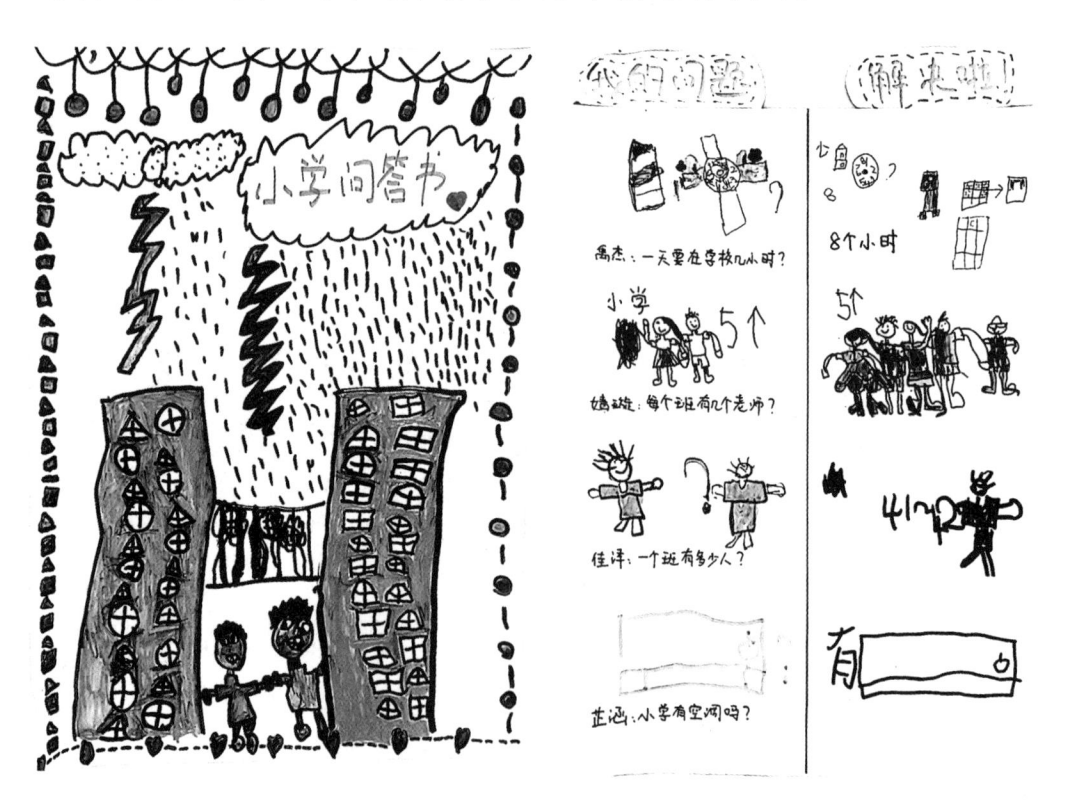

图 5-54 《小学问答书》

◎活动反思

1. 幼儿发展

在"探秘小学"这一系列活动中，幼儿的诸多能力得到了发展，许多良好的学习品质也正在养成。教师从身心、生活、社会和学习这四大准备分析幼儿在这一过程中获得的具体发展（表 5-8）。

表 5-8　探秘小学

幼儿发展		具体表现
身心准备	对小学充满期待	1. 愿意在同伴面前谈论与小学有关的话题。 2. 对小学的搭建感兴趣，并能持续、主动地探索。
	情绪良好	1. 在展示时能够自信大胆，并欣然接受他人对自己的夸奖。 2. 面对同伴的评论或是建议，能够保持情绪稳定。
生活准备	生活自理	1. 能够按照幼儿园的一日作息合理规划自己的时间。 2. 能够按需取物，在规定的区域时间里完成计划要搭建的作品。
	生活习惯	1. 能在搭建完成后将积木按标签分类整理好。 2. 珍惜别人的劳动成果，保护大家共同搭建的作品。
社会准备	任务意识	1. 能够理解问题清单，并能在回家后转述给家人。 2. 能够在实地参观的时候牢记自己的任务，将小学的建筑画下来并完成分享。
	合作精神	1. 在积木区合作搭建，由最初的多为两两合作到多伙伴共同合作。 2. 在小学展览馆中，不只是小集体中有合作，大三班这个大集体中也有合作。看到参观者对海港小学的喜爱，幼儿的集体荣誉感、自豪感明显提升。 3. 同伴合作不局限于搭建活动，在班级中开展的很多活动中都能发挥合作精神。
学习准备	学习习惯	1. 能够持续搭建与深入探究，做事情的专注性与坚持性显著提升。 2. 通过绘制设计图、梳理问题清单等，清楚意识到有计划地进行活动会事半功倍，并在许多活动中都展现出做事情的计划性。
	学习兴趣	1. 在搭建过程中，幼儿对小学的好奇心转化为主动探索的内驱力，促进幼儿持续探究。 2. 幼儿在和小学生的互动中体现了好学好问的良好品质。
	学习能力	1. 遇到问题能够主动尝试找出解决问题的办法，或是寻求他人、网络的帮助。 2. 能够迁移经验并应用，运用多种搭建方法与材料完成搭建。 3. 知道解决问题的方法有许多种，并积极尝试多种解决办法并验证。 4. 在和同伴共同制作问题小书的过程中，能够将问题进行总结、梳理、分类，逻辑思维能力也得到了发展。

2. 教师的支持与反思

"幼小衔接"是幼儿生命历程的转折点，也是贯穿幼儿园和小学的重要研究命题。在大班下学期，幼儿对小学的好奇心愈加浓烈，期待对小学有更加全面的了解。教师为了帮助幼儿建立积极的入学期待，也给予了全方位充分的支持。

(1) 捕捉幼儿活动兴趣，激发幼儿探秘小学的内驱力。

通过对幼儿的观察，教师发现幼儿对搭建小学产生了浓厚的兴趣，但起初只是对小学建筑存在疑惑，希望把小学搭建得更真实一些。之后在教师的鼓励与引导下，幼儿从积木区搭建中产生了对小学生活主动探索的强烈兴趣。

(2) 通过与幼儿共同梳理问题清单，帮助幼儿形成问题分类和拆解并逐步解决问题的意识。

幼儿对小学生活产生主动探究的兴趣后生成了诸多问题，虽然大班幼儿做事情已有一定的计划性，但思维能力还有待提升。因此教师及时引导幼儿梳理问题并进行分类，帮助幼儿更高效地、更有针对性地思考问题解决的办法。

(3) 鼓励幼儿采用多种途径解决问题。

教师鼓励幼儿发散思维，思考不同问题的多种解决方式，掌握了实地参观、访谈、查阅资料、座谈会、录制问题答案并分享等方式。

(4) 支持幼儿掌握多元的评价方式。

搭建"我心中的小学"过程中，教师引导幼儿灵活运用了自评、同伴互评、邀请家长评价等多种评价方式。幼儿不仅善于倾听接纳意见，还能够结合他人给予的建议不断完善自己的作品。

(5) 给予幼儿回顾、梳理、总结的机会，帮助幼儿建立积极情绪，促进幼儿思维发展。

教师通过《小学问答书》的制作，帮助幼儿系统性地将未知变成已知，将抽象的焦虑情绪进行课题分离，转化成一个个具体的解决策略，帮助幼儿收获了成就感。幼儿在对问题进行回顾和总结提炼的过程中，思维也在不断发展。

(6) 充分利用家校资源，给予幼儿环境、人员等支持。

随着家园校三方的紧密联动，积木区搭建问题的解决逐渐辐射到对整个小学生活的探秘，幼儿在有准备的环境中、多方人员助力的资源融合中，逐步厘清了自己对于小学生活的认知。

(供稿单位：深圳市南山区新桃源幼儿园；供稿人：林玲妮、瞿小玲、苟嗣淋)

(四)项目式学习活动案例四

大班项目活动：奇怪的字

◎**活动背景**

1. 活动目的

第一，了解汉字在生活中的作用，能认识临摹生活中常见简单的汉字。

第二，能够运用多种方式创编多种字谜。

第三，在游戏中体验"汉字"带来的乐趣，感受中国文化的博大精深，有民族自豪感。

2. 学情分析

《纲要》中指出幼儿园应"培养幼儿对生活中常见的简单标记和文字符号的兴趣"，《指南》中提到"幼儿的语言学习需要相应的社会经验支持，应通过多种活动扩展幼儿的生活经验，丰富语言的内容，增强理解和表达能力"。

大班是幼小衔接的关键时期，前书写活动的有效开展对幼儿适应小学生活具有重要的意义。课程实施过程中，幼儿通过学习、讨论、探索、表达等方式，深入了解中国的汉字文化，萌发对汉字的兴趣和对小学生活的向往。

升入大班后，班级幼儿开始对身边的汉字产生兴趣："老师，这个是'火'字吗？""那里有个'电'字？""老师，两个木字是读'sēn'，对吧？"

教师针对幼儿每一次的表达、分享都会认真地在白板上书写下来，并拍照保存，便于分享讨论；幼儿喜欢模仿教师在晨谈板上画字。

在幼小衔接问卷调查中，部分家长反馈幼儿处于识字敏感期。

汉字相关的图画书、专家等资源较丰富。

3. 活动准备

(1)活动预设网络图。

班级教师根据《指南》要求，结合幼儿兴趣、班级家长资源及教师日常对幼儿兴趣与问题的观察与记录并进行归纳整理，围绕幼小衔接"四大准备"，共同讨论制定出了初步的活动预设网络图(图5-55)。

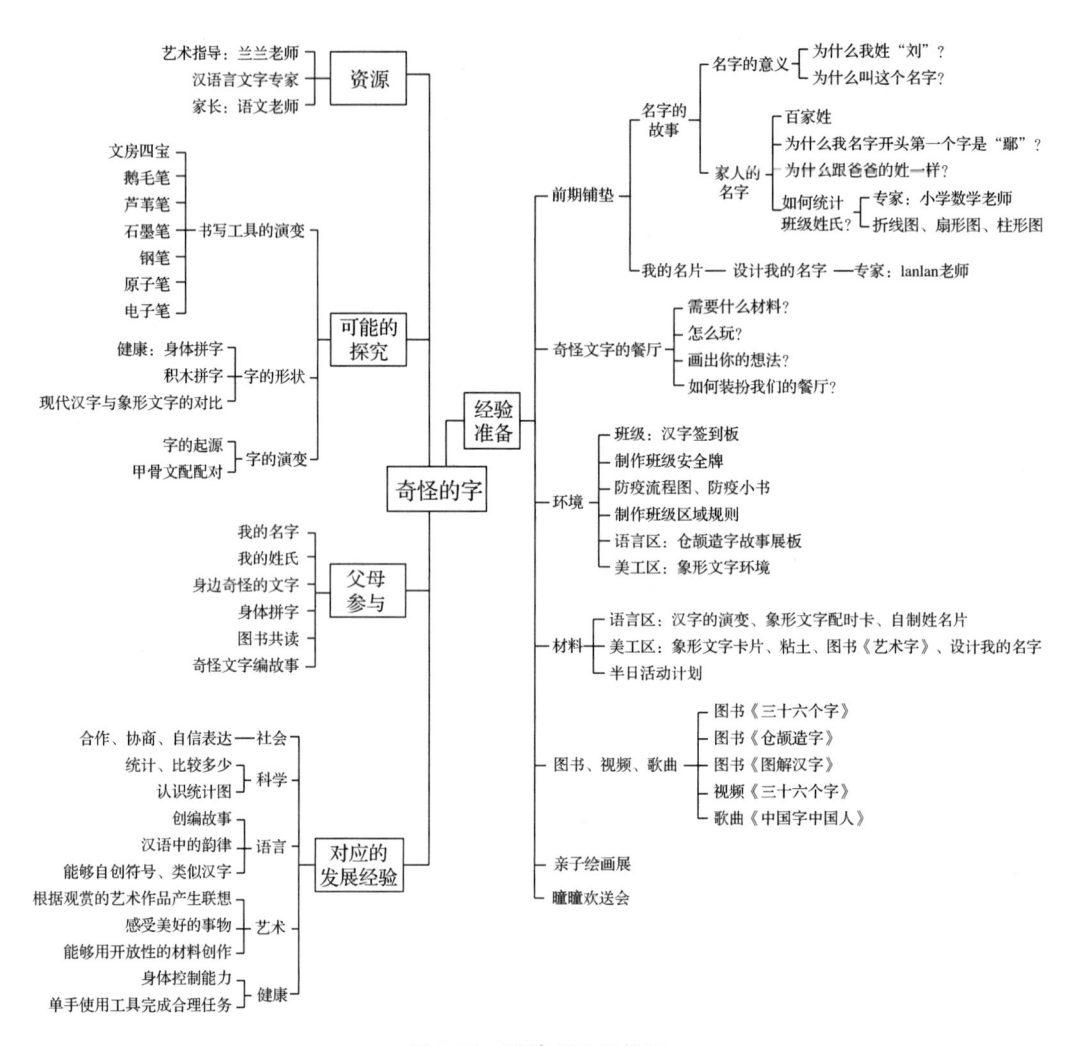

```
                艺术指导：兰兰老师                                            名字的意义 ─┬─ 为什么我姓"刘"？
                汉语言文字专家 ──┐                                                        └─ 为什么叫这个名字？
                家长：语文老师  ─┴─ 资源                                 名字的
                                                                         故事 ─┬─ 百家姓
               文房四宝                                                         │   为什么我名字开头第一个字是"鄢"？
               鹅毛笔                                            ┌ 名字的 ─┤   为什么跟爸爸的姓一样？
               芦苇笔                                            │  故事    │
               石墨笔 ─ 书写工具的演变                           │          │   家人的
               钢笔                                              │          └─ 名字 ─┬─ 如何统计 ─┬─ 专家：小学数学老师
               原子笔                                    前期铺垫┤                     │  班级姓氏   └─ 折线图、扇形图、柱形图
               电子笔                                            │
                                       可能的                    └ 我的名片 ── 设计我的名字 ── 专家：lanlan老师
                                        探究
       健康：身体拼字                                                    ┌ 需要什么材料？
       积木拼字 ─ 字的形状                              ┌ 奇怪文字的餐厅 ┤ 怎么玩？
       现代汉字与象形文字的对比                         │                │ 画出你的想法？
                                                        │                └ 如何装扮我们的餐厅？
                字的起源                        经验     │
                甲骨文配对 ─ 字的演变          准备     │      ┌ 班级：汉字签到板
                                                        │      │ 制作班级安全牌
                                     奇怪的字           │ 环境 ┤ 防疫流程图、防疫小书
                                                        │      │ 制作班级区域规则
                                                        │      │ 语言区：仓颉造字故事展板
                                                        │      └ 美工区：象形文字环境
       我的名字                                         │
       我的姓氏                                         │      ┌ 语言区：汉字的演变、象形文字配时卡、自制姓名片
       身边奇怪的文字 ─ 父母                           │ 材料 ┤ 美工区：象形文字卡片、粘土、图书《艺术字》、设计我的名字
       身体拼字        参与                            │      └ 半日活动计划
       图书共读                                         │
       奇怪文字编故事                                   │                ┌ 图书《三十六个字》
                                                        │                │ 图书《仓颉造字》
                                                        ├ 图书、视频、歌曲┤ 图书《图解汉字》
                                                        │                │ 视频《三十六个字》
                                                        │                └ 歌曲《中国字中国人》
       合作、协商、自信表达 ── 社会                    │
       统计、比较多少                                   ├ 亲子绘画展
       认识统计图 ─── 科学                              └ 瞳瞳欢送会
       创编故事
       汉语中的韵律 ─ 语言              对应的
       能够自创符号、类似汉字           发展经验
       根据观赏的艺术作品产生联想
       感受美好的事物 ─── 艺术
       能够用开放性的材料创作
       身体控制能力 ─── 健康
       单手使用工具完成合理任务
```

图 5-55 活动预设网络图

(2)前期经验铺垫。

班级教师考虑到汉字独特的抽象化特征，在开学初结合幼儿兴趣从班级环境、材料、图画书、班级活动等维度助力幼儿了解汉字相关话题。

◎活动过程

阶段一：开始——探秘姓氏与汉字

活动一　讨论和调查"哪个姓氏多"

大班上学期，班级开展"我上大班了"主题活动。活动过程中，关于"名字""姓氏"引发了幼儿热烈的讨论，教师引导幼儿记录在调查表上（图 5-56）。

巫："我和爸爸一个姓，外婆和姨外婆都姓张？"

嘟："为什么我和哥哥前面两个字都是'陈嘉'？"

幼儿生成兴趣：对自己和同学们的姓氏、名字及其含义很感兴趣。

教师支持：开展了"哪个姓氏多？"活动，并制作调查单，让幼儿和家长一起讨论并写下自己的姓名及含义（图5-57）。

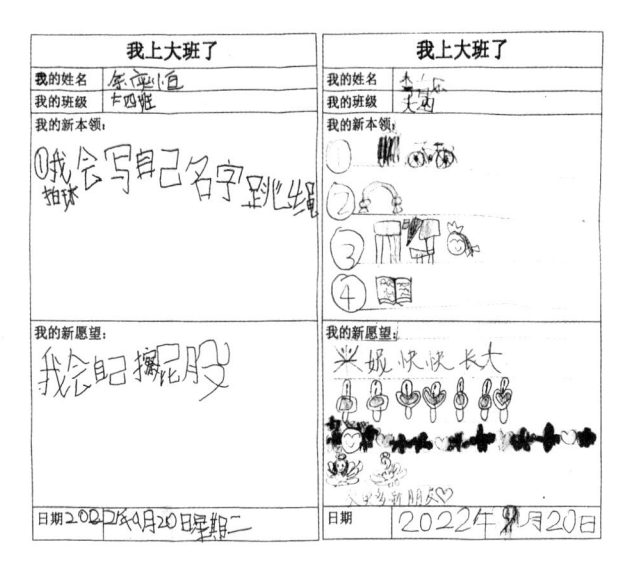

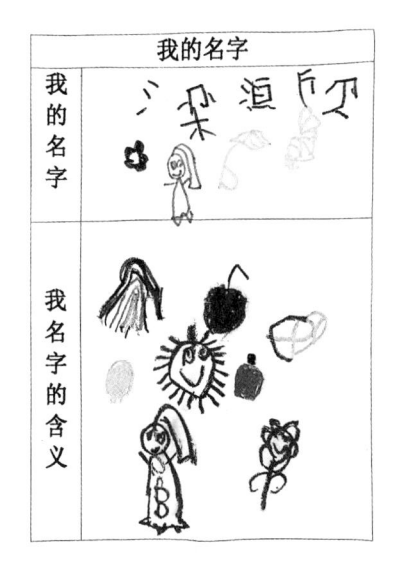

图 5-56　"我上大班了"调查表　　　　　　图 5-57　"我的名字"调查表

随后，教师鼓励幼儿在集体活动中进行集中分享和讨论（图5-58）。

班级幼儿分享完自己的姓氏、名字及其含义之后。

安安："我们只知道自己同学的姓氏，我们还不知道老师的姓氏中哪个最多啊？"

教师："这是个好问题。我们怎么才能知道呢？"

米妮："我们可以去问，然后数一数。"

教师随即提供支持，让幼儿带着调查单去询问老师的姓氏、姓名及其含义。

图 5-58　幼儿分享

活动二　寻找幼儿园里认识的汉字

户外活动时，幼儿在音乐山找到了"李音乐"的名字，这引起了幼儿激烈的讨论。

易："我在美工馆看到了'田浩吕'的'田'。"

天："为什么幼儿园有这么多的字呢？"

泡："为什么有的小朋友的名字在西丽幼儿园，有的又没有呢？"

幼儿生成问题：为什么幼儿园有这么多字呢？

教师支持：开展活动"寻找幼儿园里认识的汉字"（图5-59）。

图 5-59　寻找幼儿园里认识的汉字

阶段二：探究——探秘"字谜"

活动三　什么是"字谜"

幼儿调查幼儿园里认识的汉字活动结束后，进行集体分享。

森："汪汪找到的'晶'是不是中间只有一横？"

恬："三个口是品尝的'品'，两个口是浩吕的'吕'，三个日是亮晶晶的'晶'。"

在分享的过程中，慧宝独特的记录引发了幼儿的热烈讨论。

慧宝："我的记录跟你们的都不一样，这个是给你们猜的。三点加少是什么字？山加山是什么字？文字旁边一把刀是什么字？"（图5-60）

教师："三点加少字，可是我不知道你的三点在哪里，左边还是右边，上面还是下面。因为方向不同，所以都是不一样的字。"

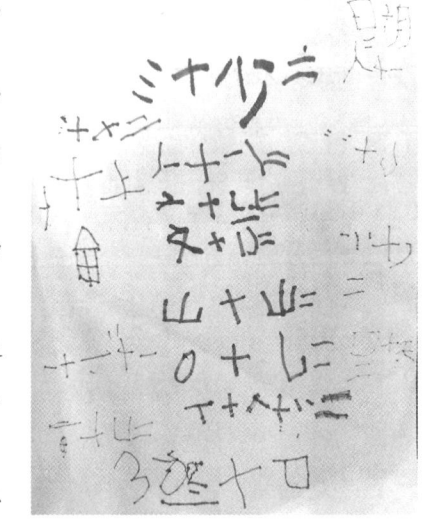

图 5-60　幼儿的记录

幼儿："左边是三个点，右边是一个少，上面下面都有山。"

慧宝的"字谜"事件，激发了班级幼儿对字谜浓厚的兴趣并引发了激烈的讨论："两个月一个鸟，你猜是什么字。""三个水是什么字？……"

李："什么是字谜呢？"

易："字谜就是让别人来猜字。"

欣："我们可以自己编一个字谜让别人来猜。"

辛："谜语跟字谜不一样，字谜就是只有字。"

梓："字谜要有答案。"

讨论总结：字谜就是关于汉字的谜语。

幼儿生成问题：什么是字谜呢？

教师支持：提供材料，引导幼儿设计字谜并互相猜测（图 5-61）。

图 5-61　幼儿设计的字谜

活动四　怎样让字谜容易猜出

在玩字谜的过程中，幼儿发现有的小朋友的字谜很好猜，有的小朋友的字谜不太好猜。

幼儿生成问题：怎么样让我们的字谜变得更好猜呢？

教师支持：集体讨论、提供材料、家园合作

（集中讨论）

程："我家有字谜书，看一下就知道了。"

凡："可以邀请我姐姐来给你们讲谜语。"

静："要把那些字的样子写出来，就很容易猜了。"

鸣："说字谜的时候要把方向说准确。"

教师在区域投放相关材料，引导幼儿制作字谜（图 5-62）。

教师给幼儿布置任务：回家跟自己的爸爸妈妈一起制作字谜（图 5-63）。

图 5-62　幼儿制作字谜

图 5-63　亲子字谜

活动五 怎样制作"身体字谜"

一次餐后阅读时，几名幼儿用身体摆出字谜请教师猜测。教师及时录制现场短视频并进行集体分享和讨论。

幼儿生成的兴趣：用身体摆"字谜"。

教师支持：观察记录（拍摄幼儿视频）、集体分享、家园合作。

集体分享：

这件事情激发了幼儿用身体摆字的浓厚兴趣，于是，幼儿立即玩起了"身体字谜"游戏。自主游戏中，几名幼儿决定用身体拼一个"正"字。经过多次协商、调整，幼儿成功拼出了"正"字（图5-64）。

家园合作：

幼儿对用身体摆字谜兴趣高涨，还想继续玩"身体字谜"游戏。教师组织亲子活动"亲子身体字谜"（图5-65）。

图 5-64　幼儿制作"身体字谜"　　　　图 5-65　亲子身体字谜

周末返园后，幼儿对"身体字谜"游戏的兴趣有增无减。

幼儿生成问题：想在班级继续玩'身体字谜'游戏，怎么办？

教师支持：与幼儿共同讨论，"可以考虑在班级设置一个区域进行'身体字谜'游戏，可是哪个区域最合适呢？"

最终，幼儿决定把角色区打造为玩"身体字谜"的区域。

教师："这个区域叫什么名字呢？"

幼儿："小彩虹，小树叶，糊涂小屋，拼拼乐，一起来拼字，小宇宙字屋，字字小屋……"

教师："怎样选出一个最喜欢的名字呢？"

幼儿："投票选取，可以盖印章，像给故事大王投票。"

最终，经过投票，区域名字定为"字字小宇宙"。

教师："怎样布置字字小宇宙呢？"

嘟嘟："可以有一些字在字字小宇宙里。"

小米："需要黑板和笔，我们用来画字。"

六六："要一个板做招牌换掉彩虹小学的牌子。"

根据幼儿提供的思路与方法，大家兵分三路开始取材、设计招牌、选购材料等。一切布置妥当后，字字小宇宙正式开始营业。

区域活动时间，慧宝："老师，你知道怎样拼出世界上最多笔画的字谜吗？""我不知道"……这件事瞬间把正在区域活动的幼儿吸引了过来。

幼儿生成问题：怎样用身体制作世界上笔画最多的字谜？

教师支持：世界最多笔画的字是什么字呢？

幼儿分享：第二天，安安小朋友带来了家中的图画书《揭秘汉字》，在书中我们找到了笔画最多的字——"biang"字。

通过同伴间的相互分享，幼儿了解到"biang"为复合字，也就是自己创作的字。同时，幼儿了解到"biangbiang面"的由来，是因为做面条时击打案板发出"biang"的声音。

经过讨论，幼儿对"biangbiang面"兴趣浓厚。教师鼓励幼儿在家可以和家人一起制作"biangbiang面"。

与此同时，幼儿开始在区域活动中拼搭、书写、摆放各种字(图5-66和图5-67)。

图5-66 师生共同制作"身体字谜"　　　　图5-67 幼儿制作"biang"字

幼儿遇到问题："biang"字笔画太多，我们需要一个大点儿的场地，可以去哪儿呢？

教师支持：集体讨论。

嘟嘟的想法引发了班级幼儿的思考，"我们去音乐厅吧""去大草地也可以""如果下雨怎么办"。经过投票，幼儿最终决定去音乐厅，齐心协力拼出了"biang"字（图5-68）。

幼儿对汉字的探究进行一段时间后，发现还有一些问题没有得到解决。幼儿经常在活动中讨论："'星'是怎么来的？""为什么这个字是这样写的？这个字怎么写呀？是从左往右写吗？"……教师引导幼儿将问题收集起来（图5-69）。

图5-68　幼儿用积木搭建"biang"字

教师支持：谁来帮我们解答汉字问题？

幼儿思考：可以邀请专家，我的妈妈是语文老师。

经过讨论，教师邀请了专家从汉字的起源、汉字的结构、笔画、书写姿势、如何创作字谜等方面解答了幼儿的疑问（图5-70）。

图5-69　幼儿问题收集

图5-70　邀请专家线上答疑

阶段三：尾声

活动六　汉字我称王

班级项目活动接近尾声，怎样将幼儿的经验进行整体升华呢？教师把问题抛给幼儿。

教师支持：集体讨论——怎样把有趣的汉字知识分享给其他小朋友呢？

讨论出如下想法：

第一，举行一个汉字比赛，邀请其他班级参加。

第二，录视频，将我们知道的汉字小知识录成视频分享。

第三，写信，将一些画图的字谜放在信里给其他的小朋友猜。

教师思考：

第一，如何整合幼儿的想法开展一个项目活动的梳理与整合的高潮活动？

第二，幼儿园可利用的人/物资源有哪些？

第三，如何引导幼儿参与高潮活动的组织与开展？

教师前期筹划、班级幼儿分工合作、邀请园内其他老师参与……最终开展了"汉字我称王"比赛活动（图 5-71）。

图 5-71 "汉字我称王"比赛活动

◎活动反思

1. 活动网络图梳理

本次大班项目活动"奇怪的字"是基于大班幼小衔接系列活动生成。活动中，教师观察、捕捉到幼儿对汉字和姓氏的兴趣与好奇心，在班级中投放相应的探究材料和相关图画书支持幼儿的活动。活动过程中，教师也做到了追随幼儿兴趣与不断生成的问题，相应地开展了多次讨论、区域改造、调查单的制作等探究活动。整个探究活动中既有教师的预设活动，也有追随幼儿的生成活动；既体现了教师细致留心的观察能力和探究活动的统筹组织能力，又体现了教师对幼儿兴趣的追随，以幼儿为活动探究主体的教育观念。

2. 幼儿的学习与发展

本次"奇怪的字"活动，激发了幼儿对生活中常见的标识、文字符号、字谜的浓厚兴趣，锻炼了幼儿协商合作的能力，提升幼儿大胆探究、实践调查的能力。除此之外，教师根据各个活动环节，详细梳理了幼儿获得的学习与发展（表 5-9）。

表 5-9　幼儿获得的学习与发展

领域	支持策略	具体内容	幼儿发展表现	对应准备
语言	图画书阅读	1.《神奇的汉字》；2.《汉字是画出来的》；3.《仓颉造字》；4.《三十六个字》；5.《揭秘汉字》；6.《猜字谜》。	能完整阅读并理解图画书内容。	学习准备——学习兴趣 学习准备——学习能力
	团体讨论	1. 幼儿园哪些地方有字？ 2. 为什么幼儿园有这么多的字？ 3. 什么是字谜？ 4. 怎么制作字谜？ 5. 怎样制作让别人能猜出来的字谜？ 6. 怎样用身体制作字谜呢？ 7. 怎么制作世界最多笔画的字谜？ 8. 怎样解答我们的汉字疑问？ 9. 怎样把我们的汉字知识分享给其他孩子？	1. 能仔细倾听，勇敢表达； 2. 能根据故事情节提出疑问，并有逻辑地进行猜想，能尝试解决问题。	学习准备——好奇好问 学习准备——学习兴趣 学习准备——学习能力
	书写与记录	1. 墙面环境展示；2. 问题卡、设计招牌；3. 系列操作单；4. 制作字谜；5. 每日趣味签字打卡板。	对书写感兴趣，并使用正确的书写姿势。	
	表达与分享	1. 分享操作单；2. 一起猜字谜；3. 说字谣；4. "biang"字歌；5. 提问专家；6. 主持汉字我称王；7. 采访老师姓氏。	1. 能使用各种声调和韵律创编谜语； 2. 勇敢、自信表达自己的想法； 3. 会使用复杂句子。	
	区域材料	1. 趣味水写笔；2. 甲骨文配对卡；3. 趣味拼字卡牌；4. 名字笔顺操作卡（自制）；5. 鹅毛笔、芦苇笔、信纸、烤漆；6. 笔墨纸砚。	1. 掌握正确的书写和握笔姿势； 2. 能指读简单常用字与句子； 3. 能够按正确笔顺书写名字。	学习准备——学习兴趣 学习准备——学习能力
艺术	多媒体	1. 视频《三十六个字》；2. 歌曲《中国字中国人》；3. 歌曲《汉字歌》；4. 课件《汉字我称王》；5. 网络搜索，寻找字谜。	1. 能够感受不同艺术作品的美； 2. 乐于欣赏不同的艺术作品。	学习准备——学习兴趣 身心准备——向往小学
	探索材料、创作艺术作品	1. 绘画字谜；2. 寻找多种材料拼字（毛球、吸管等）；3. 制作招牌；4. 布置"字字小宇宙"角色区；5. 刺绣字。	1. 能够使用不同的材料进行创作； 2. 能够制作精细的作品。	
	区域材料	1. 汉字捏捏角；2. 粘粘珠；3. 刺绣套装；4. 汉字作品欣赏集；5. 记录仪拍照。		

续表

领域	支持策略	具体内容	幼儿发展表现	对应准备
社会	"汉字我称王"活动	1. 邀请嘉宾老师、小朋友；2. 申请活动场地；3. 协商活动分工。	掌握申请、协商、解决问题的能力。	社会准备——团结合作
	邀请专家	1. 邀请专家参与；2. 现场互动。	能够与他人友好沟通、通过协商解决问题。	
	身体拼字	身体拼字游戏。	1. 遇到困难或失败时，能积极地自我鼓励；继续尝试。 2. 遇到困难时，敢于向他人求助。	身心准备——情绪良好 社会准备——交往合作
	探秘 biangbiang 面	1. 美食街探秘 biangbiang 面；2. 咨询老板制作方法。		
	寻找多种材料	询问幼儿园各个班级并寻找多种材料。		
健康	身体拼字	1. 用身体摆造型；2. 身体字谜；3. 身体拼"biang"字。	1. 能够安全地使用工具； 2. 能够自如地控制身体； 3. 能够临摹书写简单的汉字、数字符号。	生活准备——安全意识
	临摹书写	1. 寻找幼儿园的字；2. 身边的字谜；3. 汉字游戏。		
	多种材料拼字	1. 创作字谜；2. 绘画字谜书。		
科学	名字笔顺操作卡	按正确笔顺书写名字。	能把 2~3 组物体进行加总，并得到总数的能力。	学习准备——学习能力 社会准备——专注认真
	谁的名字笔画多	活动"谁的名字笔画多"。		
	拼字谜语	1. 身体拼字游戏；2. 多种材料拼字。	能根据物品的形状、长度或高度排列物体。	

3. 活动开展的不足之处

第一，幼儿活动过程性记录不够完整。例如，在字谜探究过程中，教师针对探究过程中幼儿遇到的困难未及时进行记录。

第二，在猜字谜过程中，幼儿提出图画字谜，是一个适合深入探究的点，甚至可以衍生出"语音"字谜、"视频"字谜，教师未能及时把握。

(供稿单位：深圳市南山区西丽幼儿园；供稿人：吴依、谢月梅、范艳辉)

(五)项目式学习活动案例五

探索路线秘密　挑战定向越野

◎**活动背景**

《指导意见》指出："幼儿园和小学要把家长作为重要的合作伙伴，建立有效的家园校协同沟通机制，引导家长与幼儿园和小学积极配合，共同做好衔接工作。"《入学准备指导要点》中指出要"鼓励幼儿积极参加户外活动"。

在大班幼儿已具备完成 20 分钟体能大循环的能力，且运动兴趣愈发高涨、运动需求日益增加的情况下，为进一步贯彻落实《指导意见》和《入学准备指导要点》，激发大班幼儿对上小学产生期待、培养幼儿良好运动的习惯，实现从幼儿园到小学的顺利过渡，我们开展了以促进幼儿身心发展为主要目的的幼小衔接社会活动——探索路线秘密，挑战定向越野。期望幼儿在活动过程中达到如下目标。

第一，愿意参与设计越野路线的探究活动，养成良好的运动习惯，培养积极、稳定的情绪，促进身心发展。

第二，运用空间方位知识完成挑战，发展初步的实践探究能力。

第三，激发对小学生活的向往之情，萌发喜欢上小学的意愿。

◎ **活动过程**

阶段一：开始——了解经验，发现兴趣

1. 提出问题

（1）小学有哪些运动。

升入大班，小学成为幼儿的热点话题，他们常在一起讨论小学的各种事情。一次晨跑后，"小学运动"话题引起幼儿热议。

明明："小学有没有晨跑？"

家佳："我哥哥小学没有。"

悦悦："我姐姐小学有，不在早上，在大课间。"

俊俊："我哥哥小学的大课间是跳绳。"

之远："小学生都会跳绳吗？他们还做什么运动？"

"我知道！还有篮球、足球、羽毛球。"……幼儿热情地讨论着。

（2）什么是定向越野。

察觉到幼儿对小学运动的好奇，教师引导幼儿晨谈时继续探讨。

教师："你知道小学还有哪些运动项目吗？"

俊俊："小学有定向越野比赛，我哥哥参加了。"

瑞瑞："什么是定向越野？"

俊俊："他说是根据地图去打卡，像寻宝一样呢。"

麦麦："太有意思啦，老师，我们玩定向越野吧！"

一次简单的晨谈，幼儿了解到小学有"定向越野"运动，进而萌发了参与的意愿，探究活动也由此展开。

2. 经验调查

为了解幼儿对于定向越野的疑问和已有经验，班级发放"定向越野"主题调查表（图 5-72）。

结果显示，32 组家庭中 3 组家庭有定向越野经验，还获悉南方科技大学有一支专业定向队。

阶段二：探究

1. 交流讨论：参加定向越野需要哪些准备

淇淇："我爸爸参加过定向越野，他说定向越野要在很大的地方才能玩。"

小宝："需要定向地图，这样才能知道要去哪里打卡。"

悦悦："姐姐在小学参加的定向越野赛还戴了手环，像一个电话手表。"

············

"定向越野"主题调查表

班级：K3-A 班　　　幼儿姓名：

请幼儿和父母一起完成调查问卷。幼儿可用绘图方式记录，父母可用文字补充。

1. 家庭成员中是否有人参加过定向越野？如有请说明。

2. 关于定向越野我们知道……

3. 参加定向越野需要哪些准备？

4. 班级开展"定向越野"主题活动，家长是否有相关资源支持？如有请说明。

图 5-72　"定向越野"主题调查表

集体讨论是幼儿发展信息捕捉的能力，获取他人的经验，锻炼逻辑思维的方式之一。通过集体讨论，幼儿初步了解到参加定向越野赛所需的准备，也产生了疑问：定向地图和普通地图有什么不一样？打卡器是什么样的？

2. 高校助力

（1）学习定向地图。

为给予幼儿专业探究支持，班级邀请到世界定向锦标赛中国国家队队长、南科大定向队梁教练来班级开展助教活动，引导幼儿学习定向地图（图 5-73 和图 5-74）。

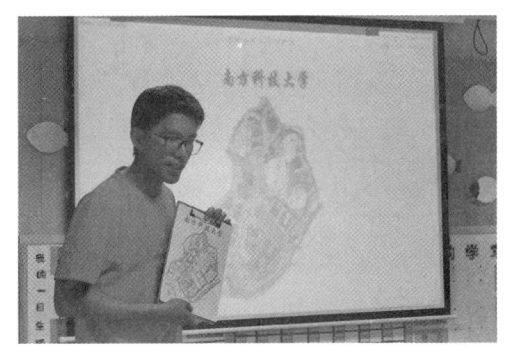

图 5-73　教练讲解定向地图　　**图 5-74　教练指导幼儿进行定向地图涂色**

教练："地图是定向越野的核心和灵魂所在，在定向地图中一般采用黄色代表空旷场地、黑色代表岩石建筑。请小朋友观察南方科技大学的定向地图，并在空白地图上进行涂色。"

（2）学习定向越野路线图。

教练："这是一张定向越野路线图，图中的符号是图例。三角形代表起点，双圆形代表终点，数字序号代表几号打卡点，直线代表路线。"（图5-75）

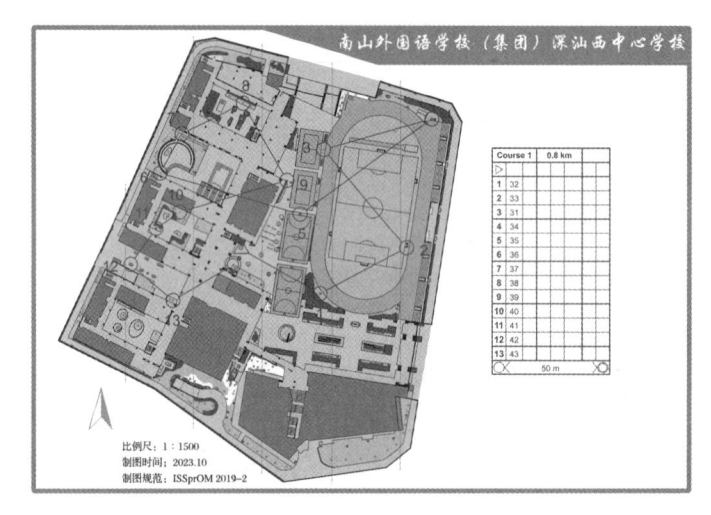

图 5-75　定向越野路线图

（3）认识点标旗，学习使用指卡、电子打卡器（图5-76和图5-77）。

教练："参加定向越野比赛，除地图之外还需要用到点标旗、指卡和打卡器。在使用指卡的时候要把它套在手指上，指卡接触打卡器后听到'嘀'的一声响，代表打卡成功。户外由于打卡器太小不易被发现，会借用点标旗指示位置。"

图 5-76　教练讲解定向越野装备使用方法 　　图 5-77　教练指导幼儿进行打卡练习

(4) 约定亲子定向越野赛。

教练:"很开心小朋友们喜欢定向越野,我们也可以在美丽的南方科技大学组织一场亲子定向越野赛。不过在此之前,请和爸爸、妈妈一起去大学校园,找一找适合的打卡点或者玩游戏地方,并把它标注在地图上,设计一条定向越野路线图吧。"

3. 实地考察

幼儿和家长利用周末时间到南科大进行实地考察,5~6个家庭为一组,在指定区域内寻找适合打卡、游戏的10个地点,用照片和绘画的形式记录分享(图5-78)。教师将幼儿和家长寻找到的定向越野打卡点进行汇总(表5-10)。幼儿分享打卡点照片,并讲述选择的理由。

图 5-78 幼儿与家长寻找适合的打卡点

表 5-10 南方科技大学定向越野打卡点汇总表

组别	成员	打卡点序号	打卡点照片	备注
1	飞雨、明明、家佳、之远、妮妮等家庭	起点		大榕树旁
		终点		2号门标志旁

续表

组别	成员	打卡点序号	打卡点照片	备注
2	涵涵、家良、俊俊、玥玥、毛毛等家庭	①		行政楼前
		②		理学院前
3	恬恬、一舟、汶珊、知新、凡凡、谧谧等家庭	③		琳恩图书馆前
		④		检测中心前的小路

续表

组别	成员	打卡点序号	打卡点照片	备注
4	小宝、欣可、淇淇、明硕、麦麦等家庭	⑤		生物楼前
		⑥		第一科研楼公交站牌旁
5	瑞瑞、舒溱、昀声、乐伊、灵希、知行等家庭	⑦		中心餐厅前的平台
		⑧		小河边的榕树

续表

组别	成员	打卡点序号	打卡点照片	备注
6	欣悦、靖涵、旸旸、宇轩、橙橙等家庭	⑨		第三教学楼旁
		⑩		第三教学楼前草坪

妮妮:"我们选大榕树作为起点。中班我们一起去南科大看'桥的展览'的时候在大榕树下拍过照,大家都认识,所以选那里当起点(图5-79)。"

飞雨:"终点旁有一个很大的石碑,很明显,所以选它当终点(图5-80)。"

图 5-79　幼儿表征的起点

图 5-80　幼儿表征的终点

玥玥:"理学院前面的场地有屋顶,一点儿也不晒,可以作为②号打卡点和游戏点。"

欣可:"⑥号打卡点那里有公交站牌,适合挂点标旗(图5-81)。"

昀声:"中心餐厅前面有一个很大的平台,特别适合玩沙包游戏。"

宇轩:"我们选择⑨号场地是因为那里的地砖很漂亮,是黑色和灰色大理石交错拼成的，大家一起去看看吧。"

....

梁教练根据幼儿提供的信息，暂定了一条幼儿专属定向越野路线图（图5-82）。

图 5-81 幼儿表征图的⑥号打卡点

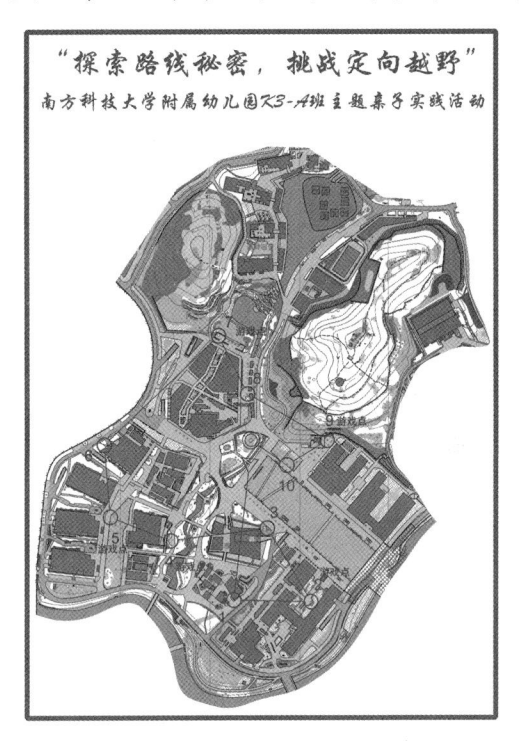

图 5-82 亲子定向越野路线图

4. 实验验证

为确保定向越野的顺利开展，教师与幼儿、家长志愿者再次去到南科大实地考察，综合考虑参与人数、游戏方式等因素验证越野路线的可行性（图5-83）。

灵希："打卡点都找到了，没有问题。"

知新："但是大家都按照1～10的顺序找，太拥挤了。"

知行："游戏点会排很长队。"

图 5-83 到南科大验证路线

实地验证后，幼儿发现路线设计不合理，易造成拥堵，再次进行了讨论。

5. 得出结论

美美："我觉得大家从起点出发后，不用都跑到①号打卡点，可以分散打卡。"

乐伊："可以选择自己喜欢的路线自由打卡。但是要完成游戏通关。"

经过讨论和举手表决，幼儿决定不按照固有路线打卡，幼儿和家长可以自行选择打卡路线，确保完成通关游戏和打卡即可。

阶段三：尾声

1. 亲子定向越野

定向地图做好后，班级师生、家长汇聚在大榕树下，正式开始亲子定向越野活动。在梁教练介绍完规则和流程后，幼儿与家长组成的6组队伍依次打卡出发（图5-84）。

幼儿与家长玩亲子跳绳、背对背运球、亲子抛接沙包、手牵手过呼啦圈、指压板游戏。

游戏过程中，妮妮因为球总掉在地上需要重来，向妈妈发脾气，着急地哭起来。旁边等待的幼儿鼓励她："加油！不要放弃！""妮妮，我等你一起。"在大家的支持下，妮妮重新振作起来，通关成功，大家一起为妮妮鼓掌。

幼儿分享成绩单（图5-85），讨论到达每个地点花费的时间和通关总时间，精确到分秒。他们一边对比一边排名，尝试利用数学知识解决排序问题。

为弘扬红色文化、促进班级凝聚力，亲子游戏结束后，教师引导幼儿和家长在草坪开展了集体游戏"重走长征路"（图5-86）。

图 5-84　打卡

图 5-85　定向地图与成绩单　　　　图 5-86　"重走长征路"游戏

长征精神是以爱国主义为核心的民族精神的最高体现。教师以生动有趣的形式向幼儿开展爱国教育，在潜移默化中建立幼儿对集体、祖国的认同感，初步形成热爱祖国的情感。

2. 颁奖仪式

教师："恭喜小朋友们完成此次亲子定向越野活动，在本次活动中大家不仅强健了身体，还展示出坚持到底、鼓励同伴、相互合作的优良品质，请梁教练为大家颁发活动证书（图5-87）。"

3. 经验迁移

（1）从家到小学的路线。

图 5-87　颁发活动证书

活动结束后，为进一步巩固幼儿对路线探索的知识，萌发对小学生活的向往，教师引导幼儿利用放学后时间，和家长从家出发步行到附近小学，并画出路线图，继续路线探究（图5-88）。

（2）寻找身边的路线图。

幼儿调查身边常见的线路图，与同伴分享（图5-89）。

图 5-88　幼儿画出的从家到小学的路线图 　　　图 5-89　幼儿与深圳地铁线路图

◎**活动反思**

本次活动以幼儿园组织策划、家长为参与主体的形式，落实《指导意见》和《入学准备指导要点》，帮助幼儿做好准备，实现从幼儿园到小学的顺利过渡。

1. 幼儿层面

（1）身心准备。

在探索定向越野和家到小学的路线过程中，幼儿对小学生活充满期待和向往，愿意为入学做准备，身体耐力、灵活性提升，具备一定的情绪调控能力。

(2)生活准备。

幼儿在日常生活中养成早睡早起、按时来园锻炼的习惯。幼儿在游戏中感受时间，养成守时、不拖沓的好习惯，为进入小学做好生活准备。

(3)社会准备。

探究打卡点的过程中，幼儿能与同伴分工合作共同完成任务。同伴遇到困难时，幼儿能给予鼓励并提供力所能及的帮助。幼儿通过集体游戏，初步形成爱集体、爱祖国的情感。

(4)学习准备。

幼儿能持续、专注探究，能识别上下、左右等方位。探究打卡点时，幼儿能利用图画、符号、文字等方式进行记录，与同伴回顾计划和完成情况，分析原因并调整。

2. 家庭层面

(1)提高家庭对幼小衔接阶段的重视。

有些家长认为幼小衔接就是需要提前学习拼音、算数等，活动可以帮助家长转变教育观念，科学开展幼小衔接。

(2)培养良好的家庭氛围。

家庭成员一起出主意、想办法、做事情，营造温暖的氛围。

3. 教师层面

(1)提升教师专业素养。

教师探索新的幼小衔接的家园共育策略，更新创新教育方式。

(2)提升教师职业幸福感。

幼儿和家长对活动的支持、认可，可以提升教师的职业成就感和幸福感。

4. 幼儿园层面

(1)创设高校附属特色教研活动。

教师充分利用高校师资力量、场地资源等实施教育联动，形成教研特色。

(2)完善家园校共育机制。

教师宣传展示幼小双向衔接的科学理念和做法，缓解家长的压力和焦虑，形成有效家园共育机制。

幼儿的发展永远离不开家庭和社会的影响，幼儿园应积极邀请家长参与幼小衔接活动，帮助家长培养科学的教育观念，形成密切的家园合作。南方科技大学是非常重要的教育资源，应充分发挥附属优势，形成特色教育资源，助力幼儿全面成长。

(供稿单位：深圳市南山区南方科技大学附属幼儿园；供稿人：杨玉娇、冯舒锐)

(六)项目式学习活动案例六

制作泡泡机

◎**活动背景**

1. 活动目的

大班即将毕业,幼儿对毕业典礼十分期待。教师和幼儿对毕业典礼的形式进行了讨论:"你们想要什么样的毕业典礼呢?""要有自助餐、可以打水仗……"有名幼儿说:"我在游乐场玩过泡泡。"这一话题的提出,引发了幼儿热烈的讨论。幼儿纷纷说出自己对玩泡泡的经验,并提出在毕业典礼上举办一场泡泡秀的想法。

2. 学情分析

泡泡是幼儿喜欢的、易得易操作的材料,且幼儿都玩过泡泡机,对泡泡机结构、玩法有所了解,如数学经验(泡泡液原材料配比的探索)、科学原理(对风力的探索)、工程设计(基于吹泡泡的需要设计结构合理的泡泡装置)。与大班幼儿科学探究能力、用数学解决生活问题的能力发展需要相适宜。

3. 需要解决的问题

市面上的泡泡机多数都要有人去操作才能产生泡泡,谁都不愿意"牺牲"自己玩的时间去操作。如果使用玩具泡泡机,泡泡水很快就用完了,而且很小。经过商讨,幼儿决定制作一个大的、自动的、源源不断的泡泡机。

◎**活动过程**

在活动开始之前,老师对孩子们进行了前期经验的调查,发现孩子们对泡泡机的类型、结构、材料及泡泡水很感兴趣,想知道制作泡泡机的材料及如何组装,对泡泡水的配比、出泡口形状的探索也十分感兴趣。于是老师根据孩子们的兴趣,让孩子们兵分三路进行探究:一组研究泡泡水,二组探究出泡口,三组自制泡泡机。

1. 泡泡水组

为了寻找能吹出大泡泡的泡泡液,孩子们挑选了许多材料进行实验。经过不断尝试,孩子们发现,制作泡泡液最好的原材料是洗发水和洗洁精,其最佳比例为1∶3,加入甘油及白糖能够缓解泡泡蒸发的速度,增加泡泡的韧性,更容易吹出大泡泡(图 5-90)。

图 5-90　调制泡泡水

2. 出泡口组

在探究出泡口大小与泡泡大小之间的关系时，孩子们选用了较常见的泡泡工具，还自制了许多有趣的出泡口。由于影响泡泡口出泡泡的因素有很多，此阶段老师带领孩子们采用了控制变量的方法进行探究。孩子们发现，不论什么形状的泡泡器，吹出来的泡泡都是圆形的，而出泡口越大，就越容易吹出大泡泡，可泡泡的数量也会相对减少。

3. 泡泡机组

确定了制作泡泡机的方案后，孩子们兴趣高涨。基于之前玩泡泡机的经验，孩子们开始进行第一次设计。老师发现，孩子们的初版设计稿中存在结构不完整、未考虑旋转问题及连接不明确的问题，从中能够看出孩子们对泡泡机的基本结构不够了解。因此，基于发现的问题，老师引导孩子们对泡泡机进行观察，明确泡泡机由出泡口、泡泡水槽、旋转装置、吹风装置构成及基本结构与工作过程。孩子们再次对泡泡机进行设计，并通过了解泡泡机的功能条件与可行性讨论出最优方案（图5-91）。

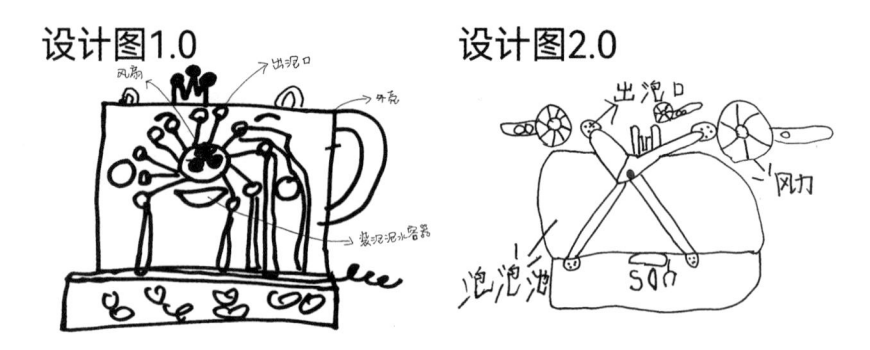

图 5-91 设计图迭代

（1）基于设计图，自由选材进行组装。

君宝做过竹蜻蜓，且在上学期做跷跷板时有找中点的经验，很快就使用雪糕棍做出了出泡口的旋转装置。但很快孩子们就发现，出泡口无法自动旋转。

发现问题后，孩子们开始分析原因。

君宝："应该是螺丝钉摩擦力太大就转不起来。"

大哥："雪糕棍沾到泡泡水太重了。"

宝利："肯定是因为风力不够，我再加一台风扇。"

基于讨论，孩子们调整材料，进行了第二次不限材料的组装（图5-92）。但旋转装置被风吹跑，依然无法旋转。孩子们猜测可能是装置太轻了，中间没有卡住，未能将风力转化为旋转的动力，所以被风吹跑了。孩子们提出可以运用风车的原理，用风车做出泡口。这一次虽然解决了旋转问题，但吹不出泡泡。有孩子说是因为旋转得太快了，有孩子说是风不够集中。

这时，有孩子提出泡泡机出泡口的旋转是需要马达的，而不是用风扇吹的。于是老师将一台小型泡泡机的外壳进行拆装，让孩子们更加直观地感受到泡泡机的结构，从而帮助孩子们进行组装。

（2）制作模型，不断优化。

图 5-92　自由组装，探索材料

有了马达的加入，孩子们的探索兴致高涨，开始尝试将出泡口连接上马达。孩子们大多数都采用了黏合方法进行连接，但由于接触面积较小且需要进行防水措施，最终以失败告终。经过观察，孩子们发现泡泡机出泡口中间有个洞，用于连接马达，且两头有东西固定住，防止出泡口由于旋转前后移动，影响出泡。明白了连接的原理，孩子们马上行动了起来。坤坤从美工区找来了锤子和螺丝刀，在瓶盖的中心点锤了个洞，想要将马达连接上去。可螺丝刀锤出来的洞太大了，即使在前后加固用风扇吹出泡口还是不够稳定，于是有孩子将螺丝刀换成了小钉子，戳了一个和马达连接部分大小差不多的洞再进行加固。

马达的连接问题得到了解决，新的问题又出现了。孩子们发现出泡口不旋转时，出泡口很容易吹出泡泡，可马达工作时，却很难吹出泡泡。有的孩子认为是旋转的问题，有的孩子认为是吹风装置的问题。但马达的转速不可调整，大多数孩子选择对吹风装置进行探索。

在对吹风装置进行探索的过程中，孩子们产生了分歧，有些孩子认为与吹风装置的类型和靠近出风口的距离有关，有些孩子则认为与风力的聚集有关。于是孩子们分头行动，分组进行实验。

在吹风装置的选择上，有些孩子选择了风扇、空调、吹风机，还有些孩子选择了风力较大的吹地机、大风扇。经过讨论，大家决定使用风扇、吹风机（冷风档）作为实验工具，并发现在风扇距离出泡口0~25厘米的时候，吹出的泡泡大小和数量都比较合适（图5-93）。

图 5-93　测试吹风机吹泡泡效果

也有孩子迁移了之前吹泡泡的经验,"之前我们都是嘴巴对着出泡口吹,风是集中的,但现在吹出来的风都是分散的,不聚集,所以吹不出泡泡"。因此,孩子们给吹风装置加上风罩,发现在距离出泡口 0~10 厘米的时候,能够吹出大的泡泡,但数量较少。

通过一系列的探索,孩子们对泡泡机各部分的结构有了一定的了解。有了这些经验的铺垫,孩子们对组装泡泡机十分得心应手。孩子们决定利用积木进行组装,将大块平板作为泡泡机的整体底座,用于安装泡泡机的其他部位。对于出泡口与泡泡水槽连接问题,孩子们知道要调整到中间且偏上的位置,不能让出泡口碰到泡泡水槽,否则会影响出泡(图 5-94)。

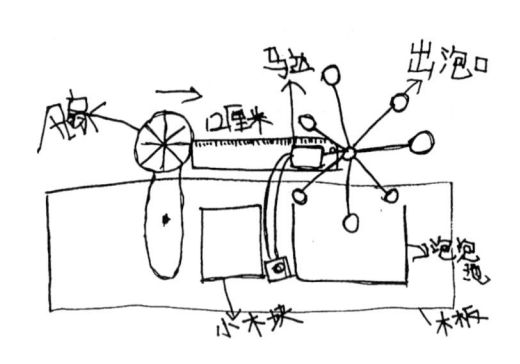

图 5-94　形成最终设计图

在讨论过程中,孩子们一致认为,制作的泡泡机要能够吹出很多的泡泡才能支持泡泡秀的氛围。因此,孩子们决定不给吹风装置加风罩,使泡泡机能够源源不断地吹出中型泡泡。最终孩子们将吹风装置安装在距离出泡口大约 12 厘米的位置,且形成了一张设计图,供其他小朋友参考进行制作,为毕业泡泡秀提供泡泡的支持。

◎活动反思

1. 尊重幼儿的兴趣,进行有意义学习

活动以泡泡机如何吹出泡泡的真实问题为导向,以幼儿为主体,让幼儿不断发现问题,提出疑惑、交流经验、动手调整和改进,与大班幼儿科学探究能力、用数学解决生活问题的能力发展需要相契合。在这些探索的过程中,教师并没有刻意传授过多的知识技能和过早地下结论,而是让幼儿充分表达、思考、试错,在探索的过程中同化和提升经验。

2. 以解决真实问题作为主要线索,实现跨领域的学习

在制作泡泡机这一工程活动中,整合运用了科学、数学、技术、工程四个领域的知识内容。本活动蕴含了科学领域中的核心概念——物质与材料的特性、物体的位置与运动、能量传递、转化。例如,在了解泡泡形成的原理后,加入甘油等物质增加水的张力,提高泡泡的韧性,为泡泡机能够吹出大泡泡奠定了基础,探索出最佳比例也使用了许多数学的概念。在对吹风装置的探索上,从寻找生活中常见的吹风装置开始,幼儿观察风力的大小,意识到风力大小与旋转之间的关系,选择马达

支持出泡口旋转，用风扇作为吹风装置。

3. 解决问题的能力和高级思维能力的发展

通过分享设计图、制作材料、制作的过程、组装过程等，幼儿讨论最佳方案，最终形成设计图，为其他同伴提供了便利。幼儿在实践中不断通过自我反思和同伴的力量来解决问题，同时比较、选择、判断、批判性等思维能力得到一定发展。

4. 反复设计改进，从失败中学习

从最开始只是做一个外形像的泡泡机，到实现它的功能性，之后通过探索旋转装置，寻找出泡口材料、探索泡泡水的最佳比例，不断优化和调整泡泡机，泡泡机不断变得精细化。幼儿通过不断调整、设计、复盘，在前期经验的基础上建构新的经验，针对出现的问题积极寻找原因，再根据以往的经验，运用身边的资源或工具，寻求同伴的帮助或合作，想方设法解决问题。

5. 团队合作与经验分享

在制作泡泡机的工程活动过程中，幼儿拥有大量合作的机会，并在不断调试后齐心协力完成一个作品。幼儿在这个过程中可能会遇到一些合作上的冲突，如有人不讲理喜欢争抢、分配不合理不均衡等现象，教师并不急于去干预，很多时候让幼儿通过自己的办法来解决，等待、谦让等学习品质得到提升。

6. 借鉴STEM理念，转变评价主体

STEM教育除了重视对活动本身的评价和幼儿发展的评价，还重视以幼儿为主体的自评与互评，通过对主体的发展进行评价，来判断项目学习活动的适宜性和有效性。首先，幼儿的全面发展是项目学习活动的核心目标，通过对幼儿发展的评价，了解项目学习活动的目标是否适宜、内容是否能够促进幼儿关键经验的发展、实施途径能否激发幼儿的主动学习等。其次，教师的能力发展是项目学习活动实施的前提条件。通过对教师的发展进行评价，有助于促进教师的专业成长，促进教师创造性地开展项目学习活动，有利于检测项目学习活动的教育效果，最终促进教师与项目学习活动的同步发展。通过不同视角进行项目学习活动实施效果评价、过程评价、方案评价，获得真实、全面的信息，为评价项目学习活动研究提供客观公正的依据，真正发挥评价的检测、监督作用和以评价促发展的功能。

7. 借鉴STEM理念，进行师幼互动

在开展STEM活动中，教师的引导影响着活动的深度与广度，在支持幼儿探究的过程中不断与幼儿互动。活动中更多的是幼儿发现问题，探索解决方案，教师引导幼儿培养STEM的思维和行为习惯，即提出问题—团队讨论—制订计划—实施计划—得出结论—改进计划/提出新问题。在此过程中蕴含了诸多沟通的技巧。针对幼儿提出的问题，教师要进行可行性分析，通过和幼儿对话，引导幼儿将精力集中在适于探究的问题上，并通过问题引导幼儿对探索过程和结果进行表达。

（供稿单位：深圳市南山区首地幼儿园；供稿人：姜月波、陈海燕、张琬沁、兰燕、谢天虹）

(七) 读写学习活动案例

国王生病了

◎ **设计思路**

图画书集文学语言、美术语言和教育语言于一身，在幼儿倾听与表达、阅读与前书写能力的提升方面能发挥重要的价值和作用。因此，它成为幼儿园组织实施读写活动的重要载体。在筛选图画书时，幼儿园在关注语言核心经验的基础上，还会结合入学准备教育中需要大班幼儿重点关注的社会交往、自我调控、规则意识、专注坚持、任务意识等关键素质进行筛选。那些内容贴近幼儿生活经验，故事情节生动，利于幼儿丰富和拓展词汇，利于安排较丰富的前识字、前书写活动的图画书将成为教师组织实施读写活动的重要媒介。例如，蕴含与同伴互助交往经验的《小老鼠和大老虎》、关注持续有序完成任务的《阿利的红斗篷》、引导有计划做事的《国王生病了》、培养时间观念的《金老爷买钟》、感知空间方位和路线的《母鸡萝丝去散步》等图画书。

组织实施读写活动前，教师要认真分析图画书，挖掘其与语言核心经验和入学准备关键素质相关的元素，科学、合理地设计读写教学活动方案，从而更好地保障幼儿在活动中通过亲身参与、感受、理解与运用发展读写能力。例如，"国王生病了"读写活动中，教师在帮助幼儿理解国王生病与运动之间的关系、认识和理解运动计划表、自制计划表的过程中，自然地将从左至右进行阅读和书写、建立口头语言与书面语言的联系、感知汉字的笔画和结构、体会文字的功用等读写核心经验渗透其中，帮助幼儿积累读写经验、提升读写能力。在组织实施读写活动的过程中，教师是幼儿想法的倾听者、阅读与书写的参与者和榜样示范者，并在此过程中与幼儿对话并提供必要的支持。

◎ **活动设计**

活动一　阅读《国王生病了》

【活动目标】

第一，感受封面图画与故事内容的相关性，了解有依据进行猜测的阅读技巧。

第二，认真倾听故事，了解国王生病的原因和治病的经过及结果，能用完整的语言表达自己对故事的认识和理解。

第三，熟悉手口一致指读的方法，体验图画与文字的对应关系。

【活动准备】

《国王生病了》图画书大书1本，配套小书若干，大白纸、白板笔。

【活动过程】

1. 观察封面、封底，猜测故事

(1)教师引导幼儿观察、了解书的结构。

教师引导幼儿慢慢地翻书，让幼儿感受和发现图书的结构。

师幼共同概括图画书的基本结构。

图画书包含封面、扉页、正文、版权页、封底等基本结构。封面和扉页上有书名、作者的信息和一些与故事相关的图画。正文有与故事相关的文字和图画，还有页码。封底有这本书的价格等信息。

(2)教师引导幼儿讨论封面(或其他结构)，有依据地猜测故事。

教师引导幼儿细致观察封面(或其他结构)，并分享自己的发现。

教师鼓励幼儿根据观察到的线索分享对故事的猜测。

教师记录书名及幼儿的猜测要点。

2. 完整倾听故事，初步了解故事内容

教师从封面开始，有感情地、完整地为幼儿手口一致读故事(注意图文结合)。

读故事时，教师结合故事的关键环节或图画的关键信息提出问题，引导幼儿带着问题去倾听故事，激发幼儿听故事的兴趣。

问题一：第3页中，引起国王生病的原因会是什么呢？有了医生提供的运动计划表，国王会怎么做呢？

问题二：第17页中，运动后，国王的病好了吗？王宫里的其他人怎么样了？

问题三：第21页中，有了这样的改变后，国王的病好了吗？

3. 回忆故事主要内容，比对猜测

(1)教师通过提问，与幼儿一起回忆故事的主要内容。

问题一：故事中讲了一件什么事情？

问题二：故事中国王生病的原因是什么？

问题三：运动计划表里安排了哪些运动？

问题四：运动一段时间后，国王和大臣们发生了什么变化？导致这些变化的原因是什么？

问题五：最后国王做了哪些改变？结果怎样？

(2)教师倾听幼儿表达对故事的理解，记录表达要点（图文均可），幼儿观摩教师书写（教师记录时注意做良好的书写示范）。

(3)教师引导幼儿比对书中读到的事实和读前幼儿对故事的猜测。

教师引导幼儿比较猜到了和没猜到的故事内容分别有哪些（不以对错来评论幼儿的猜测，仅说明猜测和事实不一定相符，自己的想法和作者的想法也无法完全一致）。

教师引导幼儿再次观察封面（或其他结构）图画，讨论图画与故事内容的相关性（封面图画描绘的是故事的哪个环节的内容）。

4. 再次倾听故事，熟悉故事内容

(1)教师结合幼儿需关注的重点提出再次倾听故事。

教师："请注意听，国王的运动计划表里包含了哪些运动项目？"

(2)教师引导幼儿再次完整地指读一遍故事（在关键内容处可通过语调加重或其他方式引起幼儿的关注）。

【活动延伸】

(1)教师将配套小书投放到语言区，鼓励幼儿利用自由活动时间进行自主阅读。

(2)教师将记录的大白纸放置在幼儿方便观察和讨论的地方，并提供笔，支持幼儿涂涂画画写写的需要。

活动二 国王的运动计划表

【活动目标】

第一，熟悉故事的主要内容并能用自己的话讲述故事，理解运动和健康的关系。

第二，认识运动计划表，能依据运动计划表内容说出国王运动的计划。

第三，知道想法和说的话可以用文字记录下来，感知写字的笔画和笔顺。

【活动准备】

《国王生病了》大书，第一课时记录过的大白纸、白板笔，可操作的运动计划表（含表格、时间卡、运动项目卡）。

【活动过程】

1. 师幼互动阅读，讨论故事中的相关内容，增进对故事的理解

(1)师幼共同阅读图画书。

(2)师幼提问及回应，增进对故事内容的理解。

问题一：第3页中，国王生病后，医生为什么不是给国王吃药，而是给了他一张运动计划表？

问题二：第11页中，这几天国王是如何执行运动计划的？这种方式对治他的病有没有效？为什么？

问题三：第17页中，为什么执行运动计划后，国王的病没好，皇宫里的其他人也病倒了？怎样的运动才是有利于身体健康的？

问题四：第19页中，如果你是国王，要想自己的病快点儿好，你会怎么做？

(3)教师记录幼儿在讨论过程中提及的关键观点，幼儿观摩书写。

2. 教师引导幼儿认识运动计划表

(1)教师出示图画书第3页，引导幼儿观察、了解运动计划表内容。

小结：运动计划表里有时间和运动项目。计划的时间是从星期一到星期天，运动的项目有爬山、骑马、游泳、打棒球、慢跑和做体操。把相关的运动项目安排到具体的时间里，一份运动计划表就制订好了，根据运动计划表可以了解到每一天要做哪一项运动。

(2)教师引导幼儿结合故事内容，完善运动计划表并讲述。

教师出示运动计划表格、时间卡、运动项目卡并向幼儿介绍。

师幼根据国王运动项目，完善运动计划表(将时间卡按顺序排列，将国王"做"的运动项目对应到相应的时间里)。

教师引导幼儿根据运动计划表，用自己的话讲述国王的运动计划。

3. 教师引导幼儿用自己的话讲述故事主要内容

(1)教师邀请个别幼儿用自己的话讲述故事主要内容(关注幼儿讲述的音量、讲述内容的连贯性和完整性等)。

(2)教师引导其他幼儿耐心倾听同伴的讲述，必要时等同伴讲完后做补充或澄清。

(3)教师正向肯定幼儿的讲述或补充、澄清。

【活动延伸】

(1)教师鼓励幼儿继续利用自由活动时间到语言区指读图画书。

(2)教师将运动计划表格、时间卡、运动项目卡等投放到语言区，辅助提供纸笔，鼓励幼儿认读、临摹并书写感兴趣的字词(关注引导幼儿正确的书写姿势)。

活动三 我的运动计划表

【活动目标】

第一，认真倾听他人的讲述或分享，养成良好的倾听习惯。

第二，能用口语和文字、表格、图画的方式表达自己的计划表。

第三，尝试临摹书写简单的词语或句子，体验书写。

【活动准备】

《国王生病了》大书，活动二用的运动计划表，A4白纸若干、铅笔若干、白纸条若干。

【活动过程】

1. 师幼共读故事

师幼共同朗读故事（幼儿可轻声跟读），再次熟悉故事。

2. 教师引导幼儿分享自己想做的计划表

教师出示活动二用的运动计划表，引导幼儿回顾计划表的主要元素（表格、时间、运动项目）。

教师鼓励幼儿分享并介绍自己想做的计划表（如进区计划表、午点计划表、户外游戏计划表等）。

教师引导其他幼儿认真倾听同伴发言，分享和介绍。

教师记录幼儿的计划表关键内容，幼儿观摩书写。

3. 幼儿自制计划表，体验写书

教师分发纸笔，鼓励幼儿将自己的计划表用表格、图画、文字记录下来。

幼儿自由制作计划表，教师提供支持和引导（帮助幼儿将想要写的字写在白纸条上，供幼儿临摹，注意规范书写；关注引导幼儿在体验书写过程中的姿势）。

4. 教师引导幼儿分享自己的计划表

教师邀请幼儿根据自制的计划表向他人分享、介绍自己的计划。

教师引导其他幼儿倾听同伴的分享介绍。

教师正向肯定幼儿在体验书写过程中的行为（如正确的坐姿、书写的方向等）。

【活动延伸】

（1）教师将纸笔投放到区域中，鼓励未完成的幼儿在自由游戏活动期间继续完成自己的计划表。

（2）教师将幼儿自制的计划表展示到班级教室内供幼儿互相学习、了解。

（供稿单位：深圳市南山区教育科学研究院附属第二幼儿园；供稿人：沙西娜、何文燕、阮美燕、黄若楠）

(八)数学学习活动案例

玩转长度测量

◎设计思路

《入学准备指导要点》指出，幼儿在学习准备方面要能在日常生活中发现和学习解决生活中和数学有关的问题。教师要注重丰富幼儿的数学经验，包括提供丰富的数学游戏材料，创设解决实际问题情境，在日常生活中帮助幼儿累积数学经验，帮助幼儿在实际操作中积累运用不同策略解决加减运算问题的经验。

物体有多长或多大是幼儿日常生活中经常遇到的问题，但对幼儿来说，测量又是一项复杂的数学活动，需要不断地重复来体验和理解测量的含义。3~5岁幼儿有较多机会进行直接比较并讨论时，将逐步建立这样的观念，即所有的测量都涉及公平的比较。随着数感的不断增强，5~6岁幼儿可以使用任意单位或非标准单位进行定量测量，在解决真实问题的过程中，逐步发现测量工具的有效性和实用性，了解测量的方法，为小学阶段的标准单位测量积累大量感性经验。

基于上述认识，围绕测量长度这一概念，教师一共设计了四次活动。其中前两次活动可以在大班上学期末开展，而后两次活动将长度测量与加减运算相结合，适合在大班下学期开展。每项活动都来源于幼儿生活，是需要他们解决的问题。活动中充分运用了生活中的材料，鼓励幼儿亲身体验、动手操作。在组织形式上以6~8人的小组活动为宜。

◎**活动设计**

活动一　这根缎带有多长

【活动目标】

用任意单位测量长度，感知和学习测量长度的方法，能用数字表示长度。

【活动准备】

人手一个小碗，装有一条40厘米长的缎带和一根10厘米长的小棍；各种颜色、长短不一的缎带若干（长度1米以内，是10厘米长的倍数）；记录单、水彩笔、铅笔、橡皮擦若干。

【活动过程】

1. 教师引导幼儿量一量缎带的长度，讨论测量的规则

教师和幼儿人手一根小棍子和一条一样长的缎带，教师介绍材料，交代任务："我们每个人都有一根小棍子，它们一样长。我们要用这根棍子量一量你碗里的缎带有几根棍子长。"

幼儿用小棍子测量缎带的长度。教师要注意观察幼儿是怎么测量的，了解其已有经验。

教师引导幼儿交流测量的结果，讨论测量的方法："你的缎带有几根棍子长？"幼儿的测量结果不一致时，教师提出问题："为什么他量的是5根，你量的是3根，你

是怎么量的?"教师引导幼儿反思测量的方法,在这基础上讨论测量的规则。

教师示范、总结测量的规则:"我们在测量的时候要注意,先一头对齐再开始量,量完一次在末端做一次记号,跟做记号的地方对齐后再量,直到量完。量的过程中还要注意数有几根棍子长。"

教师请幼儿再量一次缎带的长度,观察幼儿是否掌握测量规则。

2. 教师引导幼儿量一量不同缎带的长度,并做记录

教师请幼儿将材料放回小碗后坐好。教师出示长短不一的缎带和记录单,交代任务:"这里有许多长短不一的缎带,接下来我们要量一量它们的长度,每量完一次就在记录单上记下这是第几次量,什么颜色的缎带,有多长。每个人至少量3条。"

幼儿取材料,用所学方法测量并做记录。教师个别观察与指导。

教师发现幼儿使用的测量方法不正确时,要注意示范正确的方法,而不只用言语说。

幼儿完成后,教师请幼儿说一说所量的缎带的长度,如"第一次量的是红色的,有3根棍子长。第二次量的是黄色的,有5根棍子长。第三次量的是绿色的,有6根棍子长。"

3. 活动结束

教师请先完成的幼儿整理好材料后先进区游戏。

【活动延伸】

(1)教师可以将此活动与读写活动"一寸虫"相结合,激发测量的兴趣。

(2)教师提供多种自然测量工具,如铅笔、木棍、手掌、脚印等,鼓励幼儿去测量日常生活中各种物品的长度、高度。

活动二 怎么结果不一样

【活动目标】

第一,尝试用任意单位测量长度和高度,学习测量的方法。

第二,感知测量工具的长度与测量结果之间的反比关系。

【活动准备】

多种自然测量工具,如铅笔、木棍、方形积木块、短尺等;细的水彩笔或铅笔(用于做标记);白板、白板笔。

【活动过程】

1. 教师引导幼儿讨论、回顾测量的规则

教师通过提问,引导幼儿回顾测量的规则:"之前我们都测量过物体的长度,大

家想一想，怎样量才量得准？"

教师要及时回应幼儿的回答，最后总结："测量时要注意，先一头对齐再开始量，量完一次在末端做一次记号，跟做记号的地方对齐后再量，直到量完。量的过程中还要注意数，量了几次。"

2. 教师引导幼儿用不同量具测量桌子（柜子）的高度

教师呈现人形底板和多种自然测量工具，交代任务："接下来，我们要量一量桌子（柜子）有多高。每个人可以自选一种测量工具。"

幼儿自选一种工具，测量桌子（柜子）的高度。教师观察幼儿的操作，发现其使用的测量方法不正确时，要注意示范正确的方法，而不只用言语说，必要时可以请量得快的幼儿帮助量得慢的幼儿。

3. 教师引导幼儿比较测量结果，讨论量具与测量结果的关系

教师请幼儿说说测量结果："你用哪种测量工具？量出来有多高？"教师在白板上用统计表记录测量工具的名称（可用图画或文字）、长度（可临摹）和测量结果。

教师设计统计表的时候，可以将测量工具按从长到短排或者从短到长排，有利于幼儿直观地感受到测量工具的长度与测量结果之间的关系。

教师通过提问引发幼儿思考不同量具与测量结果的关系："为什么量相同的物体，量出来的结果不一样呢？""测量工具的长短和测量结果之间有什么关系？"教师帮助幼儿感知不同的量具所测得的数据不一样，工具本身越长，测量结果越短。

4. 活动结束

教师请幼儿将材料整理好，再进区游戏。

【活动延伸】

教师尽可能提供长短差异较大的自然测量工具，如磁力棒、铅笔、长积木，让幼儿在日常生活中更直观地感受测量工具的长度与测量结果之间的关系。

由于被测量的物体和测量工具都是日常物品，测量结果很难达到整倍数。幼儿发现量到最后，有多余或不足一个单位的情况。教师可以通过提问引发幼儿思考，如"剩余的高度比测量工具只多了一点点，怎么算？高出一半不足一个，怎么算？"……

活动三　一共有多长

【活动目标】

能测量长度，用加法算出总长。

【活动准备】

人手一根 10 厘米长的小棍；长短不一的缎带若干（长度 1 米以内，是 10 厘米长

的倍数）；算式记录单、铅笔、橡皮擦若干；白板、白板笔。

【活动过程】

1. 教师引导幼儿讨论、回顾测量的规则

教师出示一根小棍子和一根缎带，通过提问，引导幼儿回顾测量的规则："之前我们都量过缎带的长度，大家想一想，怎样量才量得准。"

教师要及时回应幼儿的回答，并总结测量规则。

2. 教师引导幼儿量一量两条缎带一共有多长，一起列加法算式

教师出示小棍子和长短不一的缎带，请幼儿测量两条缎带的长度："每个人拿一根小棍和两条缎带，用小棍量一量它们分别有几根棍子长。"

教师请幼儿说说自己所量的两条缎带的长度，在白板上记录下来，一起列加法算式，如"张三，你量的一条缎带有多长？另一条呢？它们合起来一共有多长？"……列完一道加法算式，教师可以问问幼儿每个数字代表什么，加号代表什么，等号代表什么，帮助幼儿理解加法算式。教师也可以和幼儿一起读一读这些加法算式。

3. 教师引导幼儿自选两条缎带，测量长度并列出加法算式

教师出示算式记录单，交代任务："接下来每个人要自己列加法算式。每次拿两条缎带，量一量它们的长度，然后用加法算出总长，在记录单上列出加法算式。"

在幼儿活动过程中，教师观察幼儿的测量方法，倾听幼儿讲述自己所列加法算式的意义，如"一条缎带有×根棍子长，另一条有×根棍子长，合起来一共有×根棍子长"。

4. 活动结束

教师请先完成的幼儿收拾好材料后先进区游戏。

【活动延伸】

(1)教师可以在区域中投放类似的材料供幼儿自由探索。

(2)在日常活动中，教师可以鼓励幼儿测量、计算两个物体的总长。

活动四　长的比短的长多少

【活动目标】

第一，能测量和比较身边物体的长度。

第二，能用减法算式表示物体的长度差异。

【活动准备】

人手一根10厘米长的小棍；长短不一的缎带若干（长度1米以内，是10厘米长的倍数）；算式记录单、铅笔、橡皮擦若干；白板、白板笔。

【活动过程】

1. 教师引导幼儿量一量，桌面比椅面高多少

教师出示小棍，交代任务："今天我们要用小棍量一量桌面的高度和椅面的高度，再比一比，桌面比椅面高多少根棍子。"

幼儿动手测量桌面和椅面的高度，教师注意观察幼儿的测量方法。

教师引导幼儿分享测量结果："你量出来桌面有多高？椅面有多高？"如果结果不一致，教师可引导幼儿反思自己的测量："为什么你的是×根棍子高，你是怎么量出来的？"

教师引导幼儿探讨"……比……高了多少"，并询问幼儿用的什么方法："我想知道桌面比椅面高多少，怎么办？"（启发幼儿思考出可以用减法，从高的里边把矮的拿掉，剩下的就是高出来的）。教师根据讨论在白板上列出减法算式，请幼儿说说每个数字、减号、等号各代表什么意思，帮助幼儿理解减法算式的意义。

2. 教师引导幼儿量一量，长的缎带比短的缎带长多少

教师出示长短不一的缎带，交代任务："我们要来比一比，长的缎带比短的缎带长多少。每次拿两条长度不同的缎带，先量一量每条缎带的长度，然后用减法算出长的比短的长多少，最后列出减法算式。"

在幼儿活动过程中，教师观察幼儿的测量方法，倾听幼儿讲述自己所列减法算式的意义，如"长的缎带有×根棍子长，短的缎带有×根棍子长，长的比短的长×根棍子"。

3. 活动结束

教师请先完成的幼儿收拾好材料后先进区游戏。

【活动延伸】

(1)教师可以在区域中投放类似材料供幼儿自由探索。

(2)在日常活动中，教师可以鼓励幼儿测量、比较物体的长短(高矮)。

(供稿单位：深圳市南山区红树湾幼儿园；供稿人：詹慧妮、吴娜、王瑞璇)

第六章　入学准备课程实施：家园共育

家园共育的主体是家庭和幼儿园，是一个指向双方的动态过程。家长要对幼儿园教育予以支持，幼儿园要对家庭教育予以指导，双方的目的都是共同促进幼儿的和谐发展，相互尊重和信任，真诚沟通，相互配合，通过幼儿园和家庭的双向互动发挥最大的合力，为幼儿开展科学的入学准备教育，提高幼儿入学准备水平，促进幼儿的身心健康发展。

一、入学准备家园共育的重要性

家园合作共育是做好幼儿入学准备的重要途径，能够使家庭教育和幼儿园教育同步、同向地使劲，通过彼此的教育优势互补，不断完善和提高教育水平，从而促进幼儿身心健康全面发展，为幼儿做好充分的入学准备提供重要保障。入学准备时期，家园共育的意义在于为幼儿提供一个良好的教育环境，促进他们全面发展和成长。

(一)帮助家长了解和掌握科学的幼小衔接观念

家园共育可以加强家庭与幼儿园之间的联系，使家长能够更好地参与幼儿的教育过程。家长了解幼儿园的教育目标和教学方法，可以更好地支持幼儿的学习和发展。家长的关爱、理解和支持能够使孩子更加自信、乐观、积极地面对生活中的挑战。通过与学校密切配合，家长可以了解小学教育的目标、课程要求和评价标准等信息，并与教师共同制订幼儿的学习计划和目标。这样，家长就能够更加科学地指导幼儿的学习和成长，避免盲目性和随意性。同时，家园合作能够增强家长对幼小衔接过程的认知。家长在与学校进行沟通和交流的过程中，可以了解到小学的教学方式、学习内容和学习环境等方面的变化。这样，家长就能够更好地适应和理解幼小衔接的需要，为幼儿提供合适的支持和帮助，减轻他们的适应压力。

(二)促进幼儿园开展幼小衔接工作

入学准备时期家园合作对幼小衔接工作有着重要的影响，这种合作对于帮助幼儿园顺利完成幼小衔接工作起到了至关重要的作用。通过家园合作，可以促进信息共享和交流，建立良好的沟通机制，帮助幼儿建立积极的学习态度和自我管理能力，为幼儿顺利过渡到小学生活奠定良好基础。家园合作有助于幼儿平稳过渡到学校生活，促进他们的发展和学习，并增强家长的参与意识和教师与家长之间的沟通。通过有效的家园合作，能够共同为幼儿的成长和发展携手努力，打造一个良好的教育环境。

(三)帮助幼儿顺利过渡，积极做好入学准备

培养入学准备时期幼儿良好的生活习惯、学习生活品行、身心健康发展、社会交往能力等，通过与家庭和学校之间的紧密合作，可以提供一个有益于幼儿全面发展的教育环境，帮助幼儿更好地适应新的学习环境和生活环境，为幼儿未来的学习和生活奠定坚实的基础。

二、入学准备家园共育的原则

(一)互动性原则

入学准备时期家园共育的互动性原则是指家庭和幼儿园之间积极、有效地互动，共同为幼儿的成长和发展提供支持和指导。这一原则强调了家庭和幼儿园之间合作的重要性，通过密切的互动关系，帮助幼儿健康成长。家庭和幼儿园应形成良好的互动合作关系，共同创造一个有利于幼儿健康成长的环境。这需要建立有效的沟通机制，定期交换信息，家园合作不应仅仅停留在信息沟通和交流上，更应主动设立互动环节，促进家长、教师、幼儿三者之间的互动，实现真正意义上的合作。

1. 保持双向沟通

家长和教师之间要保持频繁的沟通，分享幼儿的成长发展情况和特别需求等信息，通过电话、面谈、家长会等方式，及时沟通交流，增进相互了解。

2. 参与课程设计

家长可以参与幼儿园的课程设计和活动策划，提出意见和建议，使幼儿园能更好地满足幼儿的实际需要。

(二)动态性原则

入学准备时期家园共育的动态性原则是指家庭和幼儿园在幼儿从幼儿园过渡到

小学的过程中，需要根据幼儿的成长和变化及社会环境的变动，灵活调整教育方式和内容，适时调整合作内容和方式，通过共享资源、共建环境、共创活动等方式，提高教育效果，使合作始终保持活力，以促进幼儿全面发展。

1. 个体化关注

家庭和幼儿园需要针对每名幼儿的特点和需求，提供有针对性的教育支持。他们应该密切关注幼儿的兴趣、特长和困扰，并根据幼儿的发展状况及时调整教育计划和教学方法。

2. 持续跟踪评估

家庭和幼儿园需要定期对幼儿的成长进行评估，了解幼儿的发展水平和需求变化。这可以通过不同形式的评估工具、观察记录和与幼儿的交流来实现。评估结果可以作为调整教育策略和计划的参考依据，并及时与家长共享。

入学准备时期家园共育的动态性原则要求家庭和幼儿园密切关注幼儿的特点与需求，积极沟通与合作，提供多方位的支持，并持续跟踪评估幼儿的成长。这有助于幼儿在过渡期顺利适应新的学习环境，全面发展自身潜能。

(三) 导向性原则

入学准备时期家园共育应以促进幼儿入学准备期的全面发展为目标，引导幼儿逐步习惯小学的生活和学习方式，提高他们的社会适应能力。

1. 立足儿童发展

家园共育的导向性原则是以幼儿为中心，关注幼儿全面发展的需求。在入学准备时期，家庭和幼儿园应该共同努力，提供有利于幼儿身心发展的环境和教育机会。

2. 寓教于乐

家园共育的导向性原则强调在入学准备时期通过寓教于乐的方式帮助幼儿学习和成长，通过游戏、互动和实践等方式，使幼儿对学习充满兴趣，促进他们主动学习和积极参与。

3. 连续性和一致性

家园共育的导向性原则强调幼儿园和小学之间的连续性和一致性。双方应该确保幼儿园和小学之间的交流与衔接，帮助幼儿顺利从幼儿园过渡到小学，并保持他们学习的连贯性。

(四) 系统性原则

入学准备时期的家园共育是一个系统性工作，应整合多方教育资源，家庭、幼儿园、小学、社区统筹联动，形成教育合力，减缓坡度，促进幼儿顺利从幼儿园过渡到小学。

1. 统一管理与领导

建立统一的幼小衔接工作推进委员会或组织，并确保其具备良好的领导能力，以确保家园共育工作的系统进行。

2. 共同参与与合作

家庭、幼儿园、小学和社区应共同参与入学准备时期的教育工作，形成家庭、幼儿园、小学、社区四方面的合作与共同努力，共同促进幼儿的成长与发展。

3. 资源共享与互动

各方应积极共享资源，建立起互动合作的平台，共同提供丰富多样的教育资源，丰富和拓宽幼儿的学习经验。

通过以上原则的实施，家庭和幼儿园可以形成紧密的合作关系，为幼儿提供有力的支持和引导，促进幼儿健康、全面地成长。

三、入学准备家园共育的实施策略

家长在入学准备时期的问题和困惑与日俱增。入学准备时期家园共育的重难点有以下几点。

第一，角色划分不明确。在入学准备时期，家庭和幼儿园是幼儿成长过程中最重要的两个环境，但家长和教师在这个时期的角色划分并不明确。家长可能还是习惯对幼儿进行过多的保护和照顾，而教师则需要逐渐让幼儿习惯小学的规则和生活方式。这种角色划分不明确可能会给幼儿带来矛盾和困惑。

第二，信息沟通不畅。家庭和幼儿园之间的沟通不畅也是入学准备时期家园共育的难点之一。家长和教师之间缺乏有效的沟通和信息交流渠道，导致双方对幼儿的关注和需求了解不足。这可能影响到家庭和学校在培养幼儿方面的一致性和协作性。

第三，教育理念不一致。家庭和幼儿园在教育理念方面可能存在差异，这也是入学准备时期家园共育的重难点之一。家庭更关注幼儿的学习准备，尤其是读写算等具体技能的准备，对学习成果有较高的期待，而幼儿园更关注幼儿的全面发展，强调身心、生活、社会和学习四大方面的准备，更注重幼儿的学习过程。两者之间的不一致容易让幼儿在认知发展上出现不均衡，从而影响幼儿的思想方式和学习的积极性。

第四，时间和资源限制。家庭和幼儿园在入学准备时期都承担着各种各样的任务和责任,时间和资源均存在一定的限制。这使得家长和教师在共同关注幼儿的教育和成长方面可能无法投入足够的精力和时间。这也是阻碍家园共育的重要因素之一。

入学准备教育不仅限于教师和家长接送时的简短交流,而是要贯穿于幼儿一日生活的始终,就是将入学准备教育这一主题作为幼儿一日生活中的一部分。幼儿的入学准备应系统安排每个星期入学准备的活动表,将幼儿的入学准备作为幼儿园一项常规活动,常规活动一旦建立,教师和家长就能有计划地组织合作。幼儿的入学准备水平不仅受到家园合作水平的影响,还需要来自幼儿园的支持。

家园合作活动的场地大多时候是在幼儿园,因此,在家园合作提升幼儿的入学准备上,教师可以从如下几个方面着手,开展特色家园共育活动。

(一)集体型家长工作

1. 入学准备期家长会

大班下学期,幼儿园定期召开系列家长会,向家长交流沟通幼儿的学习情况和生活情况,同时也让家长了解幼儿园的教育方针和要求,增强入学准备期的家园合作,引导家长给幼儿创设良好的家庭学习环境。

2. 幼儿园开放日

幼儿园定期举行幼儿园开放日,邀请家长来园深度体验入学准备时期幼儿园开展的活动,如幼儿在区域活动中的深度探索等,以增加家长对幼儿园的专业认可度,让家长了解幼儿的进步和需要改进的地方,帮助家长理解和接受幼小衔接的必要性和意义。

3. 家园智慧团

幼儿园建立家园互动平台——家园智慧团,发布幼儿园在入学准备时期开展的课程等一系列最新动态、幼儿的学习情况。家长也可以通过这个平台和教师进行实时交流,及时沟通解决教育问题。

(二)个性化家长工作

1. 个别家访活动

教师通过到幼儿家中进行家访,更全面深入了解入学准备时期幼儿的生活环境和家庭教育情况,与家长面对面交流,共同探讨幼儿的成长问题,对于加深家园联系,进行个性化教育有积极作用。家园双方共同制定幼儿的学习和成长目标,确保双方的期望一致,共同关注幼儿的全面发展。

2. 小组家长课堂

教师根据家长在入学准备期的不同需要组织培训活动，如家教讲座等，缓解家长的焦虑，提高家长的家教水平，使他们了解并掌握科学的家庭教育方法，如帮助幼儿管理时间、处理幼儿的情绪问题等，对促进家园合作、形成良好的教育氛围有很大的帮助。

(三)特色型家长工作

1. 家长沙龙

入学准备时期，幼儿园定期组织家长沙龙，可以是面对面的交流，也可以是线上的视频会议。在这些会议上，教师和专业人士可以介绍幼小衔接的重要性、方式方法等，以及如何帮助幼儿过渡到小学生活，分板块、系统化开展家长沙龙活动。

2. 每月特色活动

幼儿园在3月可开设"爱的陪伴——亲子共读日"，让家长在一天中抽出特定的时间，进入幼儿园陪伴幼儿阅读，增强亲子间的交流与互动；可在4月开设"共享时光——亲子游戏活动日"，举行亲子游戏活动；可在5月开设"手拉手，我们一起过'五一'"，在"五一国际劳动节"期间组织一些亲子手工活动，让家长和幼儿在共同完成一个任务的过程中增进情感；可在6月开设"打开新世界的大门——小学生活体验"日，携手当地的小学，让幼儿有机会亲自体验小学的课堂与生活，缓解他们对小学的恐惧与不安。教师鼓励家长在不同活动中担任不同的角色，参与幼儿的学习和生活。

3. 家庭活动集锦

入学准备时期，幼儿园设计一些可以让家长和幼儿一起完成的居家活动，如亲子阅读、亲子手工、亲子运动等，坚持长期高质量家庭陪伴，促进家长对幼儿学习的参与。

四、入学准备家园共育的实施案例

(一)家园共育案例一

家校合作活动：家长学院

◎ **活动背景**

《指导意见》中的主要目标为"全面推进幼儿园和小学实施入学准备和入学适应教育，减缓衔接坡度，帮助儿童顺利实现从幼儿园到小学的过渡。幼儿园和小学教师及家长的教育观念与教育行为明显转变，幼小协同的有效机制基本建立，科学衔接的教育生态基本形成"。

为推进科学幼小衔接，在广东省家庭教育宣传月，深圳市南山区香山里幼儿园广泛利用家长资源，尊重幼儿发展规律，建构家园合作新机制，以"家长学院"为载体，以不同互动主体的四大"家"项目为途径，积极探索家园协同育人，科学衔接的新范式。"家长学院"组织开展了一系列活动，有望达成幼小衔接教育共识，实现教育资源共享，发挥教育功能互补的目标。

◎ 活动目的

完善家园校共育机制，达成幼小衔接教育共识，实现教育资源共享，发挥教育功能互补。

◎ 活动过程

1. 活动"家"——大班毕业展会

幼儿园以毕业展会的方式向家长呈现大班幼儿如何生活、如何学习、如何通过一日生活中各个环节和各项活动为即将开启的小学阶段做好准备（图6-1）。大班幼儿带领爸爸妈妈做活动介绍，助力爸爸妈妈更清晰地了解幼小衔接身心、生活、社会和学习四大准备活动在幼儿园的开展过程。

图 6-1 大班毕业主题展

2. 社交"家"——教师岗半日体验

为了使家长更清晰幼儿园中的一日生活，家长与教师的换岗体验拉开帷幕。幼儿园邀请家长走进幼儿园当"半日教师"，深入了解幼儿的日常，真切感受教师的工作，有助于加深家园的相互理解，更好达到心灵相通的目的。"半日教师"挖掘了家长的资源，为幼儿带来了新鲜的体验，也让家长对幼儿园课程制定和幼儿的年龄特点更加了解。

3. 教育"家"——早操比赛、家长咨询日

（1）举办小、中、大班早操比赛。

《入学准备指导要点》在入学准备方面提出"喜欢运动"的发展目标，建议鼓励幼儿积极参加户外活动，发展大肌肉动作，锻炼精细动作。2023年4月27日上午，深

圳市南山区香山里幼儿园联合家委会、文昌社区共同举办了以"运动做伴，健康体魄"为主题的家园社共育活动，从早操观摩评比到三方共育沙龙，为幼儿体质发展保驾护航，助推教育合力。

大班幼儿小肌肉快速发展，双手非常灵巧，能够自如控制手腕，且正处在幼小衔接阶段，操作物体的能力需逐步提升。基于此，大班年级组教师根据大班幼儿的年龄特点专门编排了一套适合大班幼儿的操节——"扇魂"，选取骨扇作为本次大班早操的器械，利用扇子的开合、旋转、变化锻炼幼儿的腿部弓步、屈伸，躯干的转体等动作。

（2）举办家庭教育咨询日。

经前期调研发现，幼儿园家长对幼小衔接领域较为关注，根据家长的实际需要，在全国家庭教育宣传周组织家长咨询日活动，特设幼小衔接专题，邀请幼升小招生工作咨询专家、香山里幼儿园教研部教研员从小学申报事宜、家园校科学衔接等方面为家长进行解答，切实缓解家长的升学焦虑(图6-2)。

图 6-2　家长咨询

4. 管理"家"——联席会议

开展"同心同谋，同心童行"园级家委会、伙委会、安委会联席会议。园长就幼儿园的基本情况、办学理念及课程体系，让家委会对幼儿园的工作有更进一步的了解，同时向家委会明确本园家委会成员的组成、主要任务、主要工作及活动形式等基本情况，帮助家委会成员了解自身职责与义务，鼓励家长们积极参与活动，为推进家园工作奠定基础。

◎活动成效

1. 家长学院——活动"家"

大班毕业展会：本次毕业展会使家长们更加了解围绕幼儿入学所需的关键素质——身心、生活、社会和学习准备，更加明确与幼儿入学准备关系最密切的关键方面，对幼儿实现入学准备的期望更加合理。

2. 家长学院——社交"家"

教师岗半日体验：建立有效的家园合作机制，家长、教师呈现的"精彩课堂"让幼儿感到耳目一新，让家园双方在信任和尊重的氛围中互补互助，进一步携手增强了幼儿教育的合力，了解幼儿在玩中学，学中做。

3. 家长学院——教育"家"

小班、中班、大班分年龄段早操展示评比活动。《入学准备指导要点》中提出："幼儿入学准备教育要以促进幼儿身心全面和谐发展为目标，围绕幼儿入学所需的关键素质，提出身心准备、生活准备、社会准备和学习准备四个方面的内容。"幼儿园在身心准备教育建议中发展大肌肉动作，根据大班幼儿运动能力发展特点和个体差异，适当增加运动量和运动强度，提高动作的协调性和灵活性。

早操展示过后，家园社三方进行三方沙龙。家园社三方代表共同倡议：树立运动意识，形成健康新理念；坚持经常锻炼，养成运动好习惯；丰富运动方式，掌握锻炼好方法。爱运动，才有未来，家园社三方将为加快构建更高水平的全民运动公共服务体系，奋力推进健康生活的全环境而努力。

4. 家长学院——管理"家"

幼儿园开展园级家委会、伙委会、安委会联席会议。家委会成员带着满腔热情，捧着为幼儿、家长、幼儿园服务的热忱之心，表示会尽己所能，集思广益，丰富幼儿园课程体验的可能性，挖掘整合社会资源，让幼儿积累丰富的生活经验，为幼儿提供更多参与实践活动的机会，充分发挥家委会成员的职责，积极发挥家园共育的桥梁纽带作用。

◎活动反思

(1)活动"家"以举办毕业展会的方式呈现。科学的入学准备，需要我们不仅关注当下，也要为幼儿的未来发展做好准备。幼儿园需要与家长紧密互动，扎实、有序地做好幼小衔接过渡工作，通过日常生活和系列活动的开展，为幼儿适应崭新的小学生活做准备。

(2)社交"家"活动中，幼儿园举办了教师岗半日体验活动，让家长在半日体验活动中获取更多幼儿学习与生活的资讯，引导家长认识到一日生活与幼小衔接之间的关系是重中之重。许多家长认为，一日生活只是幼儿园的常规活动，但往往一日生活之中处处蕴含着幼小衔接的契机。

(3)教育"家"以小班、中班、大班分年龄段早操展示评比活动为例，部分家长认为，衔接只与知识储备有关，往往忽略了幼儿的身心发展和动作发展。幼儿园要让家长重视发展幼儿的基本动作，以满足日常生活需要；养成终身体育锻炼的好习惯，为终身发展奠基。

(4)管理"家"系列活动充分发挥家委会的重要作用。幼儿园虚心听取家长的建议，积极改进幼儿园的教育实践，并及时向家长反馈。

教育生态理论揭示了"家园共育"在幼儿成长中的重要性，家庭和幼儿园互为重要的合作伙伴，需要尽可能协同步调、和谐共进，从不同的角度向着共同的目标努力。幼儿园将持续探索"家长学院"活动的形式和方法，实现家园平等互动，转变家长教育观念，构建携手共育、科学衔接的和谐局面。香山里幼儿园作为省学前教育高质量发展"幼小衔接"项目试点园，一直以来扎实、有序地做好幼小衔接过渡工作，结合首地幼教集团"爱生活、爱运动、爱探究"的理念，通过日常生活和开展系列科学衔接活动，为幼儿发展打下坚实的基础。

（供稿单位：深圳市南山区香山里幼儿园；供稿人：汪文娟、彭邓天仪、郭文娟、丘玉婷、陈施谕）

(二)家园共育案例二

家长进校园：摆脱焦虑，从容过渡

◎**活动背景**

幼小衔接是幼儿园与小学两个教育阶段的平稳过渡，是幼儿发展过程中的重要转折期。《指导意见》明确提出"完善家园校共育机制"，要求幼儿园和小学把家长作为重要的合作伙伴，帮助家长认识过度强化知识准备、提前学习小学课程的危害。推进家园共育是保障幼小衔接实施效果的关键。为缓解家长的压力和焦虑，帮助家长树立科学的幼小衔接教育理念，幼儿园在调研家长和幼儿需求的基础上开展了"家长进校园"的活动，让家长对于小学有更多的认识和了解。

◎**活动目的**

1. 关注需求，锚定方向

一方面，幼儿园通过问卷调查的方式，掌握家长对幼小衔接的看法及个性化需求。另一方面，幼儿园通过"重温幼儿园"活动调查往届幼儿的入学适应情况，为家长做好科学幼小衔接锚定方向。

2. 亲身体验，了解小学

幼儿园组织"走进校园"活动，让家长参观小学环境、亲身体验小学课堂，对小学的学习和生活有更全面丰富的认识和了解。

3. 三方座谈，更新理念

幼儿园组织家长、小学教师与幼儿园教师进行分享交流，使家长进一步了解幼小衔接的内容，树立科学的幼小衔接教育观，进而达成家园一致的衔接理念，共同推进幼小衔接。

4. 有效指导，缓解焦虑

在探讨中，幼儿园针对家长提出的疑问和困惑提供一些针对性指导，缓解家长对于入学的焦虑和紧张心理，营造舒适的家庭教育氛围，从而帮助幼儿做好入学的充分准备，实现幼小衔接的自然平稳过渡。

◎活动过程

1. 前期调研，明晰方向

（1）线上问卷调查，掌握家长心理动态。

以"幼小衔接"为主题，幼儿园针对大班幼儿的家长进行线上问卷调查，从身心准备、生活准备、社会准备及学习准备四个方面入手，了解家长对幼小衔接的了解程度，梳理家长的问题需求。据问卷调查反馈的信息，48.5%家长对幼小衔接较为了解，51.5%的家长对幼小衔接不甚了解，家长在知识储备和学习品质方面比较担心。

多数家长认为幼儿园和小学课程差异较大，幼儿园的教学方式以游戏为主，注重让幼儿在游戏中学习，在活动中体验；而小学则以课堂教学为主，注重让学生通过思考、操作、探索、讨论等方式进行知识学习与技能培养，两种不同的教学方式容易使家长产生焦虑心理。一部分家长担心幼儿在幼儿园期间知识积累量较少，上小学后压力会很大或适应不了小学生活。一部分家长的想法比较客观，与幼儿难以适应小学节奏的担心相比，更重视幼儿良好品质的培养，如注意力的培养、社会适应能力的培养等。

（2）线下追踪分析，总结科学衔接方法。

为了解小学新生的入学适应情况，帮助家长获取幼儿真实的反馈，为接下来家庭教育中的幼小衔接明确具体方向，幼儿园举行了"园长妈妈喊你回来吃饭啦！"这一重温幼儿园的活动，邀请往届幼儿返园，追踪这些幼儿进入小学后的适应情况。

本次活动共有90名幼儿参与调查，在对调查结果进行统计分析后发现，幼儿在上小学后遇到的困难主要集中在同伴交往和学习问题方面，并且解决这些问题的方式比较单一，缺乏沟通及寻求帮助的意识。

由往届幼儿的反馈可知幼儿园以往采取的针对身心准备和生活准备的幼小衔接措施是科学可行的，同时后期开展的幼小衔接活动可重点关注幼儿在社会交往和学习准备两方面的需要。基于这一分析结果，今后幼儿园应引导家长重点关注幼儿的社会交往和学习准备情况，并将以往有效的衔接方法进行总结和推广，帮助家长在家庭教育中做好科学衔接。

2. 走进小学，现场观摩

在完成前期的调研后，幼儿园组织家长一同走进小学，零距离接触小学，多方面了解小学的校园生活。

(1)观环境。

家长参观小学的室内外环境，熟悉幼儿即将学习和生活的地方。设计适宜的教学楼、功能齐全的活动室、干净整洁的学生食堂、开阔的运动场地及安静温馨的图书馆，小学为学生提供了学习与生活的良好环境。丰富齐全的场馆设施、接纳包容的校园文化，很大程度上帮助家长缓解了自身焦虑，也便于今后家长在开展幼小衔接活动时有一定的认知基础。

(2)观课堂。

家长普遍担心幼儿上小学后跟不上学习进度，这源于家长对小学课堂的不了解。本次活动，幼儿园带领家长走进小学课堂，感受小学课堂的学习氛围。在"字母学习"一课中，一年级教师结合幼儿园的组织方式，采用生活化、游戏化的课程实施方式，营造了欢快和谐的课堂氛围。小学"课程游戏化"可以有效衔接幼儿园"以游戏为基本活动"，减少幼儿在学习方式上的不适应。在亲身观看小学课堂和幼儿在幼儿园的课堂状态后，家长纷纷表示自己的焦虑消减了不少。

3. 问题聚焦，助力衔接

科学做好幼小衔接，让每一名幼儿顺利迈入小学的第一步，是小学教师、幼儿教师和家长的共识。观摩活动后，幼儿园以家园校为教研共同体，组织了一场包括幼儿教师、幼儿家长、一年级教师等不同群体在内的座谈会。会议全面聚焦幼小衔接的具体内容，探索幼小衔接关键点，深入了解家长的问题需求。

(1)明晰理念，更新观念。

幼儿园借此座谈会为家长明晰科学幼小衔接的理念，更新家长的幼小衔接观念。家长了解到幼小衔接不仅仅是两个教育阶段的衔接，其内核是关注幼儿身心发展的有效衔接。科学的幼小衔接，不仅仅是知识性的衔接，更要为幼儿的行为习惯、学习习惯、心理适应能力、社会交往等奠定良好的基础。

(2)案例聚焦，逐一突破。

"在家庭教育中，家长怎么做才能帮助幼儿顺利渡过衔接期，为即将到来的小学生活打下坚实的基础呢?"家长围绕着这个问题纷纷提出自己的困惑，幼儿园也把家长的困惑和小学教师、校长提供的指导梳理成文，以帮助更多家长答疑解惑。

①家长应该做好哪些准备才能让幼儿顺利适应小学生活？

回应：科学的幼小衔接需要家长与幼儿做好四项准备：心理准备、素养准备、习惯准备、社交准备。与此同时，家长还需摆正心态，科学认识幼小衔接。正确认识幼小衔接最重要的一点是家长要理智、冷静地看待幼儿在这一时期的发展。幼儿如果有不适应也是正常的，正是因为这些挑战才会促进幼儿的成长，家长要做的就是陪伴幼儿一起去完成这些挑战。

②幼儿上小学后做作业不积极，如何正确引导？

回应：作为家长，应该与幼儿进行沟通，了解幼儿为什么不愿意做作业，是因为他们对作业的内容不感兴趣，还是感到压力过大。倾听他们的心声可以更好地理解他们的需求和困惑。幼儿写作业时，家长可从旁陪伴，减少看电视、玩手机等干扰因素；可以和幼儿共同商量制订计划，激励幼儿主动做作业。

③是否有必要让幼儿上学前班或幼小衔接班？

回应：不建议。幼小衔接班主要强调知识教学，但超前学习会透支幼儿对知识的兴趣和课堂的专注力。另外，基础算术、拼音、认字这些知识可以融于生活里，家长多花时间做亲子伴读、数感启蒙就足够，做好心理准备、习惯准备、社交准备比学知识更重要。

◎活动成效

1. 双向奔赴，共同助力

本次活动，幼儿园携手家长一同见证了幼儿园和小学的双向奔赴。家长对小学的学习和生活形成了更加全面深入的了解，也对幼儿园开展的幼小衔接活动给予了高度的认可，为共同助力科学幼小衔接赋予了源源不断的家长力量。

2. 走出误区，科学衔接

在聆听了小学校长关于"是否有必要让幼儿上学前班或幼小衔接班？"这一问题的回答后，家长表示自己会批判性地看待社会上形形色色的幼小衔接班，避免因为担心幼儿不适应而盲目跟风。"家长进校园"活动帮助家长走出了幼小衔接"知识准备更重要"的误区，使家长更加坚定了配合幼儿园和小学科学有效开展幼小衔接的信念。

3. 缓解焦虑，增进认同

"家长进校园"活动为家长提供了学习交流的平台，让家长在交流中不仅缓解了自身焦虑，还对幼儿园开展的幼小衔接有了更多理解和认同，为进一步推进幼小科学衔接，减缓幼儿从幼儿园过渡到小学明确了科学有效的方向。

◎活动反思

幼小衔接是幼儿人生的一个重要阶段，需要幼儿园、家长与小学三位一体的共同助力。

1. 思过程——清晰完整

回顾"家长进校园"的全过程，幼儿园通过前期调查家长在幼小衔接家庭教育指导中的问题及小学新生入学适应情况，了解家长及幼儿的问题需求；带着这些问题邀请家长进入小学参观环境、体验课堂，在亲身参与的过程中加深对小学的了解；最后家长反馈感受，认为这个活动在很大程度上缓解了入学焦虑。整个过程环环相扣，充分调动家长的积极性，多方联动，流程清晰，结构完整。

2. 思不足——展望未来

由于时间和空间的限制，此次"家长进校园"幼小衔接活动由各班的部分家长实地参与，以微信群的形式与其他家长进行分享。此次活动深受家长的认可，幼儿园将继续完善家园校协同机制，让更多家长能亲身体验小学生活。

幼儿从幼儿园到小学不是翻山越岭，也不是进入天壤之别的生活，而是童年生活的一种自然延伸和过渡。幼儿园期待通过"家长进校园"的活动，帮助家长更新教育理念，减缓焦虑情绪，让每一名幼儿都能平稳自然、步履从容地进入小学。

附件

华侨城世界花园幼儿园大班幼小衔接家长调查问卷

尊敬的各位家长：您好！为了了解您对做好科学幼小衔接的需求，助力孩子成长，方便后续更好地组织幼小衔接活动，现邀请您填写南山区华侨城世界花园幼儿园大班家长关于幼小衔接需求调查问卷。您的真实想法对后期的幼小衔接活动开展非常重要，请您认真填写，衷心感谢您的支持与配合！

第1题　您觉得是否需要对孩子进行幼小衔接？[单选题]（　　）

A. 非常需要　　　　　B. 需要　　　　　C. 无所谓

第2题　您了解幼小衔接及教育部的相关文件吗？[单选题]（　　）

A. 有一定了解　　　　B. 不了解　　　　C. 特意了解过

第3题　就幼小衔接来说，您觉得什么最需要培养？[多选题]（　　）

A. 知识方面的储备（如识字、算术、拼音等）

B. 学习习惯和兴趣的培养

C. 独立的生活能力

D. 与人交往的能力

E. 学会情绪管理、心理调适

F. 责任和任务意识

G. 规则意识

H. 其他

第4题 孩子进入小学后，您最担心的问题有哪些？［多选题］（　　）

A. 能否遵守课堂纪律，专心听讲　　B. 能否养成良好的学习习惯

C. 能否跟上小学的学习内容　　　　D. 能否建立良好的人际关系

E. 能否具备独立生活能力　　　　　F. 能否适应变化，调节自己情绪

G. 其他

第5题 您会为孩子的幼小衔接做哪些准备？［多选题］（　　）

A. 阅读和学习相关书籍　　　　　　B. 调整孩子作息时间

C. 每天有亲子学习时间　　　　　　D. 和孩子讨论入学问题

E. 参加幼小衔接培训班　　　　　　F. 其他

第6题 您希望幼儿园为您孩子的幼小衔接做哪些准备工作？［问答题］

第7题 您的孩子即将上小学了，您还有哪些困惑？［问答题］

（供稿单位：深圳市南山区华侨城世界花园幼儿园；供稿人：蒋平、董文婷、任丽丽、余春桃、李嘉仪）

（三）家园共育案例三

幼小双向衔接视角下的家园校社共育

◎活动背景

2023年年初，教育部等十三部门联合印发的《关于健全学校家庭社会协同育人机制的意见》提出，要形成定位清晰、机制健全、联动紧密、科学高效的学校家庭社会协同育人机制。幼小衔接是儿童成长过程中的一个重要转折，家庭、园校和社区形成教育合力，可以有效推进、平稳过渡、科学衔接，是教育实现高质量发展的重要因素。

幼儿园一直注重幼小衔接教育，于2022年5月主动发起"幼儿园、南头小学、大汪山社区、家长代表"四方联席座谈会，签订了共建协议，积极打造"幼小双向衔接、四方共建"的幼小衔接示范基地。为了进一步提升幼小衔接工作成效，幼儿园制订了《幼小衔接三年行动计划》，与南头小学创新开展升级版的幼小衔接联合教研和

互动交流活动，共同撰写的幼小衔接案例获得广东省首届幼小衔接优秀案例，并从大班第二学期、暑假、小学第一学期三个阶段共同梳理、编撰《幼小衔接指导手册》，园校家社共同做好幼儿入学前准备工作和入学后适应工作，为幼小衔接深度融合和自然过渡奠定了良好基础。

◎活动目的

第一，贯彻国家相关文件精神，以儿童发展为核心，创设园校家社协同共育的教育模式，开创幼小衔接新局面。

第二，专业引领，帮助家长树立正确的儿童观和教育观，聚焦幼小科学衔接，共同帮助幼儿做好身心、生活、社会和学习适应的准备，让幼儿建立对小学生活的期待和向往，充分做好入学准备和入学适应。

第三，加强园校家社之间的互动交流，建立幼小衔接工作的创新、常态、长效机制，发动家长、学校和社区共同参与幼小衔接共建工作，有效提升幼小衔接的质量。

第四，遵循幼儿的身心发展特点和教育规律，优化园本、校本课程建设，缩小幼儿园大班和小学一年级教育的差异化，减缓衔接坡度，助力幼儿顺利做好入学过渡。

◎活动过程

1. 进行顶层设计，制定幼小衔接工作实施方案

幼儿园从"教育共担、科学衔接"出发，进行园校家社协同育人机制的顶层设计，采取《幼小衔接三年行动计划》《大班年级幼小衔接推进方案》《园校家社协同共育方案》等措施，采用多种方式，联合学校、家长、社区共同帮助幼儿做好入学前的身心、生活、学习、社会四个方面的入学准备，激发幼儿向往小学生活，充分做好入学准备和入学适应。

2. 建构双向衔接园（校）本主题课程

（1）幼儿园大班入学准备主题课程计划。

幼儿园围绕四大准备，在大班阶段逐月开展幼小衔接入学准备主题课程，既有预设的主题，又有生成的内容（图6-3和表6-1）。

表6-1　幼儿园大班入学准备主题课程计划表

学期	月份	活动主题	活动形式	目标准备
大班上学期	9月	我爱祖国好妈妈 传统文化浸润童心	集体、小组	社会准备
	10月	我是运动小健儿 探秘小学的运动会	集体、小组	社会准备

续表

学期	月份	活动主题	活动形式	目标准备
大班上学期	11月	我是小小故事大王 参观图书馆 小学老师观摩幼儿园	集体、区域	社会准备、学习准备
大班上学期	12月	我家附近的小学 我心目中的小学	集体、个别	社会准备、学习准备
大班下学期	3月	书包里的秘密 模拟小学课堂	集体、区域	身心准备、生活准备
大班下学期	4月	听哥哥姐姐讲小学那些事 课间十分钟	集体、区域	身心准备、学习准备
大班下学期	5月	走进小学 我要上小学啦	集体、小组	身心准备、社会准备
大班下学期	6月	离园倒计时 再见了，我的幼儿园	集体、小组	身心准备、社会准备

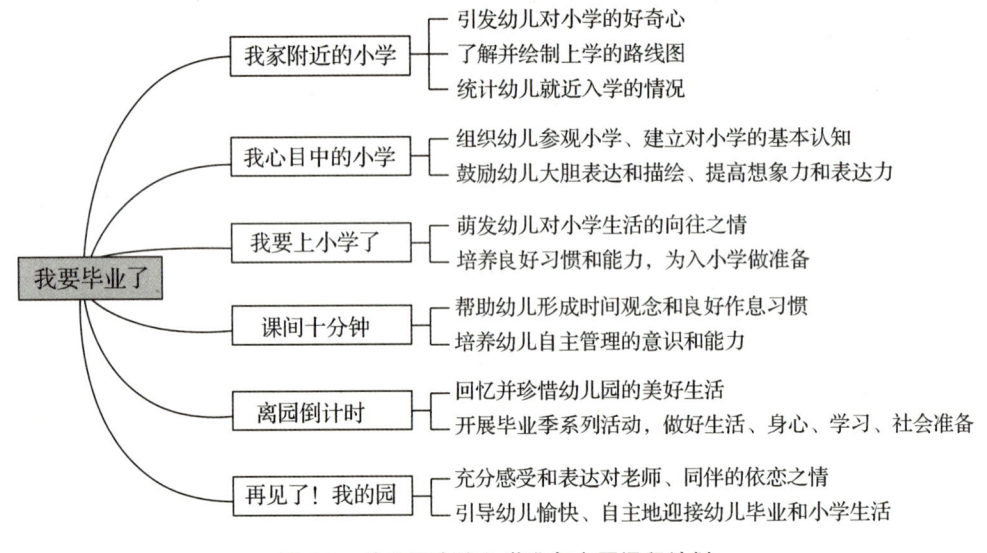

我要毕业了
- 我家附近的小学
  - 引发幼儿对小学的好奇心
  - 了解并绘制上学的路线图
  - 统计幼儿就近入学的情况
- 我心目中的小学
  - 组织幼儿参观小学、建立对小学的基本认知
  - 鼓励幼儿大胆表达和描绘、提高想象力和表达力
- 我要上小学了
  - 萌发幼儿对小学生活的向往之情
  - 培养良好习惯和能力，为入小学做准备
- 课间十分钟
  - 帮助幼儿形成时间观念和良好作息习惯
  - 培养幼儿自主管理的意识和能力
- 离园倒计时
  - 回忆并珍惜幼儿园的美好生活
  - 开展毕业季系列活动，做好生活、身心、学习、社会准备
- 再见了！我的园
  - 充分感受和表达对老师、同伴的依恋之情
  - 引导幼儿愉快、自主地迎接幼儿毕业和小学生活

图 6-3　幼儿园大班入学准备主题课程计划

(2)小学一年级入学适应主题课程。

小学以"五个一"统整课程模式体系，一年级构建幼小衔接统整适应课程，在身心准备、生活准备、社会准备、学习准备四大主题的系统框架下，构建探索式、活动式、体验式的适应课程，创设有效衔接"五个一"课程模式体系(图 6-4)。

3.家园共同制定幼小衔接行事历

幼儿园通过家委会研讨、家长会交流，让大班家长全面参与制定大班幼儿幼小

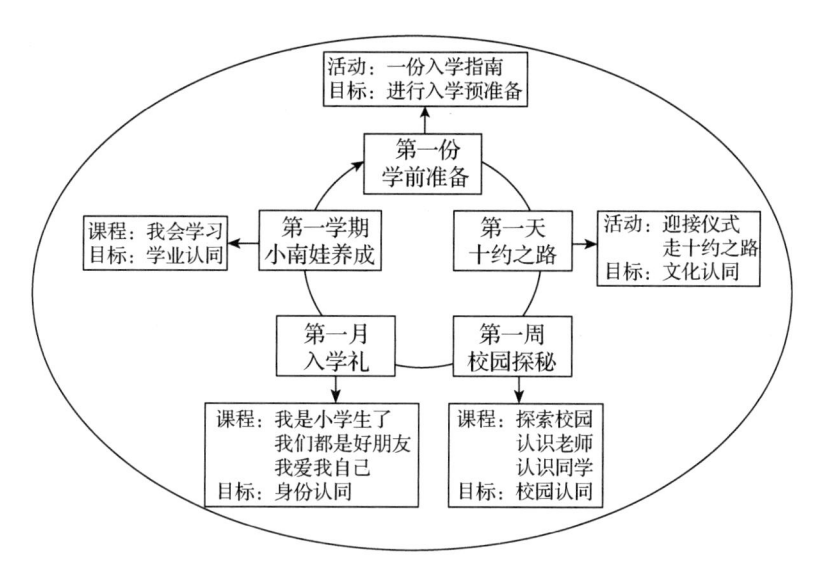

图 6-4　小学一年级入学适应性主题课程模式体系

衔接毕业行事历，形成了"参与、互动、整合、发展"的家园社共育特色模式。幼儿园以丰富多彩的家园社活动为载体，有效地挖掘家长资源，鼓励家长积极参与幼小衔接课程建设和活动组织，是园校家社协同育人、合力向前的关键。

4. 园校联合编撰《幼小衔接指导手册》

幼儿园和小学本着"坚持立德树人，支持儿童幸福成长"的共同教育愿景和发展目标，编撰了《幼小衔接指导手册》第一稿，从幼儿园大班第二学期、幼儿园毕业后暑假、小学一年级第一学期三个阶段，从身心、生活、学习、社会准备四个方面，从幼儿园、家长、学校三种角色，做了全方位的目标和措施梳理，希望通过手册能更加有效地推动园校家社形成四位一体，更好地帮助教师和家长科学做好儿童入学准备教育和入学适应教育，为幼儿顺利入学和终身发展奠定优良基础，实现"幼有善育、学有优教"的教育蓝图！

5. 一年级上学期毕业生回访跟踪

幼儿入小学后，在小学的邀请和支持下，幼儿园教师走进小学一年级课堂，近距离了解我园毕业生在小学的学习生活情况，通过小学课堂听课活动，不仅改变了幼儿园教师对小学上课模式的认识，还为幼儿园制定入学准备教育课程、家园指导策略等实践性工作发挥了重要的作用。

幼儿园对毕业的小学一年级家长及小学班主任开展了毕业生入小学适应情况问卷调查，家长和小学教师都全力配合填写。幼儿园及时做了各项数据的分析（图6-5），便于在下一届大班的幼小衔接工作中做出更适合大班幼儿的入学适应策略。

家长问卷数据分析

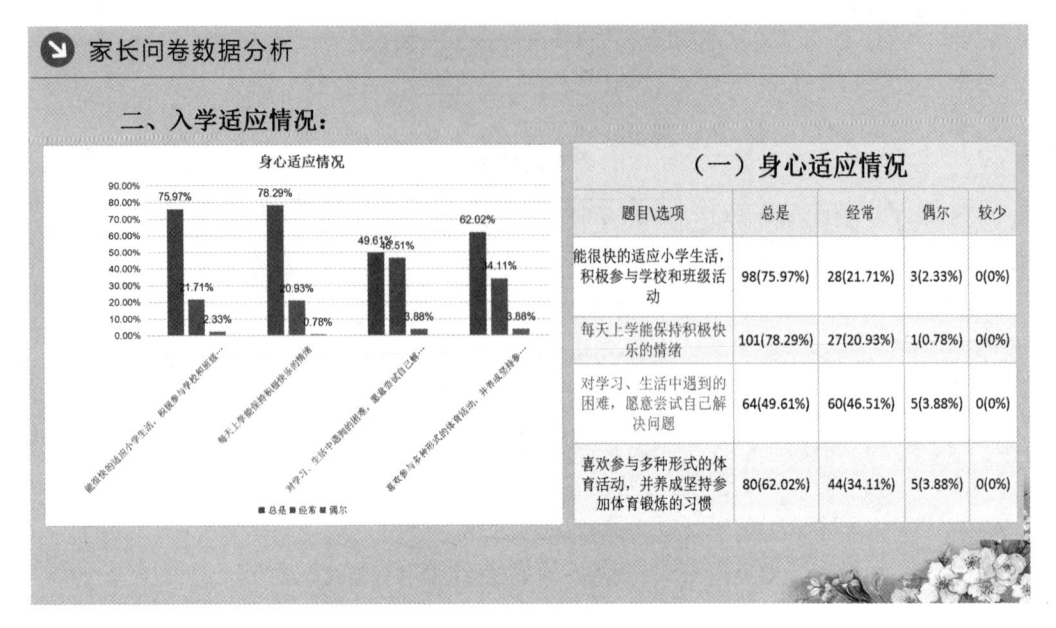

二、入学适应情况：

（一）身心适应情况

题目\选项	总是	经常	偶尔	较少
能很快的适应小学生活，积极参与学校和班级活动	98(75.97%)	28(21.71%)	3(2.33%)	0(0%)
每天上学能保持积极快乐的情绪	101(78.29%)	27(20.93%)	1(0.78%)	0(0%)
对学习、生活中遇到的困难，愿意尝试自己解决问题	64(49.61%)	60(46.51%)	5(3.88%)	0(0%)
喜欢参与多种形式的体育活动，并养成坚持参加体育锻炼的习惯	80(62.02%)	44(34.11%)	5(3.88%)	0(0%)

图 6-5　毕业生入小学适应情况问卷调查结果

◎ **活动成效**

第一，幼儿园认真贯彻落实《指南》，科学把握幼小衔接关键期，联合家长、小学、社区形成四位一体的教育机制，多角度、多方位地开展幼小衔接系列活动。

第二，我园的幼小衔接课程建设从课程思考、课程意识、课程理念、课程管理、课程建设、课程实施、课程审议等多方面积累了丰富的经验，通过开展丰富、适宜的教育活动来促进幼儿全面发展。

第三，家园幼小衔接互动中，家长的参与度、信任度、认可度高。家长广泛的认同、充分的信任、鼎力的支持、口碑的传颂，成了我园的核心竞争力。

第四，我园案例"园校家社搭桥梁，幼小衔接建缓坡"被评为广东省首届幼小衔接优秀案例，已录入广东省高等教育出版社编撰的案例集中，充分体现了我园的园校家社协同育人工作取得的优良成效。

第五，在家园社的共同努力下，我园的幼小衔接科学保教质量获得优质发展，区级课题顺利结题；教师撰写的多篇关于幼小衔接的论文获奖并发表在相关报刊上。

◎ **活动反思**

通过实践检验，我园园校家社合作共育的意识有了很大的转变，幼小衔接成效有了明显提升。但个别幼儿入学后的适应性还有待加强，幼儿园的教育策略有待优化，园校家社合作的深度、广度还有待拓展，家长和社区资源有待挖掘。

我园将继续拓展幼小衔接家园共育的渠道和措施，完善幼小衔接机制，让园校常态化教研更加有针对性、实效性，使更多家长成为幼小衔接工作的参与者、合作者、支持者，推进园校家社协同育人，促进幼儿健康发展，实现幼有善育、学有优教的伟大目标！

（供稿单位：深圳市南山区教科院附属幼儿园；供稿人：刘雯、柯宝绕、白亚娟、柯时、罗柳慈）

第七章 幼儿入学准备水平评价

一、幼儿入学准备水平评价的意义

幼儿入学准备教育的中心价值是促进幼儿发展以支持幼儿顺利过渡到小学一年级。开展幼儿入学准备水平评价的主要目的是了解幼儿在入学准备方面的已有经验与发展水平，了解入学准备教育设定的幼儿发展目标的实现程度，其至少具有以下三个方面的重要意义。

(一)有助于理解幼儿在入学准备上的经验与需求

通过开展幼儿入学准备水平评价，教师能够了解入学准备目标的实现程度，有助于进一步对班级幼儿在入学准备上已有的发展水平和发展需求有所理解，特别是对于了解幼儿个体的特点有着重要意义。在此过程中，教师对于该年龄段幼儿学习与发展的规律及幼儿个体的发展优势会逐步建立更加清晰具象的认识和理解。

(二)有助于分析入学准备课程实施的效果与问题

基于对幼儿已有经验与需求的理解，教师在开展幼儿入学准备水平评价时有助于其进一步从课程目标的设定、内容的选择、活动的组织、活动的评价等方面反思和分析入学准备课程的开展效果、存在的不足和问题及可能的原因，有助于反思自己的实践。

(三)有助于促进入学准备课程设计的制定与优化

入学准备课程的制定与优化要以幼儿为中心，这意味着在开展幼儿入学准备水平评价时评价的信息能够为入学准备课程的计划或调整提供充分的依据，甚至能够成为幼儿园整体的课程规划、行政支持提供改进的依据，从而推动园所保教质量的发展。

二、幼儿入学准备水平评价的原则

(一)幼儿入学准备水平指标的确定原则

任何评价都要有一个指标体系作为它的直接依据,确定适宜的幼儿发展评价指标体系,要依据相应的幼儿发展目标。[①] 因此,教师可以将《指南》作为关键基础,以本书中"幼儿园入学准备课程目标"为重要参考,并结合园本实际,细化指标程度,厘清指标程度的具体标准,作为实际观测的评价指标。

那么,对于幼儿园来说,确定幼儿入学准备水平评价的指标,可以从以下几个要点来把握确定指标的思路。

1. 制定有依据

幼儿园在确定幼儿入学准备水平评价的指标时,要先明确《指南》和《入学准备指导要点》是关键且基础的指标制定参考。在此前提下,幼儿园既可以直接参考本书中"幼儿园入学准备课程目标"来确定相应指标,还可以在有条件的情况下,继续学习并融合其他入学准备幼儿发展指标,进一步充实现有的指标条目,从而促进指标条目的丰富、拓展和优化,更好地支持教师评价工作的开展和促进幼儿有效地入学准备。

2. 关注整体性

与《指南》以五大领域为框架结构的目标体系不同,在《入学准备指导要点》中,发展目标围绕"身心准备、生活准备、社会准备、学习准备"四个方面展开,以四大准备为结构框架形成了我国幼儿园入学准备基本的目标体系。但是,这种结构框架并不是冲突对立的,只是梳理目标体系的两种结构思路。

那么幼儿园在梳理所有的评价指标时,既可以按照"身心准备、生活准备、社会准备、学习准备"四大准备作为结构框架来梳理指标,又可以在五大领域的基础上梳理指标,然后逐步把指标群梳理成有逻辑、有层次、有结构的系统化指标,避免体系所反映出的评价指标的片面化,这个过程就是关注并建立起具有整体性的评价指标体系的过程。

3. 重视园本化

园本化在园所确定幼儿入学准备水平评价指标过程中的重要意义在于,让幼儿入学准备水平评价的指标与园所课程方案和育人目标真实相结合,为园所教师真实

---

① 虞永平,等.幼儿园课程评价[M].南京:江苏教育出版社,2009:133.

所理解、认同和运用，通过指标的可运用而真实地促进园所教师评价工作的开展并有效优化入学准备教育，最终促进幼儿入学准备能力的发展。

因此，园所可根据实际情况，结合园本课程方案和育人目标，对评价指标下的条目做进一步的内容上或程度上的细化。由于在幼儿发展评价中，最主要的评价方法应该以教师的观测为主，所以在细化过程中，园所需要通过教师研讨，让教师参与，让指标的内容更有利于解决本园入学准备上的问题，然后对指标的内容、表达、程度进行调整，确保和便于教师真正认同、理解园本化的指标内涵。

4. 把握灵活性

对于已经基本成形的幼儿入学准备水平评价的指标体系而言，其基本结构框架和指标维度具有相对稳定性，一般情况下不容易发生太大的调整和改变。但在实际的评价过程中，指标体系的具体条目在内容和程度的理解上并不是一成不变的，会伴随着实践不断调整而得到优化，如每年进行一次调整，可以结合大班和小学新生入学适应情况的数据来综合调整。这种对评价指标灵活性的把握，本质上是为了指标的适宜性不断加强，服务于幼儿的发展，即确保让指标服务于园所在入学准备关键问题上的解决，对教师实施入学准备课程有方向、有目标，而不是让指标仅仅作为"沉睡"的文本。

(二)幼儿入学准备水平评价的基本原则

根据《纲要》中关于幼儿园课程评价的一些基本观念，结合《幼儿园保育教育评估指南》中对质量评估工作的要求，认为教师在开展幼儿入学准备水平评价时应当注意以下几条基本原则。

1. 让每一名幼儿的个性化发展在评价中被看得见

评价的根本目的是了解幼儿在大班一整个学年的时段中其入学准备上的发展需要，以便教师能够据此提供更加适宜的针对性支持。教师在开展评价的过程中应基于幼儿行为表现和作品等记录下幼儿能独立做什么和在他人的帮助下能做什么，以及有意义的发展变化。同时，教师要承认幼儿在入学准备发展上所呈现的多样性，允许幼儿之间在学习风格和速度上有差异，让幼儿感受到安全、尊重、支持和鼓励。

2. 让评价工作体现多元主体的共同参与和支持

幼儿入学准备水平评价的实施是以教师为核心，幼儿、家长等其他相关主体共同参与、相互支持与合作的过程。其中，教师是幼儿园课程评价的核心，是幼儿入学准备水平评价的重要主体。同时，教师应鼓励幼儿通过自我评价、同伴评价参与评价工作，倾听和接纳幼儿的真实想法。家长作为幼儿的直接共同生活者，是教师开展评价工作的重要合作者，能够为幼儿入学准备水平评价提供区别于幼儿园生活的评价情境下的信息支持，有利于评价场景的多元性和丰富性。

3. 让评价过程在自然情境中综合多种方法展开

真实性是早期幼儿发展评价的一个重要特征。评价应自然伴随着整个教育过程进行。不同的方法适用于不同的评价目的。因此，教师应关注幼儿的活动过程，在活动过程中进行评价，重视对幼儿的日常观察和倾听，基于幼儿真实活动中的自然表现，综合采用现场观察、谈话、档案袋等多种方法对幼儿入学准备水平进行评价，进而把握幼儿发展状况，了解入学准备课程实施的成效。

4. 运用评价信息使幼儿在过渡期真正受益

评价过程中分析得出的信息应当为教师了解入学准备课程的适宜性、有效性，调整和改进实践，或提供个别化指导，促进每一名幼儿的全面和谐发展，以及为提高入学准备教育质量提供实质性的帮助，即这些信息应当被运用于更好地支持幼儿在衔接期受益，促进幼小衔接关键期的重要参与者有效地支持幼儿顺利地渡过衔接期。

三、幼儿入学准备水平评价的实施策略

(一) 观察法

观察法是指在自然条件下，有目的、有计划地对观察对象及其行为进行考察、记录、分析的一种方法，是幼教界广泛采用的方法。在班级中，教师可以在与幼儿的相处中通过日常或定期、按个别或小组的方式，记录所看到的情境，并对幼儿入学准备发展的行为表现(动作、语言、表情等)进行客观真实的记录，以《入学准备指导要点》作为参考进行分析，制定支持策略并做出行动。

下面是一位大班教师通过叙事描述的方法对班级某一名幼儿所做的观察记录、分析并提出支持策略的案例。

基于观察法评价幼儿入学准备水平

观察对象：童童

观察人：王秀萍

幼儿年龄：6 岁

观察时间：2024 年 4 月 2 日

观察记录

2024 年 4 月 2 日，区域活动时间，童童正在语言区进行区域游戏活动。她进入

区域后,和点点通过协商的方式,在语言区开展了"老师上课"的合作游戏。

在游戏之初,童童扮演老师,点点扮演学生。童童模仿老师平时晨谈的方式,在白板上写下当日的日期、天气、温度(图7-1),并拿着区域中班级幼儿的名字贴对照着写下班级小朋友的名字。点点则坐在小椅子上等待。

图 7-1 童童在白板上记录天气

过了一会儿,扮演学生的点点扭动着身体说:"什么时候到我呀?我也想试一试。"于是,童童"小老师"便邀请点点一起来到白板前绘画,并微笑着告诉她说:"今天我们上美术课,我们一起来画画吧。"

接着,童童在白板的中间画了一条线,分给了点点一支白板笔,一边教点点画小兔子,一边说:"你看,小兔子的耳朵是长长的,要画两个半圆的,才像是耳朵。"

点点便参考着童童小老师的画,在白板上画出了一只和童童画的一样的小兔子(图7-2)。在画完小兔子之后,点点告诉童童,她去吃水果了,而童童继续在白板上完成她的画,还在兔子边上画了一只小熊。画作完成后,童童转头向老师分享,说:"老师,我画好了,但是我觉得好丑啊。"老师微笑地看着她说:"我觉得很好啊。你不仅画了小兔子和小熊一起玩,还画了天空的云朵和小鸟。老师觉得很不错。"

听完之后,童童再次笑了起来,并提出拍照留念的要求,老师也同意了(图 7-3)。

图 7-2 童童当小老师教同伴绘画 　　图 7-3 童童与自己的作品合影

最后在区域活动结束时,童童拿起了黑板擦,将白板上的作品擦干净,和同伴合作将榻榻米上的桌椅调整位置,便于午睡,才离开了区域,回到集体活动中进行区域游戏分享。

整个区域活动,童童进行"老师上课"的游戏活动持续时间为20分钟。游戏持续时间长，幼幼互动频繁，师幼互动良好。

分析评价

基于上述观察，根据《入学准备指导要点》中四大准备的具体表现，分析如下。

1. 从身心准备分析

2024年3月28日，在教师组织集体参观小学后，童童回到幼儿园，能够自发地在区域中开展"老师上课"的游戏，体现了童童对于小学已经建立了初步的了解，有比较积极的入学期待。此外，童童能够熟练地使用白板笔进行书写和绘画，能够和同伴一起抬起比较重的沙发和桌椅，手部的精细动作和大肌肉动作都发展较好。当同伴点点出现"不耐烦"的负面情绪时，童童能够立刻感知到，并给予及时的回应，具备一定的情绪感知和调节能力。但是在展示作品时，童童下意识地否定了自己。根据教师平时的观察，这是一种比较频发的现象，一定程度上提醒着教师和家长，要关注童童的情绪状态。在这个观察案例中，教师也通过具体的表扬，对童童的作品表示了欣赏与接纳，帮助童童获得了积极的情绪体验。

2. 从生活准备分析

童童在听到收区音乐指令时，能够立刻收整区域，并将所有物品归位，体现了她在生活中有较强的规则意识和时间观念。同时她愿意积极承担适当的劳动任务，在生活自理方面，有物品归类意识，展现了较好的生活习惯和自理能力。

3. 从社会准备分析

童童在进行区域游戏时，能够和点点进行协商，合作开展游戏，并能够关照同伴的情绪，提出新的游戏玩法，良好的交往合作能力在此体现。再聚焦到游戏上，童童在"老师上课"游戏中扮演老师，能够非常具象化地模仿教师的行为，体现了她对于生活中能够接触到的职业——"教师"的了解，表明童童对体验社会中的不同职业有一定的兴趣。最后在任务意识方面，童童的同伴中途离开了游戏，童童也依旧投入自己的游戏，画完了画，在收区时不仅把自己画的部分擦拭干净，也将点点画的部分进行了清洁，有一定独立完成任务的能力。

4. 从学习准备分析

童童当天在区域中进行的游戏，与她前一天在计划本上记录下的游戏计划是一致的，体现了童童在学习习惯方面的计划性。整个游戏过程持续了20分钟，童童一直都比较专注而投入，目标非常明确，体现了一定的游戏专注力。除此之外，游戏中，童童能够主动找到姓名贴，写下班级小朋友的名字，并在白板上用文字记录下日期、天气等信息，体现了童童对于书写有一定的兴趣；从童童写字的笔画顺序来看，也能发现童童具备一定的书写能力，对文字符号有一定的认知经验。当作品完成后，童童能准确地向教师表达自己的情绪和需求，和教师分享自己画的作品，体现了其较好的语言表达能力。

整体而言，从区域游戏中观察和分析，能够了解到童童在四大准备方面的具体表现都比较好，作为教师，对童童实现从幼儿园到小学的顺利过渡比较充满信心。

支持策略

根据上述观察和分析，在个例中反思整体，作为班级老师，可以结合《入学准备指导要点》当中的教育建议，从以下几个方面对童童及其他幼儿的入学准备教育提供进一步的支持策略。

1. 调整区域布置和游戏材料

教师从童童身上可以了解到班级幼儿在参观完小学之后，对小学有初步的了解和兴趣。为了帮助班级幼儿进一步建立积极的入学期待，拓展更多关于小学生活的经验，教师可以在遵循幼儿意愿的前提下，共同将班级的角色区调整为"小学课堂"游戏，满足童童及其他幼儿的游戏需求。

2. 营造轻松愉悦的氛围，建立积极向上的情绪体验

轻松的环境能够让幼儿大胆表达自己的情绪，提高幼儿情绪调节能力。教师需在班级当中以身作则，面对困难或不愉快的事情时，以平和的心态去处理，为幼儿做出榜样。另外，教师也要注重和幼儿的一对一倾听，及时关注到幼儿的情绪，在需要鼓励和肯定时，对幼儿进行及时的回应，帮助幼儿获得积极的情绪体验。

3. 加强家园共育，形成教育合力

教师要将在幼儿园观察到的现象，及时与幼儿家长沟通，在引起家长对于幼儿入学准备教育重视的同时，给予家长具体的教育建议，让家长也能够科学地分析幼儿的入学准备情况，并给出具体的家庭指导。在家庭和幼儿园合力的情况下，共同帮助幼儿做好身心各方面的准备。

综上所述，教师要基于观察法，对幼儿在园一日生活的游戏情况进行客观的描述，并结合《入学准备指导要点》进行全面的分析，最后在尊重幼儿学习方式和特点的前提下，协同班级教师、幼儿家长，提出进一步的支持策略，来帮助幼儿更科学、有效地实现从幼儿园到小学的顺利过渡。

（供稿单位：深圳市南山区西丽幼儿园；供稿人：王秀萍）

(二)访谈法

教师可以根据评价的目的与幼儿本人及相关重要他人开展有针对性的谈话，以

收集评价所需的相关信息，来分析幼儿在入学准备上的发展情况。

下面是一位大班教师基于观察同幼儿展开的针对性非正式访谈案例。

针对跳绳方法不同的访谈

跳绳游戏是一种幼儿园经常开展的体育活动，孩子们在活动中表现也各不相同，有的孩子能够连续快速跳，有的孩子在同伴的影响下进步显著，有的孩子却对跳绳产生焦虑……其中一个孩子叫楷楷，他的跳法和大家不一样，他总是从前往后跳。于是教师单独找到楷楷，想了解具体的原因。

访谈记录

老师："你觉得自己跳绳和别的小朋友有什么不一样吗？"

楷楷："我都是反着跳的，跳绳好麻烦的，跳得我脚好痛，但是反着跳的时候不痛。"

老师："那正着跳和反着跳有什么不同？"

楷楷："反着跳的时候我能看到绳子，一下就跳过去了。我也想学怎么正着跳绳，但是我不知道去哪里学。"

老师："那你希望谁教你呢？"

楷楷："我知道小学体育课有跳绳，但是我有点儿担心我跳不到 100 个，不过我拍球挺不错的。"

谈话分析

从对话中可以发现，该幼儿因为跳绳方法的问题对这项活动产生了一些抵触情绪；没有掌握正确的跳绳方法，担心跳绳达不到要求时，他的策略是反着跳或者展示自己其他项目的优点；要看着跳绳才能够跳过去，身体协调能力还需要加强。

策略支持

1. 动作分解，降低难度

教师将跳绳动作分解成准备动作、甩绳动作、起跳动作三个部分逐条教学，并用"青蛙跳"等游戏不断加强练习，促进幼儿的大肌肉动作发展。教师引导幼儿从无绳跳到辅助绳跳，最后再到尝试使用跳绳。

2. 及时肯定，正向强化

除了提高幼儿的动作技能水平，教师更需要关注的是他们的心理状态。长时间不会跳绳的焦虑情绪会影响他们在游戏中的兴趣，教师应及时地赞美和肯定他们的进步，遇到困难时给予支持和鼓励，正向强化行为，提高游戏兴趣。

3. 融入环境，渗透教学

教师巧用集体的智慧，将问题抛给幼儿，将大家的想法表征在环境中，实现同伴之间的相互学习，经验共享。

4. 增加趣味，坚持练习

技能的练习需要坚持。为了让幼儿的兴趣更持久，从而形成喜欢参加体育锻炼的习惯，教师可以在集体中举行跳绳比赛，用跳绳开展各种不同的体育游戏，增加跳绳的趣味性。

5. 家园合作，延伸兴趣

通过分享幼儿如何在游戏中学习，潜移默化地影响家长的教育观念，实现家园的教育同频，教师可以鼓励家长和幼儿在家共同体验跳绳游戏，进一步激发幼儿参与运动的意愿。

（供稿单位：深圳市南山区西丽幼儿园；供稿人：宋诗琪）

（三）问卷法

问卷法在幼儿入学准备水平评价中，可用于想要全面、综合、快捷地了解幼儿发展信息，而非仅仅是幼儿在园的表现情况，基于评价目的设置不同的问题来收集想要了解的情况。

以下是大班上学期开学初期对班级幼儿入学准备水平的调查问卷（部分呈现）实例。

幼儿入学准备发展情况调查（大班上学期）

尊敬的家长：

您好！大班是幼儿做好入学准备的关键阶段。为了让幼儿能够顺利地适应小学生活，我们希望以问卷的方式了解目前幼儿入学准备的真实情况，以便更有针对性地帮助幼儿做好入学准备。

本问卷共设计了42道题目，每题各有5个代表不同态度的数字选项，分别为"非常能够""比较能够""一般""比较不能够""非常不能够"（表7-1）。请您根据真实情况在对应的选项上画"√"。我们将对您提供的内容保密，再次感谢各位家长的支持和配合！

表7-1 调查问卷（部分）

一级指标	二级指标	题目（以下题目为子选项，请您科学评估自己对各个选项的态度，选择一项重要程度进行匹配。）	非常不能够	比较不能够	一般	比较能够	非常能够
身心准备	向往入学：帮助幼儿初步了解小学生活，建立积极的入学期待。	1. 对小学生活充满期待。					
		2. 愿意和同伴、家人讨论与小学相关的话题。					

续表

一级指标	二级指标	题目（以下题目为子选项，请您科学评估自己对各个选项的态度，选择一项重要程度进行匹配。）	非常不能够	比较不能够	一般	比较能够	非常能够
身心准备	情绪良好：帮助幼儿获得积极的情绪体验，引导幼儿学会恰当表达和调控情绪。	3. 能够经常保持稳定的情绪。					
		4. 能够恰当地表达自己的各种情绪，且清楚地解释原因。					
	喜欢运动：鼓励幼儿积极地参加户外活动，发展大肌肉动作，锻炼幼儿的精细动作。	5. 喜欢跑步、拍球、跳绳等户外活动。					
		6. 跑、跳、投等动作协调性较好。					
	动作协调：引导幼儿使用简单的工具和材料，发展手部小肌肉动作。	7. 会自己系鞋带和纽扣。					
		8. 能够自己动手使用不同质地的材料进行手工制作。					
		9. 每天整理自己的书包、会独立准备第二天要带的物品。					
	热爱集体：培养幼儿的集体荣誉感，激发幼儿爱家乡爱祖国的情感。	10. 愿意参加集体活动，为集体贡献自己的力量，如愿意和老师、同伴一起装饰教室，打扫集体卫生等。					
		11. 喜欢自己的家乡文化，热爱祖国文化。					
		12. 认识国旗、会唱国歌，参加升旗仪式时保持安静。					

（四）马赛克方法

马赛克方法是一种融合了多元方法、多重声音的研究方式，把不同的视角结合到一起，将观察、访谈等传统方法与参与式方法结合起来，以便和儿童共同构建一幅有关儿童世界的图景(表 7-2)。[①] 马赛克方法应用于幼儿入学准备水平评价时给予教师的一个重要观点就是倾听儿童。

表 7-2 马赛克方法的儿童观及实践启示

马赛克方法的儿童观	实践启示
幼儿是他们自身生活方面的专家。	√ 支持、倾听、理解幼儿可以围绕入学准备的相关话题表达自己的看法。 √ 关于入学准备的课程实施审议应聚焦幼儿的认知和幼儿认为优先的事项。

[①] （英）艾莉森·克拉克(Alison Clark). 倾听幼儿：马赛克方法[M]. 刘宇，译. 中国轻工业出版社，2020：3.

续表

马赛克方法的儿童观	实践启示
幼儿是熟练的交流者。	√ 相信幼儿有表达和讨论与自己相关事物的能力和经验,确保提供丰富的资源和机会来支持他们表达想法和观点。
幼儿是权利的持有者。	√ 尊重幼儿表达观点的方式,接纳幼儿所有的想法,或许有些时候幼儿和成人的想法很不一样。让幼儿充分地参与自己的入学准备。
幼儿是意义创造者。	√ 尊重幼儿通过不同形式的活动或游戏来达到自我意义的建构,形成关于入学准备的相关经验,这些经验不仅是一些技能,还应包括情感、态度、品质的建立。

马赛克方法使幼儿有机会在入学准备的问题上以多种多样的方式表达自己的观点,每种工具都提供了一个小的信息碎片。在马赛克方法中,可以使用以下这些工具(表7-3)。

表7-3　马赛克方法的工具

工具	介绍
观察	叙事记录。
儿童访谈	简短的、结构化的访谈,以个别或小组形式进行。
儿童拍照和图书制作	儿童把自己认为"重要的事物"拍下来,并从中选出一些来制作图书(如参观小学活动)。
幼儿园之旅	由儿童主导并记录的旅行。
地图制作	儿童用自己的照片或图画来制作有关某个地方的二维地图。
访谈	对相关教师和家长做的非正式访谈。

下面是某大班的班级教师在开展"参观小学"主题活动时运用马赛克方法进行评价的案例。

运用"马赛克方法"开展幼儿入学准备水平评价

活动背景

《入学准备指导要点》的发布为幼儿园高效开展幼小衔接工作提供了有效指引,对幼儿园入学准备工作及入学适应工作的开展提出了具体的指导要点。幼儿园应紧密围绕"四个准备"展开衔接工作,幼小衔接工作一直是学界探究的热点问题,但实践中发现,幼小衔接活动开展时教师常常关注于准备目标的完成,鲜少对幼儿入学准备能力进行质量评价,且幼儿诉求常常难以得到关注,幼儿在入学准备活动中常处于"失语"状态。立足于幼儿自主能力发展的背景下,我园将马赛克方法嵌入幼小衔接活动"我要上小学",鼓励幼儿大胆表达,赋权幼儿进行入学准备活动设计,探求大班幼儿入学准备能力现状,儿童视角鼓励幼儿参与入学准备活动质量评测,以实现进一步优化幼小衔接活动的目标,提升幼儿教师观察、分析和解读幼儿的能力,真正发现每名幼儿,助推每名幼儿的主动学习。

活动过程

1. 缘起:我要上小学

大班幼儿进入最后一学期,"马上成为小学生"成为幼儿讨论的最热切的话题。幼儿在一日生活中表现出对于小学生活的强烈好奇心。幼儿在角色区开始搭建模拟课堂,装扮成"老师"的模样,给其他"学生"讲课,拿着小木棍指导着(图7-4);在建构区进行小学的搭建(图7-5);在语言区进行汉字前书写练习,一笔一画地描摹……

图7-4　在角色区模拟小学课堂

图7-5　在建构区搭建"我心中的小学"

一天餐前活动时间,幼儿与教师讨论自己向往的小学生活,纷纷聊了起来(图7-6)。

芝芝:"我马上就要上小学了,我会跟我哥哥一样成为少先队员。"

乐乐:"少先队员是什么?"

楠楠:"我知道,就是要戴红领巾的。"

包包:"上小学有很多作业,我不想上小学。"

……

图7-6　师幼开展有关"向往的小学生活"的谈话

教师通过倾听记录幼儿的对话,记录幼儿的活动过程,并通过"儿童访谈"的方式对幼儿所探讨的有关小学的内容进行记录,结果发现幼儿对小学的认知经验零散、单一,且关注点各不相同,对于小学的认知多以个人喜好为导向进行探究;幼儿对小学的学习形式、学习内容、学习时间、学习环境都有着不同程度的探究兴趣；绝大部分幼儿对于小学表现出积极情绪；幼儿的入学准备状态受周围环境影响，如小学教师宣传，小学哥哥姐姐影响，住所周边学校的远近等(表 7-4)。基于此，教师决定采用马赛克法鼓励幼儿自发表达，收集他们关于入学准备最真实的状态，以帮助教师有针对性地开展幼小衔接活动。

表 7-4 幼儿自发探究的记录

讨论主题	幼儿人数	讨论内容	讨论现场
小学学习形式	11	小学上课一般都是坐着上吗？ 小学的课都在同一个教室里上吗？ 会有户外活动的地方吗？ 老师教授的内容会变化吗？ …………	
小学学习时间	3	上学一天需要多长时间？ 每节课都上多久啊？ 每节课的时间都是一样长的吗？ …………	
小学学习内容	8	我们都需要学一些什么呢？ 会有课本吗？还会有图画书吗？ 我可以选择自己喜欢的课来上吗？ …………	
小学学习环境	15	教室里会有投影仪吗？ 教室里会有洗手间、洗手台吗？ 我们的课桌会很舒服吗？ 我们吃饭、睡觉也会在教室里吗？ 会有专门的图书馆和游泳馆吗？ 体育场比我们幼儿园的南操场更大吗？ …………	

2. 活动初探：上小学，我们准备好了吗

在明确了幼儿对于小学的探究兴趣以后，教师在晨谈时间对幼儿展开关于"上小学，你准备好了吗？"的询问："小朋友们，你们认为你们在哪方面做好了准备呢？"幼儿热烈地展开讨论，纷纷发表意见(图 7-7)。

教师随后还对幼儿开展了有关入学准备能力的访谈。幼儿畅所欲言，表达对于小学的畅想(图 7-8)。

曦曦："我可以跟小朋友一起放学买零食。"

月亮："我可以增长知识，完成作业。"

图 7-7　开展儿童会议"上小学，我准备好了吗？"　　图 7-8　儿童访谈"上小学，我准备好了吗？"

考拉："我能学到更多的算术知识，成为有用的人。"

梵梵："我可以跟我的朋友一起放学回家，我很开心。"

…………

还有一部分幼儿表示自己没有准备好，担心地说道："我不想写好多作业。""我害怕小学没有幼儿园好玩。"……

教师和幼儿开展儿童会议，讨论关于小学的认识与担忧（图 7-9）。

幼儿随后表征出自己对于入学的准备（图 7-10），总体上分为"我拥有的能力"与"我还做得不足的地方"。

乐乐表示自己会写一些字了，但是在跑步方面还不太行（指向认知与运动）。

图 7-9　开展有关入学准备的"儿童会议"

图 7-10　幼儿表征的自己对于入学的准备

骁骁画出来，自己可以好好吃饭，但是动作还是很慢（指向生活习惯）。

墨墨则在纸上画出来，可以帮助婆婆搬很多东西，但是感觉自己认的字还不够多（指向生活准备与学习准备）。

············

教师随后对幼儿的实然能力进行分类，开展教师访谈研讨，围绕《入学准备指导要点》所提出的"四个准备"，开展家校联动，对家长进行了幼小衔接能力的调查，询问家长对于幼儿入学准备能力的看法，结合幼儿一日生活的实际情况，制定出幼儿入学准备水平测量的评测量表，以幼儿入学身心准备评测表为例（表7-5），测评幼儿实际入学准备水平情况。

表7-5 幼儿入学身心准备评测表

幼儿姓名： 测评时间：

身心准备发展目标	身心准备评价指标	准备情况
向往入学	1. 初步了解小学，对小学生活充满期待，对于小学生活充满向往，有着积极的心态。	
	2. 希望变成一名小学生，愿意为入学做准备；能够积极学习小学生应有的生活技能，围绕上小学的一天进行展开，掌握小学生应有的品质。	
情绪良好	1. 经常保持积极、稳定的情绪，拥有控制情绪的能力，不乱发脾气，热爱师生，乐于助人。	
	2. 遇到困难和不开心的事情，能够采取适当的解决问题的办法，不迁怒于他人，能通过语言表达寻求帮助，心平气和地进行交流，不动手，具备一定共情能力，能够换位思考。	
喜欢运动	1. 积极参加多种形式的户外活动，能够拥有一到两项擅长的运动，并且养成运动的习惯，培养身体锻炼的好习惯，能和他人进行集体运动。	
	2. 能够连续参加体育运动半小时以上，能够展开持续性的运动，能够跟进运动指令，遵守运动规则，具备一定的自我保护能力，表现出对于某种运动的热爱，具备坚持的品质。	
动作协调	手部动作协调，能够使用简单的工具和材料，大肌肉动作和精细动作均衡发展，大小肌肉平衡（具有标准测试动作）。	

教师随后结合幼儿的自我能力评价及观察记录对量表进行比对记录，结果显示当前幼儿对于入学准备的认知存在模糊，对自己的评价多局限于身心准备、学习准备与生活准备，而社会准备鲜少提及，尤其在人际交往、任务完成、热爱班集体方面未能很好响应。

随后教师结合幼儿的实然能力，引导幼儿思考入学准备能力的应然状态，绘制幼儿专属的能力网络图。教师以开放式问题组织幼儿分享"我们应该拥有什么样的能力才能帮助我们更好地进入小学"，围绕这个问题展开"儿童会议"。幼儿积极展开讨论。

楠楠："我们肯定要更听话，上课不捣乱。"（规则意识）

荣儿："我们能够当小值日生！把教室打扫得干干净净！"（劳动习惯）

嘟嘟："我们可以自己放学回家，遇到坏人可以报警或者向老师寻求帮助！"（安全防护意识）

芝芝："我们可以自己按时起床，学会收拾书包和整理衣服！"（生活能力）

……

教师围绕小学的一天与幼儿开始讨论小学生应该养成的行为规范，幼儿的经验认知逐步完善，融合幼儿迁移与想象，结合已有认知基础，形成了关于"小学生应该拥有什么能力"的"信息拼图"（图 7-11）。

图 7-11 幼儿表征的"我认为的小学生应该……"

3. 活动深入：小学与幼儿园有什么不一样

之前幼儿对于成为合格的小学生有了较为充分的认知。这一天，云朵提出："小学的哥哥姐姐好厉害呀！我们可以去看看他们就好了！真想看看他们是怎么上学的！"随后教师对于参观小学活动与幼儿进行讨论。幼儿七嘴八舌地展开讨论："我们应该去小学看看上课的地方是什么样的。"

嵘儿:"他们会有体育场的吧?"

明轩:"上课时间会不会很久?"

墨黑:"小学一天上多久的课呀?"

....

幼儿陆续提出问题,对小学里的内容都有着自己好奇的部分。教师引导幼儿对问题进行表述。随后,教师结合幼儿的问题,介入直接经验与间接经验的概念,对幼儿的问题进行梳理分类:"小朋友们好多问题呀?看来你们对于小学充满了好奇!那我们接下来对问题进行一个分类吧?有哪些问题可以通过眼睛看直接解决的呢?又有哪些问题需要哥哥姐姐或者老师们回答的呢?"幼儿随后开始进行思考,讨论的时间持续了很久。教师将表征好的问题墙进行展示,同时制作好问题的分类框,引导幼儿按照不同的性质进行分类,梳理出问题集,同时加深问题印象,激发幼儿自主探索。(图 7-12)

图 7-12 幼儿表征的"关于小学,我想知道……"

参观小学前一天,教师需要组织幼儿进行数据收集工具的统计。教师提问:"我们的参观不仅需要用眼睛看,还需要带回城堡幼儿园进行交流与分享。"考拉说道:"那我们可以用工具记下来,这样就不会忘记了。"教师追问:"那我们在参观的时候可以采用哪些方式记录我们的信息呢?"幼儿激烈地讨论着。

楠楠:"我们可以带上电话手表。"

墨妍:"我有自己的小手机。我可以拍照。"

皙皙:"我有妈妈买的小照相机,我可以看看学校里有什么,全部拍下来。"

....

幼儿给出了许多采集信息的方法。教师与家长讨论后,在观察日给幼儿提供了儿童相机、手机、录音笔等设备,鼓励幼儿以自己的视角记录小学之旅,由教师引导幼儿用组队的方式探究小学参观路线(图 7-13 和图 7-14)。

图 7-13　幼儿展示收集信息的设备 　　　图 7-14　幼儿拍摄参观小学的照片

回幼儿园的路上,幼儿积极热烈地讨论着。有的幼儿迫不及待地分享自己拍摄的照片,有老师、哥哥姐姐们的照片,还有门口课程表及课桌的照片,等等。教师对幼儿拍摄的照片进行讨论梳理,归纳整理,与幼儿一起通过"寻找小学"地图制作的方式回顾幼儿对照片的想法,一同勾勒出幼儿的"参观小学路线图"(图 7-15)。

在小学地图制作过程中,幼儿不仅筛选出所需工具材料的照片,将其清晰地粘贴在地图上的各个观察环节里,而且把一些具体建筑景观等内容通过绘画的形式一一呈现,形成幼儿自己的小学地图的完整经验。教师随后与幼儿围绕问题"小学与幼儿园不同的地方有哪些?"及

图 7-15　幼儿经验形成的"参观小学路线图"

"你们看到的小学哥哥姐姐身上都有哪些值得我们学习的品质呢?"进行"儿童会议",让幼儿通过制作认知地图对入学准备拥有了较为完备的认知,从生活、学习、社会、身心准备都有了具体的感知。幼儿对于自己如何成为合格的小学生有了更加清晰的目标界定。教师根据活动的推进,对幼儿的发展进行监督,促使幼儿对入学准备的认知与实践能力有了明显的进步。

活动反思

回顾"我要上小学"的探究性活动,教师基于幼儿认知拓展想象力,形成知识图谱后再探索。活动中，幼儿发展了探究能力、兴趣，以及语言表达、绘画表征、合作交往能力。教师评价幼儿入学准备水平，引导其了解准备活动，为后期入学打下坚实基础。活动中，教师运用马赛克方法，倾听幼儿，拼出其对小学的完整想法，构建立体丰富的小学生形象。马赛克方法不仅能改变教学方法，还能转变儿童观，让教师从看见到看懂幼儿，建立基于倾听与回应的对话式教学，实现双向赋能、共同成长，引领教师在幼教改革之路上前行。

（供稿单位：深圳市南山区机关幼儿园；供稿人：陈惠玲、袁水玲、王卓）

（五）儿童发展报告

儿童入学准备水平发展报告是综合幼儿入学准备发展指标，通过以上所有方案所收集的幼儿入学准备发展情况的信息，基于四大准备或五大领域，在大班上学期和下学期尾声对幼儿做出系统和全面的评价，形成一份综合性强、可读性强、针对性强的幼儿入学准备水平评价报告。报告主要面向幼儿家长，建议可以带到小学给一年级教师阅读以便了解幼儿在幼儿园阶段的发展情况。

下面是一份大班上学期结束时教师给家长的一份儿童发展评价报告。

儿童发展评价报告

时光荏苒，转眼间，大班上学期的生活已悄然结束。本学期，教师根据《入学准备指导要点》中提出的发展目标及教育建议，围绕社会交往、自我调控、规则意识及专注坚持等进入小学所需的关键素质，开展了一系列的生活、游戏活动，帮助彬彬积累了相关的经验，同时也根据彬彬的实际情况进一步提出有针对性的入学准备教育建议。

1. 在身心准备方面

上大班后，彬彬在集体生活中能够经常保持稳定、积极的情绪，也能够很好地感知和识别他人的情绪，愿意主动与老师和小朋友分享自己的心情，非常重视表扬和鼓励（图7-16）。但是他偶尔也会在面对建议时，在需要延迟满足愿望时，表现出哭泣和"不耐烦"的负面情绪。教师建议家长在生活中要用适宜的方式表达情绪，为彬彬树立良好的榜样。彬彬出现负面情绪时，家长应尝试接纳他的消极情绪，在他平静后再与他一起解决问题，避免和其他幼儿之间的横向比较，帮助他获得积极的情绪体验，提高自我认同感。

在身体动作的发展上，本学期通过跳绳、跳鞍马的练习，每周三次的体能大循环及体育节的综合游戏训练，彬彬在幼儿园的运动量和运动强度都有所提升，能够积极参加到各项体育活动当中，大肌肉动作发展良好，身体协调性和灵敏度有所提升（图7-17）。在精细动作的发展上，彬彬本学期使用筷子已经非常熟练，在书写方面，也能够书写自己的名字和临摹一些简单的字，喜欢拼搭乐高，小肌肉动作发展良好。但他在系鞋带方面还需要加强练习，掌握正确的系鞋带方法。

图7-16　彬彬（右二男孩）和同伴一起玩角色游戏 　　图7-17　彬彬成功掌握了跳鞍马的技能

2. 在生活准备方面

彬彬一直以来都有较好的生活习惯，本学期教师通过开展叠被子、睡觉时间记录表、整理书包等活动，进一步提高了彬彬的生活自理能力，彬彬的物品管理意识和时间观念都有所增强。此外，在消防月中，教师开展了消防逃生演习活动，邀请小学生姐姐来园讲解消防知识，邀请消防员叔叔现场模拟演练，利用安全教育平台开展关于交通、生活用电等安全知识，帮助彬彬拓展了一系列安全知识，提高了安全防护意识。在"参与劳动"方面，本学期教师深入开展了值日生活动，每周都需承担一次分餐（或摆椅子、整理图书、擦桌子等）的值日生任务。彬彬非常积极主动地参与每周的值日生活动，有较强的责任心（图7-18）。但同时教师也发现，在进餐习惯方面，彬彬存在挑食的情况，还需要培养

图7-18　彬彬作为值日生认真摆椅子

良好的饮食习惯。教师也建议家长有时间可以带彬彬了解不同职业的工作人员的工作特点，探讨关于不同的劳动给自己带来的服务和便利的问题，引导彬彬学会珍惜他人的劳动成果。

3. 在社会准备方面

大班这一学期，彬彬在班级中已经建立了比较稳定的同伴关系，有固定的游戏玩伴，也能和其他小朋友友好相处。在户外自选活动中，彬彬也能尝试和中班的小朋友一起游戏，主动帮助他人，在与同伴交往中解决问题的能力有所提升。在"诚实守规"方面，彬彬上大班后规则意识逐渐增强，开始尝试和教师一起制定班级约定，并自觉遵守生活及游戏中的规则。此外，彬彬也表现出较强的集体荣誉感。在体育节中、晨会表演中，彬彬都能积极配合，为班级同伴和小朋友加油助威；在参观西小运动会的准备中，作为代表向地铁工作人员提交申请书，锻炼了社会交往能力。但彬彬的任务意识还需要进一步地增强。本学期，教师有意识地制定和发放了一些亲子任务单，如参观小学运动会路线图、假期计划安排表等。彬彬通常需要教师提醒才能完成，完成度会有滞后情况。教师还希望家长能一起配合，在生活中布置一些与入学准备相关的任务，提高任务意识的同时，也培养彬彬独立完成任务的能力。

4. 在学习准备方面

教师根据大班这一学期的观察发现，彬彬在学习准备方面，具有较好的学习习惯和学习能力，主要体现在开展项目活动"揭秘牙齿新鲜事"时，彬彬常常能够提出许多新问题，对探秘牙齿有好奇心。上大班后，彬彬也逐渐开始和教师分享自己的兴趣爱好。从分享中，教师能发现彬彬对自然、天文、物理等方面的科学知识非常感兴趣，喜欢阅读相关的图书，也有一定的经验，希望彬彬能继续保持，建议家长为彬彬提供更多接触自然和社会的机会，去参观博物馆、购买相关的书籍等，拓展相应的经验，支持彬彬的探究行为。在"学习能力"方面，彬彬有较好的倾听习惯，在集体活动中能够保持坐姿端正、认真倾听；有一定的书写兴趣。教师通过创造机会让彬彬尝试记录观察到的事物，来帮助其做好前书写准备；词汇量和语言表达能力逐渐增强，本学期彬彬参与了第十七届"沙沙讲故事"的比赛，荣获了一等奖的好成绩（图7-19、图7-20、图7-21和图7-22）。但同时也观察到，彬彬在语言表达习惯上，仍然存在一定的"口吃"现象，表达时容易着急。教师建议家长对此引起重视，在彬彬每一次表达时，认真倾听，同时营造良好的语言氛围。在数学方面，通过每两周一次的小组教学活动，彬彬对于基本的数字认知、一一对应、规律的掌握等发展都比较好，在逻辑思维方面及统计记录方面相对比较欠缺，教师建议家长多利用生活中的机会，帮助彬彬提高在生活中和实际操作中运用数学解决问题的能力。

图 7-19　彬彬在区域中独立拼出汉字 　　图 7-20　彬彬探索切割机的使用方法

图 7-21　彬彬参加沙沙讲故事比赛 　　图 7-22　彬彬参加诗歌朗诵活动

整体而言，彬彬在幼儿园进入小学的四大准备方面，都有不错的表现。教师希望家长保持信心，与幼儿园保持同频，始终遵循幼儿的学习方式和特点，将入学准备教育的目标和内容融入一日生活当中，共同帮助彬彬实现从幼儿园到小学的顺利过渡。

（供稿单位：深圳市南山区西丽幼儿园；供稿人：王秀萍）

四、幼儿入学准备水平评价的实施案例

本案例为南山区首地幼儿园在幼儿入学准备水平评价上的园本实践体系的介绍，该评价实践既具园本化，又具系统性，以看见每一名幼儿的发展为重要原则，融合不同类型的评价方法实施、多元评价主体参与，贯穿幼儿园教育三年。

以涡轮图为载体，构建入学准备评估体系的实践

◎ **实践背景**

1. 当前入学准备存在的问题

在越来越重视幼小衔接的当下，入学准备成为幼儿学习与发展的重要议题，但仍存在一些问题：一是把入学准备片面地理解为在幼儿园学习掌握小学的文化课知

识，而忽略了幼儿的身心准备、社会交往能力、学习习惯、学习兴趣、学习品质等方面的培养；二是对入学准备的重视度不够，持躺平态度；三是把入学准备等同于上"幼小衔接班"，直接从大班退学去培训机构上学前班。

相关研究表明，幼儿对进入小学的认知普遍停留在小学的教育内容、设施设备、分数考核上，对进入小学的担心主要集中在"没有朋友""无人陪伴""害怕老师""考试"这几点，说明幼儿在心理接受度及社会交往方面不够自信。因此，幼儿园、家长、幼儿对幼小衔接，尤其是入学准备的正确认知非常重要。

2. 入学准备的指导思想

《入学准备指导要点》提出要"以促进幼儿身心全面和谐发展为目标，注重身心准备、生活准备、社会准备和学习准备四方面的有机融合和渗透"。

3. 入学准备评估的必要性

鉴于当下入学准备普遍存在的问题及相关文件的指导思想，幼儿园有必要探索构建幼儿入学准备评估体系。以评促建，以评提质，让家园对幼小衔接，尤其是入学准备有一个完整、系统的认知，并在此基础上推进入学准备内容的实施，进而通过评估体系促进衔接实效，形成入学准备实施的良性循环系统。鉴于此，我园构建了以涡轮图为载体的幼儿入学准备评估体系，并通过长达五年的实践，证实了其有效性及可推广性，成为家园沟通、幼小衔接的有力抓手！

◎ **实践思路**

以涡轮图为载体的入学准备评估体系的建构，需要明确其理念与目标，通过实践探究内容选择的原则或依据，形成内容板块，教师则根据班级实际情况生成每个阶段的评估内容，让幼儿每个阶段的学习与发展可视化。

1. 涡轮图的内涵

涡轮图（图7-23）是一种轮状图，以《指导意见》为指导，遵循皮亚杰"儿童是通过操作材料来进行经验的建构，需借助儿童熟悉、具体的表象进行学习"的观点，在一日生活中观察、记录和反映幼儿在不同年龄段身心、生活、学习等方面发展的过程性或结果性内容。评价内容与形式皆从儿童本位出发，直指幼小衔接关键要素，开展频率以月为单位，持续三年，每月的内容会根据幼儿发展情况做动态调整，让入学准备教育有机渗透于幼儿园三年保教工作的全过程。

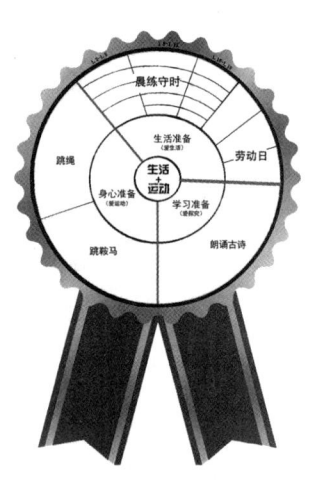

图 7-23 涡轮图

2. 涡轮图的体系

涡轮图体系的建构包含理念与目标、内容、实施等板块，每个板块之间密切关联。

（1）理念与目标。

以涡轮图为载体的入学准备评估体系是在《指导意见》及本园理念指引下制定的，将身心、生活、社会和学习四大准备结合园所"爱生活、爱运动、爱探究"的目标，作为第一和第二圈层的内核（从里往外）。在相应的目标体系下，依据不同年龄幼儿的身心特点选择具体、可视化的内容，并根据幼儿当下的学习内容，划分不同板块的涡轮图重点内容（第三圈层）。

涡轮图评估目的在于促进幼儿情绪情感、行为习惯、经验能力等方面全面发展，为幼儿的后续学习和终身发展奠基。

（2）涡轮图内容的选择。

涡轮图内容的设计遵循幼儿身心发展特点、发展的阶段性及思维发展特点，小班尤其关注幼儿的情绪情感建设；中班则重点关注幼儿习惯的培养；大班幼小衔接内容则涵盖得更为宽广，注重能力的培养，包括学习能力、生活能力、运动能力等。

在明确各年龄段重点的基础上，我们将涡轮图内容概括为三大类——生活、运动、学习，让幼儿的学习变得可视化。然而作为一种过程性记录的方式，并非所有内容都适合在涡轮图上进行评价，经过实践我们得出内容选择的几点原则。①坚持性原则，如习惯的培养，需要长期的坚持。在涡轮图的内容选择上，宜以运动、阅读、习惯培养为主要内容进行记录与呈现，并且每个月的内容之间存在着循序渐进的关系，由师幼共同记录与呈现，家长可以通过涡轮图颜色的辨别，纵深观察到幼儿的发展变化情况，为后续发展明确方向。②尊重个体差异原则。以小班第一学期九月的情绪稳定情况为例，可通过涡轮图的呈现一目了然地了解到该名幼儿的适应情况。对于表格中显示情绪不太稳定的幼儿，教师可以有意识地加强对其的关注与支持，及时对教学计划进行调整、优化，或者根据需求邀请家长入园陪同等。另外，家长也可借图示直观地看到幼儿的情绪变化，适时做出支持策略，从而有效地实现幼小衔接的多方协同、共育，让幼儿的现状与需求、学习与发展"看得见"。③过程性评价与结果性评价结合原则，幼小衔接要支持幼儿适宜发展。涡轮图的绘制显示的是一名幼儿某些方面过程性与结果性的发展评价。此外，幼小衔接的评估还需借助更系统的工具进行评估，针对四大准备的情况，选择相应的量表进行评估，了解幼儿入学准备现状，将其作为科学开展幼小衔接工作有效性的依据。

（3）涡轮图的使用。

涡轮图可以帮助幼儿及时回顾当天、当周、当月的学习经历，其使用包含了三个阶段，制订计划、记录内容和学习反馈。

①调查幼儿经验，制订计划。

为了了解幼儿的发展需求及班级整体情况，教师根据幼儿入学准备教育的"四大准备"内容，对初上大班的幼儿进行了测评（表 7-6）。例如，大一班通过测评，已知大多数幼儿具备中等以上的生活自理能力，但在社会准备、学习准备和身心准备方面仍需努力。教师以此为依据将"四大准备"的内容分解分类，形成当月的涡轮图内容，再细分成每周和每日的单项记录单。

表 7-6　幼小衔接"四大准备"评价表

类别	具体指标	很棒	基本达标	继续加油
身心准备	1. 遇到天气变化或季节转换时能较好适应。			
	2. 参与集体活动能坚持 30～35 分钟。			
	3. 能经常保持积极、稳定的情绪。			
	4. 遇到困难和不开心的事情，不乱发脾气，不迁怒他人。			
	5. 积极参加多种形式的户外活动，有自己喜欢的运动项目。			
	6. 能连续参加体育活动半小时以上。			
	7. 手部动作协调，能正确地扣扣子、使用筷子。			
	8. 能进行画、剪、折、撕、粘、拼等各种小肌肉动作。			
	9. 掌握连续跳绳的方法。			
	10. 能掌握基本运动器械的玩法，能坚持运动打卡。			
生活准备	1. 能按时作息，早睡早起，养成守时习惯（按时来园）。			
	2. 保持良好的个人卫生，有自觉洗手的习惯。			
	3. 熟练掌握"七步洗手法"。			
	4. 有保护视力的意识，连续使用电脑、手机等电子产品的时间不超过 15 分钟。			
	5. 能按需喝水、如厕，在成人提醒下自行增减衣物（会穿脱套头、拉拉链、扣扣子的衣服）。			
	6. 能分类整理和收纳书包、衣物。			
	7. 能根据提示做相应的事情，如听音乐收拾区域，养成不拖沓的习惯。			
	8. 在活动中能自觉遵守基本的安全规则，如玩"车道"游戏能遵守交通规则。			
	9. 知道基本的安全知识，知道父母的联系方式，能说出家庭住址。			
	10. 能主动承担并完成分餐、清洁、整理等班级劳动，如用清水擦桌子、洗碟子、整理玩具等。			

续表

类别	具体指标	很棒	基本达标	继续加油
社会准备	1. 讲文明懂礼貌，能和同伴友好相处，乐于结交新朋友，最少有一位朋友。			
	2. 能与同伴分工合作共同完成一件事情（如拼搭积木）。			
	3. 能主动向教师表达自己的想法和需求。			
	4. 能遵守游戏和日常生活中的规则，如有序排队、合作、轮流玩等。			
	5. 做到举手提问、轮流发言，别人讲话时认真倾听、不随意打断。			
	6. 知道要做诚实的人，说话算数。			
	7. 能基本准确地向家长转述教师布置的任务并主动去做。			
	8. 能说出自己的幼儿园名称、班级并以自己是本园本班级成员为豪。			
	9. 愿意为集体出主意、想办法、做事情（如代表本班参与"吉尼斯"挑战赛时认真对待）。			
	10. 知道自己是中国人，了解国旗，会唱国歌。			
学习准备	1. 对新事物有观察、提问等探究行为。			
	2. 愿意分享自己的新发现和表达自己的观点。			
	3. 能专注地做事，分心时能在成人提醒下调整注意力。			
	4. 大多数情况下能坚持做完一件事，遇到困难不轻易放弃。			
	5. 做事有一定的计划性（如进区计划的制订与实施）。			
	6. 喜欢阅读，乐于和他人一起看书讲故事；初步掌握滑读、指读等方法；能根据图画书情节对故事结果进行预测或续编、创编故事等。			
	7. 对生活情境中的文字符号感兴趣（会认自己的名字），愿意用图画、符号等方式记录自己的想法和发现。			
	8. 在集体情境中能认真听并能听懂他人说话，有疑问时能主动提问。			
	9. 能识别上下、左右等方位。			
	10. 能在教师指导下，尝试运用数数、排序、简单的统计和测量等数学方法解决日常生活中的问题。			

②使用涡轮图。

幼儿使用涡轮图也是在记录自己的成长过程。根据约定，我们决定用不同的颜色标记涡轮图，红色代表"优秀"，橙色代表"良好"，绿色代表"继续努力"。通过教师的单项记录单，如"晨练签到表""数学核心经验学习单""跳绳记录单"，帮助幼儿回忆某个内容的达成情况，从而在涡轮图上进行相应色块的填充。

峻峻在晨练签到时，除了主动向教师问好，还会问教师："我今天是红色吗？"晨练结束后，他马上给涡轮图上的小格子涂颜色。涡轮图中的晨练守时部分有当月对应的天数，幼儿可以一一对应地进行计数和涂色，由此建立准时入园的时间观念。

3. 实践反思与分析

根据记录的内容，幼儿在每天或月末对涡轮图进行涂色，由此了解自己的学习与发展情况。教师依据单项记录单和涡轮图颜色进行分析，记录幼儿的成长痕迹，引导家长观察幼儿的成长过程。教师还可清晰记录班级整体的发展水平与倾向，幼儿发展的弱项内容则继续延伸到下一个月的涡轮图里。

每天涂色内容举例：每天晨练时间，教师对幼儿入园情况进行逐一登记，并与幼儿互动。教师："依依，你今天在8点后入园，早操已经开始了，你今天的涡轮图是绿色！"依依："妈妈叫晚了，我明天早一点儿起床。"依依回应教师后，很快放下书包，开始晨间锻炼。晨练结束后，依依给涡轮图涂上"绿色"（图7-24）。

图7-24 幼儿给涡轮图涂色

不定时记录内容举例：在某次区域活动中，依依选择去操作区完成自然测量的任务，但多次测量的数据都不一样。教师观察到依依没有掌握"起点"和"终点"相接的测量方法，于是给依依的学习记录单打了半勾，并引导依依："测量的时候，你的工具怎么放，测量的结果才能准确呢？"依依在观察其他幼儿的方法后，调整了自己的测量方法，最后开心地说："我的数学很棒。我的涡轮图是红色的！"

月末记录内容举例：此类多见于某项技能、知识的学习，如跳绳。在户外自选活动时，教师开展运动弱项（跳绳）练习，依依也留了下来。刚开始时，依依只能连续跳2个。教师发现不会跳绳的幼儿普遍存在甩绳的问题。本月涡轮图"身心准备"部分需要降低难度，已学会甩绳的幼儿可尝试连续跳绳，在月末再记录幼儿跳绳个数（图7-25）。

通过每天、每月使用涡轮图，教师通过数据，掌握全班幼儿的身心准备、生活准备、学习准备的发展现状，在涡轮图后附上相关文字描述，对幼儿当月发展进行阶段性评价，在学期末进行幼儿学期总结性评价。家长可以定期了解幼儿发展情况，有效提升家园共育水平。

◎ 实践成效

1. 涡轮图入学准备评估体系对幼儿入学准备的价值

（1）促进幼儿诚实守规、任务意识方面的发展。以涡轮图作为每月的可视化"勋章"，无形中促使幼儿理解任务要求，锻炼其向家长清晰转述并主动去落实任务。通过主动、独立完成涡轮图任务来获得红色"勋章"，对幼儿积极性起到正强化作用。

图 7-25 已完成的涡轮图

（2）促进幼儿热爱运动，健康成长。每月涡轮图中包含了不同类型的运动内容，且每月内容之间也存在着循序渐进的关系，有利于培养幼儿运动的兴趣与连续性。

（3）促进劳动意识、自理能力的发展。从小班到大班，生活自理（劳动）内容贯穿始终，有益于培养幼儿动手能力。

（4）促进幼儿学习习惯、能力的发展。幼儿通过坚持活动并给涡轮图涂色，其专注力、坚持性、计划性等学习习惯在其中得到锻炼提升。同时，幼儿通过统计晨练守时次数、跳绳个数等不同环节，填涂颜色则是通过数学的方法解决日常生活中的问题，幼儿的学习能力得到提升。

2. 涡轮图入学准备评估体系对园所幼小衔接的价值

（1）完善园所幼小衔接课程体系。涡轮图属于幼小衔接课程评价的一部分，能够帮助教师和家长了解幼儿入学准备现状，也是科学开展幼小衔接工作的重要依据。

（2）体现园所教育理念，培养园所师资力量。涡轮图以园所顶层设计为指引，将培养理念与幼小衔接目标进行整合，推动教学内容的有效落实。此外，教师通过对幼儿的观察与分析，每月更新涡轮图内容，并以评促教，对班级活动做出相应的调整，做到"补齐短板"，有效提升教师的专业素养和教育技能。

3. 涡轮图入学准备评估体系对家园有效共育的价值

涡轮图是家园共育的重要沟通桥梁。对于幼儿家长来说，可借图示直观地看到幼儿的变化，适时做出支持策略，让每一名幼儿的现状与需求、学习与发展"看得见"。此外,经过多年验证,家长反馈涡轮图的使用对于幼儿适应小学起到了促进作用,不仅幼小过渡平缓,幼儿在专注、坚持等学习品质方面均表现优异,同时具备较强的自我意识、自我效能感。

(供稿单位:深圳市南山区首地幼儿园;供稿人:陈佩孺、姜月波、吴紫玲、吴若蓝、轩一菲)

第八章 入学适应课程目标及内容

一、入学适应课程目标及内容确定的依据

(一)依据儿童心理发展的年龄特点

目标的确立依据儿童心理发展的年龄特点,根据皮亚杰对儿童智力发展规律的创造性研究,探索和发现了儿童智力发展的阶段性和连续性规律。幼小衔接阶段正处于前运算阶段(2~7岁)向具体运算阶段(7~12岁)转变的过程。这一阶段儿童在出现表象图式的基础上开始形成具体运算图式,是初步逻辑思维的形成阶段。

(二)依据政策文件思想及社会要求

目标的确立依据文件思想与社会要求。《指导意见》中指出,幼儿园与小学科学衔接的主要目标是全面推进幼儿园和小学实施入学准备和入学适应教育,减缓衔接坡度,帮助儿童顺利实现从幼儿园到小学的过渡。南山区幼小衔接课程导引的目标确定紧紧围绕《入学适应指导要点》中提出的"以促进儿童身心全面适应为目标",紧跟文件导向,将目标分为身心适应、生活适应、社会适应和学习适应四个方面。

除此之外,目标的确定还依据《义务教育语文课程标准(2022年版)》《义务教育数学课程标准(2022年版)》《义务教育劳动课程标准(2022年版)》《义务教育科学课程标准(2022年版)》《义务教育艺术课程标准(2022年版)》中的总目标与第一学段的学段要求,以及《义务教育体育与健康课程标准(2022年版)》中的总目标与水平目标,制定符合课程标准要求、适应学生水平的具体目标。

(三)依据教育实践中发现的问题

从实践中发现,幼小衔接对儿童的能力要求跨度大,儿童的知识储备、情绪管理及社会交往等都面临挑战。而在学校里,教师的幼小衔接意识薄弱,难以实现有效的幼小衔接。除此之外,缺乏具体的衔接目标与有效的衔接方式,使得幼小衔接课程无法设置,幼儿园与小学没有形成科学的教育方案,也阻碍了幼小衔接工作的

可持续开展。

二、入学适应课程目标及内容确定的原则

(一)符合儿童年龄特点

儿童从幼儿园初入小学,对小学的生活会感到新鲜,对一切新的事物感到好奇,但同时又会不习惯这种改变。这一阶段的儿童好动、好奇、喜欢模仿。幼小衔接的课程导引要符合该阶段儿童的年龄特点,让儿童平稳过渡、逐步适应小学生活。

(二)符合入学适应要求

入学适应是儿童从幼儿园进入小学新环境后,依据所处的小学新环境的要求,积极调整自身的观念与行为,充分利用有效资源,达成与小学新环境的动态平衡,顺利适应小学生活。[①] 该目标的设立符合儿童进入新环境的适应规律,符合入学适应的要求。

(三)符合地域文化

深圳地区人民通过自身发展、改革、创新、融合而形成的具有鲜明时代特点和内容、能适应社会不断发展的新型文化。深圳特区人民所表现出来的精神风貌是深圳特区文化的集中反映,可称之为深圳特区文化精神。深圳特区文化精神可概括为改革创新、拼搏奋进、包容开放、兼收并蓄。因而深圳特区文化具有开放性、多元性、创新性、时代性的基本特征。南山区作为深圳的科技创新与教育强区,在深圳特区文化的基础上,形成了创新向上、科技引领的区域文化。南山区的儿童在地域文化的熏陶下成长,所需的适应性课程也受地域独特性影响。因此,南山区幼小衔接课程的目标与内容应迎合创新性、开放性的地域文化,帮助儿童尽快适应具有南山区文化特色的小学生活。

---

① 郭营春. 幼小衔接期小学一年级新生入学适应研究——基于儿童视角[D]. 上海:华东师范大学,2022.

三、入学适应课程的目标和内容

(一)身心适应

身心适应发展目标及学习内容如下(表8-1)。

表 8-1　身心适应发展目标及学习内容

发展目标	具体目标	学习内容
喜欢上学	1. 能记住校名和班级，知道自己是一名小学生。 2. 有了解校园环境的意愿。 3. 能积极参与学校和班级活动。 4. 有主动上学的兴趣。	1. 了解学校和班级的名称、老师的姓名及外貌，了解学校优秀学生事迹。 2. 了解学校的校舍结构、功能室功能、班级分布等物质环境，了解学校的校史、校训、校风等文化环境。 3. 了解学校每年举办的常规活动。 4. 了解班干部的职责安排，学习多种课间游戏的玩法。
快乐向上	1. 能在学校体验快乐的情绪。 2. 能保持积极乐观的心态。 3. 对学习、生活中遇到的困难，愿意尝试自己解决。 4. 遇到情绪上的问题，能尝试自己调整或寻求他人帮助。 5. 能感知身边的美。	1. 学习在生活中发现快乐的事、感受爱与帮助、发现自然的美、分享快乐情绪。 2. 学习识别自己的情绪，学习分析引发自己情绪变化的事件，学习用恰当的语言、动作、音量或绘画表达自己的情绪。 3. 学习遇到消极情绪后，向他人倾诉、求助及自我情绪调节的方法。 4. 学习发现四季景色之美、文学艺术之美、努力奋斗之美。
积极锻炼	1. 能积极参与各种体育游戏与多种形式的体育活动。 2. 能在体育活动中感受到体育的乐趣。 3. 能养成坚持参加体育锻炼的习惯。	1. 了解体育运动有利于健康，学习用标准的姿势做广播体操、爱眼体操和学校特色操，学习正确使用校园中的运动器材和设备。 2. 学习各种方式的走、跑、跳跃、投掷、攀爬、平衡类、球类等动作与游戏。
动作灵活	1. 能完成较精细的动作。 2. 动作发展能达到协调灵活。 3. 初步学会规范使用工具，能熟练使用常用工具。	1. 学习日常生活中常用的精细运动，练习双手协调类的着装类动作、眼手协调类的书写动作、四肢协调类的全身动作。 2. 学习使用工具解决问题，如使用常用清洁工具、书写绘画工具、体育器材等。

(二)生活适应

生活适应发展目标及学习内容如下(表 8-2)。

表 8-2 生活适应发展目标及学习内容

发展目标	具体目标	学习内容
生活习惯	1. 养成早睡早起的好习惯,能够逐步适应从幼儿园到小学的作息转变。 2. 具有良好的生活习惯,能主动喝水、上洗手间。 3. 具有良好的卫生习惯,能自觉管理好个人卫生。 4. 能学习保护视力的基本方法,养成保护视力的好习惯。 5. 能知道营养膳食健康知识,初步形成健康生活的意识。	1. 了解学校的时间安排、校园不同铃声的作用,学看课程表、时间表等表格,学看钟表,结合时间表安排自己的日常生活。 2. 学习在校进餐、饮水、如厕的方法与流程。 3. 学习保持个人物品整洁、衣物整洁、周围环境整洁。 4. 了解保护视力的基本方法,学做标准的爱眼体操。 5. 学习正确的坐、立、行和读写姿势,了解常见食物种类及食用方法,学习辨认正规安全食品。
自理能力	1. 能独立照料好自己,完成基本的自我服务。 2. 能学会及时收纳、分类管理好自己的物品,完成简单的个人物品的整理与清洗。 3. 能学会做好不同课程的课前准备。 4. 能学会简单使用日常的家电设备。 5. 能形成"自己的事情自己做"的意识,具有初步的个人生活自理能力。	1. 学习正确规范着装、独立进餐、独立进行个人清洁,学习爱惜并保管好个人物品。 2. 学习按物品的类别、大小整理个人空间和个人物品,学习叠衣服、整理床铺。 3. 学会清洗小件物品、晾晒衣物。 4. 学习按照课程和活动安排独立清点、带齐每日学习和生活用品,学习正确做课前准备。 5. 学习正确使用手机、座机等通话工具,学习安全使用电扇、空调等常见电器。
安全自护	1. 认识基本的安全标识。 2. 学会简单的自救和求救的方法。 3. 能知道个人卫生保健、安全避险等健康知识和方法,并将其运用于日常生活中。 4. 能进行安全的课间活动,不做危险的游戏。 5. 能在公共场合保护自己的安全。 6. 能正确使用身边常见设施,具备安全意识。 7. 初步拥有网络安全意识,具有分辨信息的能力。	1. 学认常见交通标识、禁止标识、警告标识、提示标识。 2. 了解简单的受伤自救方法,简单了解摔伤、咬伤、蜇伤后的处理方法,学习简单止血方法。 3. 学习遇到危险后向他人求救的方法,了解常用急救、报警电话,学习向他人有效地陈述自己的求助内容。 4. 了解地震、台风等自然灾害现象,学习并练习应对常发灾害的逃生及避险方法。 5. 了解学校运动器械等校园设施的安全使用方法,学习多种安全游戏的玩法,学习提前分析游戏可能存在的危险并尽力避免。 6. 了解陌生人可能对自身带来的安全问题,了解与家人走散后的应对方法、与陌生人对话时保护个人安全的方法。 7. 了解身边常用设施的安全使用方法,学习安全使用电梯,了解使用电梯时可能遇到的突发情况及处理方式;了解安全用电的方式;了解乘坐交通工具时的安全事项。 8. 学习网络安全知识,学习在网络上保护个人隐私安全、家庭财产安全。

续表

发展目标	具体目标	学习内容
热爱劳动	1. 能初步感知劳动的艰辛与乐趣，学会尊重他人的劳动付出。 2. 具有主动劳动、积极参加劳动的愿望。 3. 能完成简单的劳动任务，积极主动参与班级劳动，分担力所能及的家务劳动。 4. 能使用简单的劳动工具，具有初步的劳动意识。	1. 学习制作劳动清单并进行任务分工，参与班级值日和家庭劳动，了解劳动的重要性及"幸福生活要靠劳动来创造"这一道理。 2. 学习使用扫把和擦拭工具进行清洁性劳动，学习食材粗加工、冲泡茶品等烹饪性劳动，学习养护并观察常见植物、动物等农业生产劳动。

(三)社会适应

社会适应发展目标及学习内容如下(表8-3)。

表8-3 社会适应发展目标及学习内容

发展目标	具体目标	学习内容
融入集体	1. 知道自己是班级的一员，能逐步融入班集体。 2. 能积极参加班级的集体活动，能感受集体生活的快乐。	1. 学习进行自我介绍，用多种方式与同学、老师打招呼；学习主动与他人交朋友的方法。 2. 学习与同学商讨班级守则，了解自己在小组和班级中的职责。 3. 参与集体生活；乐于参加班级建设，积极布置班级环境，与同学和老师共同商讨班级守则，制订班级计划；在小组中发挥作用，参加小组会议并发表自己的观点；在实践活动中体会自己在小组和班级中的职责，增强归属感和集体荣誉感。
人际交往	1. 能尊重老师，主动接近老师，有问题向老师寻求帮助。 2. 能爱护同学，与同伴友好相处，有经常一起玩的伙伴。 3. 在与同学的交往过程中能学会互帮互助，能分工合作完成任务。 4. 与同学发生矛盾冲突时，能尝试自己协商解决问题。 5. 能与他人分享、交流最近的发现和感受。	1. 了解老师姓氏、所教课程和样貌，学习与老师有礼貌地交流。 2. 学习向同学发出游戏申请和游戏邀请；学习用恰当的方式赞扬、鼓励、帮助和安慰他人；学习与他人分享自己的物品。 3. 了解合作的好处，学习与同学进行合理分工并完成任务；在自己不能接受他人的想法时，学会有礼貌地拒绝。 4. 了解每个人都是不同的这一道理；学习用恰当的方式表达自己的需求和想法；学习猜测他人的需求、想法、行为背后的原因；学习站在他人的立场上，通过协商解决问题。 5. 学习在遭受他人误解、受到他人伤害后的正确解决方法。 6. 在自己有意或无意给他人带来伤害后，学习进行自我反思、表达歉意和弥补过失。

续表

发展目标	具体目标	学习内容
遵规守纪	1. 能遵守《小学生日常行为规范》和校规的基本要求,有明确的规则意识。 2. 能遵守基本的公共规则,具有良好的守法意识。 3. 能积极参与班级及各类活动规则的制定。 4. 在活动与游戏中,能主动遵守约定好的规则,并想办法扩展游戏或推进活动。	1. 了解校内的课堂规则、活动规则、场所规则,了解不遵守规则的危害。 2. 了解公共交通、展览馆、购物场所、学习场所中的基本规则。 3. 了解与个人成长、社会生活相关的法律法规。 4. 学习通过讨论、交流的方式与同学和老师共同制定游戏规则和班级规则。
品德养成	1. 能初步分辨是非,做了错事能承认和改正。 2. 能爱护班级荣誉,具备一定的集体荣誉感。 3. 具有爱家乡、爱祖国的情感。 4. 能了解并在日常生活中发扬中华传统美德。 5. 在体育与劳动活动中能表现出不怕困难、努力坚持的意志品质。	1. 了解自己的行为可能给自己和他人带来影响,了解错误的必然性和改正错误的意义,学习做错事后主动承认错误、进行反思、改正错误、弥补过失。 2. 了解自己在家庭、班级、社会中的重要性,了解中国和深圳的基本常识、传统文化、特色食物、自然风光、历史演变,学习社会主义核心价值观。 3. 了解粮食和钱财的来之不易;了解常见物品价格,学习合理分配自己的零花钱。 4. 了解家人的姓名、生日、工作和时间安排;学习在节日用文字或语言为家人送上祝福;学习有礼貌地与家人沟通,正确对待父母的批评与建议。 5. 学习常用的文明用语和体态用语;学习区别公共物品和私人物品的方法,学习见到他人财物后的正确做法。 6. 了解水资源、电资源的重要性,学习日常生活中的节水、节电行为;了解常见国家保护动植物。 7. 学习通过外表、行为、动作和表情辨别生活中需要帮助的人,学习分析他人可能会接受帮助的方法。

(四)学习适应

学习适应发展目标及学习内容如下(表8-4)。

表8-4 学习适应发展目标及学习内容

发展目标	具体目标	学习内容
乐学好问	1. 能对学习内容有持续的好奇心,并能在学习中收获乐趣。 2. 对周围事物有好奇心,能就感兴趣的内容提出问题。 3. 能在观察、阅读、互动讨论中发现问题。 4. 能针对不同情境积极地提出问题。 5. 能在互动讨论中向他人提出问题。 6. 对不懂的问题,能进行进一步的追问。	1. 学习在与别人交流时,找出自己和他人想法的不同之处;在阅读或做题时,找出自己不理解的部分。 2. 学习用恰当的语言提出问题,有礼貌地针对不理解的地方进行追问;学习针对不同情境、不同角度提出数学问题。

续表

发展目标	具体目标	学习内容
学习习惯	1. 能在课上专注地倾听老师讲课与他人的回答。 2. 能有意识地调整自己的注意力，进行自我约束。 3. 上课能按照老师的要求完成课堂活动。 4. 课后能初步学会安排自己的学习计划，能按照学习计划完成学习任务。 5. 遇到问题与困难能积极地寻求解决方法。	1. 学习认真倾听、从他人的话语中提取信息的方法。 2. 了解注意力的重要性，学习集中注意力、延长注意力时间、增强注意力稳定性、扩大注意广度的方法。 3. 学习用纸笔记录学习任务，制订学习计划；学习按照授课进度，进行有效复习和预习的方法。
学习兴趣	1. 对新的知识充满兴趣，能调动自己的学习热情。 2. 会观察大自然，能积极地参与各类校园与班级活动。 3. 喜欢阅读，能感受阅读的乐趣，能广泛地阅读自己喜欢的各类书籍。 4. 喜欢学习汉字，有主动识字、写字的愿望。 5. 愿意主动用所学的数学知识解决生活中的问题。	1. 对新知识感兴趣，积极参加各类学习活动，拥有学习的热情，例如，学生可以提前翻看教材，找到自己已经掌握的知识，增强对课程的期待；在与同学交流时，积极分享自己已经掌握的知识，并从他人的分享中获得收获。 2. 喜欢进行阅读，有较好的阅读习惯；喜欢到学校的图书馆和班级的图书角阅读自己喜欢的书籍，积极和伙伴分享在书中看到的故事；认真进行语文教材中的"与大人一起读"板块，在阅读中体会独特的亲子时光；班级可以开展共读一本书、亲子阅读、每日阅读等活动，增强班级的阅读氛围，提高学生阅读兴趣。 3. 喜欢识记、书写新生字，从中获得成就感；能够用加一加、减一减、字形编故事、汉字演变、形近字比较等趣味方法识记汉字，在阅读复现中识记汉字；积极在生活中识记汉字，如在广告牌、包装袋、路标等生活常见事物中结合情境识记生字；喜欢书写汉字，通过记日记、做手账、绘画配诗等方式，体会写字的成就感。 4. 愿意用数学的方法解决生活中的简单问题；喜欢发现生活中出现的数字，尝试了解不同数字的含义；在购物时，对不同的商品比价，喜欢用简单的加法计算商品的总价；用简单的混合运算，对规则排序的物品进行计数。

续表

发展目标	具体目标	学习内容
学习兴趣		5. 喜欢观察校园里的不同植物和物品；乐于和伙伴分享自己对于树叶、树干、果实等的观察结果，口述或利用简单图形表达想法；乐于从大小、形状、颜色、轻重等方面比较相似的事物，如实表达观察到的现象；喜欢用身体、测量工具等测量物体的长度和重量。 6. 对生活中的音乐现象感兴趣；能够注意到日常生活中的不同旋律，并尝试模仿；聆听生活中不同事物发出的声音，模仿它们的音色和音调；用拍手、唱谱等方式模仿生活中有规律的节奏；能够按照一定的节奏朗读儿歌或词语；喜欢唱歌，有自己喜欢的歌曲。
学习能力	1. 能在课堂中理解并领会老师与同学所说的主要内容并积极做出回应。 2. 能在日常生活中认真听他人讲话，努力理解讲话的主要内容，能在与他人的对话中准确获取信息。 3. 能简单陈述已经学会的知识。 4. 能使用不同的工具、材料，以多种表现形式表达所见所闻、所感所想。 5. 能在阅读的语境中识字，学习认识汉字的笔画和间架结构，初步掌握写字的基本笔画、笔顺规则。 6. 能结合学习和生活经验交流讨论，尝试提出自己的看法。 7. 能在老师的指导下，从日常生活中发现并提出简单的数学问题，尝试用不同的方法思考并解决。 8. 能描述简单的自然现象，较完整地讲述小故事，能简要讲述自己感兴趣的见闻。	1. 学习分辨话语中的重点内容与非重点内容，忽略非重点内容，用一定的方法记清重点内容；学习将他人陈述的内容转换成自己理解的语言、思维导图或图画。 2. 学习按一定的顺序和逻辑陈述自己的想法和观点。 3. 学习按照一定的顺序、逻辑，从多角度思考问题；学习将已有知识进行归类、归纳和总结，找到相似知识之间的联系。 4. 学习模仿优秀的朗读或表演中的感情、语气、神态；学习模仿老师的讲课方式，向他人讲解所学知识；学习模仿他人成功的做法，并内化为自己的解决方法。

第九章　入学适应课程实施：环境创设

一、入学适应环境创设的意义

学习环境的断层是处于幼小衔接阶段儿童必然需要面对的挑战与问题。相较于幼儿园的学习环境，小学的学习环境更强调规则，更具集体性，也更突出教师教学的主导性。学习环境的转换如果没有得到相应的重视，容易使小学新生出现不适应的现象，导致学习兴趣低落、恐惧、焦虑、自闭甚至攻击性行为的发生。因而，采取适宜有效的策略，创设和调整小学阶段的学习环境，能够降低两个阶段的环境变化所带来的冲击，保障顺利过渡、衔接。

学习环境可以笼统分为物质环境和精神环境两类，物质环境是教育活动的基础，精神环境是提高教育质量的关键。物质环境和精神环境在校园的学习环境创设中具有同样重要的位置，对小学新生的学习和发展有着不同的意义。物质环境是"看得见，摸得着"的环境，包括校园布局、建筑形状、校园绿化、学具教具等。良好的物质环境能够激发儿童的探索欲，帮助儿童更快地熟悉新环境，同时支持他们更快地适应小学的学习生活。精神环境则属于"看不见，摸不着，感受得到"的环境，如人际关系、班级文化、校园制度、课堂规则等。对于小学新生来说，他们所面临的首要挑战是在新环境中获得身份认同，建立良好的人际关系，而积极、友爱、和谐的精神环境在潜移默化中能够加快小学新生对新的校园环境及新的人际圈的接纳和认同，同时强化对自我"小学生"身份的认同。

二、入学适应环境创设的原则

儿童主要通过感官来认知外界事物，温馨、整洁且富有创造性的学习环境更有助于促进其认知发展。在校园和班级里，通过与环境互动，学生能够直接感知并获得一些知识经验，激发自身的创造力。小学新生由幼儿园刚升入小学，处在一个过渡阶段，因此从小学新生的心理年龄特点和发展需求出发，学校方面应该充分挖掘和利用环境中的教育资源，为小学新生创设丰富、适宜的学习环境，更好地帮助小学新生过渡到小学阶段。高质量的小学学习环境应该有清晰的目标，具有吸引力和美感，并提供符合儿童发展水平的、有趣的且能互动的丰富材料，因此小学新生学习环境的创设应该遵循以下几个原则。

（一）游戏化原则

游戏是儿童发展自我调节和提高语言、认知与社会能力的重要工具。儿童在游戏过程中学习社会互动的规则，培养社会能力并练习自我调节。幼儿园的学习环境为儿童提供了丰富的游戏资源，入学适应期学习环境的创设也可以为小学新生提供符合其年龄特征的游戏资源，改变教学方式使其具有游戏化的特征，以帮助小学新生更快地适应小学的学习与生活。

（二）童趣化原则

学校可以在一年级班级所在的区域设置不同的板块帮助小学新生了解和熟悉小学校园生活，还可以设置激发小学新生的好奇心与探知欲的科学、自然等板块。这些板块在进行布局设计时，应充分考虑童趣化，色彩、图案的选择应该充满童趣，吸引小学新生的注意力，让他们产生熟悉感和亲切感，加快融入小学生活的步伐。

（三）生活化原则

小学校园学习环境与幼儿园学习环境存在一个重要区别，即小学的学习环境主要服务于学习而非生活，这是符合小学教育特点的。但对于小学新生而言，营造生活化的学习环境有助于建立归属感，消除紧张感和陌生感，降低其在过渡期的困难。注重个体且创设有个性的环境，能赋予空间身份特征，从而增强小学新生对小学校园、班级的归属感、幸福感。儿童有了对环境的身份认同，就会对其有更强的归属感和主人翁意识，从而增加自尊感和幸福感。小学一年级所在的楼层可以摆放一定的植物盆栽，在教室里可以设置软装饰，如色彩美丽的窗帘、图画等，这些生活化的环境创设都能增强小学新生的归属感。

（四）可操作性原则

可操作性包含两层意思。一是教师能够根据学生的需要灵活调整学习环境。无论是校园还是教室，一成不变的学习环境都会让学生产生厌倦感和疲惫感。教师能够灵活地创设和调整环境，环境会对学生产生更为积极的作用，如冬季可用些暖色，夏季可用些冷色；气氛沉闷的班级多用些暖色，过于活跃的班级多用些冷色，等等。

二是小学新生在学习环境中可以自由进行操作。他们一般处在具象思维到抽象思维过渡的末期，提供可操作性的材料或创设更富操作性的环境可以给他们的思维发展持续提供支架，让他们在操作中可以建构经验，学习知识，发展能力。

(五) 参与性原则

儿童具有环境创设的主动权和参与权。以往，校园环境的创设从设计、安排到评价都由学校和教师完成，学生只是被动的参与者和适应者。实际上，校园的环境创设需要赋予学生充分参与的权利，尊重学生的主体地位，保障学生参与环境创设的权利，学校和教师要积极引导学生参与校园学习环境的建设。小学新生已经具备了一定的动手能力，学校可以把出黑板报、墙报的任务交给能写会画的学生，并采用个人轮流或小组轮流的形式，让学生自己进行设计和修改，这样每名学生都有机会参与学习环境的创设，以此来激发学生的创作和学习热情。

三、入学适应环境创设的策略

(一) 物质环境创设策略

物质环境对学生的影响是直接的、直观的。在小学一年级物质环境的创设中要重视两点：一是如何对基础物质环境做出调整；二是如何根据小学新生特点增加特色区域。

1. 调整基础环境

校园的基础物质环境包括校园的布局、建筑及墙面的色彩等。因为校园的整体性布局不易改动，所以这里的基础物质环境是指小学新生的教室和课间活动的主要区域。

传统小学新生的教室内部陈设遵循一人一桌，班内的桌椅按组进行竖列排放。刚进入新环境，传统的桌椅摆放方式不利于学生之间进行合作学习和交流，调整教室内部的桌椅摆放有利于学生之间的交往、合作，为学生彼此熟悉、进行合作学习提供物质条件(图9-1)。

除教室内部的陈设需要做出调整之外，其他区域如走廊、操场，也可以根据

图 9-1 深圳湾学校一年级教室一角

新生的年龄特征做出调整。为消除新生入学对校园环境的陌生感，学校的走廊或公

共区域可以增加关于方位的提示标语和指示箭头；由于新生识字量有限，可以在相关提示标语和指示箭头上配备相应的、色彩鲜艳的图画，帮助新生理解。

2. 增加特色区域

除了对原有的基础物质环境做出调整，小学校园还应该根据小学新生的年龄特点和学习特点增加相应的特色区域，使小学学习环境和幼儿园学习环境之间的过渡更加自然。学校还可以在特色区域渗透小学各学科的知识经验，激发小学新生的学习兴趣与热情，让他们更快地融入小学的学习和生活。

(1) 增加操作区

操作区可以支持并且促进小学新生精细动作的发展，让小学新生通过实物操作更好地理解相关抽象的概念。小学的操作区主要是以数学或者科学实验类为主，锻炼学生的动手能力与操作能力。小学设立操作区是可以与幼儿园的环境相衔接的，让小学新生在进入小学校园的时候消除一些陌生感，更快地融入小学的学习环境当中。另外，由于生理年龄的原因，部分小学新生在进入小学初期存在书写困难，操作区有助于发展他们书写所需的技能及小肌肉的动作技能。因此，小学新生教室所在的区域或楼层应该建设一个公共的操作区。

小学校园内设置一个有效的操作区可以参照的标准主要有两条。首先，要选择一个安静且不易受干扰的区域，过于喧闹、人流量太大的地方无法让学生安静地进行操作。其次，要提供一定的柜子或者架子摆放操作区所需要的材料和工具，教师可以用图片或者文字给柜子命名，便于学生操作后把尚未用完的材料放回指定的地方。

(2) 增加游戏区

游戏区是供学生进行游戏和玩耍的区域。不同类型的游戏区可以供学生充分地游戏，促进他们生理和心理的发展。在幼儿园阶段，游戏区是幼儿园环境的重要组成部分。对于步入小学一年级的儿童来说，学习环境的创设同样需要游戏区域，这对促进学生科学认知能力、读写能力、社会情感技能的发展具有重要意义。按照游戏区域的地点设立，大体上可以分为室内游戏区和室外游戏区。无论是室内游戏区，还是室外游戏区，各小学都应该根据自己实际的校园环境和布局酌情而定。

室内游戏区可以分为表演游戏区、棋类区、积木建构区等。表演游戏区是在活动的主要区域给小学新生提供一块场地，供学生进行表演活动。棋类区域的具体地点可以在走廊，也可以在某个专门的教室，给学生准备不同的棋类，供学生进行游戏。积木建构区则需要一个平稳的建构表面、足够数量的积木(小学生进行积木游戏时一般会用到 200 块积木），而且积木应该存放于可以供学生自取的开放型架子上。

室外游戏区设置在户外，除了提供传统的滑梯、秋千等游戏设备，还可以提供大积木、不同长短的木板、斜坡等，大积木可以用来搭建大的建筑单元。学校根据自身户外的实际情况，还可以投放各种配件，如小梯子、防水布等。

(3) 增加公共读写区

早期读写能力的发展为儿童现在和今后运用口头与书面语言的能力奠定了基础，也在其他课程的学习中扮演了重要的角色。读写能力包括听、说、读和写，四种能力是同时发展而不是先后相继发展的。因此对于刚入学的小学新生，在他们活动的主要区域设置一个公共的读写区是有必要的。

有效的公共读写区可以参考的标准有以下几条。首先，读写区域应该设置在安静且采光较好的地方，区域大小可以容纳 5～6 名学生同时进行阅读。其次，读写区需要提供足够数量的书籍、供学生能够自主取阅的书架及座椅，场地足够的学校还可以放置沙发等，舒适、美观的读写环境会更加地吸引学生。除此之外，教师应当鼓励学生用图画或者文字去表达，因此在读写区还应该提供可供书写的桌椅、纸张、小便签、铅笔、彩笔等设备和工具。

(二) 精神环境创设策略

合理、科学地创设精神环境可以帮助小学新生更快地适应小学生活，找到归属感，从而更快地融入小学生活。校园精神环境的创设可以从校园文化、关系建立这两个方面入手。

1. 装饰标语传递校园文化

有效的校内装饰和标语能够最大限度地传达校园文化精神，营造校园文化氛围。每所学校都有自己独特的教育理念和校园文化精神，这些理念可以通过校内建筑的样式和颜色及校园标语来体现。

以深圳大学附属教育集团外国语小学为例，该校园的整体布局以森林为主题，校内装饰以原木色为主，营造出一种人与大自然天然融合为一体的校园文化氛围（图 9-2）。这种精神环境的创设传达的是该学校尊重儿童的自然生长规律、顺应儿童天性的教育理念，无论是儿童，还是成人，进入校园内的第一感受是放松。能让儿童感到放松的环境有利于缓解刚进入小学校园儿童的紧张情绪，有利于他们更快地融入小学生活。

图 9-2　深圳大学附属教育集团外国语小学校园

以深圳湾学校为例，该学校地处深圳湾畔，校训是"做自己的人生冠军"，充分强调学生的个性化发展。四面旗帜分别表示学校所设置的紫荆、红棉、绿榕、蓝楹四个不同的书院，学生可以根据自己的特质、兴趣选择不同的书院（图 9-3）。四个书院不分年级，学生除了自己隶属的班级外，还有一个书院集体。这样的设置充分地传达了学校的教育理念，也有利于小学新生更快地适应校园生活。

图 9-3　深圳湾学校初小部

2. 举行活动推动关系建立

人际关系是情感环境的根本和所有学习的基础，班级内部的关系是建立班集体和进行有效教学的基础。班级内部的关系主要有三种，分别是教师与学生的关系、学生与学生的关系和家长与教师的关系。

一个充满关爱的关系共同体需要一个和蔼可亲、尊重儿童且清楚自己权威的教师。教师要学会尊重儿童，教师如何对儿童讲话是衡量其是否尊重儿童的重要标志之一，多用问句、少用命令语气的肯定句能够让学生充分体会到自己被尊重，有利于学生感受到自己的价值所在、确认自己的身份归属。

不管社会经济地位、父母的教育背景、年龄、民族、种族背景或性别有怎样的不同，提高家长参与度有助于儿童的发展。相关研究表明，在儿童早期家长参与程度高的家庭，儿童在未来将获得更优秀的学业成就、更大的学习动力、更好的行为表现和更高的出勤率。因此，为了使小学新生更快地适应小学生活，在一年级开学之初学校与家庭形成伙伴关系是十分必要的。

学生介绍全家福活动。教师让小学新生在开学之初带自己的一张全家福照片，给班里的同学和教师介绍自己家里有几口人等，这样简单的小活动一来有利于教师了解新生的家庭基本情况，二来有利于学生之间关系的建立。

家长到校参加活动。开学之初教师可以组织欢迎家长来校、来班级做客等活动。在规划家长参与时，教师必须明确预期结果，并设计相关活动来实现这些结果。例如，南山区第二外国语学校(集团)学府二小举办"家长进校园——职业分享"的志愿活动，以班级为单位，让家长定期自愿报名，到班级跟学生们分享自己的职业等。这样的活动有利于加深家长和教师之间的了解，在一年级开学初实现家长和教师之间关系更快地"破冰"。

设置"说话墙"和"温馨条"。小学新生在开学之初由于环境的陌生会出现紧张、希望和恐惧相互交织的复杂心理，为了缓解新生的情绪、更快实现班级规则的养成，班主任可以在班内设置"说话墙"和"温馨条"。"说话墙"为学生提供倾诉的空间，学生可以通过写或者画的形式表达自己的心情然后贴在墙上，教师以星期为单位，每周选择一天集中阅读"说话墙"上的留言，及时地发现班内学生的情绪问题并进行处理。"温馨条"的形式和"说话墙"相似，内容却有所不同，如在班级的前后门贴上"孩子，请轻声关门好吗？"等。通过这类的"温馨条"帮助小学新生建立起良好的行为习惯，温馨、充满爱意的提示还可以帮助学生保持愉悦的心情，珍爱自己的精神家园。

四、入学适应环境创设的案例

(一)入学适应环境创设案例一

撷环境创设　绘就科学衔接活力画卷

◎**创设背景**

初冬时节的大沙河，山水辉映，绿意盎然，生机勃勃。在南山区聚焦"全力打造中国特色社会主义先行示范区基础教育先锋城区"的背景下，大沙河畔的南科大实验一小如何进行育人方式的变革，提升教育教学质量，实现幼小双向科学衔接，打造更有生命力的教育？

南科大实验一小作为一所新学校，从办学之初就主动领题，锚定了大湾区教育发展大局，以创新思维进行顶层设计，以"让每个孩子都出彩"的理念重构校园环境，探索未来学校幼小衔接的全新样态。

《指导意见》提出："遵循儿童身心发展规律和教育规律，深化基础教育课程改革，建立幼儿园与小学科学衔接的长效机制，全面提高教育质量，促进儿童德智体美劳全面发展和身心健康成长。"

南科大实验一小从2014年筹建之初，就以"让每个孩子都出彩"的教育哲学理念来统领学校顶层设计，在校园设计上打造"空间无边界"的生态系统，进行环境、空间、技术与文化的整体构建，打破场所边界，让儿童在喜欢的环境中释放天性，发挥环境育人的作用。2021年，首任校长退休后，新任校长在此基础上，提出"环境与课程相互创生"的原则。学校着重打造自然与人文相映成趣的校园环境与活动空间，让课程的价值在学生与环境的互动中得到体现：以绿植和生态池塘滋养儿童的好奇心，以宇宙星空和飞船的形式设计游乐设施，为儿童种下探索科学的种子。将校园的每一寸土地还给儿童，更好地为幼小衔接服务。

◎ 创设思路

根本思想：基于儿童视角，以儿童为中心。

小学阶段是基础教育的开始，是儿童正式接受教育的第一阶段。对于以体验为主获得对世界感知的儿童来说，小学阶段是一段未知的旅程，入学适应阶段容易产生恐惧心理。为了帮助儿童更好地适应小学生活，南科大实验一小以"回归儿童游戏活动"为切入点，将尊重、包容、开放、创新的校训概念同生态、科技等主题相结合，以儿童为中心，重构活动区域、教室空间，发挥环境育人功能，尊重与呵护儿童生命生长的需求，充分照顾入学儿童的身心特点。

南科大实验一小在坚持儿童立场的指导思想过程中，注重从以下三方面进行探索与研究。第一，关注儿童发展的连续性。尊重儿童原有的生活经验和个体发展差异，从儿童发展的特点和需求出发，创设"未来空间"，为他们后续学习的长远发展打好基础。第二，学校关注儿童发展的整体性，帮助儿童做好身心全面准备和适应，注重儿童情感和社交的发展，帮助儿童结交伙伴，逐步融入小学生活。第三，学校从儿童发展的可持续性出发，培养有益于儿童终身发展的习惯与能力，包括自主学习、独立思考、自我管理、社交协作等能力，为儿童的全面发展和终身学习夯实基础。

◎创设实施

1. 重构活动区域、教室空间，满足身心需求

(1)未来空间(活动区域)：打造儿童设施，满足成长期待。

步入学校中庭，映入眼帘的是幼小衔接区域——"未来空间"(图9-4)，这片区域是对儿童充满吸引力的游乐设施。儿童生来就是活泼好动的，是以游戏为生命的。游戏是儿童的基本活动。

"未来空间"充分满足了儿童对游戏的需求。整个设计极具特色，整体以太空和科技为主题，运用飞碟、飞船、星空等为主要元素，体现本校"数智创新"和"未来课程"的特点。设施包括一人木马、两人跷跷板、三人蹦床及五人转盘，多人滑梯和攀爬设施，既尊重了儿童的个体差异，让他们可以自主选择适合自

图9-4 "未来空间"

己的方式进行游戏，又通过相应设施鼓励儿童自主设计一些需要合作的游戏或活动，让他们在玩耍中学习社交技能。

"未来空间"的设计还关注到了儿童心理、生理特点，以黄、蓝为主色调并设置了动物卡通形象，符合儿童的审美趣味和认知特点，周围还设有饮水区和休息区，呈现出有温度、有情感的区域。

在一楼的东庭，有儿童最喜欢去的地方——生态园。那里有一个大大的鱼池，里面有色彩鲜艳、游来游去的锦鲤，还有三两只懒洋洋、爱趴在石头上晒太阳的大乌龟，周围树木葱郁、草儿吐绿，不时还能看到蜜蜂在花丛中辛勤采蜜，雨后甚至还能看到草丛中蜗牛的足迹。

如梦似幻的校园，既有符合儿童需要的游乐设施，又有亲近自然的绿色气息。学校用儿童化、生态化的校园空间，让自然、和谐、童真、童趣的种子在儿童心间播撒，让自然生长的美好在这里绽放。这也是学校"让每个孩子都出彩"的办学愿景及"培养家国情怀、全球视野、面向未来的时代好少年"的育人理念的彰显。

(2)教室空间：重构空间样态，促进儿童身心发展。

在南科大实验一小，"让每个孩子都出彩"理念的实施始终坚持系统思维、整体布局。学校打破传统教学模式、打破教育思想壁垒，重构教室环境，尤其是一年级教室，促进儿童身心发展。

学校的教室不仅是一个物理空间,还是一个文化场所和教育场域,应贴近儿童身心发育所需。在南科大实验一小一年级的教室中,桌椅形状有别于传统课桌椅,而且不是固定摆放的,根据儿童的活动需要灵活调整。

每一间教室都有自己的名字:向日葵教室、星辰教室、贝壳班级……每一个班级的布置特色鲜明,富有童趣。有的班级教室内外像太空一般,让儿童遨游于浩瀚宇宙之中;有的班级以海洋为主题,开拓海纳百川的宽广视野,用充满童趣的元素对儿童施以潜移默化的心灵滋养。

有些教室还辟有专门为幼小衔接打造的"情绪区"(图 9-5)(一个安全、自在、温暖、舒适的区域空间),儿童不开心了或者想独自待一会儿时,可以到教室一角的透明帘子后面,看看图画书,跟布偶说说话、聊聊天等。儿童在这里可以感受、识别自己的情绪,如悲伤、愤怒等,还可以通过小物件,帮助他们有效处理自己的情绪,理解和合理接纳他人的情绪,增强他们的同理心。

2. 创设文化环境,助力幼儿适应小学生活

(1)创设"许愿池":贴近幼儿心理,营造期待。

为了有效缓解儿童初入小学带来的不适情绪,学校创设了生态园的鱼池作为"许愿池",鼓励儿童表达自己的心愿。儿童可以通过图文表征的方式,说出自己的心愿,也可以用口述的方式,让家长或者教师录音、录视频,生成二维码,让儿童对自己的小学校园生活充满美好的期待(图 9-6)。

图 9-5 教室角落的"情绪区"　　　　　　图 9-6 儿童的"许愿卡"

当愿望实现时,儿童可以把自己的心情或者感谢的话语用画画、语音、视频的方式展现出来。教师也可以把儿童实现愿望历程中的精彩片段生成二维码,同步展示。通过这种分享,让儿童充分感受到自我成长的力量,让他们对自己未来的校园生活充满信心。

(2)创设自我管理空间：发挥"主人翁"意识，提升人际交往能力。

在环境创设过程中，教师还充分发挥学生的"主人翁"精神，让儿童对"未来空间"的游玩、生态园的文明观赏提出建议，从儿童的视角进行温馨提示，设计游玩路线。

在"未来空间"玩耍的过程中，儿童不仅在交往中学会使用礼貌用语，如"请""谢谢""对不起"等，还提升了与他人相处的能力，提升了社交技巧。

为了进一步确保"未来空间"游乐设施区域的安全性，学校少先队安排了高年级学生进行管理。相比于传统模式下"教师为主"的管理模式，高年级学生在角色上更容易与入学儿童产生亲近感，缓解入学儿童的焦虑情绪。同时，这种同伴管理方式也让入学儿童直接体验和观察本校学生的日常行为模式，有利于后续学习生活的开展。高年级学生经历了小学学习的浸润和沉淀，展现出来的精神面貌是学校文化的具象化，入学儿童可以通过观察、模仿和学习，更好地融入小学生活。

◎**创设反思**

1. 身心适应

在小学进行游戏区域的创设，要让学生在幼儿园期间的部分学习生活经验得以延续，让"陌生"的环境熟悉化，从心理上更容易接受，让衔接和转化在无声中进行。经历了预先体验幼小衔接活动后，后续新生见面会及正式入校学习阶段，南科大实验一小2023级新生展现出良好的适应能力。

2. 生活适应

在"未来空间"区域内，设置了不少温馨提示和安全标语，帮助入学儿童在游戏活动中形成安全意识。并且，每日高年级学生的温馨提醒和监管，也让他们在安全愉悦的环境中得到润物无声的安全教育，自然培养出安全意识。

3. 社会适应

在游戏过程中，双人游戏"跷跷板"可以让儿童建立亲密的同伴关系，培养合作协同能力，给熟悉集体生活和培养集体荣誉感打下基础；多人游戏则可以锻炼旁观儿童的观察分析和是非辨别能力，培养他们对冲突的解决能力和人际交往能力，在实际经验中，培养规则意识。

根据儿童参与游戏的不同分类（单独、旁观、平行、联合等），可以增强儿童的不同技能和能力。儿童拥有游戏的选择权，可以自由地、放松地去探索、交往、制定游戏规则，培养他们的自我选择能力、自我约束能力和协同合作能力。

4. 学习适应

入学儿童通过观察与亲身体验自己和周围人、事、物之间的相互联系来激发自己的想象力和创造力。"未来空间"的设计以彩色配色为主,强烈明亮的黄色能有效刺激儿童视觉神经,激发兴趣,大面积的蓝色区块能够让儿童联想到天空、海洋,从而平复心情,培养专注力。太空、宇宙和科技元素对于儿童来说是未知且新奇的,能够激发他们的好奇心,同时也给他们种下了一颗探索奥秘的种子。

综上所述,空间环境(包括物质环境和文化环境)的创设是儿童进入小学后快速适应学习场域变化、身心发展变化的重要媒介;儿童游乐设施的设置、教室空间的重构、生态园的打造,给儿童创设了多元成长空间,让校园空间、校园文化成为温润儿童成长的最佳元素,使他们成为学习和活动的小主人,逐渐适应小学生活的校园文化。

〔供稿单位:南方科技大学教育集团(南山)第一实验小学;供稿人:肖毅、李玲、邱惠琴〕

(二)入学适应环境创设案例二

科学衔接桥 梦想起航岛——基于儿童立场的学习环境创设

◎ 创设背景

为刚刚进入小学的一年级新生创设适合的、恰当的、符合身心发展规律、保障他们顺利适应与过渡的环境,是每一所小学一直以来都在努力的方向。我校通过打造游乐场、圆桌教学、小班化教学等多项举措,帮助小学新生快速适应小学生活,扎实地做好幼小衔接的每一个环节。

2020年9月,深圳湾学校南校区正式启用。南校区主要承担1~3年级的教育教学工作,目前设有53个教学班,约有学生1500人。初小学部特设单独校区,力求打造一个以学习者为中心、基于儿童立场、符合儿童身心发展特点的学习环境。学校所做的一切能符合这个年龄阶段儿童的特性,力求让小学新生爱上学校,感受到良好的学习体验、校园生活。

◎ 创设思路

教育教学环境是一个由多种不同要素构成的复杂系统,广义的教学环境是指影响学校教学活动的全部条件(包括物质的和精神的),可以是物理环境和心理环境。从空间的分布上,教学场所的环境可以划分为室外环境和室内环境。为了给学生提供符合儿童身心发展特点的物理环境和心理环境,学校在室外环境和室内环境中都做了一些突破与改变,如放弃传统的田径场,修建游乐场;将班主任的办公位安置在教室内。

◎创设实施

1. 室外环境的突破与改变

整个校区创设充满童趣的校园环境，以游乐场的形式代替普通的操场（图9-7），让学生更快地爱上我们的校园。游乐场中专门配备了6~8岁儿童喜欢的、适合的各项游乐设施，如攀岩墙、沙池等。学生平时会在体育课、体育活动课、大课间、午餐后或放学后来到他们最喜欢的游乐场玩耍。在游戏的过程中，学生除了有基本的跑、跳动作外，还会有攀、爬、蹬、挖、

图9-7 深圳湾学校南校区游乐场一角

钻、吊等各种难度动作，多种多样的动作能使他们的手、眼、脑、四肢、肌肉、神经、心理都得到平衡的发展。

精力充沛，喜欢户外、奔跑、玩耍是6~8岁儿童最大的特点。为了能让每一名学生都能拥有活力满满的每一个课间，更为了保证所有学生每天的户外时间、运动量。学校在前期设计阶段就将教学楼的2~4层的教室外都配备了宽敞的走廊，也在教室与室内体育馆之间建立了走廊，方便学生随时可以到达体育馆运动、玩耍（图9-8）。除此之外，学校为了保证每一节体育课都能上得有质量，中庭区域设计了"屋顶"雨棚，这样学生的体育课就不会因为雨天耽误，也不会在夏天被暴晒（图9-9）。

图9-8 深圳湾学校南校区4楼走廊　　图9-9 深圳湾学校南校区配有遮阳遮雨棚的中庭

2. 室内环境的安全与安心

深圳湾学校的每一间教室都追求成为3A（安全、安心、安静）教室，也始终为学生打造有效学习环境，希望学生在教室内外的每一处都能触发学习或者感受到价值感、成就感、归属感。教室内的每一面墙和教室外墙都展示了学生的作品（图9-10和图9-11）。

图 9-10 教室内展示的学生作品 　　　　图 9-11 教室外墙展示的学生作品

为学生提供更加个性化的教育是深圳湾学校一直以来的追求。学校采用小班化教学模式，每班学生不超过 30 人，有助于教师开展个性化教学，加强与每一名学生的连接。教师能关注到每一名学生，学生表达和参与的机会也变多了，更能得到及时和有针对性的反馈。小班化更是教师能和每一名学生建立稳固的、有效的师生关系的基础。

用圆桌代替传统的方桌，并呈 U 形排列在教室里，方便教师在课堂中自然走动到每名学生身边进行个性化指导（图 9-12）。教师与学生的活动密度、强度、效度等及师生间互动关系会得到增强。圆桌和幼儿园的教学形式自然承接，消除学生新入小学的陌生感。此外，圆桌还有利于艺术课程的项目开展，促进学生在日常学习中学会积极表达、有效沟通、认真聆听、小组合作、共同商议。

图 9-12 深圳湾学校南校区教室圆桌教学

学校将班主任的办公位固定在教室，进一步加强了学生与班主任的直接联系，增加了学生的安全感，让幼小衔接更顺利。对教室进行分区，打造了包含学习知识、评价、习惯养成、社交服务等属性的环境布置。建立支持型班级文化，加强学生与班级环境的连接和互动，让教育时时发生。

◎**创设反思**

深圳湾学校初小学部一直追求的目标：学生喜欢学校、喜欢上学、对学习和运动都有浓厚的兴趣；教师与学生之间构建高质量的师生关系；学生每日在校内的运动时间达 1 小时以上；学生坚持运动、喜欢运动、有良好的运动习惯……多年来，师生关系测评结果优良率一直居于 95% 以上；学部体质健康监测优良率高达 90%；学生的运动兴趣浓厚，掌握了多项专业的运动技能，并养成了良好的运动习惯；学生的意志、品质坚定，在多项区级、市级比赛中取得佳绩。

（供稿单位：深圳市南山区深圳湾学校；供稿人：王珊珊、王燕子）

第十章　入学适应课程实施：一日活动组织与实施

《指引》将幼儿园一日活动界定为幼儿从入园到离园的一天时间里，在幼儿园室内外各个空间里所发生的全部经历。幼儿园一日活动以游戏为基本活动，寓教育于各项活动之中。《指引》根据幼儿活动的属性，把幼儿园一日活动划分为四种类型：生活活动、体育活动、自主游戏活动和学习活动。参考上述界定，本章将小学入学适应期的一日活动定义为一年级上学期儿童从入校到离校的一天时间里，在学校室内外各个空间里所发生的全部经历。与幼儿园一日活动不同的是，幼小衔接适应期的一日活动以学习为基本活动，但活动属性仍基本涵盖四种类型：生活活动、体育活动、游戏活动、学习活动。

本章将从时间、内容、实施主体三个维度系统构建适用于幼小衔接适应期儿童的一日活动方案。该方案的时间维度将依照幼小衔接适应期儿童重要学校生活事件的时间发生顺序(从入校前的等候直至离校)加以铺陈。该方案的内容维度将围绕"一日活动"中的学习适应活动、身心适应活动、生活适应活动、社会适应活动模块展开陈述。该方案的实施主体维度将从教学管理者、教师(班主任、普通任课教师)、家长三类教育者的主体视角提出针对性的方案操作意见和建议。

一、科学安排入学适应一日活动的意义

(一)提升科学衔接工作质效

首先，有助于提升一线教育工作者对幼小衔接工作的重视程度和科学认识水平，为其系统制定适合幼小衔接适应期学生需求的教育教学方案提供有效导引。其次，有助于教育工作者识别并减少在幼小衔接适应期教育教学过程中可能存在的问题，从而提高教育工作者的工作效率，充分发挥幼小衔接教育教学工作的作用和价值。最后，有利于学校和教育工作者与家长和社会建立良好的互动与合作，促进家庭和谐、健康的教育氛围的形成。总之，制定幼小衔接适应期儿童一日活动方案能为幼

小衔接教育教学工作提供科学导引，是小学教育工作者发挥其教育职责和责任的必要手段，也是科学推进幼小衔接工作的重要保证。

(二)提升小学新生入学适应水平

科学的幼小衔接适应期一日活动方案能够有效提高小学新生的入学适应水平，增强其对学校生活积极态度，提升学业质量的意义和价值[1]。良好的入学适应性水平有助于儿童快速适应学校生活，降低因适应性差而导致学习困难的可能性；积极的态度有助于儿童对学校生活产生好奇心和热情，增强学习的兴趣和动力，有助于培养学习的习惯和能力；最终为实现小学教育教学目标的关键要素做好"开局"，为其未来的全面、健康发展奠定基础。

(三)提高家庭教育质量，凝聚家校合力

科学的幼小衔接适应期一日活动方案能够引领幼小衔接期家长的育儿观念，提升家庭教育的质量。具体表现为：帮助家长更好地了解幼小衔接阶段的儿童身心发展规律，制定适合儿童的教育方案，提高育儿技能和水平，营造良好的家庭氛围；引导家长树立正确的教育观念，重视综合素养的培养，避免过分强调纯学业表现和功利思想所带来的负面影响，有助于儿童全面发展；还可以促进家长和教育机构之间的互动和合作，加强沟通与协调，营造出更加和谐的教育氛围，从而提升幼小衔接适应期家庭教育质量，使之成为儿童成长的有效支撑力量[2]。

二、入学适应一日活动安排的原则

(一)动静结合原则

动静结合原则具体是指在幼小衔接适应期一日活动的设计和安排中注重动态和静态的结合，既要有动态的探究与活动，又要设置静态的思考和休息。动态的活动可以激发儿童的兴趣和好奇心；静态的思考和休息则可以帮助儿童更好地理解和巩固所学知识，提高思维能力和创造力，同时也能满足儿童的身心需求。在实践中，教师可以通过多种方式来实现动静结合原则，例如，在课堂上设置小组合作环节，让儿童在互动中学习；在课后布置非书面作业，让儿童在思考中巩固所学知识；在

---

[1] Eoh, Y., Lee, E., Park, S. H.. The relationship between children's school adaptation, academic achievement, happiness, and problematic smartphone usage: a multiple informant moderated mediating model [J]. Applied Research in Quality of Life, 2022, 17(06): 3579-3593.

[2] O'kane, M.. Building bridges: the transition from preschool to primary school for children in Ireland [D]. Dublin: Technology University Dublin, 2007.

教学中引入游戏元素，让儿童在轻松愉悦的氛围中学习；在一日生活中适当设置静息、休整环节等。通过这些方式为儿童适应学校生活打下基础。

(二)游戏化原则

在幼小衔接适应期，儿童面临着从以游戏为基本活动的幼儿园生活向以学习为基本活动的小学生活的转换。基于该阶段儿童的认知发展特点，通过游戏化的方式开展适应期一日活动中的学习活动，有助于幼小衔接适应期儿童实现学段间的平稳过渡。具体表现为：在教学内容的设计和实施过程中应以多样性、趣味化、互动性的方式呈现各种知识和技能，以激发儿童的学习兴趣和好奇心，而非只强调纯理性训练或机械化操作，从而为儿童提供一个安全、舒适且富有挑战的环境，引导他们积极参与学习活动，从而逐步延长适应期儿童在课堂上的有意注意时间、增强学习兴趣。

(三)灵活性原则

幼小衔接适应期一日活动安排要充分尊重儿童身心发展需求和规律。为此，教师应基于儿童的现实状态与真实需求适度调整教学内容和时间，灵活地设置、执行适应期的一日活动方案，避免"一刀切"。具体而言：在教学内容上，应根据年龄、成长和参与度的差异为儿童提供适当的课程内容并适时调整教学方法和教学策略，以保证教学有效性；同时，还应从教学时间、课时数等角度针对儿童的身心发展水平适当降低学习、运动强度，增加生活适应活动、社会适应活动的安排比重，并在适应期内依照儿童的发展状况同步调整一日活动安排，动态化地提升他们的发展水平，直至达到适应状态。

(四)集体要求与个人意愿相结合原则

在幼小衔接适应期儿童的一日活动安排中应科学设置活动项目用以引导儿童尊重规则和纪律，遵守教室和校园的秩序，积极参与团体学习和社交活动；同时还应充分关注儿童的个性差异，注重挖掘每个儿童的潜能，鼓励他们自主学习、创新思考。教育教学者应该根据儿童的认知、语言、情感、社交和身体等方面的发展特点，制定身体与心理自我教育、游戏体育、阅读写作等合适的个性化课程安排，并提供实时反馈机制，以帮助儿童发展其个性特色，进而增强他们的信心和自尊心。

(五)递进性原则

幼小衔接适应期儿童的身心发展水平是动态变化的，因此在一日活动的安排上可尝试依据他们的能力与经验，逐月调整一日活动安排表，从活动目标、活动形式、活动主题等方面进行递进式的设计与调整，以期同步儿童的成长状态。具体而言，在同一类适应活动中，教师及家长可依据儿童的适应水平，逐步提高对幼小衔接适应期儿童的能力要求，不断提升目标的难度和复杂性，为他们动态设置植根于"最近发展区"的学习适应活动、身心适应活动、生活适应活动、社会适应活动。

三、入学适应一日活动的安排策略及实施建议

（一）入学适应一日活动的安排策略

幼小衔接适应期内儿童的心理需求和发展状态存在着规律性的变化，伴随着认知发展、经验积累、学校及家庭教育的训练效果，他们的入学适应水平逐渐提升，具体表现为在生活适应、社会适应、学习适应、身心适应等诸多方面均有进步。儿童入学适应需求的重心伴随时间在发生变化，即从前期以生活适应、社会适应为首要任务，到后期同步增强对学习适应、身心适应的重视程度，四类适应需求均被学校教育、家庭教育同等重视。

基于上述趋势，从小学新生初入学的第一个月至第四个月，学校有必要对于一日活动安排做出如下动态调整：不断提高对学生完成各类适应任务标准的要求，并在此过程中逐步减少来自教师、家长的外部辅助，逐步强化学生的同伴互助和自我管理的意识与能力。在设置一日活动的具体内容时，应依据学生适应需求真实且动态的变化，灵活调整入学适应期教学任务的重心、强度和具体形式。依据学生的适应水平的变化，对一日活动中的具体活动内容的时长、所占比例进行适度增减。

（二）入学适应一日活动的实施建议

1. 加强管理，为科学实施提供支持

为科学实施幼小衔接适应期儿童的一日活动，学校需要建立一系列教学管理制度加以配合。学校应依据该阶段儿童的身心发展水平和个性化特征，制订个性化的教学计划和教学方案；科学设置适应期儿童的综合评价方案，既能有效检测其学业发展水平，又能评估他们的综合素养水平。学校应注重教师的专业发展，为执教该学段的教师设置专题培训方案和专项奖励，提高他们的专业素养和成就动机。

2. 家校联动，为科学实施增加共识

积极组织家长参加学校开放日或家长会议，让家长全方位、及时了解幼小衔接适应期儿童一日活动内容，以便更好地帮助儿童适应新学习环境；邀请专业人士来为家长讲解如何帮助儿童适应新阶段一日活动中的具体环境和学习方式，如何培养儿童的学习兴趣、如何帮助儿童养成良好的学习习惯等；可在一日活动中阶段性地

增设一些亲子活动内容，如亲子游戏、亲子阅读等，以增强学校、家长和儿童之间的互动与沟通；可建立家校互动平台，让家长和教师可以实时交流，分享适应期一日活动中的学习情况和成长经历，以便及时发现和解决问题，共同促进儿童成长和发展。

3．迭代方案，为科学实施提高效率

幼小衔接适应期内教师可以在"上一轮适应期执教者"一日活动主题相关的教学管理方法和策略的基础上，通过观察和评估现阶段儿童的适应情况，及时加以调整和应用。此外，教师还可以通过参加教育培训和研讨会，学习其他教师的教学经验和方法，不断完善自己的教学理念和方法。上述做法一方面能避免重复性工作，减轻教育教学工作负担；另一方面也可基于对前人方案的改良以实现更好的教育教学效果，最终同步完成校内方案的逐年迭代与完善。

4．系统梳理，为科学实施积累经验

教师应有系统化梳理一日活动主题相关教学经验和资源的意识，避免碎片化思维，由此将其更好地内化为自身专业素养，用以更好地指导幼小衔接适应期一日活动的实施。具体而言，教师可以通过反思教学过程和教学效果按照一定的主题架构总结出有效的一日活动实施方法和策略。另外，教师可以通过收集和整理教学资料、教学案例、教学视频等资源，建立自己的教学资源库。这些资源可以帮助教师更好地备课和教学，提高对适应期一日活动科学安排的认识度和执行度。

四、入学适应一日活动的实施案例

小学新生值日能力培养

小学新生具有好奇心和模仿能力，但生活经验不足，部分学生的劳动意识较弱。本活动旨在培养学生使用工具和方法进行值日劳动的能力，指导学生与同学配合完成任务，并培养学生爱劳动、合作和珍惜他人劳动成果的意识。

◎活动目标

第一，通过实践活动，能够正确使用卫生工具，高效劳动，提升手脑协调能力，并将所学知识应用于日常生活。

第二，通过值日活动，能够体会劳动的重要性，动手实践的趣味性，以及团队合作的必要性。

◎活动准备

知识准备：制定值日安排表，分配任务，家校合作收集提高效率的方法。

技能准备：摸底调查，了解学生的值日技能和效率及实施情况，如家长在家指导学生劳动情况。

物质准备：配备卫生工具和调整卫生角的配置。

◎**活动过程**

(一)培训阶段——意识及能力的培养

1.开展"值日我知道"主题班会

(1)教师展示班级卫生状况(桌椅、地面、抽屉、书包柜)，让学生发现问题，谈感受。

(2)教师说明值日分工安排、评价标准、奖惩机制、小组合作机制(替补、互助)，明确责任，强调值日安全。

(3)教师说明劳动任务实施的先后顺序、清扫路线、值日时限、值日工具的摆放和验收标准。

(4)教师示范，指导学生正确使用、摆放工具。

(5)教师集中展示收集的家长、学生劳动视频，供学生交流学习。

2.制作"我是小小值日生"手抄报

教师布置制作手抄报的作业。

(二)初步实践阶段——能力的运用

1.高年级帮扶

值日开始的首月，高年级学生进班帮扶值日，以一带二，对一年级学生进行技能的指导和示范，传授经验，适时带做。

2.教师参与

教师跟学生一样承担一部分劳动任务，跟学生一起提水、扫地、拖地、互帮互助。在此过程中，教师可提示任务、时间，观察并记录实践过程中出现的问题，验收成果，拍摄照片。

3.开展"值日我能行"主题班会

教师展示班级卫生状况对比照片(值日前和值日后)，让学生观察不同，让值日生谈感受，激发学生珍惜和爱护他人劳动成果的情感。

教师展示值日过程中的照片，及时评价，与学生商议、解决存在的问题；进行个人及小组表彰(侧重实践能力和积极性)，激发劳动积极性，让学生感受劳动的光荣。

4.观察并选出劳动组长

教师引导学生观察并选出劳动组长。劳动组长的标准是热爱劳动，集体荣誉感强，已掌握值日的各项技能，乐于帮助其他同学，有一定的协调能力。

（三）完善实践阶段——能力的巩固

1. 开展专项活动

教师组织学生进行专项值日技能限时比赛，如套垃圾袋比赛、擦黑板比赛、扫地比赛、洗抹布比赛等。获胜的学生分享高效的值日经验，发挥带头作用，对技能不熟悉的学生进行指导。

2. 培养、锻炼劳动组长

学生分组自行值日。劳动组长对组员的工作进行提示、督促、验收。教师适时进行统领性指导。

3. 一周一总结

教师表彰劳动组长、个人及小组（侧重合作能力、完成效率），培养学生的主动性和协作能力，评选值日小能手，提升学生自我效能感。

（四）拓展实践阶段——能力的延伸

1. 将能力延伸至校园之外

教师鼓励学生将值日技能运用于家务劳动中，在家扫地、擦桌子、倒垃圾等。家长可记录反馈。

2. 将能力延伸至值日之外

学生可做与值日工作相似的劳动，如在校整理个人物品，包括抽屉、书包柜、书包；在家整理自己的书桌和房间等。

◎活动反思

小学新生的自制力薄弱，行为延续时间短，需要外部评价、鼓励促进其行为的延续，让行为积累成坚持，如值日星级打卡、值日小达人表彰、值日小组表彰、家务劳动打卡等形式，借助自我、同伴、教师的力量和榜样示范作用树立观念，坚持行为，激发内驱力，体会劳动的光荣，进而热爱劳动。

〔供稿单位：深圳市南山区第二外国语学校（集团）学府二小；供稿人：孙巍〕

第十一章　入学适应课程实施：学习活动

《入学适应指导要点》明确提出要"坚持深化改革"，"合理安排一年级课程内容，改革教育教学方式，强化以儿童为主体的探究性、体验式学习，为每个儿童搭建成长适应的阶梯"。《指导意见》指出，"小学要强化衔接意识，将入学适应教育作为深化义务教育课程教学改革的重要任务，纳入一年级教育教学计划，教育教学方式与幼儿园教育相衔接。国家修订义务教育课程标准，调整一年级课程安排，合理安排内容梯度，减缓教学进度。小学将一年级上学期设置为入学适应期，重点实施入学适应教育，地方课程、学校课程和综合实践活动主要用于组织开展入学适应活动，确保课时安排。改革一年级教育教学方式，国家课程主要采取游戏化、生活化、综合化等方式实施，强化儿童的探究性、体验式学习。要切实改变忽视儿童身心特点和接受能力的现象，坚决纠正超标教学、盲目追赶进度的错误做法"。

幼小衔接是幼儿步入义务教育阶段的主要挑战之一，对幼儿未来学习生活和社会发展有着深远影响。经济合作与发展组织（OECD）成员国普遍认为小学一年级课程如果能与幼儿园大班的课程目标、核心内容、教学方式等方面保持连贯，将会大大增加幼儿学习接受度和学习可持续性。近十年间，各国持续探索不同教育背景下的幼小衔接模式，陆续形成了渐进式过渡、补充式过渡等衔接模式，为我们开展适应教育探索实践提供了有益借鉴和启示。

《入学适应指导要点》的颁布为我国小学开展入学适应教育提供了科学依据和指导意见，各校基于不同校情和学情，开展了多样化的入学适应教育实践探索，但缺乏系统的入学适应课程体系。基于本区域在入学适应教育中的实践案例，本书大致梳理了入学适应课程的内涵、原则、分类、实施策略等方面内容。各校应当结合学校的师资力量、教学资源及教学环境，选择能够最大程度发挥自身优势的课程类型，为新生提供一个既符合教育规律又充满个性化的学习空间。

一、入学适应课程

(一)入学适应课程的内涵

入学适应课程是指在小学一年级第一学期,基于新生的身心特点和接受能力,支持其熟悉小学环境、缓解入学焦虑、适应有序的集体学习生活而设计的一系列专题学习活动。入学适应活动课程的设计以促进儿童身心、生活、社会和学习全面适应为目标,以兴趣培养、习惯养成、价值塑造为主要教学内容,以体验和实践活动为主要教学方式。它要求教师转变角色定位,从威严的发号施令者变成观察者、支持者和引领者,基于儿童立场认识和理解儿童,满足幼小衔接这一特殊时期儿童的成长需要。

(二)入学适应课程设计与实施的原则

小学一年级上学期,学校可以利用地方课程、学校课程和综合实践活动的课时实施入学适应活动课程。入学适应活动的设计与实施既要基于新生的身心发展特点和现有水平,又要考虑发展目标及发展进程,需要符合趣味性、体验性、综合性、交互性和正面性等原则。

1. 趣味性原则

趣味性教学,顾名思义,主要是教师通过创设趣味情境、选择有趣的内容、使用充满趣味的教学手段等方式,让学生感受知识本身的趣味性及课堂的趣味性,体会学习本身的奥妙所在,从而体验小学学习生活的趣味,并以此来激发他们的学习兴趣。

2. 体验性原则

入学适应课程的体验性原则要求教师利用学生的多种感官与已有经验,通过各种形式的感知,丰富学生的直接经验和感性认识,使学生获得生动的表象,从而全面地掌握知识。学生积极主动地参与活动的全过程,他们在积极参加活动课堂的过程中能充分地发挥自身的已有经验(包括知识结构),在活动中发展自己的兴趣爱好,在体验中得到身心全方位的成长。

3. 综合性原则

小学新生还不能把自己的学习按学科划分,在面对新信息时,他们的大脑会寻找与新信息有意义的联系。他们需要看到事物间的关联,寻求各领域间的一致性和相关性。综合性课程能够激发儿童的兴趣和意识,同时促进跨领域的学习。遵守综合性原则的目的是让儿童的学校生活更加愉悦有趣,让他们更乐于学习,还要培养他们整合新旧知识的能力，从而扩展他们的记忆和推理能力。

4. 交互性原则

学校基于新生身心发展特征，在不同时间节点系统规划不同主题的适应课程。适应课程之间的主题相对独立，内容之间相互衔接，层层递进，前后呼应，螺旋式开展适应课程实施，各适应课程板块之间并无绝对的分界线。

5. 正面性原则

教师应避免采用训导、批评、对比等简单粗暴的教育方式，因为惩罚、批评或在学生之间进行针锋相对的比较，通常会削弱他们的动机及其在集体中的愉悦感。教师应采用正面性、具象化和参与性强的方式，如小红花积分榜、一周学习习惯之星、小组挑战赛等，积极正面地引导学生尽快适应小学新的学习环境和生活。

(三) 入学适应课程分类

1. 主题式综合课程

主题式综合课程是在充分尊重入学新生年龄特征和学习发展规律基础上，调整一年级课程管理和课堂教学方式，以促进新生全面适应为总目标，围绕新生入学所需要的核心素养和关键能力，融合身心适应、生活适应、社会适应和学习适应四个方面内容，以主题群学习活动为主要形式的综合课程。

主题式综合课程适用于不同的入学适应真实情境，引导儿童通过观察、探究、小组合作等方式主动解决校园生活中存在的各种问题。主题式活动不仅关注新生知识习得，更关注学习过程中分析、沟通、合作、创新等能力培养，既能解决新生在新学习环境中的不适感，又能通过学以致用的方式促进新生核心素养发展。

(1) 主题式综合活动

主题式综合活动是指围绕一个或几个中心主题，通过借助多种资源、联系不同课程、使用多种思维方式，以入学新生熟悉的游戏化、活动化的方式开展的学习活动。主题式学习活动以儿童为本位，以活动促进学生自我认知，提升自主学习能力。

①选定主题。

入学初期，小学新生在好奇心驱使下被全新的学习环境吸引，进而有意识地询问、探索、收集新信息，教师通过倾听、访谈、梳理等引导方式协助新生生成可开展的活动主题。或根据学校传统和校本特色，部分活动主题也可以由教师制定，学生依据既定主题概念，生成活动内容和方式。例如，入学新生因小学作息时间调整容易产生不适感："每节课要上 40 分钟""需要更早到学校上学及更晚的时间放学回家"，教师可以组织学生对小学"时间"要素进行讨论，师生聚焦共同确定"感知时间"

活动主题。

②共同制定行动规划。

学生是学习活动的主体，也是主题活动设计实施的主体。基于此，对于师生共同确立的主题，教师应将活动策划的权利交还给学生。学生经过讨论慢慢将模糊的主题概念细化为具体的行动规划。在此过程中，小学新生可以与同伴和教师充分对话。教师鼓励学生以自己擅长的方式绘制活动规划书或计划表。

③实施行动。

主题生成和活动规划的决定权交由新生后，将极大激发他们的学习内驱力，积极探索学习，主动延伸活动内容，丰富实践经验。实施过程中，教师应密切关注新生活动需求，并及时创设和提供丰富的活动材料和活动环境，必要时可以以同伴身份加入，给予学生引领、支持和协助。

④主题汇报。

活动后期，学生可以通过展演、活动照片或作品等形式，对主题活动进行回顾和整理，在与同伴分享中梳理活动感受，总结提升经验。

⑤实施案例。

美好校园课程三：认识学校的生活起居场所

谈话导入

小朋友们，当你们想小便或者大便时，应该去哪里呢？（厕所或洗手间或卫生间）学校里的卫生间在哪里，有小朋友知道吗？去卫生间时，我们应该注意什么规则，你们知道吗？相信通过今天这节课的学习，你们一定能够掌握更多的校园知识！

图文介绍

第一，教师展示卫生间的图片，介绍学校卫生间的位置及使用规则。

卫生间的位置：学校每层楼都有一个男卫生间和一个女卫生间，在楼梯旁边。

区分男女生卫生间的不同：男生要去男卫生间，女生要去女卫生间，大家看看上面的图案。当看到这个穿小裙子的小人时，说明这是女卫生间，就只有女孩子可以进去，男孩子就不可以进去。男卫生间的小人是没有小裙子的。

卫生间的使用规则：要在尿坑里大小便，不可以在洗手间的地板上大小便；上厕所时要关门；上完厕所要记得冲干净厕所；上完厕所后要记得洗手，用纸巾擦干净手，注意卫生。

第二，教师展示食堂的图片，介绍学校食堂的位置及使用规则。

食堂位置：在学校一楼，靠近操场处。

食堂内部分区：学生要在学生食堂就餐，食堂分为就餐区域和取餐区域。

食堂就餐规则：取餐时要安静排队，不可以插队，注意文明礼仪；取餐时，吃多少取多少，要珍惜粮食，不要浪费；就餐时要安静，细嚼慢咽，以免影响消化；吃完饭要把餐具送到回收处，把垃圾扔到垃圾桶，保持座位干净；非午餐时间，不允许到食堂处活动。

第三，教师展示医务室的图片，介绍医务室的位置及使用规则。

医务室的位置：学校一楼，楼梯口位置。

什么时候需要到医务室：当小朋友感到身体不舒服或受伤的时候，就要去医务室找校医，校医会帮你处理伤口，让你恢复健康。

去医务室时要注意：安静；要做勇敢的小朋友，冷静接受治疗；同学之间要相互帮忙；当有小伙伴受伤或不舒服时，要送他到医务室。

第四，教师展示保安室的图片，介绍保安室的位置及使用规则。

保安室的位置：位于正门右侧。

什么时候需要去保安室：当班级路队解散后，有部分小朋友的爸爸妈妈还没来接他们时，班主任老师会把这部分小朋友送到保安室，让他们等待家长过来；家长给小朋友们送的书本、文具、衣服等用品都会放在保安室，小朋友们可以在课间到保安室拿。

跟保安室的叔叔们说话时注意：要讲礼貌，文明问好，受到帮助时要说"谢谢"。

参观游览

教师将全班分成五个小组，强调参观纪律，紧跟队伍，保持安静，有问题请举手。

教师带队参观，按照"卫生间—食堂—医务室—保安室"的顺序进行参观。

教师边参观边提问学生在这些地方活动时需要注意什么规则，提醒学生这些场所的位置，带学生熟悉从教室到这些场所的路线。

教师介绍日常放学的地点，结合校园标识说明部分班级是在正门放学，部分班级是在侧门放学。

教师带领学生实地熟悉日常放学地点，并熟悉从教室到放学地点的路线。

教师组织队伍返回班级教室。

总结课程

第一，师生互动：

"同学们，我们刚刚参观了哪些地方？（卫生间、食堂、医务室、保安室）

有哪位同学可以告诉老师，在卫生间我们需要遵守什么文明守则？

有哪位同学可以告诉老师，在食堂我们需要遵守什么文明守则？

有哪位同学可以告诉老师，我们什么时候要去医务室？

有哪位同学可以告诉老师，我们什么时候要去保安室？

有哪位同学可以告诉老师，我们的放学地点在哪里？"

第二，教师总结："同学们，我们今天了解和认识了学校里的卫生间、食堂、医务室和保安室，老师希望大家下课的时候可以多和小伙伴去熟悉一下这些地方，相信大家之后都能做到自己去上卫生间、去食堂吃饭、去医务室看病！"

〔供稿单位：深圳市南山区第二外国语学校（集团）学府二小；供稿人：王嘉欣〕

(2)项目式活动

项目式活动是基于小学新生入校真实情境，从入学适应期实际问题出发，在教师引导下，新生以小组方式选取一个入学适应难题，开展一定周期的开放性探究活动。通过提问、设计、计划、合作、交流、展示等一系列学习活动，新生最终解决该适应难题，总结并呈现完成本入学适应项目活动的方式或方法。

①创设探究氛围，启动适应项目。

学生经由真实入学情境，对"入学适应期"相关问题产生新鲜感和好奇心，教师应当创设良好的探究氛围，指引学生自己提出问题。需要注意的是本项目开展范围为一年级入学新生，教师需要通过设置驱动性问题引导新生发现问题、提出问题并使用相关课程资源加深问题理解，共同形成项目主题的任务清单或图表，并用写画结合的方式记录探究过程。

入学初期，教师可以通过询问"小学和幼儿园有何不同"驱动小学新生思考"我的小学"主题项目涉及的不同方面，并调动小学新生在幼儿园开展过的"我要上小学"项目式学习中建立的知识储备，以相似的探究方式启动"我的小学"项目式学习。

②构建知识技能，落实过程管理。

学生学习必要的知识技能，并以小组或团队的形式开展项目式活动，此过程也是学生习得入学适应技能、课程知识、学习习惯、团队协作技巧等有效学习途径。开始入学适应项目式活动时，教师应加强过程管理，重点培养学生协作技巧：小组团建、成员分工、项目实施进度规划、团队需求关注和指导。团队协作是小学新生入学适应人际关系"破冰之举"，能有效消除新生对新校园环境和人际关系的紧张不适感，并在遇到困难后和成员们共同寻求解决办法。

③关注思维发展，创造实践机会。

项目式活动注重学生整体思维、实践思维和创新思维的发展。项目开展过程中，教师通过提供丰富课程资源、学习支架和思维工具支持学生的思维发展，推动小学新生从具象思维方式转化为抽象思维方式，为后期分科学习奠定基础，促进他们核心素养的形成。在此阶段，教师可提供丰富、可操作的思维工具，如采访清单、实践流程图等；也可加入小组亲身示范，鼓励学生走出教室，通过反复实践找到解决问题的办法。

④成果综合展示，实施多元评价。

成果展示是项目式活动最重要的环节，指向驱动学生开启项目的主要问题的解决方式。学生可以通过视频、现场展演、小结报告、访谈等形式，呈现入学适应期不同适应项目的解决方法和适应技巧，并综合自我评估、同伴评估和教师评估，对项目实施进行整体评价。教师肯定学生的探究精神、协作能力和学习成果，也对后期小学学习生活开展提供优化建议。但因小学新生总结提炼能力有限，教师可以适当予以指导和帮助。

⑤实施案例。

我的小学——探索与适应

创设探究氛围，启动适应项目

教师先通过分享小学与幼儿园的不同之处，引导学生思考小学生活的特点。接着，教师提出问题："你认为小学生活中最让你感到困惑或不安的是什么？"学生们纷纷提出自己的问题，如"课间十分钟我应该做什么？""如何与新的同学交朋友？"等。教师将这些问题整理成任务清单，并引导学生选择自己感兴趣的问题，形成小组，开展项目式学习。

构建知识技能，落实过程管理

学生根据所选问题，开展小组讨论，制订项目计划，明确分工。教师提供相关的课程资源，如小学生活指南、时间管理技巧等，帮助学生掌握必要的知识技能。同时，教师加强过程管理，定期召开小组会议，了解项目进度，提供必要的指导和帮助。

关注思维发展，创造实践机会

在项目开展过程中，教师鼓励学生运用采访、观察、实验等方法，收集信息，分析问题。教师提供采访清单、实践流程图等思维工具，帮助学生将具象思维转化为抽象思维。同时，教师鼓励学生走出教室，与高年级学生、老师、家长进行交流，寻找解决问题的办法。

成果综合展示，实施多元评价

在项目结束时，各小组通过视频、现场展演、小结报告等形式，展示自己的项目成果。学生分享他们在项目中学到的知识、技能和体验，以及他们是如何解决问题的。教师、同学和家长共同参与评价，肯定学生的探究精神、协作能力和学习成果，并提出改进建议。

项目反思

通过本次项目式活动，学生不仅学会了如何适应小学生活，还提高了自己的问题解决能力、团队协作能力和创新思维。同时，教师也通过观察和指导，了解了学生的学习特点和需求，为后期的教学工作提供了有益的参考。

（供稿单位：深圳市南山区西丽小学；供稿人：陈以清）

2. 四大适应活动

适应课程的最终目标是指向学生身心适应、生活适应、社会适应和学习适应四大方面的学习。除了上述综合性活动，教师还可以依据学生实际学情进行分析，针对薄弱环节，设计单一内容的适应课程，有目的性和有计划性地帮助新生培养某项能力，实现有效适应。

（1）身心适应活动

身心适应活动的活动建议如下（表11-1）。

表11-1 身心适应活动的活动建议

具体内容	活动建议
精细动作和手眼协调能力	线迹跟踪、接珠子、捏揉活动、手指操、手指绘画等。
情绪管理与表达能力	情绪人偶、情绪表达绘画、感受音乐、情绪角色扮演、情绪故事时间、情绪冷静训练、情绪小怪兽、情绪日记等。
小学生身份认识	"我的小学"游园活动、"我的老师"绘画活动等。
身体协调和动作灵活发展	一年级趣味运动会、穿珠乐、梦幻乐园（体能循环区域活动）等。

（2）生活适应活动

生活适应活动的活动建议如下（表11-2）。

表11-2 生活适应活动的活动建议

具体内容	活动建议
学校环境熟悉	"我的小学"游园会活动、校园地图绘制、校园探险游戏、规则与安全教育、小学生学长讲座等。
合理安排作息时间	"感知十分钟"、制订日常作息计划、作息时间表绘制、活动时间规划、定期休息、睡眠养成等。

续表

具体内容	活动建议
良好用眼习惯培养	眼保健操、视力保护游戏、眼睛休息活动、合理用眼时间规划、健康饮食宣传等。
生活自理能力培养	穿衣练习、饮食自理、洗手习惯、整理房间、个人卫生习惯宣传等。
有序整理学习用品能力培养	学习用品分类游戏、学习用品收纳游戏、维持桌面整洁活动等。
安全自护能力培养	交通安全通识教育、火灾地震逃生演练、急救知识宣传、个人安全教育、防火、用电安全教育等。
热爱劳动的品质培养	劳动体验活动、劳动游戏、劳动分享、劳动故事、劳动奖励等。

(3) 社会适应活动

社会适应活动的活动建议如下(表 11-3)。

表 11-3　社会适应活动的活动建议

具体内容	活动建议
融入新班级	"我的同学"绘画活动、"我的老师"绘画活动、"我的朋友"数一数互动、"我是谁"分享活动等。
感受集体	小组拼图、团队搭桥、"我的小学"游园活动、班级评比分享、升旗仪式课程、"校园 NO.1""我的家乡""我的祖国"分享活动等。
建立积极的师生关系	"我的老师"分享活动、"我的老师"绘画活动等。
建立良好的伙伴关系	破冰类游戏：名片对对碰、袋鼠跳等。
遵规守纪	认识校规、班规自制、"123""456"口令活动、班级口号练习活动等。

(4) 学习适应活动

学习适应活动的活动建议如下(表 11-4)。

表 11-4　学习适应活动的活动建议

具体内容	活动建议
增强学生思维敏捷性和逻辑能力	九连环、魔方、数学迷宫等。
评优激励	周学习之星、个人积分榜、成长树等。
晨谈课程	晨读、我是小主播等。
鼓励表达	表达小剧场、星空小主播等。
专注力培养	注意力口令练习、数字追踪、记忆游戏、拼图游戏、定向绘画、其他益智游戏等。

续表

具体内容	活动建议
阅读习惯培养	午觉阅读、阅读活动课、故事会、故事分享和讨论会等。
书写习惯培养	握笔练习、笔顺练习、笔画练习、日记编写等。
丰富儿童的数学经验	单双数"找伙伴"活动、认识数字、数学故事分享与讨论会、数学谜题、拼凑数独、数字卡片游戏等。

二、入学适应课程的实施案例

(一)入学适应课程实施案例一

求知起始　快乐起航

◎**设计背景**

习近平总书记曾提出"人生的扣子从一开始就要扣好",这句话启示教育工作者应重视起始教育在人生奠基中的重要作用,小学教育正是影响儿童发展的重要起始教育。

自2012年起,北师大南山附校小开始关注小学阶段的入学适应教育。学校在日常的教育教学管理中发现了小学新生入学适应不够充分,小学新生家长的入学适应准备不足,小学一年级新手教师的班级管理经验及与学生交往策略不够丰富,学校的新生入学适应课程顶层设计和实践论证不够等现象。

学校德育团队以"慢养教育,杰出人生"为基本宗旨,研发出"新生入学适应系列课程体系",通过开学第一周的新生适应课程,调整或重新规划原有的课程安排,更有针对性地满足入学适应时期儿童学习和生活的需求,帮助一年级学生逐步培养良好习惯,增强社会适应性和学习适应性。

◎**设计思路**

1. 设计理念

新生入学适应课程要把握好小学的特点和规律,做到"慢养"教育。"慢养"不是表面上课业负担和课堂容量的减少,而是在学生身心适应、生活适应、学业适应、社会适应的基础上,办好一种有品质的、从容的好教育。

2. 设计目标

新生入学适应课程的总目标是做好入学适应,奠基杰出人生,核心目标是让学生能有身心适应、生活适应、学业适应、社会适应的过程(图11-1)。

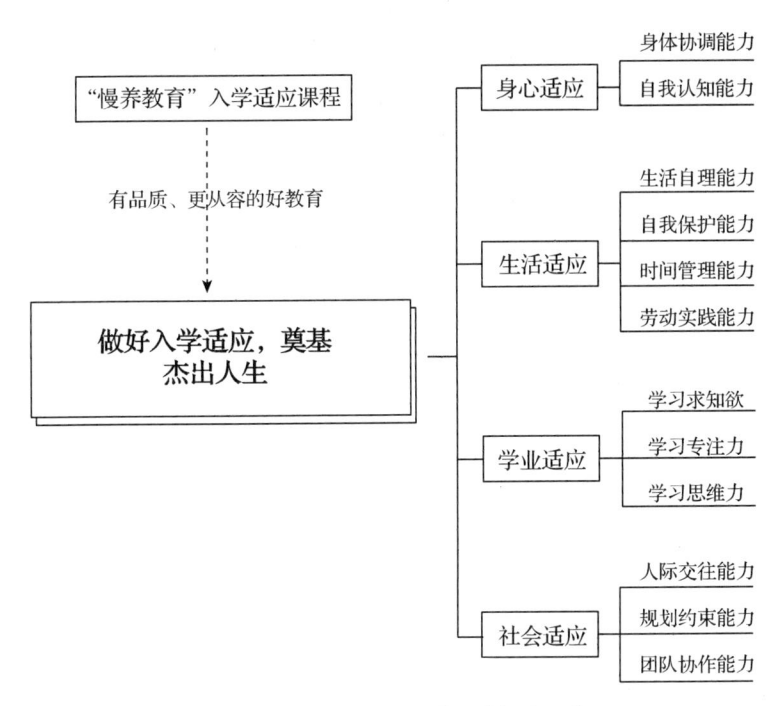

图 11-1 "慢养教育"入学适应课程目标

3. 系统建构

课程开发来源于学校的开发团队，根据不同的主题结合课程特点，进行教案设计、微动画设计、教学课件制作、评价方案设计、教材编写，形成"幼小衔接课程资源"共享在云端资料库，实现课程的"智慧众筹"(图11-2)。

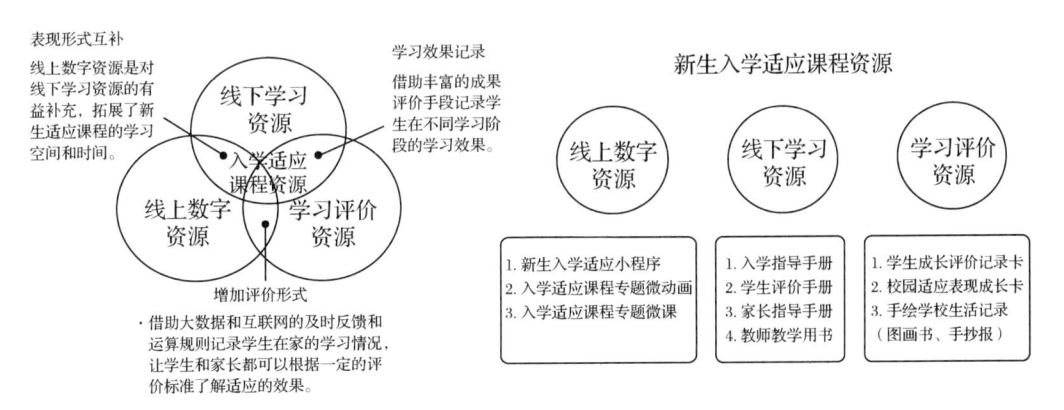

图 11-2 系统建构入学适应课程资源

新生入学适应课程的实施分为"一日课程——你好，北师大南山附小""一周课程——加入北师南山附小大家庭"(图11-3和表11-5)。

一日课程

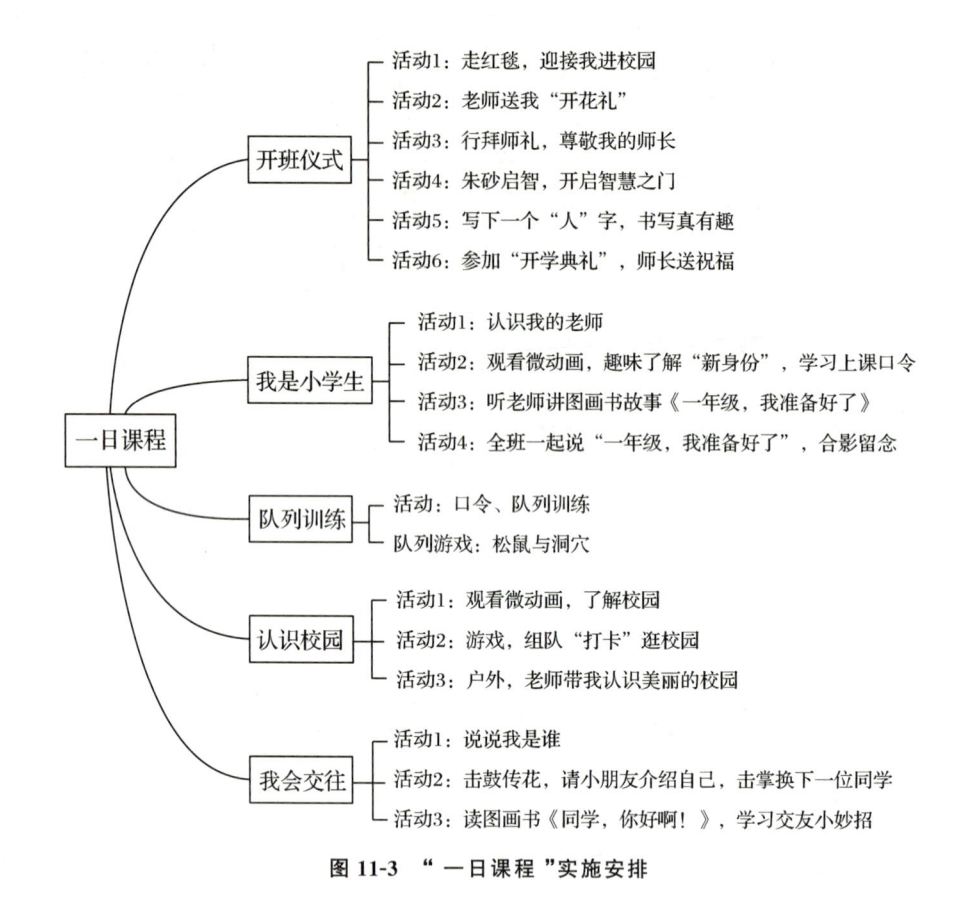

- 开班仪式
  - 活动1：走红毯，迎接我进校园
  - 活动2：老师送我"开花礼"
  - 活动3：行拜师礼，尊敬我的师长
  - 活动4：朱砂启智，开启智慧之门
  - 活动5：写下一个"人"字，书写真有趣
  - 活动6：参加"开学典礼"，师长送祝福
- 我是小学生
  - 活动1：认识我的老师
  - 活动2：观看微动画，趣味了解"新身份"，学习上课口令
  - 活动3：听老师讲图画书故事《一年级，我准备好了》
  - 活动4：全班一起说"一年级，我准备好了"，合影留念
- 队列训练
  - 活动：口令、队列训练
  - 队列游戏：松鼠与洞穴
- 认识校园
  - 活动1：观看微动画，了解校园
  - 活动2：游戏，组队"打卡"逛校园
  - 活动3：户外，老师带我认识美丽的校园
- 我会交往
  - 活动1：说说我是谁
  - 活动2：击鼓传花，请小朋友介绍自己，击掌换下一位同学
  - 活动3：读图画书《同学，你好啊！》，学习交友小妙招

图 11-3 "一日课程"实施安排

表 11-5 "一周课程"课表安排

课时	9月1日 周五	9月4日 周一	9月5日 周二	9月6日 周三	9月7日 周四
第1节	★开班仪式	★如何做好学习准备（课前、上课、课后）	★学校规则须遵守	★丰富课程	★课程学习规范
第2节			★课程学习规范	★校园活动	★如何解决问题
第3节	★我是小学生 ★队列训练 ★认识校园	★有序上学与放学 ★言行雅致行为规范	★校园文化（育人目标、校训、校歌等）	★课程学习规范 ★队列训练	★有趣的课间 ★队列训练
第4节					
第5节	★我会交往（同学、老师）	★如何解决问题 ★队列训练	★课间我文明 ★有趣的课间	★如何做值日	★周学习回顾与交流
第6节					

◎课程的实施

活动一　求知起始入学礼

【活动目的】

通过有仪式感的活动快乐、隆重地开启小学阶段的学习生活，激发小学新生对学校的喜爱之情，对小学生活的向往，为适应小学学习生活做好情感铺垫。

【活动准备】

(1)学校氛围营造。

(2)学生入学礼相关物品：学校吉祥物书签、手账本、福袋、祝福卡、入学登舱船票等相关物品。

(3)开笔礼相关物品：朱砂、毛笔、书写纸等。

(4)方案制定、教师培训与分工。

【活动过程】

入学仪式是小学新生进入学校的重要时刻，对于他们的身份认同、学习热情、师生关系、学校文化及集体荣誉感等方面都具有重要的意义。入学当天，先举行的是入学仪式，包括走红毯、送"船票"、拜师礼、朱砂启智、写人字、送祝福等环节。

1. 走红毯，启新程

在新生入学的第一天，学校布置了一条红毯，让新生们以"走红毯"的方式进入学校。每个新生都身穿整洁的校服，自信地走在红毯上(图11-4)。新生们走红毯的过程中，两旁站满了教师和高年级的少先队员。他们向新生们鼓掌和欢呼，让新生们感受到学校的热烈欢迎和关注(图11-5)。少先队员们牵起新生们的小手，把他们送到各自的班级。

图 11-4　新生走红毯　　图 11-5　教师和少先队员欢迎新生

2. 特色"开学礼"

"欢迎你登上北师大巨轮，祝愿你扬帆远航！"班主任的问候，缓解了新生们初进小学教室的紧张情绪。新生们翻翻桌面上的新课本，看看礼品袋里的礼物，稚嫩的脸庞上充满了对新环境的好奇和对知识的渴望。

"北师巨轮"是北师附校的标志物，"船票"在这里象征着进入知识海洋的通行证，也寓意着他们成为"乘风破浪"的小学生。新生们进班时，由班主任用打孔机检票，送给他们（图 11-6 和图 11-7）。

图 11-6　"北师巨轮船票"　　　　　　图 11-7　进班

3. 拜师礼

在古代，新生们入学时要向教师行拜师礼，表达对教师的尊敬和感激。入班后每个新生向自己的教师鞠躬行礼，教师则一一回以微笑和祝福。

4. 朱砂启智

朱砂启智是古代学生入学时的一种仪式，寓意着开启智慧之门。在拜师礼之后，班主任用朱砂在每个新生的额头正中点上一点儿，寓意着为他们开启智慧之门（图 11-8）。

5. 写"人"字

写"人"字是入学仪式中的一个重要环

图 11-8　朱砂启智

节，寓意着新生们即将开始书写自己的人生。新生们在教师的示范下，试着正确地书写"人"字，感受到书写的乐趣和意义。

6. 举行开学典礼，送祝福

开学典礼上，高年级的学生通过表演节目、朗诵诗歌等表达对新生们的欢迎和祝福。教师和哥哥姐姐们为新生们送上寄语和期望，鼓励他们在未来的学习生活中努力进取、不断成长。

活动二 我是小学生

【活动目的】

帮助小学新生增强"小学生"角色认同感，适应新身份，为他们的未来学习和生活打下坚实的基础。

【活动准备】

课堂口令，图画书《一年级，我准备好了》，课件。

【活动过程】

1. 师生初见面，欢乐无限

(1)认识我的新教师，大声说出我名字。

(2)学习课堂小口令，养成课堂好习惯。

一二三，我坐端。

火车，火车，谁来开？火车，火车，我来开。

2. 共读图画书《一年级，我准备好了》

《一年级，我准备好了》主要讲述了提前让大班小朋友们做好各项入学准备；知道什么是小学；如何做好入学准备；怎么调整心态；怎么规划一天的时间，提高学习效率；该购买哪些学习用具，让学习的过程如虎添翼……

(1)趣味读图画书：我能打败小怪兽。

(2)趣味读图画书：我的一天做什么。

(3)趣味读图画书：我带什么上学校。

3. 趣味游戏玩一玩

游戏一：让用具回家。

教师引导学生在课件上选取需要的用具，并将用具们送回"家"。

答对的同学可以兑换小星星贴纸，贴在评价手册上。

游戏二：打败小怪兽

教师请学生在课件上，用手指触屏点击，小怪兽即消失。

4. 留下第一张"全家福"

教师："你们每个小朋友都是一年级的小学生啦。你们准备好了吗？"教师请学生说"一年级，我准备好了！"，拍下第一张班级"全家福"(图11-9)。

图 11-9　第一张"全家福"

活动三　美丽的校园

【活动目的】

让学生通过参观、绘画校园感受到校园的美，以及生活在其中的快乐。在参观、绘画中，让学生熟悉校园环境，了解校园常规，争做优秀小学生。

【活动准备】

自制视频《美丽校园》，自创图画书《南南北北探险记》（图 11-10），新生入学指导小程序。

【活动过程】

1. 认识我的新校园，我是小小探路员

（1）打卡校园地点，认识校名和校训。

（2）打卡校园地点，了解游戏场地和办公室。

情境模拟：课间找老师，应该怎么做？

（3）打卡校园地点，了解运动场地。

（4）打卡医务室，了解生病看医生注意事项。

图 11-10　自创图画书《南南北北探险记》

游戏：结合小程序中的校园结构图，每个人一支笔，学生两两竞赛，看谁最快找到办公室、操场和医务室。胜出者可以当班级的"小小探路员"。

（5）认识米菜园和版画社、舞台等地。

2. 探路员带头出发，参观美丽的校园

（1）练习集合。

（2）安静有序参观校园。

3. 教师总结，和学生交流感受

教师引导学生回家后把美丽的校园介绍给爸爸妈妈听，说说自己认识了校园的哪些地方，要遵守哪些纪律。

活动四 我会交往

【活动目的】

让学生在开学第一天适应新身份，能学习与同学和睦相处，学会欣赏自己，欣赏同学。

【活动准备】

姓名牌，图画书《同学，你好啊！》，课件。

【活动过程】

1. 介绍我自己，认识新朋友

(1) 说说我的名字。

(2) 唱出《找朋友》，配上拍手、敬礼、握手及点头的动作，同座互相认识，成为好朋友。

2. 阅读图画书《同学，你好啊！》，学习交友小妙招

人的一生中会遇到很多很多的同学，幼儿园同学、小学同学、初中同学、高中同学、大学同学……他们是世界上最可爱的人。你们会一起学习，一起游戏，一起进步，甚至一起恶作剧。你们会拥有很多美好的回忆，但是这一切都要从你的一句"同学，你好啊！"开始（图11-11）。

(1) 学习妙招——主动打招呼。

(2) 学习妙招——主动说"谢谢"。

图 11-11 "同学，你好啊！"

3. 写下自己的名字，交交新朋友

(1) 在卡片上写下自己的名字。

(2) 上台介绍自己，互相打招呼。

4. 和爸爸妈妈讲讲今天认识了哪些新同学

◎ 课程的评价方法

评价有利于促进学生的深度成长，更有利于从"评价育人"角度探索小学新生成长的轨迹。学校的新生入学适应课程的学生评价体系与"身心适应、生活适应、学业适应、社会适应"相呼应。

1. "我是乘风破浪小学生"评价手册

每个小学新生会在开学初领取"我是乘风破浪小学生"评价手册，内含学生照片、

学校育人目标、动笔写"人"字等小活动。活动后有"说一说""评一评"的环节，学生在使用"学生用书"进行入学课程的规范学习时，需要根据自己本节课的评价进行"评星"；表现越好的同学，可以赢得数量越多的星星（图11-12）。

2. 新生入学小程序

利用"新生入学小程序"，学生在家每完成一项专题学习任务，就能获得相应的学习星星，每天积攒满十颗星星，每周积攒满五十颗星星，可向家长和教师出示学习星星，并兑换相应奖品。全班同学的星星数量也可以借助大数据的方式进行"班级星星排名"。教师通过后台操作，一键发放电子奖状，奖励表现优异的学生。

图11-12 "我是乘风破浪小学生"评价手册

◎ 课程的实施成效

1. 赋能学生的综合素养成长，完成学生从幼儿园到小学的适应目标

经过多年的幼小衔接的适应课程开发，近几年学生的综合素养得到了极大的提高，85%的学生非常喜欢新生入学适应课程。他们的成长体现在以下方面。

第一，学生的行为习惯、学习习惯开始养成：超七成的学生在学习环境，规则适应，与教师、同学相处方面表现比较突出，说明新生入学适应课程对学生的学业适应起着较好的效果（图11-13）。

第二，参与调研的学生普遍认为自己的自信心在学校得到了提高，适应了从幼

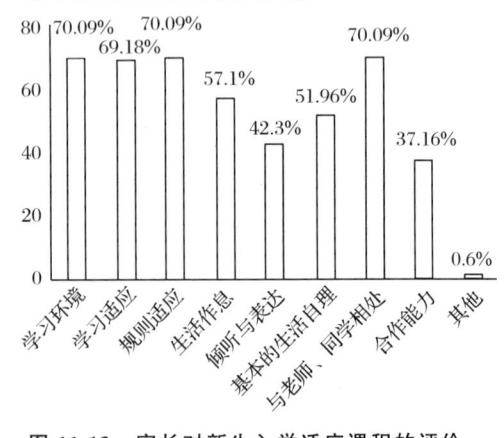

图11-13 家长对新生入学适应课程的评价

儿园到小学的人际交往转换，初步建立了良好的同学关系、师生关系。通过与同学、教师的友好相处，学生也提高了他们的社会交往能力和表达能力。

第三，学生的自我管理和自我调控意识开始建立。不少学生从自我认识上发生了转变，意识到小学生活与幼儿园生活的不同，能够在教师和家长的引导下合理认

识自己的情绪变化，并合理管理自己在学校和在家的学习、生活时间(图11-14)。

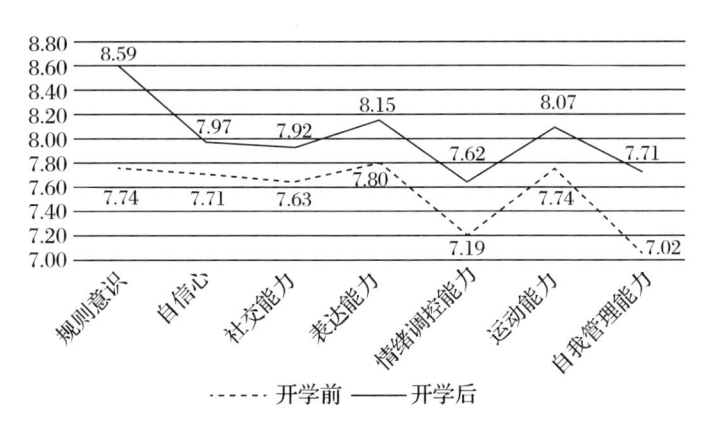

图 11-14 开学前后学生各项能力维度的变化

第四，学生用自己的绘画和实际体验表达了对学校生活的喜欢，认为这是学校的新生适应课程给自己带来了良好的变化，让自己更喜欢来上学，对自己成为一名小学生感到无比幸福和光荣。

2. 建立合作互信的家校关系，形成家校共育的良好局面

对学校的小学新生家长进行一线调研结果显示：在开学时，有近三成的家长对学生的小学生活感到焦虑，认为"规则意识""任务管理""合作交往"是幼小衔接教育的最重要因素。有87.6%的家长认为规则意识有助于学生顺利适应学校生活；84.2%的家长认为培养学生任务意识和完成任务能力能帮助孩子树立学习的目标感，有学习的自主性；77.6%的家长认为孩子进入小学后与同伴和老师的交往顺利能帮助他们获得学业自信与幸福感。

为了逐步引导家长提高自身家庭教育水平，学校坚持连续5年为幼儿园大班家长开设小学一年级家长会，组建"家长学校"，邀请知名幼儿教育专家和一线班主任走进学校，对小学一年级家长开展专题讲座。通过一系列家庭教育的引导，学校在学期末又一次调查了家长对学校新生入学适应课程的满意程度(图11-15)。

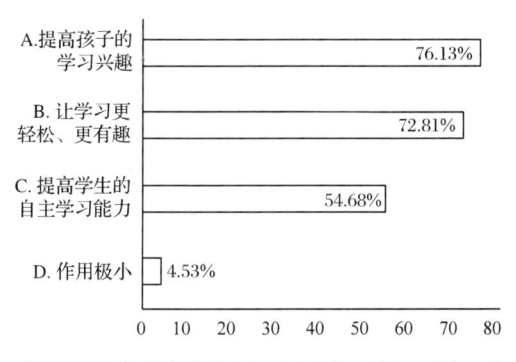

图 11-15 学期末家长对新生入学适应课程的评价

近七成家长认为：新生适应课程很好地培养了小学新生的规则意识、学习任务管理与人际交往能力，初步满足了家长们的教育需求，缓解了家长们的教育焦虑，

也初步建立了合作互信的家校关系，形成了家校共育的良好局面。

追随儿童脚步，让幼小友好相遇。北师大南山附小新生适应课程将继续蝶变升级，全力打造幼小衔接的科学模式，让学生能站在世界的中央，面向未来，走向未来。

（供稿单位：北京师范大学南山附属学校；供稿人：曾伟红、杨艳、洪丹文、宋甜甜）

(二)入学适应课程案例二

我们上小学了

◎设计背景

又是一年入学季，大班幼儿步入全新的小学生活。新奇有趣、丰富多彩的小学生活动令学生心生好奇；带着学生玩耍运动的老师令学生充满向往；40分钟紧张又生动的课程令学生期待又忐忑。学生的心中有好奇、有欣喜，还有一丝担忧。小学与幼儿园生活截然不同，时间的延长，课程的紧凑和强度，制度规定的严格，人际交往的独立都需要学生去适应。《入学适应指导要点》要求，小学应树立衔接意识，转变让儿童被动适应学校的观念做法，积极倾听儿童的需要，主动了解幼儿园教育特点，关注个体差异。

学校以学生的兴趣和问题为驱动，创设丰富的体验环境，关注学生身心、生活、社会和学习的适应，以多元的入学适应活动为途径，让学生在完成各项任务中，减缓学生对小学生活的适应难度，产生做小学生的自豪感，培养学生对小学集体的归属感，形成良好的行为习惯和生活礼仪。这些来自角色、行为、活动方式"全方位的适应"，将有助于学生在新的学习阶段获得幸福的生命体验。

◎设计思路

1. 设计理念

第一，幼小衔接活动目的在于帮助学生实现从幼儿园到小学的平稳过渡，让学生建立自信心，能完成身心、生活、社会和学习适应，保持身心和谐发展。

第二，幼小衔接活动的开展，要充分尊重学生的年龄特点和身心发展规律，关注学生发展的连续性和可持续性。

第三，幼小衔接活动应充分体现科学性、整合性和趣味性，并和小学的教育改革有机结合。

2. 设计目标

第一，了解小学的学习和生活，对小学产生归属感，适应小学生活，形成积极的情感体验。

第二，体会"长大"的含义，愿意主动表达自己的思考与想法，产生做一名小学生的自豪感。

第三，理解做小学生的要求，主动形成良好行为习惯和规则意识，具有好奇心、求知欲、主动性等学习品质，培养社会交往能力。

3. 系统建构

"我们上小学了"课程的内容架构图如下（图11-16）。

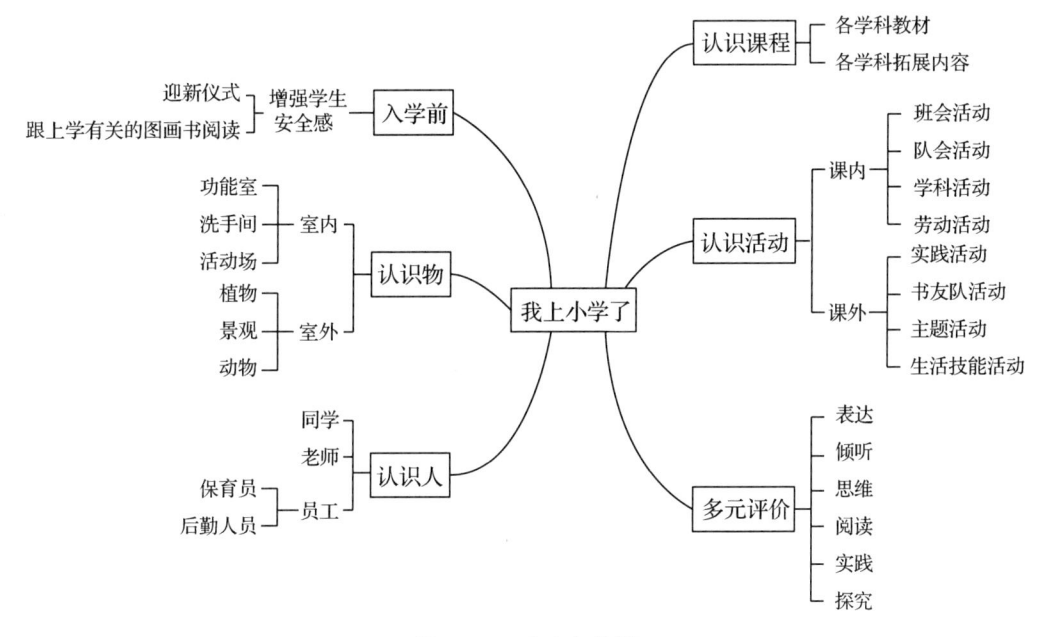

```
                                          ┌─认识课程─┬─各学科教材
                                          │         └─各学科拓展内容
迎新仪式─┐ ┌─增强学生                     │
         ├─┤ 安全感  ─入学前─┐           │         ┌─班会活动
跟上学有关的图画书阅读         │           │         ├─队会活动
                              │           │    ┌课内┼─学科活动
功能室─┐                      │           │    │    └─劳动活动
洗手间─┼─室内─┐              ├─我上小学了─┼─认识活动┤
活动场─┘     ├─认识物────────┤           │    │    ┌─实践活动
植物─┐       │                │           │    └课外┼─书友队活动
景观─┼─室外─┘                │           │         ├─主题活动
动物─┘                        │           │         └─生活技能活动
                              │           │
同学─┐                        │           │         ┌─表达
老师─┼─                       │           │         ├─倾听
     ├─认识人─────────────────┘           └─多元评价─┼─思维
保育员─┐                                              ├─阅读
后勤人员┼─员工                                        ├─实践
                                                      └─探究
```

图 11-16　内容架构图

◎ 课程的实施

活动一　入学前准备

【活动时间】

入学前一周。

【活动重点】

教师请家长与学生共同完成《"我上小学了"幼小衔接活动手册》（以下简称《手册》）第一部分"入学前"的内容，激发学生对小学生活的期待、对小学生的身份认同，展示个人兴趣爱好，做好入学准备。

(1) 学生整理个人小档案，内容涵盖姓名、毕业幼儿园、居住小区、家庭成员等。

(2) 学生画一画即将上的小学、期望的小学生活，制定小学生活作息时间表。家长可以与学生讨论小学的名字、上学的交通方式、小学的课程、学生最喜欢的课程等。

(3)学生画一画自己看过的一些有趣的图画书和自己喜欢的运动。

活动二　认识校园

【活动时间】

开学第一天。

【活动重点】

(1)学生排队参观校园。

教师带领小学一年级新生排队参观学校医务室、图书馆、操场、教具室、食堂、教学楼、教室、卫生间等地方，并邀请一名高年级大队委来介绍。

(2)学生完成《手册》第二部分"我会填"内容，帮助学生通过图文匹配，加深对校园的认识。

(3)教师引导学生总结活动收获。

教师请学生说一说今天认识了学校哪些地方，以及什么时间要去这些地方。

活动三　认识校园内植物

【活动时间】

开学后第二周班会课。

【活动重点】

(1)学生进行"我会观察"活动。

教师带领学生到操场后花园认识各种花草树木，认真观察，并记住它们的样子。

(2)学生进行"我会说"活动。

教师请学生说一说经过观察认识了校园里哪些花草树木。

(3)学生完成《手册》第二部分"我会画"，加深对植物的印象，记住植物的特点。

(4)教师引导学生进行活动总结。

教师请学生结合自己的画谈谈最喜欢的植物。

活动四　认识人

【活动时间】

开学后第二周课余时间。

【活动重点】

学生回家和家长交流在学校里认识的新朋友，完成《手册》第三部分内容。

(1)教师：班级有哪些老师？你最喜欢哪位老师，为什么？

(2)班级同学：班级在哪个位置？有多少同学？男生、女生各有多少人？

(3)校园里的叔叔阿姨：他们是谁？负责怎样的工作？

活动五　认识课程

【活动时间】

第8～12周，每周利用一节课的时间。

【活动重点】

(1)教师说出学校开展的课程。

(2)教师引导学生认识各学科课程。

①语文：教师请学生说一说语文课主要学习什么内容，完成《手册》第四部分语文学科"我会写的汉语拼音字母"和"我会写的字宝宝"。

②数学：教师请学生说一说数学课主要学习什么内容，完成《手册》第四部分数学学科活动"我会写十个数字"；让学生和爸爸妈妈玩数字游戏，由学生当小老师出题，让爸爸妈妈算一算，并问问他们是怎么算出来的。

③英语：教师请学生说一说英语课主要学习什么内容，完成《手册》第四部分英语学科"我会画"和"我会连线"内容。

④科学：教师请学生说一说科学课主要学习什么内容，完成《手册》第四部分科学学科相关操作内容。

⑤音体美：教师出示音体美学科上课图片，让学生说出分别是在上什么课；请学生说说音乐、体育、美术课分别要做哪些课前准备，在课堂上能做的事情有哪些，不能做的事情有哪些，并说说为什么；请学生完成《手册》第四部分音体美学科相应内容。

活动六　认识活动

第一部分　认识学科活动

教师通过丰富多彩的学科活动、主题班会活动等带领学生认识各种课内活动，提高学生的认知理解能力，培养学生的动手能力，丰富学生的学习生活。

【活动时间】

在学科课程中随堂开展。

【活动重点】

以语文学科为例，教师可以在课前、课中和课后组织学生开展游戏化的活动，激发学生学习的兴趣。

(1)学生课前三分钟自主展示，包括背诵古诗、讲故事等。

(2)学生课中以律动操或课本剧调节身心。

(3)课后以游戏巩固新知,如学生可以玩"汉字飞行棋"巩固已学的汉字。

第二部分 认识主题班会活动

【活动时间】

开学第四周班会课。

【活动重点】

教师以主题活动"交通安全我知道"为例,组织学生开展班会活动,加强学生交通安全教育。

(1)教师请学生说一说常见的交通标志。

(2)教师请学生判断图片对错,认识哪些是违反交通规则的行为。

(3)教师请学生设计一句交通安全宣传语,张贴在班级宣传栏。

(4)教师组织学生进行快板表演,把《交通安全三字经》熟记于心。

第三部分 成立书友队

【活动时间】

开学后第五周班会课。

【活动重点】

(1)教师带领学生回顾活动,总结评价自己最喜欢的活动,绘制《手册》第五部分活动中的"活动树"。

(2)教师介绍课外活动的组织方式:书友队。

(3)教师请学生口头回答《手册》第五部分课外活动中的书友队相关问题,巩固认知。

4.书友队小组合作完成《手册》上的小组自画像,并签名留念。

5.书友队小组商定队名,创作队标。

第四部分 制定书友队活动流程

【活动时间】

第五周周末。

【活动重点】

学生在家和家长一起构思活动基本流程,完成《手册》第五部分课外活动中的流程图。

第五部分 第一次书友队活动

【活动时间】

第六周周末。

【活动重点】

(1)活动准备：学生和家长一起完成《手册》中相应页的活动表格，确定活动时间、地点、人员、主题等。

(2)学生按照上周制定的书友队活动流程开展活动。

(3)交流活动收获：学生说说最喜欢的图画书中的故事和赞同的做法，根据图画书内容续编一辑小故事，将大纲画在《手册》中的表格里，思考这次开展书友队活动的优点和不足，并改进活动流程。

活动七　多元评价

教师通过多元评价带领学生回顾这个学期自己的收获、多元客观地评价自己，提高学生的成就感和价值感。

【活动时间】

学期末班会课。

【活动重点】

(1)我会表达。

①语文：教师请学生背一首喜欢的古诗，讲一个喜欢的故事。

②英语：教师请学生用英语简单介绍自己。

(2)我会倾听。

①语文百词听写获得几颗星？(1～5)

②英语听读获得几颗星？(1～5)

③最喜欢听的一首歌是什么？

(3)我会思考。

①数学计算水平获得几颗星？(1～5)

②数学展讲获得几颗星？(1～5)

③数理技能获得几颗星？(1～5)

(4)我会阅读。

①语文：读了几本书？最喜欢哪本书？为什么喜欢这本书？

②英语：读了几本英语图画书？最喜欢哪本图画书？为什么喜欢这本图画书？

(5)我会实践。

9月，你学会的体育技能是什么？10月，你制作的手工是什么？11月，你做了什么科学小实验？12月，你学会的劳动技能是什么？1月，你最骄傲的本领是什么？

(6)我会探究。

探究的主题是什么？写一写探究过程？探究结果如何？

◎**课程的实施反思**

从 2021 年秋季新生入学开始，教师便开始使用《手册》开展入学适应活动。在完成《手册》的过程中，学生积极参与每一部分活动，并与学校课程结合在一起，迅速适应了小学生活，逐渐完成了角色身份的转变，正式接纳自己的小学生身份。在之后几年的使用过程中，我们又不断对《手册》进行完善，不仅帮助新生完成从幼儿园向小学的过渡，也成为幼小衔接小学适应课程的重要内容。

当然，在使用该《手册》过程中发现还是有不足之处。例如，认识课程这部分的内容虽然涵盖了各学科，但趣味性还可以再增强，更加符合新生的特点，与幼儿园游戏化课程衔接得更好。同时，课程的跨学科整合性不够，各学科独立存在，没有联系，我们可以在这方面再进行整合。另外，作为新生社交能力培养和促进更快融入集体的书友队部分，可以再细化，设置更多有趣项目，促进队员之间更快打破隔阂，拉近距离。

（供稿单位：南山实验教育集团荔林小学；供稿人：丁玲、朱芊、周超、李爱雪、董红毓、薛春华）

(三) 入学适应课程案例三

幼小衔接阅读教育课程

◎**设计背景**

从幼儿园进入小学是儿童早期成长过程中一次重要的转折。儿童初入学能否适应小学生活，一定程度上决定着其今后对学校生活的态度和情感，并影响将来的学业成绩和社会成就。帮助新生顺利适应小学生活是小学一年级重要的教育任务。如何鼓励和帮助新生摆脱分离焦虑，适应新的环境，交往新朋友，喜欢上学校？又如何在入学适应的关键期里培养新生的规则意识、良好的生活、行为及学习习惯？利用图画书开展教育活动不失为一个好途径。

◎**设计思路**

1. 设计理念

本课程以《入学适应指导要点》为纲，以图画书为载体，以活动体验为主要形式，融入教育戏剧习式，以促进新生身心全面适应为目标，围绕新生进入小学所需的关键素质，设计身心适应、生活适应、社会适应和学习适应四个方面的教学活动。

本课程精选五个主题方面的图画书，贴合新生实际，也易引起新生共鸣。有的帮助新生学习调节情绪，有的帮助新生学习交朋友，有的培养新生的规则意识和好习惯……这些内容能让新生在阅读活动中多角度地受到启发或得到引导，进而产生积极的情绪体验。

课程融入教育戏剧习式，以活动体验为主的形式，把新生放在一个有体验、有启发、有反思的课堂中去，在一个安全的、有保护的情境中充分表达，进行社会化学习，促进他们对他人和自我的观察与反思，实现教育活动的有效性。

图画书是新生喜爱的图画书，图文兼备，图画色彩明丽，故事情节有趣精彩，内容浅显，易于理解。以此为载体实施教育，新生乐于接受。由此展开的体验活动也可以帮助新生逐步适应从游戏活动为主向课堂教学为主的转变。

本课程从身心适应、生活适应、社会适应到学习适应，从关注学生的情绪、人际交往到心理疏导，从习惯培养到生活技能发展，力争关注到新生入学适应的主要方面，促进新生的社会性发展，符合学校"培养健康完整的人"的理念。

2. 设计目标

第一，建立积极的入学体验，保持乐观向上的情绪。

第二，培养良好的运动习惯、倾听习惯、阅读习惯和整理物品的习惯。

3. 系统建构

幼小衔接阅读教育课程的课程计划如下（表 11-6）。

表 11-6　幼小衔接阅读教育课程计划

教学时间	阅读主题	选用图画书	教学目的	拓展阅读
9月	我上学啦	《大卫上学去》《小魔怪要上学》	帮助新生感受集体生活的乐趣，树立规则意识，认识班级、学校、日常学习生活的基本规则。	《魔法亲亲》《我喜欢上学》《今天，我可以不上学吗？》
9月	我会交朋友	《我会表达自己》《小长颈鹿找朋友》	培养新生礼貌友好的交往品质，乐于与老师、同学交往，在谦让、友善的交往中感受友情。	《我有友情要出租》《小蓝和小黄》《咬人大王布奇奇》
10月	我有好习惯	《锻炼身体我最棒》《乱七八糟的魔女之城》	培养新生良好的运动习惯和生活习惯，让学生独立完成自己的事情，从整理自己的物品，自己穿衣服等小事做起，自己的事情自己做。	《如果不洗澡》《如果不理发》《如果不洗手》《如果不赶紧上厕所》《如果你坐得歪歪扭扭》《起床了，穿衣服》《我不困，我不想睡觉》

续表

教学时间	阅读主题	选用图画书	教学目的	拓展阅读
10月	我是小太阳	《不生气，好好地说》 《我好难过》	帮助学生识别自己的情绪，并选择恰当的方式表达情绪。	《生气汤》 《我的壁橱里有个大噩梦》 《把坏脾气收起来》 《我变成一只喷火龙了！》
11月	我们爱学习	《在教室说错了没关系》 《我喜欢书》	鼓励学生在课堂上主动参与，积极表达；引导他们对新知识、新环境保持好奇和兴趣，积极参加各类活动，喜欢阅读。	《神奇飞书》

◎课程教学设计

活动一　我会表达自己

【学情分析】

学生刚进小学，面对的是新同学、新教师、新学校，什么都是全新的，难免会有些手足无措，孤独彷徨。交朋友是他们内心最渴望的事情，但他们还不知道怎样主动去交朋友，缺乏信心与方法，此时进行主题为"我会交朋友"的阅读课程，对他们来说，犹如指路明灯，给他们照亮前行的道路。

【活动目标】

通过阅读图画书《会说话的小青蛙：不要慌张，得体地说》及情境表演，激发主动交朋友的愿望，学习主动交朋友的方法，学会不慌张，得体地表达自己，获得成功的体验，提高交往自信心。

【活动准备】

图画书《会说话的小青蛙：不要慌张，得体地说》电子课件。

【活动过程】

1. 回顾分享，激发兴趣

教师："同学们，成为小学生后，你们在校园里认识了多少老师，交到了多少朋友？跟你们的同桌说一说吧。"

教师："同学们刚才分享得很热烈，感觉认识了好多老师，交到了好多的朋友呢！"

设计意图：学生在回顾交流中分享交往成功的喜悦，激发交更多朋友的愿望。

2. 猜读图画书，学习表达

教师："小青蛙格格第一天上幼儿园。他会遇到一些什么事呢？想听小青蛙格格的故事吗？老师讲故事，边讲边让同学们猜测回答。"

教师："鼠老师迎接格格时，他该怎么说？把自己当成格格，说一说吧。"（有礼貌地打招呼）

教师："格格也想弹弹钢琴，他这时候该怎么说呢？"（诚恳地说出自己的愿望）

教师："小狐狸不吭声，这时候又该怎么说呢？"（真诚地赞美他，再次提出自己的愿望）

教师："小猪骂格格时，他该怎么说？"（勇敢地说出自己的感受，请他不要这样做）

教师："不小心碰脏了小鸭的新大衣，小鸭很伤心，这个时候该怎么说？"（真诚地道歉）

教师："小猴插队，这时候该怎么说？"（善意地劝告）

教师："你们觉得大家这么喜欢格格，是因为格格哪方面做得好？"

设计意图：以青蛙格格的故事为主线，让学生边读边猜，不仅更有代入感、趣味性，还激发了学生解决交往问题的主动性，在阅读图画书的同时学习交往的方法。

3. 情境表演，练习表达

教师："我们也来学学格格，不慌张、得体地表达自己吧。"（情境表演）

教师："换了座位，你有了一位新同桌。你会怎么打招呼？请同学来表演介绍自己。"

教师："她上课回答问题真积极。我想跟她交朋友，我该怎么说？请同学来表演赞美他人。"

教师："她说她爱玩乐高，跟我兴趣一样。我想跟她交朋友，我该怎么说？请同学表演交流相同话题。"

设计意图：让学生在具体情境中加以练习，在喜闻乐见的表演中习惯不慌张、得体地表达。

4. 将心比心，寻找交友秘诀

教师："你们喜欢跟怎样的人交朋友？"

学生集体交流。教师小结提炼。（友善、礼貌、谦让、爱帮助人……）

教师："我们想要交到更多的朋友，就要做这样的人。"

设计意图：从自己交朋友的需求出发，认识到自己要做什么样的人才会受欢迎，对学生来说更容易领悟，也为下节课的学习做好铺垫。

【活动延伸】

在平时与同学的交往中，不慌张、得体地表达，交更多好朋友。

活动二　在教室里说错了没关系

【学情分析】

小学新生对教师还不熟悉，对上课回答问题的要求也不太了解，因此很容易产生害怕说错被教师批评或者被同学嘲笑的心理，从而导致不敢发言。针对这样的情况，教师有必要让学生知道，在教室里说错了没关系，教室本来就是用来学习和试错的地方。只有学生大胆地说出自己的真实想法，即便是说错了也没关系，教师才能有针对性地开展教学，最终实现师生共同成长。

【活动目标】

1. 通过学习图画书《在教室说错了没关系》，消除在课堂上害怕说错的顾虑，做到大胆发言。

2. 由课堂延伸到课外，在学习的过程中能够勇敢说出自己内心的想法。

【活动准备】

教学课件。

【活动过程】

1. 创设情境，导入课题

教师："同学们，一个叫东东的小朋友最近遇到了一个难题，想要请你们帮帮他。事情是这样的，东东跟你们一样今年也上小学一年级了。可是他因为担心自己会说错，所以上课从来不敢回答问题。慢慢地，他变得越来越沉默了。你们有什么好办法可以帮帮他吗？"

学生自由回答。

教师："同学们分享了很多办法。今天我们就一起来学习图画书《在教室说错了没关系》(板书：在教室说错了没关系)，帮助像东东一样的同学。"

设计意图：通过创设东东同学因为害怕出错而不敢回答问题的情境，激发学生想要帮助他改变现状的积极性，从而导入课题。

2. 师生合作，感知故事内容

(1) 教师给学生读图画书故事。

(2) 教师引导学生围绕故事情节，开展讨论。

教师："观察图片，说一说这两幅图片有什么不同。"

教师："我们先来看第一幅图。当老师讲课时，下面的同学在做什么呢？现在把自己当作其中一位同学，用你的动作告诉我，他当时在做什么。"

教师："好，现在大家可以恢复正常了。想一想，如果课堂上大家这样做，会有什么后果？"

教师："同学们，现在请你们把自己当作东东。当老师提出一个问题后，你心里在想什么、又会有怎样的举动？请再次用你的动作和表情告诉我。"

教师："请你告诉老师，你为什么会做出这样的动作和表情。你心里是怎么想的，可以跟我们分享一下吗？"

教师："现在我想请同学再思考一下，为什么东东不敢回答老师的问题，他到底在担心什么？"

教师："说错了真的会被老师批评，会被同学嘲笑吗？"

教师："当东东知道即使说错了也没关系后，终于举手发言了，让我们一起去看看他的表现吧。谁愿意来演一演东东举手的动作？说一说为什么他有这样的行为。"

教师："那东东站起后的表现又是怎样的呢？请找出描写他站起来和坐下去的内容，说说你的体会。"

教师："为什么东东站起来会心跳加快、身体发热、头脑一片空白呢？坐下去后，又变得清醒了呢？"

教师："面对第一次举手发言的失败，东东放弃了吗？他是如何战胜自己的？"

教师："假如我们在教室里说错了，老师和同学又会有怎样的反应呢？"

教师："学完这个故事你有什么收获呢？"

教师小结："这样的教室多好呀，让我们一起创造这样的教室吧。"

设计意图：在师生的问答中，梳理故事的主要内容，其实就是在培养学生大胆发言的勇气和能力，让学生切实地体会到在教室里说错了真的没有关系。

3. 结合亲身经历，说一说自己的故事

(1)教师："在我们的教室里，也有像东东这样的同学，他们会因为害怕说错而不敢举手发言。现在我们知道了在教室里说错了也没关系，老师希望看到更多同学可以勇敢地站起来，积极发言。"

教师："现在请同学们先和同桌说一说，自己印象最深刻的一次发言经历。重点说一说，发言前你最担心什么，说完以后老师和同学们有怎样的反应，你从中又收获了什么。"

(2)教师："现在请同学们来分享自己的发言经历。"

设计意图：学以致用，让学生在分享自己的故事中，进一步练习在教室里大胆发言的好习惯。

4. 小组合作编故事

(1)教师："同学们，故事中的东东终于战胜了自己，课堂上变得越来越自信，主动回答问题的次数也越来越多了。这种敢于挑战自己的精神，值得我们所有人学习。"

教师："现在老师想请你们小组合作来编故事，想一想，假如东东去上社团课，面对全新的老师和同学，他又会有怎样的表现。"

(2)学生小组口头创编故事情节。

(3)学生分享故事情节，教师随机进行指导。

(4)学生尝试用动作还原故事场景。

设计意图：采用编写故事的方式，让学生把关注点由熟悉的教室转移到一个新的环境，告诉学生无论在什么地方，都要勇敢地大声说出自己的想法，因为即使说错也没有关系。

【活动延伸】

教师推荐幼儿阅读图画书《课堂上大胆举手发言》。

【其他说明】

想让学生通过一次课程就养成积极发言的好习惯，具有一定的困难，需要教师在日常教学过程中经常鼓励学生发言。学生只要能够战胜自己勇敢发言，就值得肯定。希望在教师的鼓励与肯定中，学生逐步建立自信，慢慢养成积极发言的好习惯。

(供稿单位：深圳市蛇口育才教育集团育才三小；供稿人：程红、周娟、罗昭、刘学峰、肖畅、胡斌玲)

(四)入学适应课程案例四

故事的力量：阅读促进入学适应
——以阅读图画书《和甘伯伯去游河》为例

◎设计背景

《课程方案》明确指出："为每一位适龄儿童、少年提供适合的学习机会。把握学生身心发展的阶段特征，注重幼儿园、小学、初中、高中各学段之间的衔接，体现不同学段目标要求的层次性。""在小学一年级第一学期安排必要的入学适应教育，适当利用地方课程、校本课程和综合实践活动课时组织开展入学适应活动，对学生学习、生活和交往进行指导。"从幼儿园进入小学是儿童早期成长过程中一次重要的转折。儿童对初入学能否适应，一定程度上决定着其今后对学校生活的态度和情感，并影响其将来的学业成绩和社会成就。帮助新生顺利适应小学生活是小学一年级重要的教育任务，小学应尊重儿童的年龄特点和学习发展规律，主动加强与幼儿园教育的衔接，积极探索实施入学适应教育，帮助儿童逐步适应小学生活。

◎设计思路

活动主题：我是小学生，我能行

活动时间：开学一个月

活动形式：读故事，听故事，讲故事

活动目标：

第一，知道自己是班集体中的一员。

第二，愿意与同伴交往，友好相处，有经常一起玩的小伙伴。

第三，能与同伴相互帮助，分工合作，遇到冲突，能协商解决。

第四，能遵守学生班级的行为规范和准则，有明确的规则意识。

第五，能积极参与集体中各类活动规则的制定，能积极想办法拓展和推进游戏。

第六，喜欢阅读，对感兴趣的人物和事件有自己的理解和想法，能随着故事的展开产生相应的情感体验。

第七，能较完整地讲述小故事，能简要讲述自己的感兴趣的见闻，乐于在阅读的语境中识字。

◎课程实施的简要过程

1. 精心挑选图画书

开学初，教师根据儿童身心适应、生活适应、学习适应、社会适应的四大维度，挑选精美又经典的中外图画书。这些图画书都是讲一年级的事、一年级的伙伴、一年级的习惯，给学生以亲切感和认同感，从故事中培养良好的学习习惯、学习能力、学习兴趣和乐学好问的品质。经过一星期的准备，挑选的图画书如下(表11-7)。

表 11-7 挑选的图画书与入学适应要点对应表

图画书	适应要点
《我不是笨小孩》	身心适应
《我爱一年级》	身心适应
《小阿力的大学校》	身心适应
《大头鱼上学记》	身心适应
《我上小学了》	身心适应
《和甘伯伯去游河》	社会适应

续表

图画书	适应要点
《上学不再丢三落四》	生活适应
《怕痒痒的小绵羊》	生活适应
《如果你坐得歪歪扭扭》	学习适应
《运动，真美妙！》	学习适应

2. 开心阅读

第一个月的语文课围绕"我上小学了"这个主题来开展图画书阅读。教师先把11本图画书分成四个主题：学习习惯、学习能力、学习兴趣和情绪管理。每周读一本图画书关联一个主题，导读图画书、讲读故事、表演故事、分享读后感受。学生在有趣的活动中循序渐进地学习，在活动中了解小学的课程、规则，交新朋友，认识新老师，克服刚入学时的紧张感和陌生感。

3. 跨学科学习

新课程标准要求开展主题性、综合性的跨学科学习。刚入学的新生认字少、不会写字，但他们是天生的画家，喜欢用画笔来表达自己的喜怒哀乐。利用这一特点，教师把图画书阅读和美术课相融合，阅读课讲故事、听故事，美术课画自己的感受和想象，整合成"好玩的写绘"课程，让学生听在其中，画在其中，乐在其中。

◎具体活动案例

阅读图画书《和甘伯伯去游河》

1. 推荐启航

★★★★★

2. 简介引航

《和甘伯伯去游河》讲述的是甘伯伯撑船去游河，中途分别遇上两个小孩子、野兔、猫、狗、猪、绵羊、鸡、牛、山羊，他们都请求坐甘伯伯的船去游河。上船后，鸡飞狗跳、猫追兔赶，船上一片混乱，最后都掉进了水里。甘伯伯带着他们游上岸，晒干身子回家了。

这是一个讲规则意识、团结协作、人与动物和谐相处的故事。一条船挤上小孩、家禽、家畜、野生动物，虽说在上船之前，甘伯伯对他们都进行了约法三章，但上船之后"山羊乱踢""牛踩东西""鸡扇翅膀""绵羊咩咩叫""猪来回晃""狗招惹了猫""猫去追兔子""兔子乱蹦乱跳""小孩子大吵大闹"，好不热闹，结果可想而知，船翻了，他们都落水了。他们为什么会落水，就是因为他们个个都在打破规则。规则意识是个很大的概念,也是很枯燥的概念,而作者通过一个诙谐幽默、妙趣横生的故事,为小读者们讲清楚了规则意识的重要性。落水了很不幸,但幸运的是他们在甘伯伯的带领下,一个跟着一个,齐心协力游上岸,毫发无损,最后还享受了甘伯伯家丰盛的下午茶。读图画书,除了读文字,更应该读图画。速写和彩绘相结合是本书图画的显著特点,船的部分用的是速描的方法,动物上船时都用了彩绘特写,作者对动物们的喜爱蕴含其中,也为小孩子与动物们共处一船时的和谐埋下伏笔。

3. 故事联航

(1)观封面,猜故事。

图画书封面是个"大观园"。教师在引导学生了解故事的名称、作者、绘者、译者、出版社等基本信息后,重点是要引导学生观察封面的插图,故事的主要线索就暗含在图画之中。教师可以启发学生观察甘伯伯的神态动作、穿着打扮,推断他的职业;通过船、桨、周边的景色来猜测故事发生的时间、地点,结合故事的名字来推测他们将去哪里、干什么;细致观察船上的角色来想象故事最后的结局……猜故事可以只看插画,可以紧扣故事名,也可以联系生活经验,还可以天马行空,任意想象。就这样,学生乘上想象的翅膀"飞向"有趣的故事。

(2)看奖项,评故事。

经典而优秀的图画书经受了时间的涤荡还熠熠生辉,可以穿越时间的樊篱,跨越时空间的边界,成为人类共同的财富,滋养着一代又一代的读者。《和甘伯伯去游河》就是这样的图画书。教师出示"英国凯特·格林纳威奖大奖,美国《波士顿环球报》《号角书》杂志奖图画书大奖,美国图书馆学会年度好书推荐,《纽约时报》最佳插画童书奖,"日本全国学校图书馆协会第22次'好绘本'"这些项奖,让学生知道写一本书不容易,写一本得奖的书更不容易,写一本得了好多奖的书就难上加难了。同时,教师引导学生点评一下:得了这么多奖,你觉得这一定是个怎样的故事?

(3)听范读,想故事。

在范读之前,教师要精读故事,读文字故事,读图画故事,读图文结合的故事。本故事涉及的人物角色比较多,有小孩子、猫、野兔、绵羊、牛等。角色不一样,上船时间不一样,他们的心理不一样,他们说话的语气也不一样。教师范读时,要尽量模仿他们商量、请求、期待的语气,给学生创设情境进入故事。而在船上,他们"大闹天宫"这段最为精彩,"踢、踩、扇、晃、追、蹦、吵"等动作传神地表现动物当时的状态,教师要读出画面感,引导学生进入情境。落水后,教师要营造紧张有序、团结协作的氛围,而甘伯伯邀请动物喝茶时又是温暖幸福的画面。教师的神态、情绪要随着故事的变化而起伏。优秀的范读富有启发性、诱惑力、感染力。学生在教师声情并茂的朗读中进入故事。

(4)读图画，编故事。

图画书的精彩之处，就是除文字故事外，图画背后还有一个故事，图文结合又可以读出另外一个故事。《和甘伯伯去游河》图画采用远景和特写相结合，船上的情景采用黑白速写，动物角色的刻画则采用的是彩绘特写，两者形成鲜明对比。阅读时，教师利用近景图画观察角色神态、动作、身边的环境，让学生想象他们在干什么、想什么、坐船将要去哪里，等等。每页彩图都可以独自构成一个故事，学生的观察力、想象力、表达力、逻辑思维都得到了训练。仔细观察，出场的动物个子越来越大，彩图篇幅越来越满，预示着船的承载力将达到极限，翻船是必然发生的事。利用这一细节，教师可以让学生猜测翻船之前这些角色在说什么、做什么等。

(5)抓留白，续故事。

故事结尾，甘伯伯说："再见了啦，下次再来游河吧。"这是个非常开放性的结尾。甘伯伯下次驾船会去哪里？这些动物会再次上船去游河吗？还有其他的动物加入吗？他们有没有吸取上次的教训？在船上表现怎么样？船还会翻吗？……回答了这些问题，又一个故事将会诞生。

◎ 课程的实施成效

通过一个多月的学习，学生在身心、生活、学习等方面都有很大进步，逐渐适应小学生活。

1. 身心适应

学生喜欢上学，积极锻炼，对新知识、新环境感兴趣，积极参加各类活动。

2. 生活适应

学生热爱劳动，能帮助教师整理图书角和讲台；自己的事自己做，收拾文具和书包。

3. 社会适应

学生喜欢参加集体活动，快速融入集体，有合作意识和规则意识；在团队中能认识自己的角色，并且能遵守其中的规则。

4. 学习适应

学生对小学的学习有浓厚兴趣，乐学好问，对感兴趣的人物和事件有自己的理解和想法，逐步养成良好的学习习惯。

(供稿单位：深圳市南山区前海小学；供稿人：柯美娟)

三、课程适应活动

(一)课程适应活动的内涵

国家课程适应活动是指小学教师在实施国家课程的过程中，通过整合课程内容，改革教学方式，优化教学评价而进行的一系列课程适应学习活动。与幼儿园不同，小学课程主要采用分学科教学，如语文、数学、英语、科学等学科，学习内容增多，课程时间安排紧凑，自由时间缩减，加大了新生入学学习适应的难度。《课程方案》的"关于课程标准"中明确指出："注重幼小衔接，基于对学生在健康、语言、社会、科学、艺术领域发展水平的评估，合理设计小学一至二年级课程，注重活动化、游戏化、生活化的学习设计。"

(二)课程适应的原则

1. 活动化原则

皮亚杰认为，认识起源于活动，认识是从活动开始的，活动在学生的认知情感和个性行为发展中起着重要作用。富有感染力的活动情境、丰富多样的活动材料、具有挑战性的活动任务，能有效激发学生参与活动的主动性和积极性。学生可以作为活动主体，通过个体思考或团队合作，经历发现问题—思考探究—反复实践—解决问题的各个活动过程，主动建构知识体系，并形成平等和谐的伙伴关系。

2. 游戏化原则

在幼儿园教育阶段，很多教学活动均以游戏化的方式开展，小学新生依然保留着学龄前儿童对游戏的兴趣和热爱，喜欢在游戏中开展学习。小学阶段学习内容增多，主要通过分科设置的方式呈现，知识体系抽象复杂。以游戏为立足点，充分发挥游戏的趣味性、交互性和挑战性，能有效调动学生学习积极性，增强学习自信心，分解课程学习难度。但课程游戏化并不等同于自主游戏，学生作为游戏主体，在游戏中需要遵守一定的规则，完成一定的学习任务，处理一定的社会关系，在保持学生游戏天性的同时，加强规则意识和任务意识的培养。

3. 生活化原则

《课程方案》在课程实施中指出教师要"加强知识学习与学生经验、现实生活、社会实践之间的联系，注重真实情境的创设，增强学生认识真实世界、解决真实问题的能力"。真实生活情境是促使学习主动发生的必要条件，抽象的课堂知识和重复的机械记忆容易让小学新生产生学习畏难情绪。教师通过将学习内容置于学生熟悉的生活场景中，让学生将已知生活经验与课堂知识相互联系，生活形象思维向课程抽象思维转化，提升学生知识迁移和思维能力，形成解决生活实际问题的能力，最终促成课程核心素养的培育。

(三)课程适应性调整的策略

1. 跨学科学习

《课程方案》的"关于课程标准"中指出："设立跨学科主题学习活动，加强学科间相互关联。"不同于幼儿园的整体学习活动，小学学科知识是学科素养的重要载体，是教师开展课堂教学的主要内容，新生的思维和认知特点让分科学习变得有难度。教师可以通过"学科＋"跨学科主题方式，以某一学科为主体，确定某一学习主题，横向关联其他学科内容，模糊学科界限，通过新生熟悉的整体感知学习方式，在同一主题活动下，充分挖掘学科内在知识结构，增强自主获取不同学科知识的能力，实现不同学科之间知识融通。

跨学科学习可以衔接学校校本特色，如围绕学校特色课程体系元素开展跨学科活动，既能拥有丰富多元的活动开设基础，又能让新生快速了解到学校特色并找到自己的兴趣点。学习过程中，教师应当基于入学时间节律和学生学习能力特征，通过游戏、观察、探究、合作等方式关联不同学科内容，锻炼学生的学习思维，促进学生学科核心素养形成。

南科大实验一小举行的一年级"宇宙漫步"统整项目课程，进行了语文与科学，美术与科学，体育与科学的跨学科融合教学活动。学生在一个多月的时间内，阅读相关科普图画书，合作制作九大行星图，学唱好听的《天马行空》，学跳动感十足的《宇宙大爆炸》，如此丰富多彩的跨学科学习方式，既符合一年级学生的兴趣和爱好，又让学生得到了立体和全方位的感知和学习。

2. 情境化学习

情境化学习主要包括真实情境学习和虚拟情境学习，两种方式相互补充，根据学生学习需求选择不同的情境。

儿童的学习以直接经验为基础，小学新生仍以具体形象思维为主，主要通过亲身体验和具体感知获取必要信息，但学科内容由成人编写，以专业语言呈现，不容易被儿童学习理解。教师通过提取或创设与儿童实际生活相似的情境，可以将学习内容转化为儿童视角，帮助学生适应学习。儿童习得解决实际问题的能力也是核心素养达成的重要表现，创设真实生活情境，能激发儿童参与学习热情，通过结合自身生活经验发现实际问题，并主动寻找解决方案。

基于相对脱离实际的情境需求，如天文学习、外国文化等，教师可以利用信息技术丰富教学场景,通过综合处理课程文本、图片、声音和动画,将抽象的课程内容可视化和具象化,激发学生探索新知的兴趣和欲望,如将电影课和学科学习融合。

西丽小学为"卫生常识课"设计的"3·3爱耳日"电影课,经过精心准备和策划,筛选出《耳朵"迷案"》和《奇妙的声音》等适合小学生阶段观看的微电影和科普小视频,学生在班主任及校医的陪同下在教室里观看相关视频,观影结束后,由校医及班主任及时给同学们讲解爱耳小知识及注意事项,在虚拟情境和真实情境的结合下,学生更深刻地理解了爱护耳朵的重要性,也更系统地学习了爱护耳朵的小知识(表11-8)。

表 11-8 "3·3爱耳日"电影课

	实施过程
教学过程	一、新课导入 班主任简短介绍"3·3爱耳日"的背景和意义,引起学生对爱护耳朵的重视及对学习爱耳知识的兴趣。 二、观看视频 学生在班主任和校医的陪同下,在教室里观看微电影和科普小视频,并且在观看的过程中,适时引导学生思考,提出问题。 三、讲解爱耳小知识 观影结束后,校医利用耳朵结构图,向学生们讲解耳朵的结构和功能。班主任结合日常生活,介绍保护耳朵的注意事项,如不用尖锐的物品戳耳朵,避免长时间戴耳机,保持耳朵干燥等。 四、互动讨论 组织学生进行小组讨论,分享自己知道的保护耳朵的方法并以小组为单位进行汇报。 五、总结回顾 让学生分享本节课学习到的爱耳知识及保护耳朵的方法。班主任再次总结本次课程的主要内容,强调爱护耳朵的重要性,鼓励学生们养成良好的健康习惯。

3. 结构化表达

幼儿园提倡尊重幼儿自发的表现和创造,鼓励幼儿自主选择喜欢的方式去模仿和创作,教师多对幼儿作品给予肯定并用表达自己感受的方式引导其提高。小学新生的语言、书写表达习惯和能力都有限,教师应当多鼓励学生在学科学习过程中勇敢表达,选择自己喜欢的方式呈现学习结果。教师可以给学生提供有效学习支架,尤其是表达环节,赋能学生用学科语言表达感受,促进学科思维形成。例如,在语文阅读中,教师可以用"我看到……我听到……我感受到……"的表达句型,激发学生多感官感知课文内容,体会到文章描述的美感。

核心素养导向下,评价对学生素养发展有着重要影响,评价反馈是促进学生学习和教师教学优化调整的重要环节。教师创设轻松的、敢说敢想敢表达的环境,同时加强正面评价反馈，可以增强学生课堂表达自信心，保持浓厚的学习兴趣。

例如，数学课堂上，教师出了一道 78×45 的两位数乘两位数的题目，如何说竖式的计算过程，学生往往会这样表达：先用 5×8＝40，写 0 进 4，5×7＝35，35＋4＝39，写 9 进 3，3 写在百位上；再用 4×8＝32，写 2 进 3，4×7＝28，28＋3＝31，写 1 进 3，3 再写在前一位上；最后算个位上是 0，十位上 9＋2＝11，写 1 进 1，百位上 3＋1＝4，4 再加进上来的 1 等于 5，千位上没有进位，就直接写 3，所以答案是 3510。这样的表达很完整，但太琐碎。

教师需要教会学生结构化地表达，还是同样的题目，可以指导学生在表述计算过程时，把过程简化为：第一步，先用 5 个一去乘 78，得到 390 个一；第二步，再用 4 个十去乘 78，得到 312 个十，也就是 3120；第三步，把两次得到的结果合并(相加)，最终得到 3510。升级之后的表达模式不仅包含了操作程序的先后顺序，更指向了多位数笔算乘法的本质与核心。

4. 游戏化学习

幼儿园多通过游戏的方式开展教学，幼儿在游戏中需要找到同伴，充分使用游戏材料，通过组织一定的"社会关系"解决游戏中遇到的问题。《课程方案》的第四部分中指出："合理设计小学一至二年级课程，注重活动化、游戏化、生活化的学习设计。"这里的小学课程游戏化是指在学科教学过程中，教师通过游戏化的教学方式，适度缓解入学新生紧张情绪，让学生成为游戏化课程的学习主体。教师给予学生充分的学习时间和空间，引导学生自主探究课程内容，并用开放、包容的态度回应学生的问题，增强学生学习内驱力。

教师可充分利用信息化技术，赋能课堂游戏化环节，并通过大数据收集诊断教学，推动教与学模式变革。例如，在数学学习中，教师通过游戏闯关的方式进行学习内容练习，更能调动学生课堂参与的积极性。

例如，在认识奇偶数这一课中，教师可以利用"找朋友"游戏帮助学生更直观地理解奇偶数的概念。教师每一轮在班级里随机挑选 2～9 名同学上台，然后让学生两两牵手结对，假如大家都能找到朋友，那这个数字就是偶数；假如有一位同学多出来，那这个数字就是奇数。

四、课程适应活动的实施案例[①]

(一)课程适应活动案例一

跋山涉水，拯救小象
——跑跳爬综合练习

◎**设计理念**

以《入学适应指导要点》《课程方案》及《义务教育体育与健康课程标准(2022年版)》、"健康第一"的教育理念为指导，以讲解示范法和游戏练习法为主要教学方法，通过创设游戏闯关情境，结合流行运动，充分调动学生的运动兴趣与学习的积极性，进而让学生适应小学体育课程。从游戏闯关中锻炼学生跑、跳、爬等基础运动技能，通过师生互动、启发引导、尝试体验、游戏闯关的学习过程，体现出课堂教学中学生的主体地位，培养学生自主管理、协同合作的能力，强化学生规则意识。同时，教师重视课堂教学方法的多样性，积极营造符合学生身心特点的课堂，为教学目标服务。

◎**教学目标**

第一，通过闯关学习提高跑、跳、爬等各方面运动能力；通过游戏竞赛及体能练习发展身体协调性，提高下肢力量。

第二，通过跑跳爬的学习，形成终身运动的理念，关注健康，培养自我健康管理能力。

第三，通过游戏和教学比赛，养成遵守规则、敬畏规则、团结协作、勇于拼搏的体育精神。

◎**教学内容**

穿越大峡谷：通过设置障碍锻炼学生的跑、跳、爬等运动能力。

穿越铁锁环：通过游戏锻炼学生的团结协作能力。

穿越雷区：通过游戏，锻炼学生随机应变、不畏艰苦的精神品质，同时强化学生跑跳爬等运动能力。

齐心协力过大河：通过游戏锻炼学生的团结协作能力，锻炼学生跑跳爬等运动能力。

◎**教学准备**

体操垫子16个、小象1只、呼啦圈8个、跳箱7个、浮条1条，大音响，运动音乐。

[①] 本书中所有入学适应教育案例中用到的一年级教材均为2023年版教材。

◎教学实施过程

1. 故事导入，激发兴趣

教师："同学们，今天发生了一件大事！淘气的小象瞒着妈妈偷偷跑去森林玩，被困在河流中间了。我们今天的任务就是把小象拯救出来，你们有没有信心？"

教师引导学生进入角色，激发学生上课兴趣，提高学生的运动兴趣。

2. 热身活动，激活身体

（1）穿越大峡谷。

教师讲解规则，带领学生穿越大峡谷。学生通过跑、跳绕过障碍进行慢跑（图11-17和图11-18）。

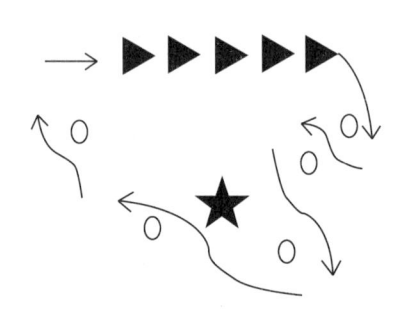

图 11-17　穿越大峡谷　　　　图 11-18　穿越大峡谷路线

（2）奥林匹克操。

教师邀请两名学生领操，跟着奥林匹克操音乐做热身活动（图11-19和图11-20）。

图 11-19　奥林匹克操　　　　图 11-20　四路横队做热身活动

3. 不畏艰苦，勇往直前

（1）穿越铁锁环。

游戏规则：将学生分为八组，手牵手，第一名学生拿着呼啦圈在不放开手的情况下传递给下一名学生，依次传递到最后一名学生，最后一名学生再把呼啦圈往前传送给第一名学生（图11-21和图11-22）。

图 11-21　穿越铁锁环　　　　　　图 11-22　八路纵队，穿越铁锁环

(2)穿越雷区。

游戏规则：将学生分为四路纵队，每组通过爬行通过雷区，在通过雷区的过程中，不能触碰头顶上的雷线(图 11-23 和图 11-24)。

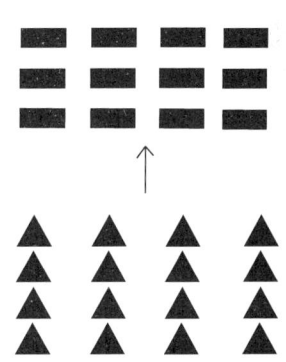

图 11-23　穿越雷区　　　　　　图 11-24　四路纵队，穿越雷区

(3)齐心协力过大河。

游戏规则：将学生分为八路纵队，每路纵队中两两一组过大河，每组使用两张垫子，通过移动垫子来通过大桥，在移动过程中，身体任何部位不能离开垫子(图 11-25 和图 11-26)。

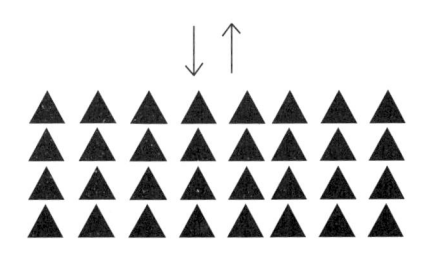

图 11-25　齐心协力过大河　　　　　　图 11-26　八路纵队，往返过大河

(4)毽子操(课课练)。

教师:"同学们,恭喜你们成功地救出了小象!让我们跳一跳毽子操来庆祝一下,表达我们此时此刻激动的心情。"

教师邀请两名学生领操,跟着音乐做毽子操(图11-27和图11-28)。

图11-27 毽子操　　　　图11-28 四列横队进行毽子操

4. 拉伸放松,缓解疲劳

教师:"同学们,今天我们跋山涉水,运动量还是挺大的。我们一定要做好放松,缓解疲劳,避免疲劳损伤,一起跟着音乐来放松吧。"(图11-29)

◎ 教学反思

本次活动游戏环节丰富,学生的参与度非常高。学生能在游戏中得到很好的锻炼,实现了运动目标。教师通过游戏活动让学生体验一年级体育课程的快乐,让学生能够更加平稳地衔接小学生活。

图11-29 四列横队放松

(供稿单位:深圳市南山实验教育集团荔湾小学;供稿人:潘春贤)

(二)课程适应活动案例二

动物体验秀
——基本运动技能培养

幼小衔接对儿童终身发展具有深远的影响,体育教育在此过程中扮演着促进儿童身心全面发展的独特角色。根据《义务教育体育与健康课程标准(2022年版)》,基本运动技能是该年龄段儿童主要的学习内容。面对从幼儿园到小学的重要过渡期,如何有效利用国家体育课程资源成为我们必须深入探讨的问题。在体育课程促进幼小衔接的研究中,本研究团队设计了多个幼小衔接系列教学案例,"动物体验秀"便是其中之一。下面将详细阐述"动物体验秀"这一教学案例,展现如何在体育课程中帮助学生顺利适应小学生活,并有效促进其身心发展,从而为幼小衔接提供更广泛的策略和方法。

◎ **设计理念**

基本运动技能不仅是一、二年级学生的核心学习内容，也是运动能力和专项运动技能发展的基石。在这个阶段，学生正经历协调性、灵敏度和柔韧性等身体素质的快速发展期。心理上，他们拥有强烈的情绪体验、较为分散的注意力和丰富的想象力。

为了适应这些特点，我们创设了一个生动有趣的教学环境，专门为一、二年级学生设计了一个充满动植物元素的动画场景"体育教室"。这样的设计旨在扩展学生的想象空间，增强他们的心理适应性和情感体验。同时，我们精心策划了多样化的动物体验活动，如行走、攀爬、跳跃和翻滚等，并确保每种动物的互动时间不超过5分钟，以保持学生的兴趣和参与感。例如，在"兔子跳"和"乌龟爬"的体验活动中，我们设计了一场寓教于乐的"龟兔赛跑"比赛。通过这场比赛，我们不仅让学生享受到跳跃和爬行的乐趣，还巧妙地传达了"虚心使人进步，骄傲使人落后""脚踏实地，坚持不懈"等深刻的人生道理。我们的活动设计旨在激发学生对动物的好奇心和模仿欲，让他们在体验运动乐趣的同时增强体能，理解角色分工并学会与他人合作，使他们更加充满活力地适应小学生活。

◎ **教学目标**

第一，能充分想象并完成所模仿的动物跑、跳、爬、屈直腿行走、平衡等基本动作，能与同伴合作完成游戏组合，体验方向、力量和位移速度与时空的变化，拓展上下肢和躯干活动能力。

第二，在故事情境中融入不同的角色，通过体育游戏养成喜欢运动的习惯，在体育锻炼过程中具有一定的安全意识，在集体活动、团队比赛中能调控情绪，保持良好心态，适应体育活动中的小社会环境，进而适应小学学校生活。

第三，在跑、跳、爬、翻滚的游戏活动中体现积极进取、不怕困难、坚持到底的精神，养成遵守规则、公平竞争的道德，养成文明礼貌、自尊自信的体育品德与正确的胜负观。

◎ **教学内容**

本案例以想象及模仿各种动物的活动为主要教学内容，包括鳄鱼爬、青蛙跳、大象走路、龟兔跑、猴子跳、合作"人推车"与猴子合作开火车等。

◎ **教学准备**

1. **色彩鲜明的垫子**

教师在空教室或体育馆中铺上垫子，打造一个一、二年级学生的专属"体育教室"。在准备垫子时，学校特别关注了儿童对鲜艳颜色的喜好及他们的运动安全，选择的垫子色彩丰富，成为吸引学生的一道风景，激发了学生的探究欲与学习兴趣。教师通过垫子颜色的拼接组合划分出四个区域，并区分了运动轨迹，既高效地整理了学生队伍，又保证了学生的运动安全。（图 11-30 和图 11-31）

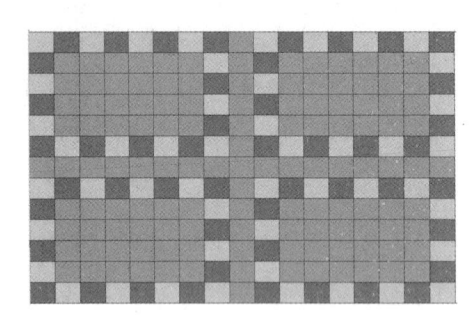

图 11-30　划分出 4 个区域的垫子

图 11-31　垫子实际效果图

2. 课堂配套的动画与音乐

教师根据教学内容，准备不同的动物活动并制作成动画视频，充分创设动物森林生活情境，充分激发学生的运动乐趣，增强学生运动体验。教师根据不同的动物主题，选择合适的音乐配合课堂动画，进行节奏变换，轻快、活泼的背景音乐进一步激活学生运动情绪，烘托热烈的运动锻炼氛围。

◎教学实施过程

1. 开始部分——创设情境与热身

上课伊始，教师通过动画背景的呈现，创设情境邀请学生来到"森林动物王国"体验模仿小动物，激发他们的想象与上课热情。

体育课堂热身环节：教师展示动画视频，提醒学生模仿小马的马步跑和小浣熊的跑跳步来进行热身，随后跟着动画小人一起做运动前的身体准备活动。（图 11-32 和图 11-33）。

图 11-32　模仿小浣熊跑跳步

图 11-33　身体准备活动

2. 基本部分——体验动物的活动

(1)鳄鱼过池塘。

教师通过语言及图片引导学生充分想象鳄鱼是如何行走的并展示出来,随后播放鳄鱼爬行视频,鼓励学生积极模仿鳄鱼的动作或者根据自己的想象进行爬行练习。学生体验身体贴地,利用上肢力量进行爬行,锻炼身体协调能力和肌肉力量(图11-34)。

(2)青蛙跳荷叶。

教师引入情境,鳄鱼爬过池塘的时候遇见了小青蛙,让学生想象小青蛙跳跃的样子并进行展示。之后,教师播放小青蛙跳荷叶的视频,鼓励学生积极模仿小青蛙跳跃前进,发展下肢力量和平衡能力等身体素质。

(3)大象旅行。

教师问学生大象是怎么走路的,鼓励学生想象自己是一头大象,沿着运动轨迹去旅行。随后,教师播放大象行走的视频,鼓励学生模仿,或者按照自己的想象进行大象旅行,发展空间想象、方位判断与身体感知能力(图11-35)。

图 11-34　鳄鱼爬　　　　图 11-35　大象走路

(4)龟兔赛跑。

教师引入情境,大象在旅行的途中遇见了一场跑步比赛,让学生体验乌龟缓慢而稳定地爬行和兔子轻盈地跳跃,感受身体快慢的变化。接着,教师通过讲述《龟兔赛跑》的故事,引导学生模拟这一经典故事中的比赛场景(图11-36)。在这个过程中,教师不仅强调了身体控制能力的发展,还巧妙地传达了虚心使人进步、骄傲使人落后的道理,同时也肯定了不怕苦难、坚持到底的精神品质。

(5)猴子捞月。

教师鼓励学生想象猴子的样子并模仿猴子,引出《猴子捞月》的故事,鼓励两只"猴子"合作捞月,形成两人一组的"人推车"(图11-37),发展上肢力量与合作意识。随后,教师组织每10只"猴子"一起,手脚相连形成一个长长的"猴绳",一起前进帮忙捞月亮，发展配合意识与团队协作能力（图11-38）。

（6）团队比赛。

教师引导学生熟悉"猴绳团队捞月亮"后，组织学生分成4组进行"猴子开火车"比赛。学生自行选择"火车头""火车厢"与"火车尾"。教师引导学生理解不同位置的不同职责及任务所在，并鼓励大家团队配合积极比赛（图11-39）。

图 11-36　龟兔赛跑　　　　　　　　图 11-37　合作"人推车"

图 11-38　猴子合作捞月　　　　　　图 11-39　猴子合作开火车

3. 结束部分——拉伸放松总结

"动物王国一日游"体验结束，教师带领学生进行拉伸放松，并总结点评本节课学生的运动表现，肯定学生的运动能力，表扬团队配合表现，积极鼓励学生参与体育运动。

◎ 教学反思

游戏是儿童最自然的学习方式，本课程充分利用了玩耍的教育潜力。通过游戏，学生在不知不觉中练习了运动技能，潜移默化地学会了社交规则和团队合作的重要性。对于刚刚迈入小学的儿童而言，全新的环境、教师和同学都可能带来一定程度的恐惧和不安。然而，在体育课程中，欢乐、轻松的学习环境是基本要素，儿童在运动中体验乐趣的同时，与同伴建立友谊，与教师建立信任，也产生了对新学习环境的好奇和兴趣，更能体验到学校是一个充满爱和乐趣的场所。

通过课程实践，我们也意识到在推进幼小衔接体育课程的过程中存在许多待改进之处。

1. 课程设计的系统性与连续性

课堂观察显示，学生对动物形象非常敏感，对于动物的形象和步伐，有着丰富的想象和模仿能力，并对此表现出极大的热情和兴趣。基于这一点，我们在设计其他系列案例课程时，应充分利用学生的兴趣点，通过创造有趣、生动的学习情境，激发他们的运动潜能。当前幼小衔接体育课程仍在探索阶段，其课例内容多是零散、不连贯的，为了能更好地帮助学生通过课堂适应小学生活，应当加强顶层设计，以大单元教学计划的方式来确保不同学习阶段之间的顺畅衔接。

2. 建立课程评估与反馈机制

为了更好地发挥课程的作用，应当制定详细的课程评估量表，包括学生的参与度、技能提升、情感反应等多个维度。定期进行教学评估，并建立一个开放的反馈机制，鼓励学生、家长和教师提供宝贵的意见。通过对这些数据的深入分析，进一步调整教学方法、课程内容和教学策略，以确保课程始终符合学生的实际需求和发展变化。

〔供稿单位：深圳市南山外国语学校（集团）香山里小学；供稿人：伍文琪、苏晓波、池国福、江明磊、张国庆〕

（三）课程适应活动案例三

你好，小书包

◎**设计理念**

收纳整理能力，是小学生日常行为规范中良好习惯培养的一个重要内容。小学一年级是幼小衔接的关键期，让学生学会整理自己的物品，有利于培养学生的责任感，有助于他们形成爱整洁、生活有序、做事认真仔细、有始有终等良好习惯，也能使学生在整理中提高动手能力，促进动作发展。学生上小学最先面临的就是要背书包，那么书包里到底要放些什么，怎么放，在他们的头脑中是不清晰的。我们将通过部编版一年级《语文》上册中的《小书包》，让学生学会认识文具，了解书包的收纳方法，明确小书包的使用与管理都是自己的事情，不能依赖他人，培养学生自我服务意识，渗透责任感。

◎**教学目标**

第一，认识书包结构，认识书包、作业本、铅笔、橡皮等词语。

第二，知道按学科整理文具，了解分学科进行收纳，学会有序整齐地摆放。

第三，感知自己的事情自己做，强化成为小学生的角色意识。

◎教学内容

本案例的教学内容重点是引导学生认识文具，并把学科相关的书本放入收纳袋；学会整理课本。

◎教学准备

书包1个、笔袋或文具盒1个、铅笔2支、橡皮1块、直尺1把、各科课本及学科相关练习册各1本、各科收纳袋1份、小水壶1个、班级课表1份（所有文具用品每名学生1份），班级"整理小书包"评分表。

◎教学实施过程

第一阶段：课堂活动

1. 小书包，宝贝多

(1)谜语激趣，引出课题。

教师："大肚皮，知识库，放学具，收书本，天天跟我上学去。猜猜它是谁。"

教师揭示课题：小书包。教师板书课题，学生书空。

教师出示"书""包"两字的字源，认识包字头。

教师引导学生学习词语，识记生字。

教师："你的小书包里都有什么宝贝呢？"

学生回答，教师出示文具的图片。

(2)学习"尺子"。

教师："'子'在平时读三声。当它在'尺'字后面当后缀时，读轻声。你还知道哪些尺子？"（直尺、卷尺、三角尺）

(3)学习"作业本"。

教师出示新偏旁："'亻'从人字演变过来，你还知道哪些带有'亻'的字？"

教师："'本'字原指树木的根，也揭示了本子制作的起源。"

教师出示数学本、拼音本、田字本、写话本。

小结：这些本子都可以叫作业本。

(4)学习"铅笔""笔袋""转笔刀"，关注"转"字读音。

教师引导学生进行识字游戏，找出属于文具的词语。

(5)品读课文，寻找宝贝。

教师："课文一共有几句话？我的小书包里有哪些宝贝？"

教师："仿照课文句式，说说你书包里的宝贝。"

我的小书包，宝贝真不少。

_____，_____。

教师："我们应该怎样对待这些宝贝？"

小结：上课时不玩文具，下课时收好文具，不乱扔乱放，自己的物品管理好。文具是我们学习的好伙伴，我们要珍惜爱护它们。

(6)用"我会……"的句式说说自己还会怎么爱惜整理文具。

小结：我会把文具摆放整齐。我会整理书包。

2. 整理书包我能行

教师进行情境展示，引导学生了解自己整理书包的重要性。

教师："你们会整理书包吗？我们看看下面两位小朋友是怎样整理书包的。你更喜欢谁？"

场景一：

晚上，小朋友A做完作业后，独立按照课表把第二天上课需要的书目找好，并按学科整齐地放在各科收纳袋里，其余学习用品整齐地收拾到书包里。第二天上课，老师要求拿出语文作业本，A很容易地找出了作业本。

场景二：

小朋友B做完作业后自主阅读，津津有味地看起了书。妈妈帮他收拾，结果不小心拿错了课本，还把语文作业本落在了家里。第二天上课，B怎么也找不到语文作业本。

讨论：为什么A能找到作业本，B却找不到？B应该怎么做呢？

小结：要自己动手整理学习用品。

教师引导学生尝试整理文具盒，先分类摆放，再收纳。

3. 播放大耳朵图图"整理小书包"方法及步骤的视频

教师总结并示范整理书包的方法及步骤。

第一步：将铅笔沿边放入文具盒，将直尺、橡皮整齐放入，关上文具盒盖紧（图11-40）。

第二步：将各科书本及相应练习本整边对齐竖直放入收纳袋内（图11-41）。

第三步：将收纳袋提手朝上放入书包内。

第四步：将文具盒放在所有收纳袋前面。

第五步：拉好拉链。

图 11-40　整理文具盒

图 11-41　整理收纳袋

第六步：将水壶放入书包的侧边，整理书包完成。

第二阶段："整理小书包"比赛

1. 组织班级全体学生进行"整理小书包"的比赛活动

教师将全班学生分成两组轮流进行比赛，一组比赛时，另一组观看比赛。教师将 11 张桌子摆放成马蹄形。每张桌子前站两位学生，把所有物品摆放在自己的桌子上，听到口令后，开始整理书包，整理完后站好并举手示意，请班主任及副班主任进行整理速度和整理质量的登记（图 11-42）。

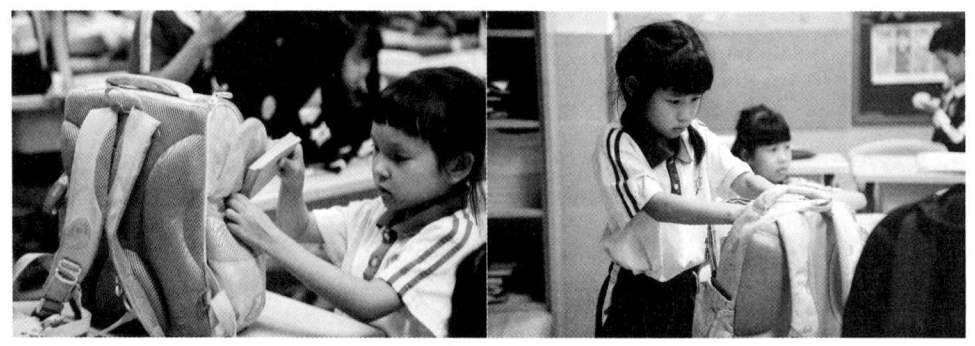

图 11-42　整理小书包

2. 组织年级总决赛

从班级比赛成绩中挑选前 10 名学生多次进行比赛练习，参加年级总决赛。

◎**教学反思**

第一，收拾书包是一个过程。教师可协同家长进行共育，如指引家长观察学生在家整理书包的过程。有些学生动手能力稍弱，需要借助家长的帮助，在家复习巩固整理的过程有助于其良好行为习惯的养成。

第二，教师可借助本课，设计一个收纳整理的系列，如课桌整理、午休后寝具整理、家庭书桌整理等，形成一个完整的收纳案例，有助于培养一年级学生的自主服务意识及责任意识。

〔供稿单位：深圳市南山外国语学校（集团）香山里小学；供稿人：徐冉瞳〕

（四）课程适应活动案例四

探索数宝宝的奥秘
——以北师大版一年级《数学》上册第一单元"生活中的数"为例

◎**设计理念**

儿童在幼儿园丰富的游戏活动、直观形象的学习材料中已经初步认识了 10 以内的数，积累了一些简单的数数经验，但是这种认识仅仅停留在游戏活动中直观数数的阶段。而进入小学后，儿童将进入课堂学习模式，也将从直观认识数，逐步过渡到抽象认识数的过程。学习方式的转变和学习内容的逐渐加深是儿童在步入小学后在数学学习中将面临的双重考验。为帮助学生做好从幼儿园到小学学习与生活的科学衔接，本次活动有意识地将幼儿园数学活动和小学数学学科进行双向整合，通过"慧眼找数学""走进乐乐的家园""淘气的小超市""数字宝宝开花啦"一系列形式多样的数学活动，逐渐丰富学生的数学经验，使学生在学习数学知识的同时，感受到小学数学学习的乐趣，从而激发学生的学习兴趣，使学生从幼儿园到小学的学习与生活做好平稳过渡，快速适应并融入小学学习生活。

◎**教学目标**

第一，经历从实际情境中抽象出数的过程，能用 10 以内的数表示物体的个数或事物的顺序，会用操作、画图等方法表示 10 以内物体的个数。

第二，通过丰富的数学游戏材料，感受小学数学学习的乐趣，激发学习兴趣，获得良好的情感体验。

第三，在教师的引导和示范下，学习认真倾听、思考、表达、书写，养成良好的学习习惯，逐步适应小学学习生活。

◎ **教学内容**

本案例的教学内容主要是引导学生认识各种情境中10以内的数,学会用数字表达物体的个数或事物的顺序,同时激发学生的学习兴趣,促进其适应小学学习生活。

◎ **教学准备**

知识经验:认识并能准确说出10以内数字卡片中对应数字。

物质准备:0~10数字卡片、计数小棒450根(每人10根)。

◎ **教学过程**

1. 慧眼找数学——参观小学校园,激发学习兴趣,会数出1~10的数

(1)动物学校开学啦。

教师引导学生观察动物学校图片,说一说动物学校里都有什么,并数出分别有几个(学生在幼儿园已有简单数数的基础,在此环节会很轻松,重点引导学生观察时要按照一定顺序进行观察,或者给找到的物体做标记等;数数时要手口一致,边数边读)。

(2)参观校园。

教师带领班级学生有序参观小学校园,引导学生发现校园中的数学问题,说一说学校里有什么,数一数有多少,并说一说能从小学校园里找到的数宝宝(教师引导学生快速熟悉小学校园,充分感受数学与小学生活的密切联系,从而激发学生学习数学的乐趣)。

2. 走进乐乐的家园——会用数表示物体的个数,理解数的意义

(1)数字宝宝来帮你。

教师:"结合乐乐的家园中生动形象的情境图,说一说图中描绘的是一个什么场景,图中有什么,说一说有多少。你能用数字卡片记录下它们的数量吗?"

教师引导学生用数表示物体的数量,用数学语言描述图中信息。

(2)藏在生活中的数字宝宝。

教师:"你喜欢淘气家园里的什么?请你找一找教室里或你的生活中哪些物体的数量和它一样多。如教室里有1台电脑、2台空调,家里有5口人等。"

教师引导学生联系生活,体现数学与现实生活的联系,学会用数学语言描述物体,同时发展联想能力(图11-43)。

(3)我的小组我的家。

教师:"请大家以小组为单位上台展示,向大家介绍小组内有几名同学?每名同学分别在第几排?"

教师引导学生体会数不仅可以表示物体的数量，如有几个，还可以表示顺序，如第几个(图 11-44)。

图 11-43　寻找教室里的数宝宝　　　图 11-44　我的小组我的家

3. 淘气的小超市——会用操作、画图、打手势等方法表示 1～10 内物体的个数，理解 0 的意义

(1)我会分类。

教师出示淘气整理玩具和文具的混合图片，问："你能帮助淘气分分类吗？(根据生活经验初步培养学生的分类思想)找一找淘气有什么玩具，什么文具，它们的数量各是多少？"

教师引导学生根据数量分类。

(2)我说你摆。

教师："淘气有 2 架飞机，如果用小棒表示，可以摆几根呢？你能用小棒摆出其他物体的数量吗？"(图 11-45)(2 人一组，1 人说，1 人摆，之后交换角色)

(3)我画你说。

教师在黑板上画 3 个圈，问："你知道它表示的是哪种玩具的数量吗？淘气有 5 块积木，用你自己喜欢的图形画一画，画几个呢？用你喜欢的图形表示 7 把尺子。"(图 11-46)(学生画完展示作品，使学生明白可以用不同的图形表示数)

图 11-45　我说你摆　　　图 11-46　我画你说

(4)小手变变变。

教师:"你能用手势表示出你喜欢的玩具或文具的数量吗?"

学生在摆小棒和画图形的过程是在逐步理解一一对应和数的抽象过程。

(5)敲鼓游戏。

一名学生上台均匀地敲鼓,其他同学认真听敲了几下,并摆出对应数量的小棒,也可以用喜欢的图形表示出来,还可以用数字卡片表示出敲鼓的次数(教师先做示范)。(图11-47)

教师引导学生学会多角度、用不同方式表示数,经历从具体情境中逐步抽象出数的过程,丰富对数的理解,同时锻炼学生手、脑、耳并用的能力。

图 11-47 敲鼓游戏

4. 数字宝宝开花啦——会用多种方式表示数,理解数的意义

学生任选两个喜欢的数字宝宝,用自己喜欢的形式(摆小棒、画图形、画手势等)表示出数,创作作品并在班级进行展示(图11-48)。

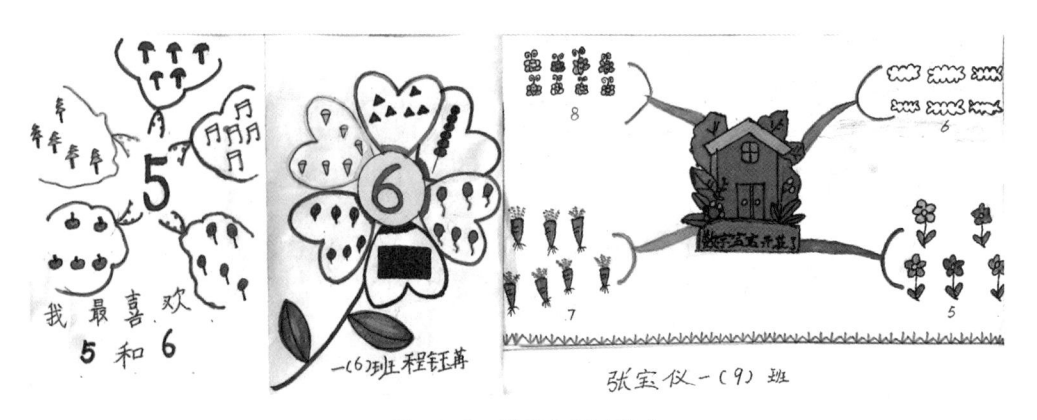

图 11-48 数字宝宝开花啦

◎**教学反思**

刚刚进入小学阶段的学生对小学课堂学习模式尚未适应，因此激发学习兴趣、适应并融入小学生活会比习得学习知识更重要。本次活动先是通过参观校园唤起学生了解小学生活、探索小学数学的兴趣，接着通过观察乐乐的家园使学生从幼儿阶段直观认识数逐步经历数的抽象过程，学会用10以内的数表示物体的个数；再通过认识小组成员的游戏知道数不仅可以表示事物数量，还能表示事物的顺序；最后通过学生喜欢的玩具使学生学会用操作、画图等方法表示10以内物体的个数。每个活动的实施都是以学生为主，学生各项参与度都很高，在丰富可操作的学习材料、课堂游戏及课堂表演中，有效地调动学生参与课堂学习的积极性，让学生体会到小学数学学习的魅力和乐趣，从而逐渐喜欢小学的校园生活，主动适应小学的学习与生活。

但在活动中，教师也发现还是有个别学生会出现坐不住、易疲劳，甚至坚持不了40分钟课堂时间的现象，故在每节活动设计或者每节课堂教学中间可以穿插手指游戏、数学儿歌等小游戏，让学生大脑得到片刻休息，也可以让学生站起来小范围内活动身体，从而更好地重新进入活动状态。由于幼儿的学习基础不同和家庭教育的差异化，学生刚入学时对学习的接受程度和对一年级生活的适应能力会出现明显的差异，故应及时关注学生活动参与情况及学生心理状态，同时做好家校沟通，力争让每名学生都爱上小学数学学习，主动快速适应小学学习生活。

（供稿单位：深圳市南山区西丽小学；供稿人：张莹）

（五）课程适应活动案例五

入学适应数学课程教学设计
——以北师大版一年级《数学》上册"前后"为例

◎**设计理念**

本教学设计旨在通过一系列生动有趣、贴近生活的教学活动，帮助学生在具体情境中理解和掌握"前后"这一基本的空间位置概念。教学过程中，教师充分考虑一年级新生的认知特点和发展需求，采用直观教学和实践操作相结合的方法，利用小动物角色扮演、扑克牌排序、计算卡片等多样的教学工具和手段，激发学生的学习兴趣，促进其主动探索和积极思考。

活动特别强调学生的主体地位，鼓励他们在观察、交流、游戏中自主发现"前后"位置关系的相对性，以及如何用语言准确描述这些关系。活动通过小组合作增强了学生的团队协作意识，为其提供了表达自己观点、倾听他人意见的机会，有效培养了学生的沟通能力和批判性思维。

此外，本活动设计注重将数学知识与现实生活紧密相连，通过解决实际问题的方式，让学生感受到数学的魅力所在，体会到数学在日常生活中的广泛应用。

◎教学目标

1. 学情分析

在日常生活中，学生已对"前后"有所感知，但这种理解往往模糊且不系统。因此，在教学设计时，教师应充分利用处于入学适应期学生的直观性、活动性和模仿性特点，通过生动有趣的情境和游戏等形式激发学习兴趣。同时，教师结合学生的知识、技能和情感需求，明确"前后"的数学定义，培养其空间感知和语言表达能力，并在合作学习中培养其良好的学习态度。

2. 重难点

重点：理解"前后"的相对位置关系，并能用语言准确描述。

难点：理解"前后"在不同情境和参照物下的相对性。

◎教学内容

本课主要通过直观教学和实践活动，引导学生理解"前后"的相对位置关系，掌握使用"前后"描述物体位置的方法，并在实际生活中加以应用，同时培养学生的空间感知和语言表达能力。

◎教学准备

1. 教学用具准备

(1)小动物头箍制作。

5只小动物分别为：小鹿、小松鼠、小兔、小乌龟、小蜗牛。

(2)扑克牌准备。

准备黑桃1~黑桃5五张扑克牌。

(3)计算卡片制作。

10张10以内加法和减法算式卡片。

(4)汽车卡片制作。

制作4辆小汽车卡片。

(5)分组设计。

将学生平均分成4个大组,配合小汽车卡片作为课堂管理激励手段。

(6)板书设计。

在____的前面

在____的后面

____的前面是____

____的后面是____

2.教学课件设计

本节课的教学课件使用"希沃白板"设计,相较于PPT,它可以实现页面元素的拖拽功能,增强课堂互动性和内容的呈现有效性。

◎ **教学实施过程**

1.情境引入

(1)视频导入(校运会男子100米班级选手选拔赛视频)。

本节课恰好与校运会举办时间接近,教师通过选拔赛的片段,唤醒学生对于"前后"的初步感知,引导学生说出类似"跑得快的同学在前面,跑得慢的同学在后面"的简单的前后位置表达,同时引出课题"前后"。

(2)森林运动会。

教师以"不光是同学们在举行校运会,森林的小动物们也在举办森林运动会"作为过渡语,引导学生进入森林运动会场景中。

2.探究新知

(1)森林运动会角色扮演。

教师邀请5名学生上台分别扮演5只小动物(小鹿、小松鼠、小兔、小乌龟、小蜗牛),并跟随课件的演示跑到对应的位置(图11-49)。

教师随机采访台上的1~2名同学,让他们说说自己的前后分别是什么小动物,并根据学生的表达写板书(板书准备中的句式)。台上的学生说完后,教师邀请台下的学生模仿板书的句式说一说台上"小动物"的前后位置关系。

图11-49 学生扮演动物进行比赛

教师继续演示课件，跑步比赛进入冲刺阶段。

表演者继续跟着课件变化位置后，教师让学生找一找和刚刚相比，谁和谁的前后位置发生了变化。教师引导学生理解随着参照物的改变，物体间的位置关系也发生改变。

教师："我们的比赛结束了，请同学们来说一说每只动物的最终排名，分别说出每只动物是排在第几名。"

教师引出序数的概念，请学生给每只动物编号。

(2)排一排。

教师把小动物们变成扑克牌，并邀请5名学生上台。每名学生抽取一张扑克牌，根据从小到大的顺序进行前后排队，然后分别说一说自己的前后分别是谁，并说明理由(小数在前，大数在后)。

(3)算一算，排一排。

难度升级，教师出示10张计算卡片，邀请10名学生上台抽卡，并根据计算结果，按照从小到大的顺序排队。然后教师让学生分别说一说"谁排在第几个，他的计算结果是什么，他的前后分别是谁，计算结果又是什么"。

3. 练习巩固

(1)练习一。

练习一包含两个问题。问题一："你座位的前面是谁，后面是谁？"这个问题的回答有两个层次。第一层是最简单的，学生都能回答出来前一桌和后一桌是谁。教师要适当引导学生说出第二层，座位的前后不仅是前一桌和后一桌，隔开几桌也是座位的前面和后面。问题二主要由学生自由发挥，教师适当引导和规范"前后"的概念即可。

(2)练习二。

练习二联系了生活中乘坐公交车的经历，也包含两个问题。问题一："我去动物园，还有几站？"这需要学生看懂公交站牌的开往方向，并能数清楚本站到动物园站还有几站的数量关系。问题二："下一站是哪站？""下一站"即"后面一站"，需要学生知道从站牌中按顺序读取后面一站的信息。

(3)练习三。

练习三可以让学生发挥想象，以讲故事的方式讲解课件画面中乌龟和兔子之间的位置关系变化情况。

4. 总结回顾

学生分享今日课堂收获，如"今天在森林运动会中，我们学习了如何判断与清楚描述物体间前后位置关系"……

5. 布置作业

教师："选取同种花色的1~10共10张扑克牌，打乱顺序后按照由小到大的顺序进行排序。"

◎**教学反思**

"前后"这一课，教师通过精心策划课堂活动，成功营造了一个积极、互动的学习氛围，有效地提升了学生的学习参与度。

课程伊始，教师用学生刚经历的校运会运动员选拔的视频导入，以观察学生扮演的森林小动物参加运动会的表演活动为切入点，使学生对"前后"概念有了初步的直观感知。随后，教师通过扑克牌排序和算数卡计算排序等小游戏，让学生在实践中深入理解排序和前后关系的本质。这些寓教于乐的活动不仅让学习过程变得生动有趣，还有效地促进了学生对知识点的内化与吸收。

在课堂互动环节，教师着重引导学生积极发表见解，并倾听他人意见。通过深入的交流与探讨，学生逐渐领悟到前后关系的相对性，从而丰富了他们的认知结构。

然而，在本课中，教师考虑到学生现阶段的自主探究能力不足，没有设置小组讨论和探究环节。如果能够设置合适的小组活动环节，应该能更深化学生对前后关系的理解和认知，同时也能培养学生的协作学习能力。

在未来的教学中，教师还需要不断优化课程设计，为学生创造更多互动、有趣的学习体验，让他们在轻松愉快的氛围中提升自己的学习能力。

（供稿单位：深圳市南山区西丽小学；供稿人：陈以清）

（六）课程适应活动案例六

"认识左右"教学设计

◎**设计理念**

本次活动以学生为中心，通过游戏化教学和情境化学习，帮助一年级学生轻松愉快地掌握"左右"这一抽象概念。教师充分考虑了学生的年龄特点和认知水平，利用游戏、活动和多媒体工具，将抽象的数学概念转化为具体可感的操作体验。学生通过"队列训练""我说你做""我说你摆"等游戏，在玩中学，在乐中悟，不仅提高了学习的兴趣和参与度，还培养了空间感知能力和逻辑思维能力。同时，教师注重示范和层次性问题的设计，确保学生在逐步深入的学习过程中，能够清晰地理解和掌握"左右"的概念及其在生活中的应用。通过这样的教学设计，旨在让学生在轻松愉快的氛围中，不仅学会知识，还体验到学习的乐趣和成就感。

◎教学目标

第一，通过熟悉的生活情境和有趣的活动，认识左右的位置与顺序，体会左右的相对性。

第二，能够联系生活中的实际情境，描述物体的左右位置关系。

第三，结合摆一摆、做一做等活动，体会左右在生活中的应用，感受学习数学的乐趣。

◎教学内容

北师大版小学一年级《数学》上册第五单元"位置与顺序"第三课时。

◎教学准备

学具：铅笔、小白板、5种水果磁力贴、学习单、练习单。

教具：课件、平板电脑、水果黑板贴、田字格黑板贴、方框线。

◎教学实施过程

1. 课前预热

教师："平时你们喜欢上什么课呢？喜不喜欢上体育课呀？体育课每次都会排队吧？来，上课之前，我们先做一个热身，玩一下队列练习。"

设计意图：通过游戏让学生消除紧张的气氛，变得活跃起来，使学生在"向左转""向右转"的活动中体会判断左右的过程，从而感受学习"左右"的必要性。

2. 引入新课

教师："刚才玩队列训练的游戏时，老师发出的口令主要指向的是什么？对了，你们真是认真倾听的好孩子！这节课我们就一起来认识这对表示位置关系的新朋友——'左、右'。"

设计意图：引出课题"左右"。

3. 初识左和右

教师板书课题，并让学生仔细观察"左"和"右"这两个字的不同之处。教师："举起左手和'左'字打个招呼，举起右手和'右'字打个招呼吧！"

教师："你平时用你的左手和右手做什么呢？"

教师:"仔细找一找,我们身体上还有像这样一左一右的好朋友吗?谁能一边指一边说?"

设计意图:从学生十分熟悉的生活习惯入手,让学生比较深刻地认识物体的左右位置。

4. 游戏1:我说你做

教师说口令,学生做动作,速度从慢到快。

教师:"你的左边在哪儿,右边在哪儿?"

教师:"你能用左、右向大家介绍与你相邻的同学是谁吗?"

设计意图:通过游戏活动,认识自己身体上的左和右,建立一个稳定的区分左右方向的参照标准。第二个、第三个问题的设计让学生借助身体上的左右来区分左边、右边。

5. 游戏2:我说你摆

教师组织学生观看视频做摆前准备。

学生听口令,在小白板上摆一摆水果,并核对是否正确。(找一名学生到黑板上来摆)

教师加大难度,找其他学生再玩一次,核对是否正确,并收回学具。

6. 考一考

数一数:一共摆了多少个水果?他是从哪边开始数的?

找一找:从左数,柠檬是第几个?从右数呢?看来,数的方向不一样,柠檬是第几个也不一样。

说一说:橘子的左边有什么?只有菠萝吗?右边呢?

猜一猜:①学生猜教师喜欢的水果是什么,教师逐渐提供提示(在橘子的左边,葡萄的右边,它是……)。②一名学生说,其他同学猜。③同桌之间猜一猜。

设计意图:通过"摆一摆"的操作活动及"考一考"的四个问题,让学生体会左右的相对性。即观察对象不同,同一物品的左右位置也不相同。猜一猜的环节层层递进,让学生经历结果从不确定到确定的过程。

7. 课中律动

师生一起跳个小律动《分清左右》。

设计意图:一年级上学期属于幼小衔接适应期,学生普遍注意力只有20分钟,课间休息可以调节学生身心状态,以更好地保持注意力。

8. 练一练

教师："同学们，老师今天上班时，经过停车场，发现有些车被树挡住了。保安叔叔告诉我，从右数，这辆大客车是第5辆。请你想一想这里一共有多少辆车。在学习单上画一画，填一填。"（用平板电脑拍摄学生作品，并请学生说一说自己的想法）

设计意图：通过画一画的形式培养学生的想象力和推理能力。

9. 做一做，玩一玩——寻找盲盒

教师："今天大家的表现太棒了！老师给大家准备了一份盲盒礼物，想要吗？听，盲盒精灵有要求。"（用微课的形式介绍要求）

教师："谁来试一试？你们还有不同的路线吗？"（用平板电脑呈现玩的过程）

设计意图：通过有趣的活动，让学生无形中将"左右"的方位词运用于生活当中。

教师："来，把你的奖品举起来给大家看。告诉我，你是用哪只手举着这个奖品的？"

10. 比一比（体会左右的相对性）

说一说：他说他用的是右手，你们同意吗？为什么意见不统一呢？谁来给大家解释一下？

做一做，比一比：把你们的右手举起来，为什么你们和他的右手方向不一致呢？哦，如果转一下，跟你们面向同一个方向，是不是都是同一边了？

总结：面对面站着时，左和右刚好是反过来的。

拓展延伸：生活中也有这样的例子吗？平时我们走路、开车，都要求靠哪边走？这些小朋友都是靠右走的吗？待会下课后，我们可以去验证一下。

设计意图：让学生体会左右的相对性及与生活的紧密联系。

◎ 教学反思

本节课是北师大版一年级《数学》上册第五单元"位置与顺序"第三课时的内容，相比前面"前后""上下"两个内容，学生分辨左右要困难一点儿。而且学生是刚入校一个多月的新生，正处于幼小衔接适应期，基于以上学情，教师对本节课进行了精巧的设计。第一，用游戏贯穿整个课堂，将知识融入游戏，课前的"队列训练"游戏，课中的"我说你做"游戏、"我说你摆"游戏、"猜一猜"游戏，"拆盲盒"游戏，让学生在玩中学，在乐中悟。第二，注重示范。例如，教师在介绍身体上的左右时都是背对学生做示范，在游戏开始前通过视频的形式做示范等。第三，对于问题的设计有层次。例如,在第一个环节,教师先问"身体上有哪些一左一右的朋友?",再问"你的左边在哪儿,右边在哪儿?";"考一考"的环节问题也是由易到难,尤其是"猜一猜"的环节通过提示的逐条出示,让学生经历结果从不确定到确定的过程。第四,将信息技术融入课堂。教师用生动的微课视频的形式介绍游戏规则,用平板电脑拍摄学生作品创作过程,让学生体会游戏的乐趣。

其他教师对这次教学活动也进行了评析,认为本课突出的亮点有三点。

1. 活动组织有创新

刚进入小学一个多月的新生,正处于幼小衔接适应期,不管是学习时间,还是学习方式,一定程度上仍在延续幼儿园的习惯。本节课以游戏的方式串联学习活动,尊重学生的年龄特点和现实基础,体现以儿童为中心的教育理念。"课前预热"巧作铺垫,"我说你做"建立标准,"我说你摆"突破难点,"课中律动"调节身心,"寻找盲盒"深化认知,每一个游戏处理的方式不同,承载的目标不同,但都紧扣"左右"的知识点。学生在一个接一个的游戏活动中认识左右,分辨左右,表达左右。整节课明线是游戏串,暗线是知识点,双线交织,动静交错,教师组织有序,学生玩得有趣,立足幼小衔接,有效达成目标。

2. 工具使用很走心

本课中教师将多种工具巧妙运用于教学活动,彰显了工具的服务性,为学生的课堂学习提供了有力的技术支持。学具新鲜有趣,微课视频生动活泼,课件画面穿插呈现,给了学生丰富的感官体验,也有效地成为知识学习的拐杖。例如,教师将常见的笔盒、尺子、橡皮,替换为磁性白板和水果玩具,学生易于操作,教师方便管理;将找小动物的家替换为找盲盒礼物,关注了学生的心理需求,刺激了其表现欲望,掀起了学习高潮,活跃了课堂气氛。多种工具的选择和设计,为目标达成提供了强有力的服务支持,使得课堂鲜活灵动,优质高效。

3. 问题设计有匠心

准确地判断"左右"并用"左右"描述具体情境中某个物体所在的位置是本课的难点,为突破这一难点,教师对问题的设计颇具匠心。在"我说你摆"游戏后的"说一说"环节,教师用一连串的问题,由浅入深,层层递进,帮助学生建立清晰的标准,有效地突破难点。特别是在"猜一猜老师喜欢吃的水果"这一环节,教师将水果的位置信息逐步给出,信息不全,不能确定;信息完整,结果就能锁定。循序渐进,对话生动,课堂活泼,体现了张弛有度的节奏美。学生经历了结果的不确定到确定的过程，在师生对话的过程中领悟描述物体位置的方法，难点突破水到渠成，目标达成自然高效。

〔供稿单位：深圳市南山外国语学校(集团)香山里小学；供稿人：黄幸阳〕

(七)课程适应活动案例七

玩转字母发音

◎ **设计理念**

从幼儿园进入小学是儿童早期成长过程中一次重要的转折。帮助新生顺利适应小学生活是小学一年级重要的教育任务。小学一年级英语课程的设置，尊重儿童的年龄特点和学习发展规律，主动加强与幼儿园教育的衔接，积极探索实施入学适应教育，帮助儿童逐步适应小学生活。本课程活动以儿童身心全面适应为目标，围绕儿童进入小学所需的关键素质，以及身心适应、生活适应、社会适应和学习适应四个方面的内容，开展"玩转字母发音"活动。活动中重点关注个体差异，支持儿童亲身参与学习过程，通过单音游戏、韵律、朗朗上口的口诀表韵律操帮助儿童快乐学习，迅速适应。

◎ **教学目标**

一年级学生刚刚进入新学校，年龄小，活泼好动，喜欢认识新鲜事物，有着较强的求知欲与表现欲，能说出一些简单的单词和句型，会唱简单的儿童歌谣及歌曲，能积极参与一些简单的英语小游戏。活动以激发学生对英语课程的兴趣为主，旨在通过玩中学的课堂帮助学生养成学习英语的好习惯，锻炼团队社交能力，获得社会、身心、学习等方面的适应与发展。在活动唱跳中，教师帮助学生逐步融入新班级，感受集体生活的快乐。字母口诀表融入特色全身反应法(Total Physical Response, TPR)操练发音，增加师生互动，生生互动，积极建立亲密的师生关系，帮助学生建立良好的伙伴关系。活动中的游戏呈现，帮助教师在玩游戏中注重观察了解学生，营造融洽的玩中学氛围。

◎ **教学内容**

本案例的主要教学内容是小学一年级英语自然拼读单音口诀表。

◎ **教学准备**

课件，优盘或光盘，26个字母KT板，字母贴，白板或黑板，字母口诀表韵律操视频。

◎教学实施过程

1. 活动前准备(Preparation)

教师将字母贴、白板或黑板按授课顺序及需要摆放好，方便拿取。

教师将课件、优盘或光盘的视频准备就绪，提前播放，并检查投影设备、音响播放，音量调节等情况。

教师熟悉本次活动所需课时内容，并熟悉字母口诀表韵律操(表 11-9)。

表 11-9 The Alphabet 字母发音口诀表

Lessons	Teaching Contents	Remark
1	The Alphabet：Aa-Ee (apple ax ant alligator bear bird bed banana cat cup car computer dog duck doll desk egg elbow envelope elephant)	
2	The Alphabet：Ff-Jj (fox fan farm fork goat gift girl horse hat house hot dog ill ink igloo iguana jet jam jeep jacket)	
3	The Alphabet：Kk-Oo(kiss key king kite lion lamp leaf lemon monkey milk money mouse nut net nest nose octopus ox olive ostrich)	
4	The Alphabet：Pp-Tt (pig pen panda pineapple queen quilt question rabbit rose rice robot star sun soap socks turtle tent tiger teacher)	
5	The Alphabet：Uu-Zz(umbrella up uncle umpire van vet vest violin wolf web water window fox box six wax yo-yo yak yogurt yacht zipper zero zoo zebra)	
	Students are proficient in saying the letter names to sound names and sound names to letter names. They can say out the sounds whatever letters we pick out.	
备注：本次活动共需 5 课时，表格中标注的词汇为口诀表重点词汇，运用 TPR 肢体动作呈现口诀表韵律×× ×× ×××(Aa Aa a a apple apple apple)。		

教师利用学校白板或黑板分好组队 Team A、Team B、Team C、Team D(图 11-50)，并放好奖励字母学具或贴纸。分组比赛加分的形式可变换"。

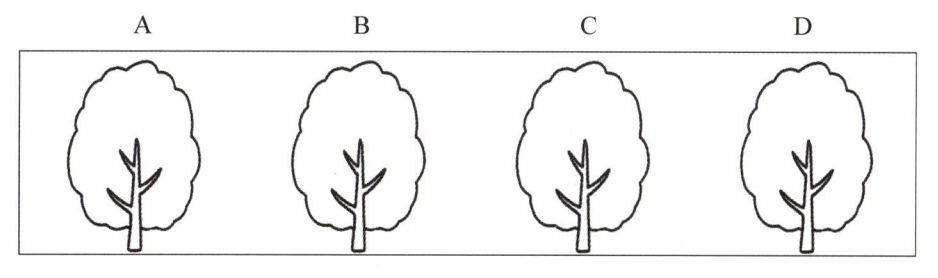

图 11-50 白板或黑板上分好的组队

2. 问候及热身(Warm up)

教师与学生简单、热情地问候，面带笑容说："Hello!"

教师强化纪律，说："起立，Attention, one, two! 整理纪律，One, two, three, A, B, C!"教师对表现佳的组队及时给予加分。

教师选用学生容易唱出来的歌谣律动或者在幼儿园学过的歌曲带动全班快乐氛围，让学生进入英语学习状态。在唱跳律动时，教师与学生有眼神交流，及时给予肯定和赞赏。在活动唱跳中，教师帮助学生逐步融入新班级，感受集体生活的快乐。

①Walking, walking.

②Wind the bobbin up.

③The phonics song.

④Five little monkeys.

⑤The hokey pokey.

3. 视频导入(Presentation)

(1)教师活动。

教师(展示视频)播放拼读字母故事"Aa"的视频，让学生了解动物的叫声，引出字母"Aa"的字母发音，并引导学生观看字母故事的拼读发音。

教师引导学生带着问题"What is phonics?"观看视频中的字母故事情节，注意发现动物叫声、字母故事当中的韵律。

(2)学生活动。

教师引导学生观看视频，形成对字母形状、发音的初步认识，思考相关问题。

(3)设计意图。

教师通过与字母相关的故事，创设轻松的听说环境，激发学生的学习兴趣，引导学生初步认识字母。

4. 内容操练(Practices)

(1)字母发音操练。

教师选用适合字母发音教学和字母口诀表教学的游戏进行教学。游戏操练遵循动静结合，点面结合，神秘性呈现原则，同时注重集体、个人的参与度，并以全身反应法教学策略，形成朗朗上口的韵律口诀表，创设丰富的动作与游戏发音操练，增加师生互动，生生互动，积极建立亲密的师生关系，帮助学生建立良好的伙伴关系。在游戏中，教师注重观察了解学生，营造融洽的玩中学，快乐向上的氛围。教师可以根据班级学生的特点创设动作，以促进学生大运动和精细动作的发展(图

11-51、图 11-52 和图 11-53)。

图 11-51　大小字母朋友手拉手　　　图 11-52　肢体模仿　　　图 11-53　小组"捞字母"游戏

(2) 可参考的字母游戏环节操练。

①师生呼应朗读(Teacher-student responsive reading)。

教师拿字母"Aa"并说"Aa(letter name)",学生回应"a(sound)"。教师可以随意走动,与学生互动。

教师:"Aa,Aa (letter name)。"学生:"a,a (letter sound)。"

教师:"a,a (letter sound)。"学生:"Aa,Aa (letter name)。"

一旦学生表现不错,教师需及时地表扬:"Hey! Hey! Great! Hey! Hey! Great!"

②高低声游戏(High and low voice)。

教师把字母"Aa"举高,学生大声念"Aa,Aa,a,a"。

教师把字母"Aa"放低,学生小声念"Aa,Aa,a,a"。

教师把字母"Aa"放左边,学生大声念"Aa,Aa,a,a"。

教师把字母"Aa"放右边,学生小声念"Aa,Aa,a,a"。

教师把字母"Aa"放中间,学生保持安静不说话。

③全身反应法(TPR)。

教师引导学生边拍头边念"Aa,Aa,a,a";边拍肩膀边念"Aa,Aa,a,a";边拍小肚子边念"Aa,Aa,a,a";边拍屁股边念"Aa,Aa,a,a";边拍大腿边念"Aa,Aa,a,a"……

④魔术手指游戏(Magic finger)。

教师快速闪示一根手指,学生念"b"(念发音一遍)。

教师快速闪示三根手指,学生念"b,b,b"(念发音三遍)。

⑤小气锤游戏(Hammer game)。

教师引导学生操练字母Cc的发音。

教师敲小气锤一下,学生念"k"(念发音一遍)。

教师有节奏地敲小气锤"××　×××",学生念"kk,kkk"(有节奏地念发音)。

⑥接龙朗读游戏(Relay reading)。

A组说:"Aa, Aa (letter name)。"

B组说:"a, a (letter sound)。"

C组和D组说:"Apple, apple, apple."

学生可轮流接龙。

⑦萝卜蹲游戏(Radish squat)。

教师检测学生对已学字母的发音是否掌握,请学生当小老师,念发音,手里拿着相应的字母的同学就要蹲下来。

5. 活动成果(Production)

经过前面的游戏环节操练,学生对于字母发音已经非常熟悉,并能熟知韵律与肢体动作。教师做好活动的承转,引导学生形成小组探索,合作上台展示,鼓励学生在小组中发挥个人才能与灵活的肢体动作,乐于展示自己(图11-54)。

教师归纳整体所学字母,引导学生小组利用红枣、莲子、围棋、饼干、水果创意拼摆字母,加强对知识点的巩固,帮助学生感受集体生活的快乐,建立良好的伙伴关系,专注地完成小组任务(图11-55)。

图11-54　小组合作上台展示

图11-55　用红枣、莲子、围棋、饼干、水果创意拼摆字母

6. 具体活动流程图

具体活动流程图如下（图 11-56）。

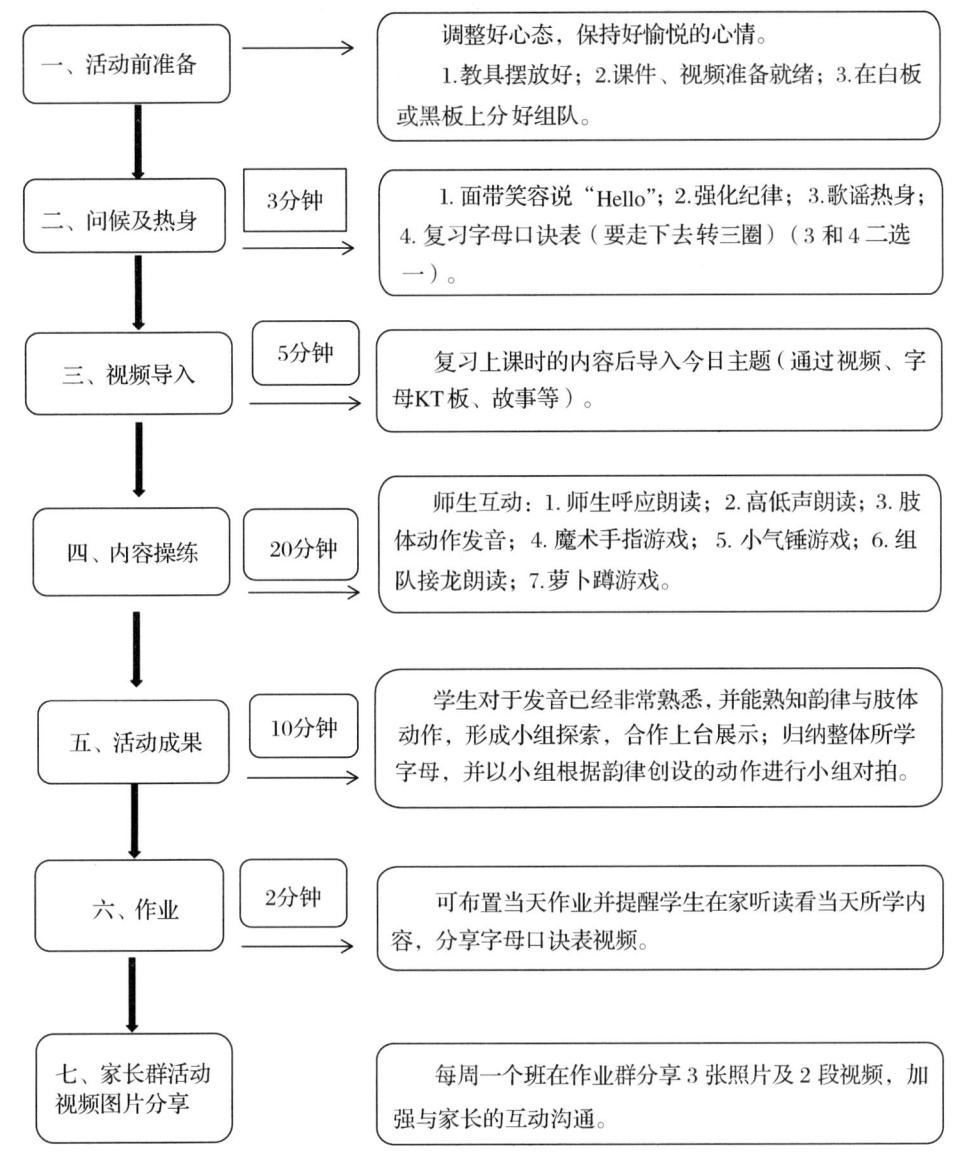

流程	时间	内容
一、活动前准备		调整好心态，保持好愉悦的心情。1.教具摆放好；2.课件、视频准备就绪；3.在白板或黑板上分好组队。
二、问候及热身	3分钟	1.面带笑容说"Hello"；2.强化纪律；3.歌谣热身；4.复习字母口诀表（要走下去转三圈）（3和4二选一）。
三、视频导入	5分钟	复习上课时的内容后导入今日主题（通过视频、字母KT板、故事等）。
四、内容操练	20分钟	师生互动：1.师生呼应朗读；2.高低声朗读；3.肢体动作发音；4.魔术手指游戏；5.小气锤游戏；6.组队接龙朗读；7.萝卜蹲游戏。
五、活动成果	10分钟	学生对于发音已经非常熟悉，并能熟知韵律与肢体动作，形成小组探索，合作上台展示；归纳整体所学字母，并以小组根据韵律创设的动作进行小组对拍。
六、作业	2分钟	可布置当天作业并提醒学生在家听读看当天所学内容，分享字母口诀表视频。
七、家长群活动视频图片分享		每周一个班在作业群分享3张照片及2段视频，加强与家长的互动沟通。

图 11-56 具体活动流程图

◎ **教学反思**

开展字母口诀表发音活动，学生掌握非常好，并能做到字母到发音与发音到字母的自由切换，能熟悉全身反应法。活动过程中，教师帮助学生在玩中学的课堂适应小学新生活，以及养成学习英语的好习惯和良好的社交能力。活动中学生能熟悉小学英语课堂，积极参与集体课堂游戏，动作的灵活性与精细度得到发展，对英语基础形成了初步认识，语言感受力也获得了提升。但是存在学生对字母敏感度不高的问题，因此教师在呈现教学字母发音的时候可注意速度节奏，在游戏操练发音的时候注意次数，需要注重游戏动静结合、点面结合、神秘性和独特性。

（供稿单位：深圳市南山区西丽小学；供稿人：方妙铃、肖珊珊）

（八）课程适应活动案例八

生活与规则碰撞，安全为童真护航
——道德与法治课程教学活动案例

◎ **设计理念**

儿童的成长是社会化的过程，进入学校是儿童由自由人转变为社会人的开始和铺垫。考虑到一年级新生刚刚开启小学生活，还不能完全适应小学的学习和生活节奏，正处于适应阶段，本次活动将采取游戏化、生活化的课堂形式，充分发挥童谣和故事在一年级学习中的重要作用。

人教版小学一年级《道德与法治》上册第一单元的内容是入学适应教育，从"身份认同""建立社交""熟悉环境和群体""熟悉求学路"四个并列板块进行引导，以帮助学生尽快完成幼小衔接过渡。基于此，本次活动以"一年级新生活"为起点，以生活、安全、规则、感恩为关键词，展现了由个体引申社会、由行为引申规则的教育链条，注重培养学生的安全意识、规则意识，指导学生留心观察身边的事物，初步感知自己与社会的关系；并引领学生在熟悉的事情中，感受来自家人、老师等的温暖与关爱，进而帮助新生尽快完成入学适应。

◎ **教学目标**

第一，道德修养：了解交通规则和安全常识，熟悉重要的交通标志，学会遵守交通规则，确保安全出行；体会上学路上的温暖，感受来自家人、老师等的关爱与保护。

第二，法治观念：通过童谣演唱、情景剧表演、创设情境等，理解规则在生活中的重要意义，初步建立法治意识。

第三，健全人格：通过认识上学路线、学习交通规则，增强安全意识和自我保护意识，规避交通风险。

第四，责任意识：在活动情境中，感受自己在社会生活中的价值，养成自觉遵守规则、维护规则的习惯。

◎ **教学内容**

人教版小学一年级《道德与法治》上册第一单元第 4 课《上学路上》。

◎教学准备

提前调查学生上学的交通方式；将全班学生分为四组；下发爱心便利贴；排练情景剧。

◎教学实施过程

阶段一：创设情境，导入新课

教师播放《快乐起床歌》，引导学生感受"闹钟响，上学校"的节奏，并表演手势舞。

学生发言。

阶段二：生活为引，问题导向

1．"演一演，真体验"——现场表演，提出问题

教师："今天的故事就发生在上学的路上。请大家欣赏一出情景剧，来看看小明的上学路吧！"

教师引导学生表演情景剧《小明去上学》（图 11-57）。

教师提问："小明通过什么方式上学？路上经过哪些地方？"

学生回答。

2．"上学路，我知道"——课堂分享，初步感知

教师："同学们，你能像他一样辨认自己的上学路吗？"

教师引导学生分享（图 11-58）。

教师小结："同学们的上学方式各有不同，有些同学是爸爸妈妈开车送到学校，有的同学是乘坐电动车到学校，还有的同学步行上学。不同的交通方式又分别有哪些注意事项呢？"

学生发言。

教师："无论距离学校多远，途经哪些地方，老师相信，大家都能记住上学的路线，采取不同的交通方式，开开心心地来到学校。"

图 11-57　表演情景剧《小明去上学》

图 11-58　学生分享上学路线及方式

阶段三：游戏激趣，活动明理

1. 提出问题

教师："上学路上，你发现了哪些交通信号？"

学生回答。

2. 学习新知

教师带领同学们认识常见的交通信号。

3. 落实新知

(1)口令游戏。

教师出示信号灯，学生齐声用"行""停""等"作回答。

(2)手势游戏。

教师出示信号标志，学生用手势来回答。

4. 提升巩固：小组比拼。

(1)十字路口走一走。

四个小组依次站上十字路口，根据不同信号做出反应(图11-59)。

(2)安全知识比一比。

教师："判断以下行为是否安全。"

5. 童谣小结

教师："掌握了这么多交通知识，你们一定可以平平安安地上学来。"

图11-59 小组合作完成"十字路口走一走"挑战

阶段四：设置悬念，增信力行

1."有温暖，要关注"——观察细节，感恩有你

(1)提出问题。

教师："上学路上，有哪些人在守护着我们？"

(2)学生绘画。

教师："在爱心便利贴上画出你捕捉到的温暖瞬间。"

(3)分享感知。

学生分享温暖瞬间，并贴到纸飞机上。

教师："老师也想和你们分享一个片段，一起看一看有谁在为我们上学保驾护航吧！"

(4)视频小结。

教师:"同学们,上学路上有这么多人关心着我们。愿纸飞机为他们带去我们的感谢。正因为他们守护着我们的上学之路,我们每天才能平平安安到学校,高高兴兴进教室,我们的生活才能如此美好。"

2."拉大手,一起走"——总结升华,社会有我

(1)总结提升。

教师:"从今天起,让我们学做文明小使者,用爱心帮助他人,对危险的、错误的行为说'不',遵守交通规则,小手拉大手,传递这份温暖与责任,让安全伴我们成长!"

(2)跑酷游戏。

教师:"恭喜大家闯过难关,成功来到学校,开启美好的学习生活。今天的旅程到这里就告一段落了。最后,让我们一起重温上学路!"

(3)课后任务。

教师:"回家后,和你的爸爸妈妈聊一聊,了解他们以前是怎样上学的。"

◎ **教学反思**

1. 创设生活情境

为了让学生更好地融入课堂,搭建学生生活与知识的桥梁,教师选择通过一首《快乐起床歌》构建上学情境。教师将教室桌椅提前摆放成十字路口,让学生分小组上来走一走。接着,教师设计不同的情境,让学生做上学路上规则的"守护者"。环环相扣,由易到难。上学路上的"温暖瞬间"则提醒学生要善于观察生活,常怀感恩之心。最后,跑酷游戏为本堂课的情境收尾。在创设的上学情境中,学生有感、有得、有发。本节课的授课对象是一年级学生,情境式教学能够让学生更快融入课堂,知识的生成和学习也就轻而易举了。

2. 以问题为导向

"通过什么方式上学?路上经过哪里?""你发现了哪些交通信号?""有哪些人在守护着我们?"三个问题紧紧围绕着"上学"展开,将本堂课较为分散的知识点联系在一起,更突出了重难点,层层递进,显得有层次、有深度,也更有条理。这三个问题还是生活与课堂的枢纽。一年级学生对教材知识点难以自行理解,通过问题导向可以让他们更加理解本课内容,以"解题"的形式走进课堂学习。

3. 整合教材和生活资源

本课教材中的内容比较杂乱,共有4个版面、21张插图。如果不加以整合,不

进行取舍，课程内容会显得没有重点。作为课堂教学的主导者，教师聚焦上学方式、上学路线、交通信号、温暖瞬间展开授课。其中，交通信号为主要内容。授课对象是深圳市南山区一年级小学生，对我校的小朋友而言，跋山涉水去学校是电视剧里才会发生的事情。因此，教师对出行方式进行了删改，仅出示"坐汽车""乘电动车""坐地铁""走路"这四种供学生选择。

本课还利用了不少生活资源来搭建课堂情境，如在校门口入校时捕捉到的温暖瞬间（义工、值周生等）。学生看到这些常见的人和景，兴趣更加浓厚，学习起来也更加得心应手。

4. 童趣化课堂的导入与生成

童谣是一年级教学中十分有效的教学方式，能激发学生的兴趣。新课导入上，《快乐起床歌》手势舞迅速带领学生进入情境。在知识点生成上，教师选择童谣进行小结，如《交通儿歌》。其次，本课加入了大量游戏，让课堂更富有童趣，让学生更加感兴趣，实现在玩中学。例如，"纸飞机"带去学生的感恩；"跑酷"暗示着上学路上可能存在挫折，暗藏危险，但我们终将"安安全全到学校，开开心心来学习"。课堂的导入与生成，要紧密围绕教学目标、教学内容展开，让课堂蒙上童真、趣味的色彩，让学生在乐中学，教学效果会得到最大化呈现。

（供稿单位：深圳市南山实验教育集团荔湾小学；供稿人：向嘉蕙）

第十二章　入学适应课程实施：家校共育

一、入学适应家校共育的意义

(一)国家宏观指引，精准施策导航，家校携手共筑教育航向

《指导意见》提出："完善家园校共育机制。幼儿园和小学要把家长作为重要的合作伙伴，建立有效的家园校协同沟通机制，引导家长与幼儿园和小学积极配合，共同做好衔接工作。"

随后2022年颁布实施的《中华人民共和国家庭教育促进法》规定："中小学校、幼儿园应当将家庭教育指导服务纳入工作计划，作为教师业务培训的内容。中小学校、幼儿园可以采取建立家长学校等方式，针对不同年龄段未成年人的特点，定期组织公益性家庭教育指导服务和实践活动。"

以上两个文件充分体现了国家层面已明确提出并强调家园校协作的重要性，要求幼儿园和小学将家长视为教育的重要伙伴，通过建立健全家园校协同机制，形成教育合力，共同为儿童的教育过渡提供支持。

(二)优化教育生态，合力破解困局，共建科学教育之道

消弭理念分歧，强化共识共建。当前，家校间对于幼小衔接的理解和实践存在显著差异。家长在社会"抢跑"的大氛围中一味追求提前学习知识，忽视儿童身心、生活、社会交往的入学准备。小学的教育理念也存在着让儿童单向适应小学生活。这种分化导致共育效果受限。为了有效解决这一问题，必须推动家园校三方在教育理念上的深度融合，纠正过度追求知识先行、忽视儿童全面发展的错误倾向，倡导以儿童身心健康和社会交往为核心的入学准备。

重塑互动模式，实现双向深度合作。在小学入学适应教育上，一些学校过于侧重学业成绩，仅强调家长与儿童对学校教育活动的配合，却忽视了家长对儿童入学适应的心理困扰与焦虑情绪，忽视了儿童从幼儿园过渡到一年级所产生的压力和困

境。这种家校共育存在的片面化、单向性问题，亟须构建更为立体多元、互尊互信的共育模式。学校应尊重家长诉求，兼顾儿童的个性化需求，落实"零起点"教学，减轻家庭与儿童的学业压力。同时，家长也应积极参与儿童的教育过程，与学校形成紧密的伙伴关系，共同助力儿童顺利适应小学生活。

挖掘整合资源，搭建家校共育支撑体系。面对家校共育资源不足、系统性不强的问题，政府与教育部门都在针对家校共育问题，加快制定和完善相关法规政策，加强对幼小衔接协同共育的研究与指导，建立科学的评估、监管体系，以切实保障家校共育工作的高效开展。

(三)关注个体成长，因材施教对接，差异化教育稳筑根基

据国内学者的相关研究，小学生的入学适应较之中学、大学的入学适应更复杂、更高级，突出地表现出转折性、阶段性和探索性等特点。[①]

白波燕在其研究中指出，儿童步入小学阶段，开始经历从非正式到正式、系统化学习的重大转变，这一阶段的学习带有一定强制性色彩。个体间适应能力的差异使他们在面对小学集体化、密集化的学习任务时表现出不同层次的心理和认知反应。能力强的儿童能较快融入新环境，而能力相对较弱的儿童则可能出现时间管理、情绪调节及人际交往等方面的挑战，家长和学校应给予特别的关注与支持。

进一步而言，小学入学适应对于儿童个体长远发展至关重要。它是儿童人生中首次接触正规学校教育的关键期，关乎儿童基础知识技能的习得、科学文化素养的基础构建及未来学习习惯的养成。故此，儿童在学校早期的适应成效，不仅直接影响其对学校生活的态度和后续的行为取向，而且很可能对未来学业成就乃至社会成功产生长远作用。

(四)契合年级特点，灵活制定共育方案，助力阶段全面发展

高质量的家校协作在儿童跨越小学一年级这一关键适应转折期起着举足轻重的作用。它能够有效助力儿童迅速适应全新的学习生活环境，通过协同引导，协助他们应对并妥善解决在此阶段可能遭遇的多元化挑战。在这一过程中，家长与学校共同培育儿童的社会交往技巧，培养良好的学习习惯和自律精神，进而增强他们的自我管理能力。

这种深度的家校共育不仅有助于儿童平稳过渡至小学阶段，更是为他们在认知、情感、社交和人格等多维度的全面发展奠定了坚实基础。长远来看，这样的合作模

---

① 白波燕.小学生入学适应及干预研究[D].开封：河南大学，2010.

式将极大地促进儿童形成积极的学习态度、独立解决问题的能力及健康的社会适应性，从而在未来的人生旅程中取得更为丰硕的学业成果和更广阔的社会成就。

(五)发挥教育辐射作用，联动各方力量，共创共享美好教育未来

辐射场域，凝聚广泛共识与动力。科学的家校共育能构筑一个积极正向、充满活力的教育辐射氛围，通过搭建开放交流平台，吸引社会各界力量积极参与，形成强大的教育磁场效应。在这个过程中，其动能将不断拓宽教育影响力边界，激发全体参与者对美好教育未来的向往与追求。

赋能教师，发挥辐射核心作用。强调家校共育，就是在不断强化教师作为教育辐射的核心枢纽地位。共育举措下，能通过持续的专业培训与发展，提升教师群体的教学理念、方法和素养，使其在日常教育教学活动中，以自身的人格魅力和专业实力引领学生进步，同时以点带面，启迪和激励更多的教育工作者投身于优质教育实践。

点亮学校，共绘教育蓝图。好的家校共育案例，能将教育辐射的力量深入每一所学校的肌理之中，推动学校之间资源共享、经验互鉴，实现特色发展与整体提升的和谐统一。通过对学校硬件设施、课程体系、管理模式等全方位的辐射升级，打造一批批卓越教育典范，从而共创一个多元、包容、优质的教育生态环境，携手迈进光辉灿烂的美好教育未来。

二、入学适应家校共育的原则

(一)以平等民主为底色，共同参与决策教育路径

在构建家校合作关系时，首要遵循的原则即是建立一种平等民主的互动关系。这意味着尽管教育者扮演着引导和咨询的主导角色，但在沟通过程中，应当充分尊重每一位家长的声音，以真诚开放的心态倾听他们的意见与关切。特别是在学生的入学适应阶段，教育者务必避免单方面的灌输式交流，而是要积极倡导双向沟通，确保每个家庭的声音都被公正对待，并能共同参与决策学生的教育路径。

(二)以灵活自由为动能，确保理念方案引发共鸣

教师面对的是全班学生，鉴于每个家庭背景各异，成员的性格特征、生活方式及对学生成长的关注焦点和教育方式都有其独特性，在家校沟通时应展现出高度的灵活性与适应性。教师不仅要深入了解每一个家庭的具体情况，还要根据不同家庭的特点量身定制沟通方案，力求做到有的放矢，既能传递教育理念，又能触动家长内心深处的情感共鸣，使家校间的合作更加紧密且富有成效。

(三)以系统指导为基底,构建深度温度双重支柱

在学生步入小学生活的关键适应阶段,教师的角色不仅是传授知识的启蒙者,更是家庭教育的有效引导者和支持者。他们应主动提供全面系统的家庭教育指导,帮助家长把握这一重要时期的教育契机,通过有深度、有温度的家校沟通,点燃家长对子女教育的热情,使家长满怀期待地展望学生的小学生活,从而提高他们在子女教育上的参与度与配合度。不仅如此,教师还应鼓励并培养家长自主学习家庭教育的知识,增强他们在入学适应期有效帮助学生的能力,共同为学生的健康成长构建起坚实的社会教育与家庭教育的双重支柱。

(四)以全面发展为导向,铸就多元动态智能领域

家校携手育才,旨在助推学生的全面适应与个性发展。立足于新时代人才培养的需求,教师倡导并践行全能教育观,推崇素质教育和动态发展的教育理念,以培养具备团队协作精神与创新能力的新世纪人才为目标。家校之间的密切交流与深度合作,如同织就一幅经纬交织的成长画卷,每一线都为了塑造学生的多元智能,挖掘其潜在才华,铸就其在社会各个领域都能自信展现自我的能力。

(五)以和谐共育为基石,铺设畅通无阻的沟通桥梁

伴随时代的洪流与信息技术的迅猛发展,学校教育与家庭教育的边界日益交融,相互影响与补充,共同承担起培育未来公民的重任。在这场教育革新的浪潮中,实现学校教育与家庭教育的高度融合与无缝对接显得尤为重要。为此,教师坚持推行和谐共育的原则,着力营造一个融洽有序的家校共育环境,让每名学生都能在温馨和谐的氛围中最大限度地释放潜能,绽放光彩。教师与家长在沟通合作的过程中,更应坚守这一原则,通过深度对话与理解,共建一条畅通无阻的家校沟通桥梁,共同护航学生的健康成长之路。

三、入学适应家校共育的实施策略

(一)学校强化引领,构建家校协同共育新生态

在实践家校共育的核心理念中,学校可以采取以下务实且富有成效的措施来实现这一目标。

策略一:新生家庭调研

在小学新生入学前,学校运用信息化手段启动"线上新生家庭调研"活动,旨在全面收集新生的家庭背景、生活习惯、兴趣特长,以及家长对于学生教育的期望和

需求等多元信息。通过这种方式，学校能够提前把握每一名学生的个性化特点，制定更为贴近实际的教学方案，并为后续的家校合作打下坚实的数据基础。

策略二：新生家长见面会

开学首日，学校精心筹备了一场面向小学新生家长的线下家长会，会议内容包括学校教育教学理念介绍、班级管理规定讲解、家校共育重要性的阐述及答疑解惑环节。通过面对面的交流，增进家长对学校的了解，明确家校共同肩负的教育责任，携手建立和谐统一的教育环境。

教育最美好的样子——小学新生家长见面会

北师大南山附属学校小学部策划邀请了本学区附近四所幼儿园大班的家长代表入校，由学校主管领导和新一年级教师代表向家长介绍学校的办学理念、课程资源、一年级入学各项准备及家校合作的注意事项。与会家长在参加过程中认真倾听校方的介绍，对孩子即将入学的环境有了全面的了解，打消了他们对小学生活的困惑，从心理和物质层面充分做好铺垫和准备。

（供稿单位：北师大南山附属学校小学部；供稿人：杨艳、宋甜甜）

策略三：开发幼小衔接家长指导手册

为了便于家长随时查阅入学适应期相关准备工作，学校可以围绕"身心适应、生活适应、学习适应、社会适应"开发《幼小衔接家长指导手册》。家长可以利用这个手册查阅入学适应期的相关目标和任务要领，为家校合作工作的深入开展提供了一套可视化方案。

"积跬步以致远　常陪伴润童心"

"积跬步以致远"关注的是细节，"常陪伴润童心"关注的是家长参与。一直以来，很多家长都知道幼小衔接的重要性，但苦于不知道方法，无从下手。我校集合了语数英三科的优秀教师，组建了《幼小衔接家长指导手册》编写小组，在大家的集思广益与一次次的思想碰撞与磨合中，编制了《幼小衔接家长指导手册》(以下简称《手册》，图12-1)。《手册》注重实用性，从"社会适应准备""身心准备""生活习惯准备""学习准备"四个方面，汇编了一些实操性的指导内容，且每一个部分的指导方式各不相同。全篇细致到告诉家长读哪一本书有助于提高孩子某方面的能力；罗列家长在家可以和孩子聊哪些问题；精准图示出哪些游戏可以提升孩子在小学阶段的必备能力……

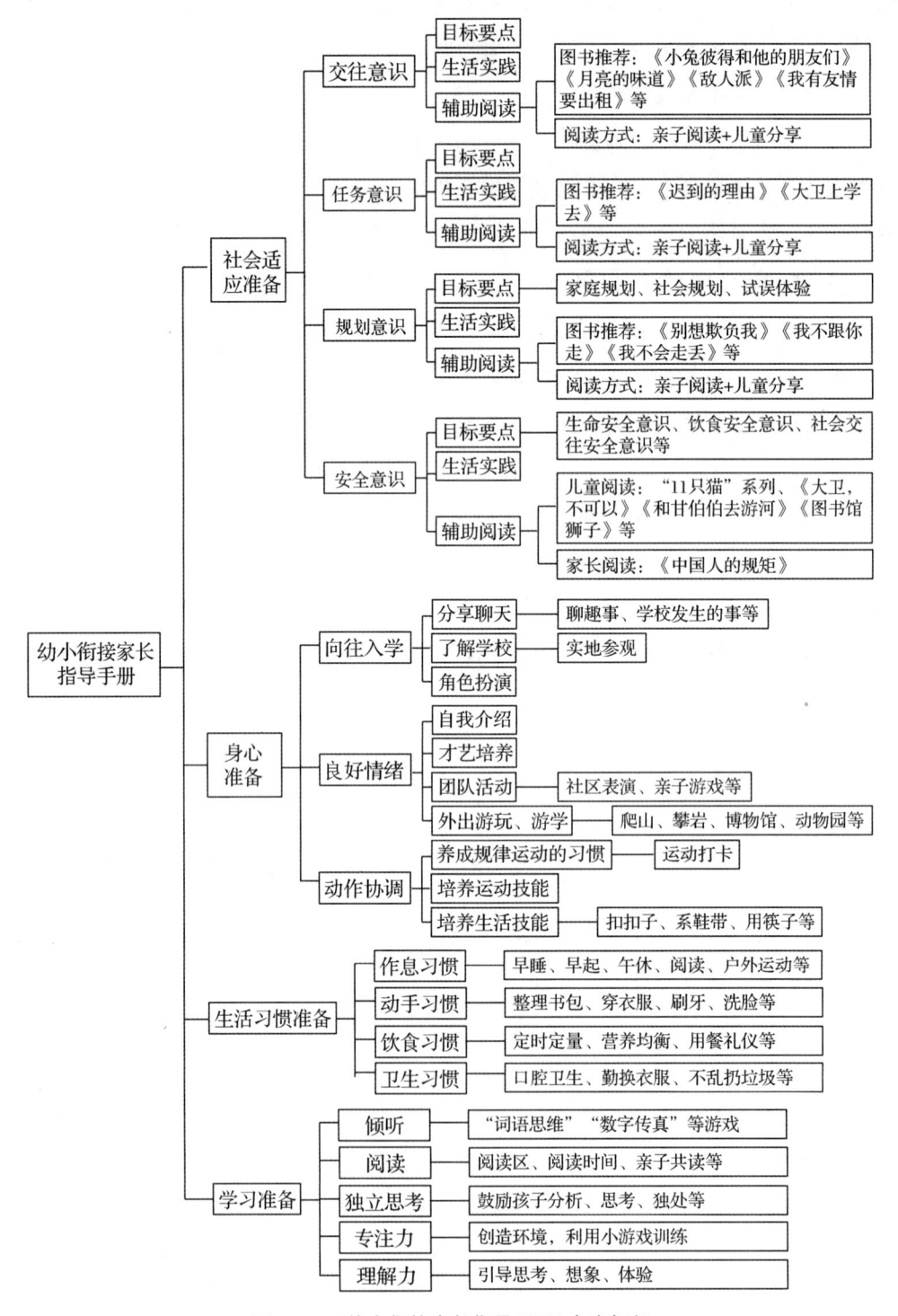

```
幼小衔接家长指导手册
├── 社会适应准备
│   ├── 交往意识
│   │   ├── 目标要点
│   │   ├── 生活实践
│   │   └── 辅助阅读
│   │       ├── 图书推荐：《小兔彼得和他的朋友们》《月亮的味道》《敌人派》《我有友情要出租》等
│   │       └── 阅读方式：亲子阅读+儿童分享
│   ├── 任务意识
│   │   ├── 目标要点
│   │   ├── 生活实践
│   │   └── 辅助阅读
│   │       ├── 图书推荐：《迟到的理由》《大卫上学去》等
│   │       └── 阅读方式：亲子阅读+儿童分享
│   ├── 规划意识
│   │   ├── 目标要点 — 家庭规划、社会规划、试误体验
│   │   ├── 生活实践
│   │   └── 辅助阅读
│   │       ├── 图书推荐：《别想欺负我》《我不跟你走》《我不会走丢》等
│   │       └── 阅读方式：亲子阅读+儿童分享
│   └── 安全意识
│       ├── 目标要点 — 生命安全意识、饮食安全意识、社会交往安全意识等
│       ├── 生活实践
│       └── 辅助阅读
│           ├── 儿童阅读："11只猫"系列、《大卫，不可以》《和甘伯伯去游河》《图书馆狮子》等
│           └── 家长阅读：《中国人的规矩》
├── 身心准备
│   ├── 向往入学
│   │   ├── 分享聊天 — 聊趣事、学校发生的事等
│   │   ├── 了解学校 — 实地参观
│   │   └── 角色扮演
│   ├── 良好情绪
│   │   ├── 自我介绍
│   │   ├── 才艺培养
│   │   ├── 团队活动 — 社区表演、亲子游戏等
│   │   └── 外出游玩、游学 — 爬山、攀岩、博物馆、动物园等
│   └── 动作协调
│       ├── 养成规律运动的习惯 — 运动打卡
│       ├── 培养运动技能
│       └── 培养生活技能 — 扣扣子、系鞋带、用筷子等
├── 生活习惯准备
│   ├── 作息习惯 — 早睡、早起、午休、阅读、户外运动等
│   ├── 动手习惯 — 整理书包、穿衣服、刷牙、洗脸等
│   ├── 饮食习惯 — 定时定量、营养均衡、用餐礼仪等
│   └── 卫生习惯 — 口腔卫生、勤换衣服、不乱扔垃圾等
└── 学习准备
    ├── 倾听 — "词语思维""数字传真"等游戏
    ├── 阅读 — 阅读区、阅读时间、亲子共读等
    ├── 独立思考 — 鼓励孩子分析、思考、独处等
    ├── 专注力 — 创造环境，利用小游戏训练
    └── 理解力 — 引导思考、想象、体验
```

图 12-1 《幼小衔接家长指导手册》内容框架

1. 社会适应准备

这部分用生活实践解读一年级培养要点，并配以辅助阅读指导。每个小单元都有明确的图书推荐和各个阶段不同的阅读方式指导，避免家长盲目推进，使阅读产生事倍功半的效果。同时还有适时的家长阅读推送。家长是孩子的第一任老师，所以家长自我修养的提升对孩子也是十分有助益的。

2. 身心准备

"如何让孩子对小学充满向往？""入学前可以开展哪些运动项目，提高孩子的运动与动手操作能力？"这一单元都有详细的讲解，帮助孩子为即将开始的小学生活打下良好的基础。单元展示中既有美丽的校园实景，又有富有童趣的图片指引，一目了然。

3. 生活习惯准备

这部分采用表格对比的形式，让家长了解小学与幼儿园生活截然不同；详细的培养要点有的放矢地给出了操作与评价标准，目标清晰，内容具体。家长按表格指引对孩子的生活习惯进行培养及评价，就不用茫然，也不会有紧张和焦虑的情绪。

4. 学习准备

小学与幼儿园最大的区别就是学习方式不同，这也是很多家长最焦虑的地方。因此，这部分明确列出了小学的培养内容和方向，也整理了能力提升的具体训练形式供家长参考。

人们对未知的世界充满迷茫与恐惧，进而焦虑、影响心情与判断。这本《手册》就是把未来的样子和要做的事情精细到"拿来即用"，让每一个即将步入小学的家长放下焦虑，为孩子憧憬的小学生活不着痕迹地准备，事半功倍地成就。

此外，针对不同的需要，《手册》一共做了三个版本：PDF版（便于整理收藏，格式不乱）、折页版（便于展示与携带，更实用）、画册版（制作精美，便于宣传）。

〔供稿单位：南山区第二外国语实验学校（集团）学府一小；供稿人：徐存、蔡翠芳、李北征、林绍懿、陈金凤〕

在这个案例中，南山区第二外国语实验学校（集团）学府一小为新生家长精心设计了《手册》。该《手册》从社会适应准备开始，向家长详细地介绍学生在学校应当具备的相关能力，引导家长利用图书阅读、游戏互动等方式帮助学生迈过适应"难关"。家长使用后感受到学校在家校合作方面的指导十分有效，增进了家长与学校的互信关系，为新学年的家校共育做好了准备。

《手册》图文并茂地为家长详解了小学一年级学生在学习、生活习惯、时间观念等方面的能力与要求，解答了家长最关心的突出问题，更具特色的是该校能借助评价清单的方式支持家长在家进行亲子教育，为家长提供了一系列可操作性强的教育实践工具，让家长知道学生在生活领域的不同水平差异，进而调整家庭教育的节奏和策略。

策略四：设置"家校开放日"，让家长实地参观与互动体验

为了增强家长对学校教育教学工作的直观感受，学校设立"家校开放日"。在这一天，家长可以亲临教室观摩课堂教学，参与课后活动，实地了解学生在校的学习生活情况。此外，还设置互动环节，如亲子手工制作、读书分享会等，让家长深度参与学生的学校生活，进一步加强家校间的紧密联系与合作，共同营造家校协同教育的新生态。

(二)家庭互动助推，点燃家校协同教育新势能

策略一：组建家委会，播种共育理念

在学校的一年级工作中，首要任务是成立功能完善的家委会，作为家校沟通的重要桥梁。家委会成员在传达学校教育理念的同时，也积极向全体家长推广共育观念，倡导家长积极参与学生的教育过程，共同承担起教育责任。

策略二：基础调研先行，挖掘家长资源

在新生入学初期，学校进行简明扼要的基础信息调研，目的在于发掘家长的不同专业背景和资源优势，为后续家校共育活动找准发力点。例如，教师可以通过初步了解家长的职业特点和个人专长，为未来的特色课程设计和实践活动储备潜在资源。

策略三：打造"家长课堂"，拓宽教育维度

基于前期调研所得信息，学校邀请具有特定领域专长的家长走进课堂，直接参与教育活动。例如，曾有一位环保工程师家长，利用自身专业知识为学生精心设计了一堂别开生面的社会实践课——"城市垃圾分类与环保之旅"。通过实地参观和实践活动，既提升了学生的社会责任感，又充分调动了家长的教育动能，展现了家校共育的强大优势。

(三)社会紧密融合，谱写家校协同教育新篇章

策略一："社区十"家庭教育实践基地

学校积极与周边社区建立紧密合作关系，将社区资源转化为教育实践的新阵地。例如，学校可以联合社区图书馆举办亲子阅读活动，引导家长和孩子共同参与社区公益活动，让孩子在真实的社会情境中增长见识，锻炼实践能力。同时，通过与社

区企业、机构合作，邀请行业专家为学生开设职业启蒙课程，帮助孩子拓宽视野，树立正确的人生观和价值观。

策略二：社会资源支持儿童活动

借助社区、企事业单位等各种社会力量，学校会定期组织学生走出校门，参与丰富多样的社会实践活动。例如，学校可以与本地的环保组织联手，开展"我是小小环保卫士"主题活动，让学生在参与垃圾分类、环保宣传等公益活动中，亲身体验环境保护的重要性，培养社会责任感。同时，学校邀请各行各业的家长志愿者参与活动，以身作则，示范如何将个人职业素养融入家庭教育，共同书写家校协同教育的新篇章。

四、入学适应家校共育的实施案例

(一)入学适应家校共育案例一

家校合作，共护幼小衔接
——以南科大实验一小一年级"启航课程"为例

为帮助小学新生顺利适应小学生活，缓解新生家长焦虑，南科大实验一小设置了针对小学新生的"启航课程"，通过家校合作，为幼小衔接的平稳过渡和学生的未来发展提供有力支持。

◎**"启航课程"的设计背景**

1. 新生面临的困难

(1)学习环境的变化。

幼儿园的学习生活相对轻松、自由；而小学则更加注重知识的传授。小学新生需要适应更为严谨的课堂纪律、更高的学习要求、更复杂的学科内容。这种转变可能导致孩子在学习上感到困惑和焦虑。

(2)生活方式的改变。

在幼儿园，孩子的生活起居主要由教师和家长照顾；而到了小学，孩子需要逐渐学会独立处理生活中的各种事务，如整理书包、安排作息时间等。这种生活方式的转变可能让孩子感到手忙脚乱，无法适应。

(3)社交关系的变化。

在幼儿园，孩子与同龄伙伴的相处较为简单；而到了小学，他们需要面对更为复杂的人际关系，如同学之间的竞争、合作与冲突等。这种社交环境的变化可能会让孩子感到不安和孤独。

(4)心理适应的困难。

由于以上种种变化，孩子可能会产生焦虑、不安、自卑等负面情绪。这些情绪可能影响孩子的学习兴趣和积极性，甚至导致他们对小学生活产生抵触心理。

2. 家长存在的焦虑

(1)学校的教育质量。

家长担心学校的教学水平是否能满足孩子的学习需求。

(2)校园的生活设施。

家长希望学校能够加强校园安全管理，提供高质量的午餐和午休环境。

(3)孩子的成长与发展。

家长担心孩子在学校是否能得到足够的关爱和照顾，是否能适应新环境，是否能与同学友好相处。

(4)家校的沟通机制。

家长希望学校及时反馈孩子在校的表现和学习情况，让他们了解孩子在学校的生活和学习状态。

3. 学校教育的需求

为了因材施教，教师需要了解学生和家长的基本情况，以便更好地根据学生的个体差异，制定针对性的教学方案。

第一，了解学生的学习基础和能力水平，包括学生在语言、逻辑、艺术等方面的表现。

第二，了解学生的性格特点、兴趣爱好、与人交往的方式、在家庭中的表现、喜欢的活动、书籍、玩具等，从而在教学中融入更多学生感兴趣的内容，激发学生的学习兴趣，提高学生的学习动力。

第三，了解学生的家庭成长环境，包括家庭成员之间的关系、家庭生活状况、家庭氛围等，从而理解学生的行为模式和思维方式，以及他们可能面临的困难和挑战。

第四，了解家长自身的成长经历和受教育背景，了解他们对孩子的教育观念和方法，理解家长的教育期望和态度，以及学生在家庭中的学习背景和成长轨迹。

◎"启航课程"的设计理念

1. 尊重学生的个体差异与发展规律

为每名学生提供个性化的学习支持和发展机会，设计符合他们身心发展规律的学习活动，激发他们的学习兴趣和积极性。

2. 注重过渡期的平稳与连贯

通过创建连贯性的教育环境，让新生更好地适应新的学校环境，减少过渡期的困惑和压力。

3. 发挥家校合作的重要作用

充分考虑家庭教育的因素，引导家长积极参与学生的成长过程，形成教育合力。

◎**"启航课程"的实施过程**

1. 面向家长的"启航"

教师召开小学新生家长会，向家长发放《幼小衔接"十问十答"》《新生入学指南》等相关资料，传递教育理念、孩子成长的特点、学科学习的方式等，帮助家长更好地了解一年级教育的关键点。

教师举办家庭教育工作坊，设计模拟场景，让家长通过角色扮演、小组讨论等方式亲身参与，深入探讨家庭教育中的具体问题，在模拟的情境中学习和实践如何更好地教育孩子。

学校与社区合作，利用社区资源开展家长培训活动，邀请教育专家、心理咨询师等提供专业指导。

学校关注特殊家庭需求，针对单亲、离异、贫困等特殊家庭，提供专门的帮助和指导。学校设立心理咨询热线和咨询服务，为有特殊需求的家庭提供及时的心理支持。

2. 面向学生的"启航"

(1) 开学前，举办"新生见面会"。

教师为见面会设定有趣的主题，如"校园探险派对""星空梦想之旅"等，会场布置、活动内容和服装都围绕这个主题展开，增加活动的趣味性和吸引力。

教师通过有趣的破冰游戏来观察学生的表现和行为举止，让学生在小组合作、互动游戏中展现自己的个性特点。

教师设计一些需要家长和学生共同参与的游戏或挑战，如拼图比赛、接力运球、亲子跳绳、才艺展示等，让学生在家长的陪伴下融入学校。

教师寄予美好的期待，准备一棵大树的画布，每名学生都在树叶形状的纸片上写下自己的名字和愿望，贴在大树上，象征学生将在学校这个大家庭中茁壮成长。

教师进行新生摸底调查，引导学生填写《我的入学准备》涂色书，发放《小学一年级新生摸底调查问卷》，了解学生的基本情况、家庭环境、学习习惯、兴趣爱好、特殊需求，以便更好地因材施教，进行个性化教育。

(2)将9月份设为"入学适应期"。

学校将9月份视为一年级的入学适应期，不着急讲授学科知识，给小学新生足够的时间来适应新的校园环境、规则和期望，培养其必要的社交和学习技能。在这个适应期内，一年级带班教师通过跨学科教学融合，帮助学生平稳过渡。

①德育导向课程：引导学生了解学校文化、校规校纪、日常行为规范、校园安全知识，帮助小学新生快速熟悉校园规范，明确学校、班级的共同约定。

②生活自理课程：开设一些生活技能课程，如何整理书包、管理个人物品、使用洗手间等，帮助小学新生养成良好的生活习惯，提高他们的自理能力。

③基础学习课程：开展正确的坐姿、握笔姿势、阅读方法等基础学习技能的训练，帮助小学新生打下良好的学习习惯基础，提高学习效率。

④融洽社交课程：通过角色扮演、小组合奏、戏剧体验等活动，培养学生的团队协作能力和社交技巧，帮助小学新生更好地融入集体，建立良好的人际关系。

⑤趣味运动课程：结合体育游戏和竞技活动，让学生在运动中增强体能，培养团队合作精神和竞争意识，促进同学间的交流与合作。

⑥阳光心理课程：针对小学新生可能出现的分离焦虑、适应困难等心理问题，开设心理健康教育课程，提供心理疏导和支持，教会小学新生正确处理负面情绪。

⑦艺术创意课程：通过音乐、美术等艺术创意课程，激发学生的创造力和想象力，帮助小学新生更好地表达自己的情感和想法。

⑧社会认知课程："多元智能""职业日"等统整课程通过设计包含各种智能元素的教学活动，激发和培养学生的多元智能和社会认知。

3. 家校共育的"启航"

学校邀请不同职业的家长分享他们的工作经验和专业知识。如果家长是医生，可以讲解基础的医学知识和健康生活习惯。如果家长是科学家，可以进行简单的科学实验演示，激发学生对科学的兴趣。

学校利用传统节日，邀请家长进校园，参与特定的亲子互动活动，如包饺子、做汤圆、烘焙蛋糕，展示铁皮青蛙、连环画等家长小时候的宝贝，体验滚铁环、木射、踢毽鞠等民间传统游戏。

如果家长有相关的资源或场所，如农场、工厂、博物馆等，可以组织学生进行实地参观和学习，将课堂延伸到校外。学校还设计了需要家长和学生共同合作完成的项目，如小型科学研究、社会实践调查、亲子徒步团建、亲子阅读联盟等，促进家校、亲子间正向沟通与合作。

◎"启航课程"的实施反思

南科大实验一小的"启航课程"通过面向家长、面向新生、家校合作等方面的努力，在幼小衔接中发挥显著作用，为学生的健康成长保驾护航。

1. 促进平稳过渡

学校帮助新生更平稳地从幼儿园阶段过渡到小学阶段。在这一过程中，家长和教师共同关注学生的情感、社交和学习需求，为他们提供必要的支持和引导。通过双方的密切合作，减少了学生在这一关键时期可能遇到的不适和困惑。

2. 加强家校沟通

在启航课程实施过程中，教师与家长充分沟通，更深入地了解学生的个性、兴趣和学习特点，从而制订更合适的教学计划和教学策略。同时，家长也更好地理解教师的教学意图和要求，积极配合教师的教学工作。

3. 形成教育合力

启航课程的开展，整合了校家社的教育力量，共同促进学生的全面发展。学校、家庭、社区相互补充、相互支持，为学生提供更加全面、系统的教育，形成更加和谐、积极的校家社协同育人氛围。

附录：

南科大实验一小"启航课程"之幼小衔接"十问十答"

1. 孩子入学前需要上幼小衔接班吗？

答：不需要。提前灌输知识可能会降低孩子的学习兴趣，影响孩子在课堂上的专注力。科学的幼小衔接不仅是知识的准备，还包含身心健康、生活能力、学习品质及社会适应等多方面的准备。

在假期里，您可以这样做：

▶帮助孩子初步了解小学生活，激发孩子对小学生活的向往；

▶引导孩子合理安排作息时间，培养自理能力；

▶培养孩子倾听和表达的能力，增强阅读兴趣；

▶鼓励孩子积极参加集体活动，建立良好的伙伴关系。

每个孩子的身心发展速度各有不同，我们要尊重孩子的发展速度，保持积极乐观的心态，营造轻松的氛围，让孩子健康、愉快地成长。

2. 如何引导孩子适应新环境，结交新朋友？

答：入学前，您可以这样做：

▶带孩子熟悉学校周围的环境，了解上学路线；

▶陪孩子询问身边一年级的哥哥姐姐，了解小学的学习生活情况；

▶关注学校官方微信公众号，陪孩子提前了解学校丰富多彩的活动。

报到时，您可以这样做：

▶陪同孩子熟悉学校环境，看看教室、图书馆、洗手间等的位置；

▶鼓励孩子主动向老师、同学打招呼。

入学后，您可以引导孩子主动与他人分享，关心别人，让孩子更快地融入新的集体。同时，学校会开展新生入学适应课程，帮助孩子熟悉学校和同学。

3. 如何让孩子喜欢体育运动，保障孩子能达到充足的运动量？

答：幼儿园和小学都鼓励孩子每天参与不少于1小时的运动。学校会利用大课间、体育课、课后延时服务等时段保证孩子每天的运动量。

在假期里，您可以这样做：

▶和孩子一起进行体育活动：跳绳、踢毽子、参加球类运动等；

▶和孩子一起参加户外活动：爬山、郊游等。

相信有您的陪伴，孩子会爱上运动，健康成长。

4. 要上小学了，孩子需要掌握哪些劳动技能？

答：经过在幼儿园的学习，孩子已经具备初步的自理能力，能做力所能及的事。上小学后，孩子需要承担班级劳动，如扫地、拖地、擦黑板，并会整理自己的生活或学习物品。

在假期里，您可以这样做：

▶鼓励孩子每周整理一次自己的房间，并努力保持整洁，及时对孩子给予表扬；

▶教会孩子简单的家庭劳动技能，如扫地、拖地、抹桌子，协助准备碗筷、收拾餐桌等；

▶引导孩子每天完成自己喜欢的劳动项目，体会劳动的快乐。

5. 怎样帮助孩子树立规则意识？

答：孩子的规则意识是逐步建立起来的。在幼儿园期间，孩子已经有了一定的规则意识，上小学后，孩子需做到按时上学，举手发言，别人说话时不插嘴等。

在假期里，您可以这样做：

▶引导孩子在家人说话时认真倾听，等别人说完后再说话；

▶以身作则告诉孩子在人多的时候要坚持以恰当的距离排队；

▶和孩子一起学习垃圾分类小知识，常常用生活垃圾练习分类；

▶引导孩子过马路要走人行横道，做到红灯停、绿灯行等。

6. 入学后，孩子如果和同学发生冲突，该怎么办？

答：孩子和同学相处，难免会有一些摩擦。在学校，如果孩子之间发生冲突，老师会了解情况，及时处理。

如果孩子和小伙伴之间发生冲突，您可以采取以下措施：

▶首先，保持冷静；

▶其次，心平气和地与孩子沟通，引导孩子如实讲述事情经过；

▶最后，启发孩子用情境模拟、换位思考等方法寻找处理冲突的思路和途径，鼓励孩子自行解决或寻求帮助。

7. 怎样帮助孩子提高注意力？

答：5~6岁时，孩子注意力集中时间为10~15分钟，一年级课堂集中讲授时间不超过15分钟。家长不要轻易给孩子贴上"注意力不集中"的标签，也不必过于担心孩子上课走神。

在假期里，您可以这样做：

▶和孩子一起玩提高注意力的游戏，如舒尔特方格、穿珠子、夹豆子、拍球等；

▶开展亲子阅读，营造不受干扰的环境，多和孩子交流阅读中的感受；

▶用闹钟、沙漏等计时工具帮助孩子在规定时间内完成任务；

▶尽量减少孩子使用电子产品的时间，每次使用不超过15分钟。

8. 怎样帮助孩子提高书写能力？

答：孩子尚小，手部骨骼、肌肉发育不成熟，观察汉字的能力不足。在幼儿园大班时，只要求孩子用图画和符号表现事物，会写自己的名字。一年级刚入学时，汉字书写量并不大，老师会用一年的时间帮助孩子进行书写适应，家长不必担心。

在假期里，您可以这样做：

▶帮助孩子进行精细动作练习，如画画、描线、剪纸、玩彩泥等；

▶和孩子一起玩提升观察力的游戏，如找不同、拼图、七巧板等；

▶指导孩子保持正确的写画姿势：头正、身直、肩平、脚踏地。

9. 怎样帮助孩子在生活中做好学习准备？

答：幼儿园里，孩子已经通过游戏获得了很多有益的经验和粗浅的知识。在小学一年级，老师会通过游戏、操作体验、小组合作等多种符合孩子年龄特点的方式开展教学。在集体生活中，孩子的适应速度相对较快。

在假期里，您可以这样做：

▶每天坚持亲子交流，如跟孩子一起阅读、游戏、运动；

▶引导孩子在生活中识字，如认识标志牌、食品包装上的字；

▶引导孩子在生活中学数学，如认时钟、看日历、用人民币购物；

▶和孩子一起玩思维游戏，如玩扑克、下棋、走迷宫、搭积木等。

10. 孩子要准备哪些学习用具？

答：教科书由学校统一配发，家长可以帮助孩子准备以下物品。

通用学具：书包（大小适中、材质轻、肩带宽）、笔袋（功能简单、色彩淡雅）、5支HB铅笔、橡皮擦（擦净效果好、无色无味、形状普通）、环保包书皮、削笔器。

分课程学具：

▶语数课程：直尺（透明、无花纹）、语文和数学作业本、课外书；

▶美术课程：水彩笔、油画棒、胶棒；

▶体育课程：跳绳、运动服、运动鞋。

建议您和孩子一起准备学具，在孩子的物品上用标签贴标注姓名，引导孩子学会管理自己的物品。

〔供稿单位：南方科技大学教育集团（南山）第一实验小学；供稿人：肖毅、王晓玲〕

(二)入学适应家校共育案例二

以"十大学会"为核心，塑造未来全能之星

为了更好地迎接小学新生，确保他们能够快速融入学校生活，并为其未来的全面发展打下坚实基础，深圳大学附属教育集团外国语小学（深大附外小）一直致力于家校协同育人，以"十大学会"为核心，期望能够深入了解每位新生的个性特点和发展需求，为孩子打造一个全方位、多层次的育人环境，共同为塑造未来全能之星而努力。

◎家校共育的理念与目标

1. 家校共育理念

（1）共同责任观。

家庭和学校是孩子成长的两大支柱。家长和学校应当明确双方都是孩子教育的

重要参与者，共同承担着培养孩子的责任。

(2)全面育人观。

家校协同的目标是培养孩子的道德品质、认知能力、情感态度和社会技能等，使其成为一个有责任感、有创造力、有协作精神的全面发展的人。

(3)互补合作观。

家庭教育和学校教育各有优势，家校协同旨在实现双方资源的互补，共同为孩子创造一个更为丰富、多元、有深度的教育环境。

2. 家校协同育人的目标

(1)促进孩子平稳过渡。

通过家校协同，帮助孩子在身心、生活、社会和学习四个方面做好从幼儿园到小学的过渡，减少他们的不适应感。

(2)培养孩子的自主学习能力。

入学前的孩子正处于好奇心旺盛、探索欲望强烈的阶段。家校协同的一个重要目标是培养孩子的自主学习能力，让他们学会独立思考、主动探索。

(3)塑造良好的行为习惯。

家校协同旨在帮助孩子建立良好的行为习惯，如守时、自律、尊重他人等，这些习惯将伴随他们一生。

(4)建立信任的合作关系。

通过协同育人，家长和学校之间可以建立更为紧密的联系，增强双方的沟通与信任，从而为孩子的教育创造更好的条件。

(5)为孩子的未来发展奠基。

家校协同的最终目标是为孩子的未来发展打下坚实的基础，培养他们成为有知识、有能力、有品格的未来之星。

◎**家校共育内容**

1. 学会规划时间

教师和家长共同培养孩子的时间管理能力，合理安排学习、休息和娱乐时间。

2. 学会整理

教师和家长共同引导孩子学会整理个人物品，培养良好的生活习惯。

3. 学会着装

教师和家长共同教育孩子根据天气和场合选择合适的服装，培养孩子的审美和自理能力。

4. 学会文明如厕

教师和家长共同教育孩子养成良好的卫生习惯，了解公共卫生礼仪。

5. 学会锻炼

教师和家长共同鼓励孩子参与体育活动，增强体质，培养运动习惯。

6. 学会倾听

教师和家长共同教育孩子学会倾听他人讲话，理解并尊重他人观点。

7. 学会阅读

教师和家长共同培养孩子对阅读的兴趣，提高阅读能力和阅读习惯。

8. 学会礼貌用语

教师和家长共同培养孩子的沟通能力，提高孩子的文明习惯。

9. 学会交朋友

教师和家长共同引导孩子学会与同学建立友好关系，拓展社交圈子。

10. 学会保护自己

教师和家长共同教育孩子增强安全意识，学会在遇到危险时保护自己。

◎家校共育的实施方法

方法一：新生家长学堂

学校组织新生家长参加学堂活动，通过专家讲座、经验分享和互动讨论等方式，提升家长对教育的认识和理解（表 12-1）。同时，新生家长学堂也为家长提供了一个交流的平台，促进了家校之间的合作与沟通。

表 12-1　新生家长学堂

期数	主题
第一期	走进校园，了解巴学园
第二期	家校携手，共育未来
第三期	走进学堂，了解学堂

在第一期家长学堂圆满落幕之际，学校为家长精心准备了一份丰厚的大礼包（图 12-2）。这份礼包内不仅包含了孩子翘首以盼的录取通知书，还附赠了一本学校原创的《你准备好了吗？》亲子实践手册，旨在帮助家长与孩子共同跨过幼小衔接的关键期，顺利过渡，成为一名合格的小学生。此外，每位家长还将获得一张象征责任与荣誉的"家长上岗证"，以及一本详尽的"欢迎来到一年级"幼小衔接家长手册，为

家长提供宝贵的指导与建议。

　　同时，学校还精心准备了学生基本情况调查表，旨在帮助教师更加深入、细致地掌握每一个孩子的个性特点和需求。这样，教师能够更精准地为他们提供个性化的教学服务，确保每一个孩子都能得到最适合自己的关怀与指导。

　　方法二：《你准备好了吗？》亲子实践手册

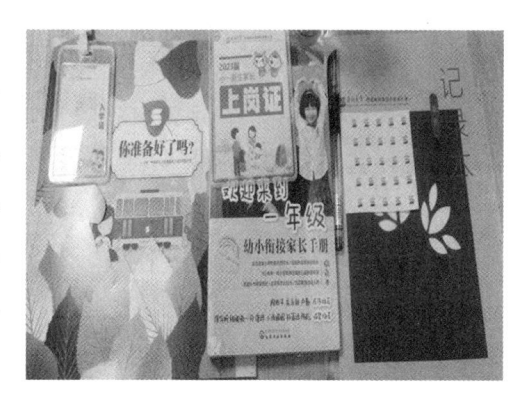

图 12-2　新生大礼包

　　学校为每位新生定制了亲子实践手册，围绕"十个学会"设计了一系列富有创意和互动性的亲子实践活动，鼓励家长与孩子共同完成（图 12-3）。手册内容涵盖生活自理、学习习惯、社交技能等方面，通过实践深化孩子对"十个学会"的理解和应用，帮助孩子更好地适应小学生活，同时也增进家长与孩子之间的情感交流。通过手册的反馈，学校能够更全面地了解孩子的个人表现和家庭成长环境。

图 12-3　《你准备好了吗？》亲子实践手册

　　方法三："解锁小学，轻松衔接"微课学习

　　学校提供了一系列微课资源，涵盖小学生活的各个方面（图 12-4）。孩子和家长可以通过学习这些微课，了解小学的学习要求、课堂规则、同伴交往等方面的信息。微课学习的方式灵活多样，既激发了孩子的学习兴趣，又增进了家长对学校的了解。

图 12-4　幼小衔接微课

方法四：好习惯养成报告

学校鼓励家长协同孩子制作好习惯养成报告，记录孩子在入学适应期间的好习惯养成情况（图 12-5）。报告以可视化的形式呈现，包括图表、照片等。通过报告的内容，学校能够更深入地了解孩子的进步与成长，为后续的教育教学提供有价值的参考依据。

图 12-5　好习惯养成报告

综上所述，深大附外小通过新生家长学堂、亲子实践手册、微课学习和好习惯养成报告等多元化方法促进了家校之间的深度合作与交流，共同关注孩子在入学适应过程中的表现和努力，给予及时的肯定和鼓励，并根据孩子的实际情况和反馈，及时调整教育方向和方法，以确保协同教育的有效性，帮助他们顺利适应小学生活，迈向更高一层的发展阶段。

此外，学校鼓励家长、学生和教师积极提出意见和建议，以便不断完善和优化家校协同教育方案。这些宝贵的反馈将成为改进工作的重要依据。学校还定期举办家校协同教育经验交流会，分享成功的案例和实践经验。通过相互学习和借鉴，不断提升家校协同教育的质量和水平。

◎ 家校共育的实施反思

新生入学适应期的家校协同是孩子教育过程中的重要环节。在深大附外小，家校协同教育如同阳光雨露，滋养着每一个孩子的成长之路。学校已经取得了一定的成效，但仍需不断优化和完善。

1. 深化家校互动与合作

未来，学校将进一步深化家校之间的互动与合作，通过定期的家长学校、亲子活动等，增强家校之间的联系，共同为孩子的成长创造更好的环境。

2. 利用科技手段提升协同效率

学校将积极利用现代科技手段，如在线教育平台、应用软件等，提高家校协同的效率。这些工具可以方便双方随时沟通和分享信息，确保教育的连贯性和及时性。

3. 拓展协同内容，关注孩子全面发展

除了学业成绩，学校将更加关注孩子的心理健康、社交能力、创造力等多方面的发展。通过家校协同，共同设计和实施更多元化的教育活动，促进孩子的全面发展。

学校深信，在家校双方的共同努力下，每一个孩子都能够在这里茁壮成长，成为有知识、有能力、有品格的未来之星。让家庭和学校携手并进，共同为孩子的明天绘制一幅更加绚丽多彩的画卷，为他们的未来插上腾飞的翅膀！

（供稿单位：深圳大学附属教育集团外国语小学；供稿人：吴婵、张伟、李珊）

第十三章　儿童入学适应水平及学业评价

以《入学适应指导要点》和《义务教育课程标准(2022年版)》为依据，构建素养导向的综合评价体系，发挥小学入学适应评价诊断、激励和改善的功能。

一、儿童入学适应水平及学业评价的原则

(一)发挥评价的育人导向作用

小学入学适应评价应以积极、鼓励、正面为主，关注学生的进步，关注学生的适应水平和提升空间，重视保护学生的学习兴趣和积极性。

(二)发挥多元主体的激励作用

尊重学生的主体地位，遵从学生身心发展规律，整合学生自评、家长评价、同伴互评、教师评价等多种方式，综合利用各评价主体的评价结果，帮助适应期学生挖掘自身潜能。

(三)综合运用多种评价方式

幼小衔接期的评价方式包括课堂观察、学业资料、口头表达、成长记录、游戏活动、问卷调查、课后访谈等，可以采用线上线下相结合的方式。幼小衔接期的评价应重视过程性评价，关注学生的前经验，创设真实的生活情境，采用学生喜欢的游戏、活动、体验、探究等测评形式，通过多样的评价方式聚焦课程实施是否能有效帮助新生适应小学生活。

二、儿童入学适应水平评价的策略

儿童入学适应水平评价应以过程性评价为主，贯穿一年级适应期的全过程，聚焦儿童身心、生活、社会、学习四个方面的适应内容。开展入学适应水平评价有多种途径，教师可采用观察法、成长记录袋及问卷调查法来实现。

(一)观察法：小学新生入学适应水平评估表

依据《入学适应指导要点》，围绕儿童进入小学所需的关键素质，教师从身心适应、生活适应、社会适应和学习适应四个维度开展日常观察。

1. 表格内容

小学新生入学适应水平评估记录表如下(表 13-1)。

表 13-1　小学新生入学适应水平评估记录表(教师填写)

以下是对学生具体表现的描述，请您阅读这些简短描述，判断这些描述在多大程度上符合学生的个人情况，并在相应的选项上画钩，请不要漏题。

维度	评价要素	具体表现	完全符合	比较符合	一般	不太符合	不符合
身心适应	喜欢上学	1. 能记住校名和班级，知道自己是一名小学生。					
		2. 愿意了解校园环境，积极参与学校和班级的活动。					
	快乐向上	3. 能保持积极快乐的情绪。					
		4. 对学习、生活中遇到的困难，愿意尝试自己解决问题。					
	积极锻炼	5. 喜欢参与多种形式的体育活动。					
		6. 养成坚持参加体育锻炼的习惯。					
	动作灵活	7. 精细动作发展协调灵活，能熟练使用常用工具。					
生活适应	生活习惯	8. 养成早睡早起的好习惯，能够逐步适应从幼儿园到小学的作息转变。					
		9. 具有良好的生活和卫生习惯，能主动喝水，学习保护视力的基本方法。					
	自理能力	10. 不用成人的提醒和帮助，能做基本的自我服务，照料好自己。					
		11. 学会及时收纳、分类管理好自己的物品，做好课前准备。					
	安全自护	12. 认识安全标识，学会简单的自救和求救的方法。					
		13. 能安排好课间活动，不做危险游戏。					
	热爱劳动	14. 积极主动参与班级劳动。					
		15. 能分担力所能及的家务劳动。					
		16. 做事认真负责，有始有终。					
社会适应	融入集体	17. 知道自己是班级的一员，能逐步融入班集体。					
		18. 积极参加集体活动，能感受集体生活的快乐。					
	人际交往	19. 愿意主动接近老师，有问题能找老师寻求帮助。					
		20. 能与同伴友好相处，有经常一起玩的小伙伴。					

续表

维度	评价要素	具体表现	完全符合	比较符合	一般	不太符合	不符合
社会适应	人际交往	21. 能与同学分工合作完成任务，互帮互助，发生冲突时会协商解决。					
	遵规守纪	22. 了解并遵守《小学生日常行为规范》和校规的基本要求，有明确的规则意识。					
		23. 能积极参与班级及各类活动规则的制定，想办法扩展游戏或推进活动。					
	品德养成	24. 能初步分辨是非，做了错事能承认和改正。					
		25. 喜欢集体生活，爱护班级荣誉。					
		26. 具有爱家乡、爱祖国的情感。					
学习适应	乐学好问	27. 在观察、阅读、互动讨论等情境中，能发现问题、提出问题。					
		28. 有好奇心，能够对不懂的现象进行追问和探究。					
	学习习惯	29. 做事专注，能有意识地调整注意力。					
		30. 做事有一定的计划性，逐步学会合理安排生活和学习。					
		31. 遇到困难时经常积极寻找解决办法。					
	学习兴趣	32. 对新知识、新环境感兴趣，积极参加各类活动。					
		33. 喜欢到图书馆或班级图书角看书，积极参加与阅读有关的活动。					
		34. 愿意用数学的方法解决生活中的简单问题。					
	学习能力	35. 在日常生活和课堂教学中能领会同学和老师说话的主要内容，并能积极做出回应。					
		36. 喜欢阅读，对感兴趣的人物和事件有自己的理解和想法，能随着作品的展开产生相应的情感体验。					
		37. 能较完整地讲述小故事，能简要讲述自己感兴趣的见闻。					
		38. 乐于在阅读的语境中识字。学习认识汉字的笔画和间架结构，初步掌握写字的基本笔画、笔顺规则。					
		39. 能在日常生活中发现并提出简单的数学问题，尝试用不同的方法解决。					

2. 分析方法及注意事项

表格包含身心适应、生活适应、社会适应、学习适应四个维度，身心适应对应 1～7 题，生活适应对应 8～16 题，社会适应对应 17～26 题，学习适应对应 27～39 题。每个问题含有五个选项："完全符合"记 5 分，"比较符合"记 4 分，"一般"记 3 分，"不太符合"记 2 分，"不符合"记 1 分。身心适应维度满分为 35 分，生活适应维度满分为 45 分，社会适应维度满分为 50 分，学习适应维度满分为 65 分，合计问卷满分为 195 分，分值越高代表适应程度越好。

入学适应期结束后，由班主任教师综合评估儿童的适应情况。评估形式应多元化，可依据日常行为观察、学习表现、作业书写、家长反馈、同伴互动、儿童自述等途径广泛收集数据，多角度、多层次对每一名班级儿童开展客观评价。

(二) 成长记录袋

成长记录袋评价提倡评价主体多元化，教师、学生、同学、家长及社区都可以参与其中。在实践活动中，成长记录袋以丰富多彩的教育教学活动为途径，收集学生在各项活动中的过程性资料，作为入学适应评价的重要参考依据。[①]

1. 成长记录袋的设计

小学新生的成长记录袋应包含身心适应、社会适应、生活适应和学习适应四大方面的内容。收集的资料可包含课堂表现、学业展示、小组合作情况、绘画作品、小制作作品、小创造、朗诵录音、文艺表演录像等。成长记录袋评价能够记录下全面而又真实的新生适应过程，使学生了解到自己的成长轨迹（表 13-2 和表 13-3）。教师指导学生和家长在日常生活、学习中可以做好以下几方面内容的收集。

表 13-2　小学新生入学适应成长记录袋评价程度和指标

评价维度	具体指标
身心适应	家庭：情绪表达、问题解决、运动兴趣、体育锻炼 学校：行为表现、情绪状态、情绪控制、体育锻炼、精细动作
生活适应	家庭：作息时间、用眼习惯、自理能力、整理学习用品、安全自护、家务劳动 学校：着装规范、个人卫生、课桌整理、课间活动、用眼习惯、班级服务
社会适应	家庭：尊敬长辈、礼貌用语 社区：社会公德、社区公益服务、社会实践 学校：诚实守纪、尊师爱友、爱护公物、社会常识、乐于助人
学习适应	学校：课堂参与、课堂听讲、作业完成、日常学习习惯、态度、毅力、兴趣 家庭：阅读习惯、专注力、书写习惯、学习计划

---

① 李肖静. 成长记录袋在小学生综合素质评价中的应用研究[D]. 开封：河南大学，2015.

表 13-3　小学新生入学适应成长记录袋清单样例（家长记录）

评价维度	资料收集
身心适应	1. 画一画、说一说你心目中的小学校园会有哪些你喜欢的事物？（绘画） 2. 画一画你理想中的教室环境？（绘画） 3. 和爸爸妈妈聊一聊"我要带什么去学校"。（清单、照片） 4. 扮演不同的情绪：愤怒、悲伤、开心、恐惧、惊喜、厌烦、激动。（视频） 5. 说一说哪些情绪是好的，哪些是糟糕的。（记录、照片） 6. 在什么时候，你有过这样的情绪？（照片、绘画） 7. 户外运动：游泳、跑步、爬山等。（照片、视频） 8. 瑜伽、健身操、轮滑、呼啦圈。（照片、视频） 9. 单车、飞盘、足球、篮球、跳绳。（照片、视频）
生活适应	1. 根据学校时间安排表，一起制作一日作息表。（绘画、表格） 2. 饭前便后要洗手，少用电子产品，学习爱眼操。（照片、视频） 3. 关注天气预报、带伞、整理房间。（照片、视频） 4. 每日按照课程表自主整理书包。（照片） 5. 制定作息时间表，调闹钟。（照片） 6. 学习小学生一日常规。（照片） 7. 观看安全讲座小视频。（照片） 8. 完成洗碗、洗衣服、拖地、扫地、倒垃圾等力所能及的家务。（照片）
社会适应	1. 准备简单的自我介绍、家庭介绍。（视频） 2. 家庭角色情境扮演，课堂举手发言，小组合作。（视频、照片） 3. 带领学习、朗读校纪校规、班规。（照片） 4. 养成登记的好习惯。（登记本、照片） 5. 班级构建成长体系、班干部制度，贯彻落实红领巾争章系列活动，引导学生有责任感。家庭与孩子沟通班级事务，耐心倾听。（家长会议记录、照片、日记）
学习适应	1. 课堂中以学生为主体，问题导向，吸引学生自主学习。生活中，家长要带领孩子多参加社会活动，增强见识。（照片、视频、日记） 2. 在活动中、游戏中、任务中加强动手能力，提升专注度，如从积木、黄豆中夹出绿豆等游戏。（照片、视频） 3. 开展班级共读、旅游、写生、阅读图画书等活动。（照片、视频） 4. 用真钱去买菜、玩具。（照片） 5. 每日剧场：家庭创设情境，进行角色扮演小游戏。（照片、视频、日记） 6. 设计制作一块自己姓名专属名牌。（名牌卡）

2. 分析方法及注意事项

(1) 基于成长记录袋展示交流活动开展评价

成长记录袋收集了儿童在适应期的收获和成长，教师可在学期结束前利用班会课组织开展班级展示交流活动，在此基础上开展评价，给予儿童个性化评语和表彰奖励，引导儿童体会共同分享的快乐，收获成长的喜悦。

(2)多元评价主体的具体职责

①学生自评。

展示活动结束后,学生在教师和家长的指导下进行自我评价(表13-4)。由教师读题,学生在对应的选项中画钩。每个问题含有三个选项:笑脸记3分,平静记2分,哭脸记1分。问卷满分为36分,分数越高,适应程度越好。

表 13-4　学生自我评价表

基本信息		
班级:(　　)学号:(　　)姓名:(　　)性别:(　　)		
题目	选项(在符合你情况的选项上画钩)	
1. 我很喜欢参加班级活动。	☺ ☺ ☹	
2. 我能认真遵守学校的各项规则。	☺ ☺ ☹	
3. 我能友好地和同学相处。	☺ ☺ ☹	
4. 我会使用礼貌用语。	☺ ☺ ☹	
5. 我感到上学很快乐。	☺ ☺ ☹	
6. 我喜欢参与各项体育活动。	☺ ☺ ☹	
7. 我能按时完成老师布置的学习任务。	☺ ☺ ☹	
8. 我能积极参与课堂,乐于回答问题。	☺ ☺ ☹	
9. 我能在课堂上认真听讲。	☺ ☺ ☹	
10. 我能整理好自己的书包,保持课桌椅干净整洁。	☺ ☺ ☹	
11. 我能按规范着装。	☺ ☺ ☹	
12. 我能积极参与班级劳动。	☺ ☺ ☹	

②同伴互评。

展示活动结束后,学生对学习小组内的成员开展同伴互评(表13-5)。由教师读题，学生在对应的选项中画钩。每个问题含有三个选项：笑脸记 3 分，平静记 2 分，哭脸记 1 分。问卷满分为 30 分，分数越高，适应程度越好。

表 13-5　学生互评表

基本信息			
班级：（　　）被评价人：（　　）			
题目	选项（在符合你情况的选项上画钩）		
1. 是否积极参与班级日常活动？	☺	😐	☹
2. 是否认真遵守学校的各项规则？	☺	😐	☹
3. 是否能友好地和同学相处？	☺	😐	☹
4. 是否能和同学分工合作完成任务？	☺	😐	☹
5. 是否会使用礼貌用语？	☺	😐	☹
6. 是否积极参与各项体育活动？	☺	😐	☹
7. 是否能按时完成老师布置的学习任务？	☺	😐	☹
8. 是否能积极参与课堂，认真听讲？	☺	😐	☹
9. 是否穿衣干净，桌椅整洁？	☺	😐	☹
10. 是否积极参与班级劳动？	☺	😐	☹

③教师评价。

班主任向各任课教师征集学生的相关情况，综合日常观察及展示活动撰写每名学生的个性化评语，肯定亮点，突出优势，提出建议，关注个体差异，做到真实、客观、公正。

④家长评价。

家长通过每天细心观察、记录学生的成长过程，帮助学生展示在课堂上看不到的特长与优势。家长基于学生的真实表现撰写期末评语，肯定学生经努力所取得的成就，关注进步，表达期望，增强学生的自信心。

(3) 注意事项

有计划地建立成长记录袋，重视成长记录袋的设计。学校可搜集学生在思想品德、学习表现、身心健康、艺术素养、实践活动等方面真实、客观的资料，重视学生的学习兴趣和生活、学习、交往习惯等，同时需明确收集人及呈现形式，从日常行为表现关注学生在幼小衔接期的适应情况。

明确成长记录袋建立的目的。选取的内容要具有全面性，能多层次地展现自己。事件要具有代表性，能展现自己的优势与特长。材料的呈现形式具有多样性，可纸质版和电子版相结合。

发挥评价结果的激励和引导作用。教师与家长撰写的评语应具有针对性，肯定亮点进步，挖掘优势资源，表达合理期待。

学校可构建符合本校特点的小学新生成长记录袋，研制本校新生适应评价方案，推进成长记录袋在小学生入学适应评价中的校本化研究。

(三) 问卷调查法："小学新生学习适应性"问卷

参考周步成教授于1991年修订的学习适应性测验(AAT)进行编制，结合一年级学生的特点进行适当的调整和修改，编制出提升小学新生学习适应性的问卷调查量表，该学习适应性量表包含四个维度，分别为学习环境适应、学习态度、学习兴趣、学习方法和学习习惯。[①]

1. 问卷编制

下面以"提升小学一年级新生学习适应性的问卷调查"为例阐述问卷编制。

提升小学一年级新生学习适应性的问卷调查

亲爱的小朋友：

你好！为了提高你的学习适应性，帮助老师更好地了解你的学习适应情况，现在我们要开展一项"小学一年级新生学习适应性"问卷调查(表13-6)。接下来，老师将题目念给你听，请你如实地选择符合你情况的答案。此次问卷中的所有信息都将被严格保密，因此，请你如实作答！感谢你的支持与配合！

[①] 李中奇. 提升小学新生学习适应性的行动研究——基于儿童视角[D]. 成都：四川师范大学，2021.

表 13-6　小学一年级新生学习适应性问题调查表

基本信息	
班级：（　　）学号：（　　）姓名：（　　）性别：（　　）	
题目	选项（在符合你情况的选项上画钩）
1. 学习环境适应	
1.1 我喜欢我的小学校园胜过喜欢我的幼儿园。	☺ 😐 ☹
1.2 我很喜欢我现在的班级。	☺ 😐 ☹
1.3 我很喜欢我现在的老师。	☺ 😐 ☹
1.4 我很喜欢我现在的同桌。	☺ 😐 ☹
1.5 我认为我的老师很喜欢我。	☺ 😐 ☹
1.6 我认为我的同学很喜欢我。	☺ 😐 ☹
1.7 每天课间，我没有要好的朋友一起玩。	☺ 😐 ☹
1.8 我知道我的班级、卫生间和老师办公室的位置，我能顺利找到这些地方。	☺ 😐 ☹
2. 学习态度	
2.1 我认为学习是一件很重要的事。	☺ 😐 ☹
2.2 我会为了学习成绩优秀而努力学习。	☺ 😐 ☹
2.3 每天的作业我总是想晚一点儿完成。	☺ 😐 ☹
2.4 如果爸爸妈妈不提醒我，我就不会主动学习。	☺ 😐 ☹
2.5 我认为每天回到家最重要的事就是完成学习任务。	☺ 😐 ☹
2.6 我认为学习是自己的事情，不是爸爸妈妈的事情。	☺ 😐 ☹
2.7 我害怕在学习中遇到困难。	☺ 😐 ☹

续表

题目	选项（在符合你情况的选项上画钩）		
2.8 放假了，我认为应该先完成学习任务再去玩耍。	☺	😐	☹
3. 学习兴趣			
3.1 我认为学习是一件很枯燥的事情。	☺	😐	☹
3.2 我很期待每天去上学。	☺	😐	☹
3.3 我很期待每天做作业。	☺	😐	☹
3.4 每次完成了作业我觉得很快乐，很有成就感。	☺	😐	☹
3.5 我很害怕每天上课回答问题。	☺	😐	☹
3.6 每次在课堂上回答了问题，我都觉得很快乐，很有成就感。	☺	😐	☹
3.7 我会因为讨厌某个老师而讨厌上他的课。	☺	😐	☹
3.8 我不愿意花课余时间去学习。	☺	😐	☹
4 学习方法和习惯			
4.1 在开始学习前，我会先准备好学习用品。	☺	😐	☹
4.2 每天上学前，我会自己整理自己的书包。	☺	😐	☹
4.3 在学习新课之前，我会预习功课。	☺	😐	☹
4.4 学习新课之后，我会复习功课。	☺	😐	☹
4.5 上课时，我会积极主动地举手发言。	☺	😐	☹
4.6 没学懂的地方，我会找时间向老师、家长或同学请教。	☺	😐	☹
4.7 做完作业我会主动地检查一遍或请爸爸妈妈帮我检查一遍。	☺	😐	☹
4.8 不会写或者不会认的字，我能反复练习。	☺	😐	☹

2. 分析方法及注意事项

该学习适应性问卷包含学习环境适应、学习态度、学习兴趣、学习方法和习惯四个维度,每个维度包含 8 个问题,每个问题含有三个选项:笑脸记 3 分,平静记 2 分,哭脸记 1 分。各维度满分为 24 分,合计问卷满分为 96 分。分数越高,表明学生的学习适应程度越好。

教师需帮助学生解释问卷调查的目的,并澄清问题后面三个选项"笑脸""平静""哭脸"的含义。答题过程中,由教师为学生读题,学生自主作答;同时安排另一位教师在场答疑。

三、儿童学业评价的策略

《指导意见》中提出"改革一年级教育教学方式,国家课程主要采取游戏化、生活化、综合化等方式实施,强化儿童的探究性、体验式学习。要切实改变忽视儿童身心特点和接受能力的现象"。

基于此,小学入学适应期应主动变革学业评价方式,尊重儿童天性,多元化评价儿童,消除书面测试忽视激励和发展性功能的弊端,全面推进评价改革。

(一)创新测评方式,以综合素养测评为载体

1. 综合素养测评的基本理念

综合素养测评强调评价的伦理性,以促进每个儿童的发展为导向,把合作精神、学科素养、关键能力、必备知识等有效贯穿,体现了评价"诊断、激励和改善"的育人功能,激发入学适应期儿童学习的兴趣和潜能,赋能儿童构建自信和希望的积极心态。[1]

评价指标多元。综合素养测评是涵盖"德、智、体、美、劳"五育并举的评价方式,将多门学科及《入学适应指导要点》中的 16 条适应目标有机融合,全面考查学生的综合能力。

评价形式丰富。测评可构建生活场景、课本故事、节日主题、城市特色等情境,通过设计典型任务,以积分、集章卡、活动闯关的形式引导学生运用已有的知识技能解决实际问题,结合朗读、唱歌、绘画、演奏、操作、角色扮演、展示等多种形式展现学科核心素养水平,真正做到减负增质。

---

[1] 田红. 以综合素养测评赋能"幼小科学衔接"教育变革[J]. 江苏教育,2022(18):52-55.

2. 综合素养测评的实施路径

第一步：梳理本学期的知识和能力点，依据学科标准确定测评内容。

一年级教师以备课组为单位梳理本学期的知识和能力点，确定测评的内容。例如，一年级上学期语文学科关注需背诵的声母、韵母、整体认读音节，需要会认会写的汉字及需背诵的课文；数学学科关注 10 以内加法和减法计算、综合运用知识解决实际问题、将不同的物品或形状进行分类，并说出分类的标准；英语学科关注单词、句子认读；美术学科关注对于美术造型、色彩、创意的综合运用等。

第二步：对应《入学适应指导要点》中的具体表现，将适应目标融入活动中。

教师在关注学科知识的基础上，通过灵活多样的测评形式，将适应目标融入活动中考查。例如，创设合作型体验项目，关注学生的规则意识和团结协作的能力；创设动手实践项目，关注学生的精细动作能力、空间想象能力、灵活运用图形特征分析和解决生活问题的能力。

第三步：创设真实情境，通过任务驱动，测评学生综合素养的发展。[1]

教师基于学生的关键生活事件创设情境。例如，同伴交往是一年级学生在成长中经历的关键事件，以"我们做朋友"为测评主题，学生在"我会说"环节中流利地介绍自己，邀请同伴一起大声朗读抽取到英语课文选段；在"我会画"环节中描绘与伙伴一起最开心的时刻；在"我会分"环节给好朋友分食物，数数量等。教师引导学生感受集体生活的快乐，建立良好的伙伴关系，将学科知识和能力测评融入事件学习中。[2]

教师基于节日的多彩主题活动创设情境。例如，一年级上学期结束时即将迎来隆重的新春佳节，教师可创设喜迎新年的游园会，将学科知识和能力考查融入置办年货、除尘迎新、对联创作、窗花设计、互送祝福等传统活动情境中，实现文化浸润与知识素养的有机结合。

教师基于课本的特色形象故事创设情境。例如，以一年级《语文》上学期的《比尾巴》为故事蓝本，教师可以将测评场地布置为动物园，让学生扮演各类小动物，拼读动物名称，开展动物弹跳比赛，合作分类食物，描画动物样子，欢唱动物儿歌，将知识考查融入课本情景剧中。

教师基于校本的特色环境、活动创设情境。例如，教师利用校园农场设计丰收节，让学生以小农夫身份参与游园闯关，将学科知识融入"表达、合作、运动、艺

---

[1] 戴贤娟. 幼小衔接入学适应性评价中真实情境的创设[J]. 江苏教育，2022(18)：59-60.
[2] 丁前兰. 综合能力测评：基于幼小衔接的入学适应性评价实践[J]. 教育视界，2022(19)：32-34.

术"四大主题，设计袋鼠跳合作摘蔬果、长卷添画蔬果、拼读蔬果名称、说说我最喜爱的蔬果等测评项目。此外，基于校本创意市集活动的特色情境，学生自主设计T恤、扇子、杯子、书签及环保袋，写画喜欢的文字和图案，现场展示和售卖，让测评真实发生，将素养融入生活。

教师基于城市的地域特色文化创设情境。例如，教师以南山荔枝文化节为设计背景，开展"荔枝丰收节"测评活动，学生通过品读荔枝诗词、介绍好吃的荔枝、合作往返跑运送荔枝、用天平称量荔枝重量、给好朋友分荔枝等活动，测评课程知识，增强文化自信。

第四步：基于情境构建丰富多彩的游戏和实践活动。

教师可借助学生喜闻乐见的游园和闯关形式，强化测评活动的探究性和体验性，让学生在轻松的氛围中完成测评，寓评于乐，评价结果以等级形式呈现。例如，教师让学生在"我的动物朋友"情境下扮演小动物，以"小动物抓虫子"的闯关形式，小组合作在规定时间内用弹跳动作尽可能抓取数量多的"虫子"，结束后需清晰数出"虫子"的数量，认读"虫子"背上的生字卡片，对卡片上的物品按不同原则进行归类，在游戏中考查学生的弹跳、算数、归类及认读能力，体会合作的快乐。

(二) 建构活动模块，以学科融合测评为导向开展测评活动

1. 从分科测试走向学科融合

随着国家"双减"政策的推进，游园活动作为一年级期末游戏化的测评方式已得到广泛应用，其体验性强，参与度高，深受学生的喜爱。游园会主要采取学科知识闯关的形式开展，学生需完成每个学科设置的挑战任务以获取相应的印章。从分学科测试到学科融合，是满足学生认知整体性需求的重要变革。

综合素养测评力求以情境任务串联各学科的知识技能，助力学生提升运用多门学科知识解决真实问题的能力。建构基于真实情境的学科融合活动模块，对学生参与活动的整个过程进行综合评价，落实从解题走向解决问题，从多角度看见学生的成长。

2. 创设多元活动，搭建展示平台

学校通过建构独特的校本特色活动，将学科素养知识与关键适应能力相结合，让学生在真实情境中大胆展现自己，关注学生的变化与进步，让学生感受多彩的成长，享受成功的喜悦。

"创意市集丰收节"测评活动

学生在教师的指导下，自主设计创意作品，T恤、扇子、杯子、书签、布包、挂件、帽子……在创意市集丰收节当天，学生自主出售、购买商品，体验美食制作、特色游戏，收获合作的快乐。活动过程中，教师运用测评表对学生的表现进行了评价（表 13-7）。

表 13-7 "创意市集丰收节"活动测评表

素养导向关键能力	评价主题	评价标准
语文 语言运用 大胆表达	担任小摊主，自主出售商品。	简单介绍。（☆） 运用流利清晰的语言介绍商品，实现有效交流与沟通。（☆☆） 运用流利清晰的语言介绍商品，实现有效交流与沟通的同时，热情真诚地表达自己的创意。（☆☆☆）
数学 运算能力 应用实践	出售或购买商品时能正确计算出价格。	能算出，但偶有错误。（☆） 能准确算出，但是速度稍慢。（☆☆） 能快速准确计算出价格。（☆☆☆）
英语 语言能力	开幕式进行英语歌曲演唱。	能唱出，单词发音标准。（☆） 能流利、准确地唱出，单词发音标准。（☆☆） 能流利、准确地唱出，单词发音标准，准确把握歌曲旋律和节奏，有较好的音准。（☆☆☆）
艺术 创意实践 团结协作	"商品"参与创意市集售卖。	有"商品"参与。（☆☆）
音乐 艺术表现	开幕式进行口琴歌曲吹奏。	基本吹奏完整。（☆） 吹奏较好，比较有感情。（☆☆） 吹奏清晰完整，背谱有感情。（☆☆☆）
体育 健身实践 协调能力 弹跳能力	体验摊位游戏，参与袋鼠跳、两人三足、投掷沙包（距离2米）等项目。	参与一项。（☆） 参与两项。（☆☆） 参与三项。（☆☆☆）
劳动 劳动能力	体验美食制作摊位，感受劳动的快乐。	有参与体验。（☆☆）

四、儿童入学适应水平及学业评价案例

铸桥引航，善评启慧

——以入学适应期语文测评为例

◎**入学适应期学业测评的理念**

教育部于 2021 年印发《关于大力推进幼儿园与小学科学衔接的指导意见》，要求

全面推进幼儿园和小学实施入学准备和入学适应教育，减缓衔接坡度，帮助儿童顺利实现从幼儿园到小学的过渡。

该文件针对长期以来存在的幼儿园和小学教育分离、衔接意识薄弱、过度重视知识准备、衔接机制不健全等问题，提出了一系列有针对性的重要举措。其中提到"建立联合教研制度、完善家园校共育机制、加大综合治理力度"，以形成科学衔接的教育生态，推动科学衔接、有效衔接。其中还特别强调，要"健全科学的评价机制，将入学准备和入学适应纳入幼儿园和义务教育质量评估的重要内容"。

依据上述理念，北京师范大学南山附属学校小学部对新入学的一年级学生提出"基于核心素养的多样化评价方案体系"，让学生有充足的时间在舒适的氛围下平稳渡过从幼儿园到小学的适应期。

◎入学适应期语文测评的方案

学校在测评方案的选取上注重寓教于乐的体验，所以评价体系由7+2+1构成，其中7代表的是"游园闯关"的过关情况，2代表参与综合性活动的表现情况，1是平时作业的综合表现。本评价体系贯穿学习全过程，力求尊重学生的年龄特点、保护学生的学习热情，同时将学科类知识融入每个趣味环节，在轻松愉悦的氛围中促进学生对知识的理解。

（一）游园闯关

期末游园闯关总共有四关，涵盖年段课标内的教学要求，分为"识""诵""读""说"。

第一关：识字写字

1. 考查内容

(1)识字：语文书第115～117页识字表中的300个字。

(2)写字：语文书第118页写字表的100个字。

2. 测评方法

(1)测评识字：教师组织学生进行游戏"识字百宝箱"，箱内装有若干卡片，让学生在箱中抽取卡片，读一读卡片上的字，并将这些字组成常用词语。每张卡片上有25个词语，可作为组词参考，每词4分。

(2)测评写字：教师组织学生进行百词斩比赛。比赛分为听写和看拼音写汉字两个部分。

3. 测评标准

全对为A+，错1～2个字为A，错3～4个为A-，错4个以上为B。

第二关：古诗文诵读

1. 考查内容

课内 6 首古诗。

2. 测评方法

快乐大转盘，学生上来转动转盘，指针指到哪首诗就背诵哪首诗。

3. 测评标准

能正确、流利地背诵古诗；能在背诵中初步体验诗中蕴含的情感；能通过诵读初步感受诗歌语言之美。

第三关：文学类文本阅读

1. 考查内容

图画书《猜猜我有多爱你》《日有所诵》中的一首、《语文》第 8、14 课片段。

2. 测评方法

(1)读课文：测评以刮刮乐的方式进行，学生刮到哪一课就读哪一课。

(2)创造性朗读：教师鼓励学生创造性地朗读，可以表演读，可以背诵。在朗读时，学生若遇到困难，可以获得一次求助机会。

3. 测评标准

能正确流利的朗读为 A+；有 1~2 个错字漏字，但较流利为 A；出现 3~5 个错字或者不是很熟悉为 A-；完全不熟为 B。

第四关：表达与交流

1. 考查内容(二选一)

(1)畅谈话题：从以下话题选择你最喜欢的一个并展开畅谈。

你喜欢哪个公园？为什么？

你最爱看的图画书叫什么名字？它为什么会让你百看不厌？

你最喜欢哪门课？为什么？

你学过《四季》，想想代表春夏秋冬的分别是什么，还可以用哪些东西代替它们？

游乐场的哪个项目最吸引你？你为什么觉得它好玩？

你参加了哪些兴趣班，说说你最擅长的是哪一项。

(2)讲故事：讲一个故事。故事内容可以是书里的，也可以是发生在自己身边的事情，还可以是自己想象出来的。

2. 测评标准

(1)理解能力。能否听懂问题，能否直接且正面回应问题。

(2)多样性与准确性，句式多样，表达方式多变，表达准确。

(3)思维逻辑。能否恰当地使用关键词，逻辑是否连贯。

(4)词汇与修饰。词汇丰富程度，能否使用比喻拟人等修辞手法。

(二)综合性表现(以组织"发现南山"活动为例)

学校结合语文课程独特的育人功能，以阅读与鉴赏、表达与交流等活动为主线，面向全体学生，开展了"发现南山·少年朗读者"大赛。本次大赛以倾听每个少年朗读者的声音，关注学生的成长需求和价值追求为目标，为学生充分提供展示自我的机会。

比赛以班级为单位，经过激烈角逐，选出班级"十佳少年朗读者"，再举行年级竞选，最终高、中、低段分别选出10位同学晋级校级"十佳少年朗读者"。决赛场面十分热烈，小小少年朗读者们情绪饱满，准备充分，尽显附小少年的阳光魅力。

(三)平时作业表现

各班根据平时课堂作业完成的书写质量、正确率、是否及时完成等维度为学生合理打分，并形成表格，等待期末汇总评价。作业是学生对于课堂质量的反馈，因此学校十分重视学生作业的完成情况，每学期会组织不少于两次的年级组内检查。这既是对教师工作的督促，也是保障日常基础教学质量的举措。

◎入学适应期语文测评的实施

(一)游园闯关

游园活动组织方专门设计了通关卡，学生十分喜爱！有了它无声的号召，学生的动力更足了！

每个"考场摊位"前都是一张张笑脸，每一次盖章都是对学生学习成果的嘉许和期待。童年就像一座博物馆，里面珍藏着许多值得纪念的回忆。而教师正是这座博物馆的守护者，引导着学生创造更多快乐，学习更多知识，将它们变成美好的回忆收藏其中。教师将时刻坚持做"眼中有人，心中有爱，手中有法"的教育者。

(二)素养型活动

"发现南山"系列活动是南山区每年都在推进的招牌活动。学校在执行的过程中不仅是为了交付任务，还要将这个活动尽可能做到"全员参与"：各班语文老师会组织学生撰写稿件；同时鼓励其中乐于分享的学生在班级进行演讲，这就是班级的初赛；在前面的基础上优中选优，决出校级及区级选手(图13-1和图13-2)。所以学校在执行这项活动时不仅贯彻了南山区的活动章程，而且践行了全面育人的理念。这场比赛，不仅是对学生朗读技巧的考验，也是对学生发现美、欣赏美、传递美的能力的检验。每年，学校在每个学段都会有两名得分最高的优秀朗读者代表学校参加"南山区百强朗读者"的比拼。

图 13-1 "发现南山·少年朗读者"班级初赛　　图 13-2 "发现南山·少年朗读者"校级比赛

◎入学适应期语文测评的结果

以本校 2022 级一年级某班为例，经过统计发现，采用新的评价体系后，达到 A+（最高等级）的学生有 35 名，占班级数量的 75% 以上，较往年传统纸笔测试增长了两倍多。教师与学生收到这样极具鼓励与赞赏的评价的感受都是正向而积极的。

从本次评价情况来看，新的评价举措有力地促进了教师对学生的及时评价、科学评价、全方位评价，让教育工作变得更轻松、更有趣，最重要的是激发了学生向上向善、良好习惯、创新意识、艺术修养等能力的形成——给学生插上了"翅膀"，让学生在幼小衔接的过程中几乎没有感受到压力，而且十分温暖和自如！

◎入学适应期语文测评的反思

"基于核心素养的多样化评价方案体系"让教师对学生的评价更加灵活、更加全面。但对学生的评价需要持之以恒的坚持，才能让其发挥它无形的激励作用，因此还需要我们细细品酌、不断完善。以下是我们在实践过程中的几点思考。

第一，在使用过程中，如何对教师的使用情况进行评判——这是目前比较难以建立标准的问题。

第二，如何实现将社区、社会评价纳入评价体系当中，客观记录学生的日常表现和突出表现，构建"三位一体"评价模式。

第三，新的评价方式全面实施后，还有待于完善和优化，同时也要不断创新有形的评价方式，丰富评价途径。

综上，"基于核心素养的多样化评价方案体系"充分体现了综合素质评价的导向性、激励性、多元化，能够尽量全面反映学生的综合素质状况和个性特长，更好地促进了学生的主体发展，推动了素质教育，让校园焕发魅力和生机，让学生拥抱成长的多彩与快乐！

（供稿单位：北京师范大学南山附属学校小学部；供稿人：安静雯）